条件反射論による近現代史解析

林 英一

創英社／三省堂書店

まえがき

私は平成三年から約四年間、会社員として富山県で生活をしてきたが、その間、北陸地方の郷土史を精読したり、歴史的遺産を観照したりした。北陸は比較的京都・奈良に近いこともあって歴史的遺産は多い。奈良時代の万葉集歌人である大伴家持が地方官として勤務したのは、高岡であった。又、平安時代末期の源平の戦いの火蓋を切った倶利伽羅合戦の跡が、富山・石川両県の間にあり、平氏敗北の後流罪になった平時忠の末裔（時国家）が、能登にあって平家の遺産が継承されている。室町時代に入ると、浄土真宗本願寺第八世蓮如が京都を出て、越前吉崎を起点に布教を行い、北陸地方に強大な門徒集団を作り上げた。更に、安土・桃山時代に入ると、前田利家が加賀藩を創立し、以後江戸三百年間を生きぬき、現金沢市として発展している。

何よりも私の関心を引いたのは「越の大徳」と言われた奈良時代の高僧泰澄であった。北陸地方には、泰澄大師にからむ伝説が頗る多く、粟津温泉、中宮温泉を発見したのは泰澄であったと言われている。又、平泉寺（福井県）をはじめ多くの社寺を建立したと伝えられる。仏教伝来以降鎌倉末期までにいたる仏教人物史の原典である「元亨釈書」には、泰澄が、取り上げられているが、伝聞の誇張も見られ、半ば伝説化している。

以後、私は奈良・京都・滋賀各県に足を運び、泰澄の足跡を探し求め文献にも目を通し続けた。平成十一年（一九九九年）九月八日、茨城県立図書館から借りた大日本古文書（二四）を精査している内に、泰澄に関する次の記録を見つけることができた。

僧泰澄書写根本説一切有部毘奈耶雑事

願文

天平二年庚午六月七日、為上酬慈蔭、

下救衆生、謹書写畢、

泰澄

以後、私は日本の歴史に一段と興味を抱き、今度本書の完成にこぎ着けることができた。

尚私は、本書を大学時代のゼミナール担当の恩師藤井栄一氏に、人生の卒業論文として読んでいただきたいと考えている。

二〇一一年三月一日

著者

目次

第一章　主題と条件反射論

明治元年以降、太平洋戦争終結迄の日本の歴史を回顧する傍ら、同時に並行して実践された日本人の思考と行動を顧みる時、最も大きな影響を及ぼしたのは、教育勅語であった。明治二十三年（一八九〇年）十月三十日、天皇は、山県有朋首相と芳川顕正文相を宮中に呼び勅語を下賜した。

朕惟フニ我カ皇祖皇宗国ヲ肇ムルコト宏遠ニ徳ヲ樹ツルコト深厚ナリ我カ臣民克ク忠ニ克ク孝ニ億兆心ヲ一ニシテ世々厥ノ美ヲ済セルハ此レ我カ国体ノ精華ニシテ教育ノ淵源亦実ニ此ニ存ス爾臣民父母ニ孝ニ兄弟ニ友ニ夫婦相和シ朋友相信シ恭倹己レヲ持シ博愛衆ニ及ホシ学ヲ修メ業ヲ習ヒ以テ智能ヲ啓発シ徳器ヲ成就シ進テ公益ヲ広メ世務ヲ開キ常ニ国憲ヲ重シ国法ニ遵ヒ一旦緩急アレハ義勇公ニ奉シ以テ天壌無窮ノ皇運ヲ扶翼スヘシ是ノ如キハ独リ朕カ忠良ノ臣民タルノミナラス又以テ爾祖先ノ遺風ヲ顕彰スルニ足ラン斯ノ道ハ実ニ我カ皇祖皇宗ノ遺訓ニシ

テ子孫臣民ノ倶ニ遵守スヘキ所之ヲ古今ニ通シテ謬ラス之ヲ中外ニ施シテ悖ラス朕爾臣民ト倶ニ拳々服膺シテ咸其徳ヲ一ニセンコトヲ庶幾フ。

明治二十三年十月三十日

御名御璽

翌日、文部省はその謄本を全国公私立学校に交付し、趣旨貫徹を次の様に訓示した。

謹テ惟フニ我カ天皇陛下深ク臣民ノ教育ニ軫念シタマヒ茲ク勅語ヲ下タシタマフ顕正職ヲ文部ニ奉シ躬重任ヲ荷ヒ日夕省思シテ嚮フ所ヲ愆ランコトヲ恐ル今勅語ヲ奉承シテ感奮措ク能ハス謹テ勅語ノ謄本ヲ作リ普ク之ヲ全国ノ学校ニ頒ツ凡ソ教育ノ職ニ在ル者須ク常ニ聖意ヲ奉体シテ研磨薫陶ノ務ヲ怠ラサルヘク殊ニ学校ノ式日及其他便宜日時ヲ定メ生徒ヲ会集シテ勅語ヲ奉読シ且意ヲ加ヘテ諄々誨告シ生徒ヲシテ夙夜ニ佩服スル所アラシムヘシ。

明治二十三年十月三十一日

文部大臣　芳川顕正

更に、明治二十四年（一八九一年）四月八日、文部省は、勅令第二百十五号小学校令に基づき、小学校設備準則第二条に、次の準則を定めた。

校舎ニハ天皇陛下及皇后陛下ノ御影並教育ニ関スル勅語ノ謄本ヲ奉置スヘキ場所ヲ一定シ置クヲ要ス。

同年六月十七日、同じく小学校令に基づき、小学校祝日大祭日儀式規定第一条に、次の規定を定めた。

紀元節、天長節、元始祭、神嘗祭及新嘗祭ノ日ニ於テハ学校長、教員及生徒一同式場ニ参集シテ左ノ儀式ヲ行フヘシ。
一、学校長教員及生徒、天皇陛下及皇后陛下ノ御影ニ対シ奉リ最敬礼ヲ行ヒ且両陛下ノ万歳ヲ奉祝ス。
二、学校長若クハ教員、教育ニ関スル勅語ヲ奉読ス。
三、学校長若クハ教員、恭シク教育ニ関スル勅語ニ基キ聖意ノ在ル所ヲ誨告シ又ハ歴代天皇ノ盛徳鴻業ヲ叙シ若クハ祝日大祭日ノ由来ヲ叙スル等其祝日大祭日ニ相応スル演説ヲ為シ忠君愛国ノ志気ヲ涵養センコトヲ務ム。

四、学校長教員及生徒、其祝日大祭日ニ相応スル唱歌ヲ合唱ス。

更に同年十一月十七日、文部省は、小学校令に基づき小学校教則大綱を定め、第二条を次の如く定めた。

修身ハ教育ニ関スル勅語ノ旨趣ニ基キ児童ノ良心ヲ啓培シテ其徳性ヲ涵養シ人道実践ノ方法ヲ授クルヲ以テ要旨トス。

尋常小学校ニ於テハ孝悌、友愛、仁慈、信実、礼敬、義勇、恭倹等実践ノ方法ヲ授ケ殊ニ尊王愛国ノ志気ヲ養ハンコトヲ務メ。(略)

斯様な教育体制の中核に据えられた教育勅語の意義について、井上哲次郎は、最も権威ある解説書「勅語衍義」(一八九一年)の中で、我が邦人は、今日より以往、孝悌忠信の徳行を修め、共同愛国の義心を培養しなければならないと記している。

筆者は、教育勅語による国家統治が、日本国の近現代史に、日本人の思考・行動に深く影響を与えたその因果関係を条件反射論に基づいて解明すると共に、条件反射論を人間の歴史に適用する手法の正当性論述を、本書の主題として掲げることにする。

まず、本書の主題に挑戦するに当たって、条件反射論の要旨を、復習することにする。

条件反射論は、ノーベル賞受賞者パヴロフによって確立された理論だが、この理論は、三十年余りの時間と百人以上の共同研究者が参加した、生理学史上まれにみる巨大研究プロジェクトによる実験データが体系化された理論でもあった。

パヴロフは、一九二七年に発表した「大脳半球の働きについて」の中で次の様に記している。

あらゆる生体の活動が法則的でなければならない。これを生物学の用語を借りて言えば、動物が外界に正確に適応していないならば遅かれ早かれ生存できなくなる。動物が食物へ向かって走る代わりにわきへ避け、火から逃げる代わりに向かって突進するといったことが起これば、結局のところ、身を滅ぼすだけである。動物の外界に対するあらゆる応答活動は、生存を守るような反応でなければならない。それぞれの物質系は、その内部の引力、凝集力といったものが、物質の存在する外界の影響と平衡している間は一定の独立系として存在することができる。

これは、単純な鉱物にも複雑な化学物質にも当てはまる。生物体についても正確に同じことを考えねばならない。一定の閉鎖した物質系として生物は、それぞれの瞬間に環境条件と平衡がとれている間は生存できるのである。この平衡が手ひどく破壊されると、与えられた系としての生存は止まってしまう。反射はこのたえまない適応あるいは平衡の要素であり、反射は生まれた時から備わっており、一定の神経系の構造によって規定された、生まれつきのものである。この生まれつきの反射が無条件反射である。

パヴロフは、犬の唾液腺の活動を見ているうちに、食物による刺激だけでなく、餌を入れる食器の音、それを運ぶ飼育係の足音のような、いわば通常の条件では実験を妨げる雑音というべきものが刺激となって分泌する唾液に注目した。パヴロフは、この唾液の「精神的分泌」が高次の反射であり、生まれつきのものでなく、個体生活の過程で獲得される一時的結合に基づくものであること、しかもそれは一定の条件で一定の刺激に対して一定の反応をすることから反射であることに確信をもった。しかもこの新しい反射は犬の大脳半球、特に皮質の大部分を除去すると消滅することから、この反射の消長こそが大脳半球の生理学的活動を表現するものと確信した。

パヴロフは新しい反射の研究に当たって、対象である動物に対し、外側から、ある瞬間にどうゆう刺激が加えられ、それにひき続き刺激に対する応答として、動物が何を運動や分泌の形で表現するかを正確に記録して研究を進めた。パヴロフは、高等動物のあらゆる神経活動を客観的に研究するために、実験犬を使用し、実験犬は、皆前もって唾液腺の正常な導管の端を皮膚の外側へ引き出すという軽い手術を行い、これにより唾液腺の働きを正確に追求・把握した。

パヴロフは、大脳半球の活動を研究するに当たり、実験の環境を単純化する工夫を行った。大脳半球には、無関係・偶然な刺激が侵入してくるため、これらの刺激をできるだけ遮断するための特殊な研究室が建てられた。

パヴロフは、数多くの実験を試みたが、その姿勢は、複雑な構造の活動をその現実の範囲全体で捕らえ、その活動の中の厳密な法則を探り出す事を目的に、動物の活動を、あらゆる瞬間にあらゆる変形の中で掌握しようとした。この姿勢に基づき、興奮の過程は増強される抑制を引き起こし、逆に抑制は興奮を引き起こしそれを強めるとする、興奮過程と抑制過程の相互誘導の法則並びに神経過程の放散と集中の法則を探り出した。

最も重要な法則は、「大脳半球皮質の一定点の興奮と多分皮質と思われる他の点のもっと強い興奮とが、出会い時間的に一致し、それによってこれらの点の間が多少とも速やかに通りやすい道に踏みならされ、結合が形成される」、「逆にこの出会いが長いこと繰り返されないならば、踏みならした道は消え、結合は断たれてしまう。しかし踏みならしかたが最大に達していると、それ以上訓練しなくても、何年も保たれる」とする一時的結合の原理、即ち条件反射の原理を探り出したことであった。

一つの実験を示すことにする。犬にメトロノームの音を聞かせてすぐに餌を与えると、犬は生まれつきの食餌反射を引き起こす。この手順を何度か繰り返すうちに、犬はメトロノームが鳴っただけで、唾液分泌とそれに対応する運動を引き起こすようになる。この現象を、パヴロフは生まれつきの反射に対して、新しい反射、即ち条件反射と定義した。

では、どの様な条件で、条件反射は形成されるのであろうか。

条件反射形成の第一の基本的条件は、以前に無関係であった要因の作用と、一定の無条件反射を引き起こす無条件要因とが時間的に一致して作用することである。前述した実験に当てはめると、メトロノームの音に反応する作用が無関要因であり、食餌を取ることが一定の無条件反射を引き起こす無条件要因となる。

第二の基本的条件は、条件反射の形成に当たって、無関要因は、無条件刺激の作用よりいくらか先行しなければならない事であるが、もし逆に、無条件刺激の作用開始の後に無関要因を結合させようとしても、条件反射は形成されない。前述した実験に当てはめると、メトロノームの音への反応後すぐに食餌を取るのであり、その逆では成立しない。

更に、条件反射という新しい結合を形成する大脳半球の状態は、まず第一に活動状態になければならない。つまり、新しい神経径路の接続の過程には、動物が目覚めた状態が必要である。第二に大脳半球は、新しい条件反射形成の時には、他の活動から解放されていなければならず、動物に何か別の活動を引き起こさせる、他の外からの刺激を与えない様にすることが必要である。そうでないと、その刺激が条件反射の形成を妨げ、多くの場合には全く形成できなくなってしまう。

最後に、条件刺激は、多かれ少なかれ無関係な要因から容易に形成されるが、生体の外部及び内部の無数の変動が条件刺激となることを指摘している。

条件反射論の復習を終えたところで、教育勅語体制下の教育に、この条件反射論を適用する事にする。

明治二十三年（一八九〇年）十月三十日、教育勅語が下賜され、翌年には小学校祝日大祭日儀式規定が公布された。これによって、紀元節・天長節等の祝祭日には、学校長・教員・生徒一同が式場に於て両陛下の真影に拝礼し、万歳を奉祝の後、学校長若しくは教員は、教育勅語奉読と祝日大祭日に相応する訓話を行い、忠君愛国の志気を養う様務めなければならぬと定められた。

式場に於て、生徒が両陛下の真影に拝礼し、学校長（又は教員）による教育勅語奉読と祝日大祭日に相応する訓話を聴聞する行為に、パヴロフの条件反射論を適用する事にする。

パヴロフは、条件反射要因を次の様に説明している。

生体をとりまく周囲の環境からの直接有益な影響や障害を与える影響について、絶え間なく信号するものを条件反射要因として定義し、この要因は環境が無限といって良い程多様に変動する事を反映して、極度に細分された要素であることもあれば、個々の要素の大小様々な複合である場合もある。これらの活動が可能となるのは、神経系が、生体のために複雑な環境から個々の要素を区別する機能と、これらの要素を、複合体に結合・融合する機能を持ち合わせているからである。

この説明を、生徒が両陛下の真影に拝礼し教育勅語奉読・訓話を聴聞する行為に適用すると、生徒の視覚機能と聴覚機能を通して入手された二つの要素、即ち、真影と教育勅語の語彙が、生体のために複合体に結合される事になる。この結果、真影「天皇」と教育勅語の中から抽出された「忠」、「国体」の各々の言葉が融合されて、「天皇・忠」、「天皇・国体」なる条件反射要因が組成される。ここで、教育勅語の中から「忠」と「国体」の言葉が抽出される理由は、小学校祝日大祭日儀式規定に定められた「忠君愛国」の志気を養う様務めなければならぬとの規定に準拠している。

パヴロフは〝言葉〟と条件反射との関係について次の様に述べている。

言葉は、人間のそれまでの全生活を通じて大脳半球に入ってきたあらゆる内外の刺激と結びついており、それら全体を信号し、更にそれらを置換することによって、刺激が規定する全ての生体の動作・反応を引き起こすことができ、人間にとって言葉程包容力に富んだ刺激は存在しない。

従って教育勅語の語彙は、日本人にとって最も影響力のある刺激であったと言える。

「天皇・忠」、「天皇・国体」なる条件反射要因が組成されたところで、条件反射形成のための基本的条件を満足しているか点検することにする。

第一の基本的条件を構成する無関要因には、「天皇・忠」「天皇・国体」なる条件反射要因並びに教育勅語の中の「義勇」「孝」「博愛」等の言葉に反応する作用を、当てることにする。

一定の無条件反射を引き起こす無条件要因については、次の様に考察した。人間は、社会的動物であるため、社会と共存する事ができるか否かの反射を備えている。従って、社会と共存する無条件刺激の作用を、無条件要因として設定する。

以上で無関要因と無条件要因が設定され、両要因は、時間的に一致して作用する故、第一の基本的条件を満足している。

第二の基本的条件である、無関要因は無条件刺激の作用よりいくらか先行しなければならぬとの条件に基づき点検を行うが、生徒が真影に拝礼し、続いて校長（又は教員）の教育勅語奉読・訓話を聴聞する行為は、この条件を遵守している事が明らかだ。即ち、「天皇・忠」「天皇・国体」「義勇」「孝」「博愛」等の条件反射要因に反応した後、無条件要因である〝社会と共存する無条件刺激の作用〟が働くからである。

最後に、新しく条件反射が形成される時、大脳半球は活動状態にあると同時に、他の活動から解放されていなければならないとの条件に基づき点検を行う。学校教育を受ける生徒の大脳半球の状態を考慮すれば、この条件を遵守しているのは明白である。

以上で、条件反射形成のための全ての条件について満足している事を確認した。

かくして、生徒が、真影への拝礼と、校長（又は教員）の教育勅語奉読・訓話を聴聞する行為を反復する結果、パヴロフの条件反射が成立する。条件反射成立の結果、生徒の大脳半球皮質に「天皇・忠」「天皇・国体」「義勇」「孝」「博愛」等の道徳規範が深く刻み込まれることになる。

生徒は、祝日大祭日の他、修身の時間にも道徳規範を訓育された。

修身については、明治二十四年（一八九一年）十一月に公布された小学校教則大綱に「修身ハ教育ニ関スル勅語ノ旨趣ニ基キ児童ノ良心ヲ啓培シテ（中略）殊ニ尊王愛国ノ志気ヲ養ハンコトヲ務メ（略）」と定められた。

修身の時間に、教員が小学校教則大綱に基づき、教育勅語の道徳規範を修身教科書を使用して教える過程は、条件反射論に従うと次の様になる。

生体を取り巻く環境が生体に与える影響は、無限と言って良い位に多様に変動する。故に、生体の神経系は、生体のために複雑な環境から個々の要素を区別する機能と、これらの要素を複合体に結合・融合させる機能を持ち合わせている事をパヴロフは指摘している。

即ち、生徒（生体）は、教育勅語の中の道徳規範と修身教科書の説明を融合させて条件反射要因を組成する。更に、この組成された条件反射要因による作用が、〝社会と共存する無条件刺激の作用〟と時間的に一致して作用し反復される事によって条件反射が形成される。

又、修身を教えた教員は、「小学校長及教員、職務及服務規則」〔明治二十四年十一月十七日〕によって、「教育ニ関スル勅語ノ旨趣ヲ奉体シ法律命令ノ指定ニ従ヒ其職務ニ服スヘシ」と命令通り教える事を義務づけられ、教育勅語の強力なる伝達者となっている。従って、教員の介在によって形成された条件反射は最大限頑固となり、生徒の大脳半球皮質には、教育勅語にある道徳規範が深く強固に刻みこまれることになった。

この様にして、明治二十三年（一八九〇年）十月三十日以降、教育勅語体制下の小学校教育を終えた全ての日本人は、「天皇・忠」「天皇・国体」「義勇」「孝」「博愛」等の道徳規範を精神の支柱に据えて人生を歩んでいったのである。

第二章　歴史回顧と検証

教育勅語体制下の教育に、条件反射論の適用を終えたところで、教育勅語体制下の教育が、日本国の近現代史、並びに、日本人の思考と行動に与えた影響を解明するため、日本国の歴史を回顧することにする。

一　近代国家体制の確立と教育勅語

まず、教育勅語が下賜された明治二十三年（一八九〇年）前後の歴史に焦点を当てることにする。明治二十二年には大日本帝国憲法が制定されたが、憲法制定をなによりも促進した理由は、いわゆる自由民権運動の高揚と彼等の民選議院設立の要求であり、同時にこの要求に立ち向かった藩閥勢力の懐柔的対応であった。制定された憲法の中に、専制的要因と立憲的要因とが並存している事実は、制定当時のこの事情を物語るものといえる。

ところで自由民権運動は、既に明治七年（一八七四年）に、板垣退助・江藤新平・後藤象二郎等による愛国公党の結成と、民選議院設立の建白に始まっているが、この運動はその後二つの方向をとるに至った。

第一の方向は、いわば穏健派の路線であり、明治十三年（一八八〇年）の集会条例の制定と、翌々年の集会条例の改正に見られる政府の相次ぐ弾圧と、板垣退助の外遊や自由党の解体（明治十七年）に現れたごとき政府の懐柔とによって、抵抗の要素がしだいに体制へと編入されてゆく過程である。この過程は同時に改進党を率いる大隈重信の提出したイギリスの政党内閣制に範をとった国会開設の建言とも並行し、やがて明治十四年（一八八一年）の政変で明らかにされた藩閥政府側からの国会開設の公約となって結実する。

この状況の中で、植木枝盛らの穏健な自由民権論者の間から、多くの私擬憲法草案が発表され、政府としても早急に憲法草案の内容を確定する必要に迫られる。こうして、明治十五年（一八八二年）に、伊藤博文は憲法取り調べの要務を帯びてドイツに派遣され、岩倉具視右大臣の与えた基本方針のもとに、プロシア王国憲法をモデルとして、秘密のうちに欽定憲法作成の準備を進めていく。

自由民権運動の第二の方向は、いわば急進派に属するものである。初期の自由民権運動の担い手は、主として不平士族層であったが、やがて地方の富農や一般平民層もこれに加わり始めた。その理由の一つは、明治十一年（一八七八年）の府県令規則の発布に伴い、府県会の設置が地方民に政治参加への刺激を与え、また当時進められていた地租改正の成り行きにも多大の関心を抱いたためであった。彼等は、ことに政府の激しい弾圧と自由党幹部の弱腰に当面して、執るべき方法として、直接行動を訴え、一層苛烈な反政府運動を展開した。鬼県令と呼ばれた三島県令と果敢に戦った「福島事件」をはじめ、「加波山事件」「秩父事件」その他一連の蜂起事件は、こうして次々と発生するに至った。

政府は、これらの抵抗運動を、警察・軍隊の出動によって鎮圧したが、同時に松方財政で知られる資本蓄積のためのデフレ政策も、社会に深刻な不況をもたらし、結果的に民権運動の資金源を絶つとともに、自由党から離脱した組織の脆弱面と相まって、自由民権運動は退潮していく事になる。〔日本政治裁判史録　明治後〕。

政府が、明治十四年（一八八一年）に松方財政に着手したのは、旧藩時代の負債ともいうべき秩禄公債の発行や、西南戦争の費用を調達するために増発された不換紙幣、並びに不換銀行券の発行による混乱や物価騰貴が原因であった。

松方正義は、増税によって歳入の増加を図る一方、軍事費以外の歳出を徹底的に緊縮し、歳入の余剰で不換紙幣の処分と正貨の蓄積を進めた。更に明治十五年（一八八二年）日本銀行を設立し、翌年には銀行券発行権を国立銀行からとりあげ、国立銀行を普通銀行に転換させ、明治十八年（一八八五年）には日本銀行による銀兌換銀行券を発行し、翌年政府紙幣の銀兌換を始めたので貨幣の信用を高める事ができた。

同時に、松方デフレ政策による物価の低落と課税の負担は、多くの中小企業を倒産せしめ、農村は大きな打撃を受けて農民層の分解が、激しく起こった。自作農の没落、地主への土地集中が大幅に進み、土地を失った農民が都市に貧民として流れこむ動きがみられたが、これらはやがて巨大資本を造出してゆく緒口ともなった。

政府は、松方財政の開始と共に、幕府や諸藩から継承した多くの鉱山、炭鉱、造船所等を、軍事工場・鉄道を除いて、民間企業に払い下げる政策を実施した。ほぼ明治十七年頃から払下げが大規模に行われ、深川セメント工場を受けた浅野、同じく小坂銀山の久原、銀銅山の古河、長崎造船所の岩崎、新町紡績所・富岡製糸所・三池炭坑の三井等は、その著例であり、これら政商たちは、ここに晴れて近代産業資本家へと脱皮していくのである。

一方で、政府は、自由民権運動を抑圧するために、教育の分野で文明開化政策を改めて、忠孝を軸とする教育政策を打ち出し、教育の国家統制に着手した。この教育政策の転換を明瞭に示したのが、明治十二年（一八七九年）の「教学聖旨」であり、その内容は〝教学ノ要仁義忠孝ヲ明ニシテ〟と仁義忠孝を教育の基本とすべきとした。

翌明治十三年には、従来の「自由教育令」に対して「改正教育令」が公布され、特に修身を重視し、その改正教育令に基づき明治十四年、「小学校教則綱領」「小学校教員心得」「中学校教則大綱」「師範学校教則大綱」と次々に制令が公布され、翌十五年には「幼学綱要」が下賜されるなど、自由民権運動を封殺するために、儒教・国家両主義に基づく教育路線が敷かれていった。

斯様な過程を踏み、明治二十二年（一八八九年）二月十一日、大日本帝国憲法が発布された。憲法は、「大日本帝国ハ万世一系ノ天皇之ヲ統治ス（第一条）」「天皇ハ神聖ニシテ侵スヘカラス（第三条）」と、天皇の絶対的な統治権を謳い、三権分立の体制は作られていたが、行政権が、立法・司法両権との比較に於て、より重要な役割を与えられていた。

翌明治二十三年（一八九〇年）に実施された日本最初の衆議院議員総選挙では、旧民権派が大勝し、第一議会には、立憲自由党と立憲改進党などの民党が、衆議員の過半数を占めた。この様な旧民権派の再結集に対抗して政府側は既に憲法発布直後に、黒田清隆首相が、〝政府は常に一定の方向を取り、超然として政党の外に立ち〟と述べた、いわゆる超然主義の立場を声明していた。第一議会においても、山県有朋首相はこの立場を守り、予算問題等で民党と激しく対立し、以後政府は、立憲自由党・立憲改進党等の民党と激しい対立を繰り返すことになり、この対立は日清戦争直前まで続く。

尚、第一議会に於て山県首相が示した施政方針は、歴史上、特筆しなければならない方針であった。

「(前略) 国家独立自営ノ道ニ二途アリ、第一ニ主権線ヲ守護スルコト、第二ニハ利益線ヲ保護スルコトデアル、コノ主権線トハ国ノ彊域ヲ謂ヒ利益線トハ其ノ主権線ヲ保護スルコトデアル、其ノ主権線トハ国ノ彊域ヲ謂ヒ、利益線トハ其ノ主権線ノ安危ニ密着ノ関係アル区域ヲ申シタノデアル (後略)」(第一回帝国議会衆議院速記録)。

利益線については、山県有朋意見書 (明治二十三年三月) の中で、次の様に説明している。

「(前略) 我邦利益線ノ焦点ハ実ニ朝鮮ニ在リ、西伯利 (シベリア) 鉄道ハ已ニ中央亜細亜ニ進ミ其数年ヲ出ズシテ竣功スルニ及テハ、露都ヲ発シ十数日ニシテ馬ニ黒龍江ニ飲フヘシ、吾人ハ西伯利鉄道完成ノ日ハ即チ朝鮮ニ多事ナルノ時ナルコトヲ忘ル可ラス、又朝鮮多事ナルノ時ハ即チ東洋ニ一大変動ヲ生スノ機ナルコトヲ忘ル可ラス、（後略）」（陸奥宗光文書）。

この施政方針が、以後、歴代藩閥内閣による対外政策の重要な綱領となっていくのである。第一議会が開設された明治二十三年（一八九〇年）には、教育勅語が発布された。教育勅語について、井上哲次郎は「教育と宗教の衝突」の中で次の様に述べている。

「（前略）其の倫理は一家の中に行ふべき孝悌より始まり、一家より一村、一村より一郷に推及し、遂に共同愛国に至りて終る、其の意一身を修むるも国家の為めなり、父母に孝なるも、兄弟に友なるも、畢竟国家の為めにして我身は国家の為めに供すべく、君の為めに死すべきものなり、是れ我邦人が古来歴史的の結合を為して実行し来れる所なれば、今日より以後益々之れを継続して各々其の臣民たるの義務を全ふすべしと云ふにあり、殊に勅語の中に〝一旦緩急アレハ義勇公ニ奉シ以テ天壌無窮ノ皇運ヲ扶翼スヘシ〟とあるを以て之れを観れば、我邦の臣民たるものは、如何なるものも、国家の緩急に際しては、身をも犠牲に供して皇運の隆盛を図るべしとの意なること復た疑ふべからず、然れば勅語の主意は、一言にて之れを言へば、国家主義なり（後略）」（明治二十六年一・二月「教育時論」）。

教育勅語が発布された翌年、内村鑑三不敬事件が起きた。事件を内村鑑三が記したD・C・ベル宛の書簡（内村鑑三集　明治文学全集三九）を以て再現してみることにする。

内村鑑三が教鞭をとる第一高等中学校（現東京大学教養学部）に於て、同校の教育勅語奉戴式が、木下広次校長並びに六十人の教授及び一千人以上の生徒が参加して挙行された。校長の式辞と教育勅語奉読を終えた後、教授と生徒は一人一人壇上に上って、勅語の宸署に敬礼することになったのだが、第三番目に壇上に上った内村鑑三は敬礼しなかった。その時の心情について内村は「この奇妙な儀式は校長の新案になるもので、従って私はこれに処すべき心構えを全く欠いていました。ほとんど考慮をめぐらす暇もなく、内心ためらいながらも、自分のキリスト教的良心のために無難な途をとりました」と述べている。

その後、内村の不敬行動を見た乱暴な生徒たちが、ついで教授たちが内村に向かって石をふり上げ、「国家の元首が非礼を加えられた、学校の神聖がけがされた、内村鑑三のような悪漢、国賊をこの学校におくことは、むしろ学校全部を破壊するに等しい」との騒ぎになった。事件は校外に波及し、帝都と地方の各新聞がとり上げたが、大部分が内村の行動を責めるものであった。式後の一週間、内村は押しかけてくる生徒や教授たちに面接し、できるかぎりの柔和な態度で反問したが「国体としての彼らの憤怒と僻見」を到底おさえることはできなかった。そのうち内村は、はげしい感冒から肺炎になり、病床に就いてしまう。校長は、内村に手紙を差し出し、内村の良心的な行動を認め、ほとんど懇願的に国民の習慣に従わんことを求め、いわゆる敬礼は礼拝の意味ではなく、単に天皇陛下にささげる崇敬に過ぎないと説いた。更に学校の実状をくわしく述べ、内村の言うところを理解せぬ生徒らをなだめる唯一の途は、内村が譲ることであるとの意見を伝えた。内村は、校長の手紙にある〝敬礼は礼拝を意味せず〟との見解は、内村が多年にわたって自らが許して来たところであると、儀式はばかばかしいものとは知りながらも、学校・校長・生徒等のため敬礼することに同意したのであった。その後内村は、肺炎が益々悪化しつつあったため、事件全部への対応を信仰の友である木村駿吉等の諸友人に委ね、生死の境をさまよっていた。それから二週間後、幸い高熱による危険は去り、常態に復してきた内村が、持ってこさせた新聞に眼を通すと、自分の名前が新聞を賑わしていたのである。高等中学校との関係は既に破局となり、内村は一切の職務を奪われ、即ち解職されていた。同時に、長老教会に属するクリスチャン等は、内村が敬礼することに同意した事を非難して、政府の権威に屈服した卑怯者よ、へつらい者よと罵り、その一方で世人は、内村が敬礼することに同意した事実を確かめもせずに、敬礼することを拒否したと非難したのであった。

内村鑑三不敬事件の顚末概要は以上の通りであるが、井上哲次郎は、明治二十六年（一八九三年）一月〜二月の「教育時論」誌上で不敬事件をとり上げ、教育と宗教との衝突論争が惹起された。井上は論争の中で、令智会雑誌第八十三号に記載された不敬事件を取り上げ、〝内村が勅語に敬礼する事を拒み、傲然として偶像や文書に向かって礼拝しないと言ったのは、全く其信仰する所唯一箇の神に限る事に起因する〟と述べている。又、井上は押川方義等五名の寄書として郵便報知新聞紙上に掲載された次の記事を取り上げ、内容は実に内村鑑三が不敬事件を演じた胸中と同じであるとした。

「各小学校に陛下の尊影を掲げ、幼年の子弟をして之れに向て、拝礼をなさしめ、勅語を記したる一片の紙に向て稽首せしむるが如きは、必ずこれ宗教上の問題として之れを論ずべからざるも、我輩教育上に於て其何の益あるかを知るに苦しむ、寧ろ一種迷妄の観念を養ひ、卑屈の精神を馴致するの幣あるなきかを疑ふ、云云、皇上は神なり、之れに向て宗教的礼拝をなすべしと言はば、云云、吾輩死を以て之れに抗せざるを得ず」。

この記事の中の「各小学校に陛下の尊影を掲げ……勅語を記したる一片の紙に向て稽首せしむる」とは、当時の全国の小学校で実施されていた教育勅語体制下の学校教育を指している。即ち、井上哲次郎は、教育勅語に基づく学校教育と不敬事件を重ねることによって、教育と宗教の衝突問題を浮上させたのである。更に、井上は教育勅語の主意を国家主義とし、これに対してキリスト教は、甚だ国家的精神が乏しく、乏しいだけでなく国家的精神に反するものがあり、実にキリスト教は無国家主義であると主張した。

つまり、井上は、内村鑑三の不敬事件を引き合いに出す事によって、国家主義に基づく教育勅語と、無国家主義であるキリスト教を対照化し、教育勅語体制下の学校教育の正当性を主張したのである。

井上の「教育と宗教の衝突」と題する論文に対して、内村鑑三は、明治二十六年（一八九三年）三月十五日「教育時論」に於て、「文学博士井上哲次郎君に呈する公開状」を発表した。

公開状の中で、内村は、井上の論旨について、〝反対党の記事のみを以て歴史上の批評をなすべからざるは史学の大綱なり〟と酷評し、キリスト教に対して憎悪の念を有する真宗派の機関雑誌である令智会雑誌、或いはキリスト教を賤視する日本新聞、九州日々新聞、天則等に偏った記事を引用する姿勢は、哲学者としての公平性に欠けると再考を要求した。

その上で、令智会雑誌に掲載されている〝尊影に対して敬礼しなかった〟との記事は全く虚説に過ぎず、拝戴式当日には、生徒教員ともに尊影に対しての礼拝は命じられず、ただ親筆の前に進んで礼拝する事を命じられたと反論している。依って、〝偶像や文書に向かって礼拝しなかった〟との指摘は、真実ではないと、はっきりと否定した。

ところで、井上は、内村鑑三不敬事件は、郵便報知新聞に掲載された押川方義等の寄書と、全くその胸中は同じだと述べている。しかし、内村が不敬事件で認めたことは、親筆のある勅語に向かっては礼拝しなかったが、後日、敬礼には同意した事であり、又、陛下の尊影に対する敬礼は要求されていない事である。とすると、内村鑑三は、天皇の尊影と親筆のある教育勅語に向かって礼拝しなかったとする井上の見解は、事実を歪曲した甚だ作為的な判断であると言える。言い換えれば、井上は、教育勅語に基づく学校教育を国家的見地から擁護するために、内村鑑三を利用したと言っても過言ではない。

内村は、D・C・ベル宛書簡の中で〝私個人の事件が漸次国家及び皇室、対、キリスト教という一般問題にまで発展して来ました〟と記しているが、正に、内村鑑三は、国家主義を唱える教育勅語に基づく国民教育の体制維持定着のために生贄となり、又その象徴として、日本史に深く刻印されたのである。

二　日朝修好条規

次に、中央集権国家の確立過程と並行して展開された周辺国との関係を回顧することにする。明治八年（一八七五年）九月二十日、江華島軍艦雲揚砲撃事件が勃発した。政府は事件の処理に当たって、清国・朝鮮宗属関係を重視し、特命全権公使森有礼を清国に派遣することにした。明治九年（一八七六年）一月十日、森公使と総理衙門との会談は、清・朝宗属問題に関する限り、全く進展はなかった。一月二十四日、森公使は鄭永寧書記官を従えて、北洋大臣・直隷総督李鴻章と会談を行った。この会談に於て、李鴻章は森公使・鄭書記官の質問に応じて、日清修好条規第一款に「両国所属邦土、亦各以礼相待、不可稍有侵越」と見える〝邦土〟について、これは朝鮮をも包含し、従って日本国は、清国本土のみならず、朝鮮国領土の保全をも保証したことを説明した。鄭書記官は、日清修好条規締結の際には通訳の任務に当たった人だが、李鴻章の解釈に同意を与えず、最後に李鴻章も〝邦土〟の意味が曖昧で、意味を明確にするため補足する必要のある事を認めた。次に森公使・鄭書記官が、江華島雲揚砲撃事件を朝鮮国政府の不法行為と論ずると、これに反駁して、領海三海里以内に侵入した日本国軍艦にも責任はあり、殊に永宗島の要塞攻撃は、最も反友好的行為であると非難した。最後に、鄭書記官は森公使の意を受けて、日本国政府が朝鮮に対して要求すべき三条件を説明の後、李総督より総理衙門への勧告によって、同署が朝鮮国政府に対して、日本側要求の受け入れに動くよう要望した。この要望に対し、李鴻章は用心深く明答を避けて、朝鮮が自発的に日本に挑戦する事はないと述べ、又、今清国が日本に代わって朝鮮の修好に干与すれば、将来、欧米列強と朝鮮との間に事件が生じた場合、清国は、その都度代理者たる地位に置かれ、事実上、朝鮮国が自らの意志で判断を下す機会を失うことになる、と述べた。森公使は、清国が仲介を受諾しなければ、日朝開戦は不可避となることを示唆すると、李鴻章は、若し日本が朝鮮を侵略すれば、清国は必ずや黙止しないであろう、ロシアも必ずや黒龍江口地方に増兵して阻止する手段を取るであろうと述べた〔李文忠公全集〕。

森公使が、総理衙門・李鴻章との会談に於て発見したことは、清・朝宗属関係は、日本国政府が主張の根拠としてきた国際法の原則と、多くの点で一致しないものがある事であった。それは、朝鮮が内治外交共に完全に自主独立国たる実質を備えているが尚清国の藩属であり、朝鮮国王は自国の統治について何等清国皇帝に責任を負わせないけれども、皇帝は宗主国元首として、朝鮮の領土保全に対して、重大な道徳的義務を負うていることであった〔近代日鮮関係の研究〕。

明治八年（一八七五年）十二月九日、日本国政府は朝鮮問題処理のために、黒田清隆を特命全権弁理大臣に、井上馨を副全権弁理大臣に任命した。

黒田全権・井上副全権に賦与せられた訓令は、㈠江華府草芝鎮が日本国軍艦に向かって発砲したのは、日本国旗に対する侮辱であり、朝鮮国政府の命令によるか、地方官憲の独断行為によるかを問わず、その責任は朝鮮国政府に帰属すること。㈡日本国政府は、朝鮮国政府の謝罪と十分なる報償を要求する決心を有すること。㈢朝鮮とは、日本の隣国として古来より国交があるが、最近は政治的理由により停滞状態となっているが、日本国政府は、国交継続を根本方針としている。従って、江華島事件についても平和的解決を希望し、朝鮮国政府が、日本国政府の提案に従って修好条約を締結し、通商を拡張することに同意すれば、これを以て江華島事件に対する報償と認め、別に代償を要求しないことを明示している。この条件は最も重要な意味を有するもので、木戸孝允参議の主張を全面的に採用したものであった〔朝鮮交際始末巻三、岩倉公実記巻下〕。

又、本訓令に附属する内諭は、㈠江華島事件に対する朝鮮国政府の謝罪、㈡朝鮮国領海の自由航行、㈢江華府附近地点の開港の三項目は、絶対に譲歩してはならぬ事を規定し、内諭の末節には、日本国政府の対朝鮮方針が平和的解決にあり、戦闘行為の開始は許さないことを明記している〔朝鮮交際始末巻三〕。

明治九年（一八七六年）一月十五日、黒田・井上正副全権の乗船した全艦船が釜山に入港し、同港に在泊する艦船は、軍艦鳳翔・軍艦孟春等併せて計八隻に達し、空前の規模となった。

黒田・井上正副全権は釜山到着前、既に中牟田海軍少将より朝鮮の情況を聴取していたが、今現地を視察するに及んで、使命の前途に多少不安を感ずることとなった。即ち、漢江下流の海面は水路不明で、艦船が陸岸に接近するのが難しいばかりでなく、江華府一帯の防備もフランス・アメリカ・日本三国による攻撃を受けた結果、益々厳重になっている。現在の様な微弱な海軍力では、相手より戦端が開始された場合、これを突破する見込みがなく、万が一敗戦することにでもなれば、将来の外交交渉に悪影響を及ぼすと考え、一月十五日、正副全権は儀仗兵の名義で陸兵二大隊の増派申請を決定した〔朝鮮交渉資料巻上、世外井上公伝巻二〕。

一月十八日、黒田・井上正副全権の増派要請に対し、政府は、大臣・参議を参集し閣議で審議した。しかし、対朝鮮交渉の方針は、平和的解決であることを既に上奏裁可を経て、太政大臣訓条に明記されているので、これを認可しないことに決定した〔大久保利通日記巻下、西南記伝上巻二〕。

政府の対朝鮮方針は平和に確定していたが、政府は黒田全権等の懸念を全く無視することはできず、一月十九日、山県有朋陸軍卿を下関に急派し、陸軍部隊の出動準備に着手した。山県陸軍卿は熊本鎮台司令長官野津と相談し広島・熊本両鎮台より出兵する事を決定し、二月上旬には一切の出動準備を終えて、開戦の報を待っていたが、幸いにして出動はなかったのである〔朝鮮交渉資料巻上、［公爵山県有朋伝巻中］。

黒田全権団は、軍艦孟春による江華府迄の水路調査並びに南陽府より仁川府一帯の水路測量、仁川府沿岸の測量等江華府進航のための準備を終えた。朝鮮国政府も、黒田・井上両全権と会談する事を了解したので、全艦隊は二月四日、江華府草芝鎮下に投錨した。

二月五日、森山茂外務権大丞は、接見副官尹滋承を訪問し、両国全権の会談に先んじて予備交渉を開始した。

接見副官は、会談を、草芝鎮に碇泊している船の中で行うことを示唆したが、森山権大丞はこれに従わず、必ず江華府内に於て会談を行う事を主張し、しかも、全権団が上陸の際に儀仗衛兵を伴うので、江華府内に全権宿舎・随員宿舎・儀仗兵宿舎を貸与せられたいと要望した。これに対し、接見副官は、江華府内の会議所は手狭なので随員を省略する故日本側も努めて簡略にされたいと注意した。森山権大丞はこれに答えて、全権大臣引率の兵員は四千名であるが、宿舎難を配慮して四百名を率いて上陸する意向を述べた。接見副官は驚愕の色を示し、四百名の兵員を率いるのは簡略とは言い難く、更に減員するよう要望した。森山権大丞は、大臣の儀仗には必ず四百名の兵員を要し、俄かに減らすことはできない、又近く二千名の兵員が増派される予定であるが、江華府に収容することが不可能であれば、後続部隊を仁川・富平等に上陸させるため、宿舎を準備する様要望し

た〔日省録、倭使日記巻一、沁行日記巻上〕。

尚、接見副官・森山権大丞との会談の中で〝全権大臣引率の兵員は四千名〟とある発言は固より事実でなく、単に威嚇のため述べた言であり、又〝近く二千名の兵員が増派される〟というのは、一月十五日に、政府に対し増派申請を行った陸兵二大隊を指している。

二月八日、待ちに待った汽船満珠丸が、野村靖外務権大丞を搭乗させて、黒田全権団が投錨する草芝鎮に来着した。この時初めて黒田全権の手に、陸兵二大隊の増派申請は認可しない旨の太政大臣訓電が、手渡されたのである〔朝鮮交際始末巻三、使鮮日記巻乾、世外井上公伝巻二〕。

二月十日、玄武丸より汽船に移乗した黒田、井上正副全権は随員を従い、礼砲に送られて塩河を溯り、甲串津に上陸の後、儀仗兵に護衛されて江華府副帥営に入った。

二月十一日、頂山島沖に碇泊している軍艦は満艦飾を施し、奉祝と示威を兼ねて正午に礼砲を発射し、両国全権委員・随員は、江華府錬武堂に於て日朝会談を開始した。

黒田全権は、次の様に述べた。明治元年以来、日本国政府は使者を朝鮮に派遣して王政復古への変遷を通告したが、朝鮮国政府は地方官に命じて交渉を拒み、待たせること前後八年に至ったのは無礼も甚だしく、日本国内でも与論が沸騰した。更に朝鮮国政府が両国間の国交停滞に対して、公式に遺憾の意を表しなければ、全権大臣として復命の道はあり得ないと力説した。これに対し、接見大官は、文書も以て遺憾を表する事に対しては難色を示したが、黒田全権の強硬なる要求に対して政府に請訓する事を約束した。

次に、黒田全権は、両国関係を親密にし、その阻隔を防ぐには条約を締結する以外になく、ここに提示する日朝条約案を政府に進言請訓されるよう要望した。

日朝条約は、接見大官の全く予想しないところであり、直ちに条約とは何ぞやと反問した。黒田全権はこれに対し、条約とは港を開き両国民貿易を行うことを意味すると説明した。接見大官は再び反問し、三百年間通商を継続したが、かって条約を必要としなかった、今俄かに条約を必要とする論は理解し難い。黒田全権は言う、今日世界各国と通商を行うには、条約を締結しなければならない、日本国もまた各国と多くの条約を締結し、通商を行いつつあると。これに対して、接見大官は朝鮮国の特殊事情を説明して、日本その他各国の例に従うことはできないと語った。黒田全権は反駁して言う、両国の国交か往々にして阻隔するのは条約が無いからであり、今条約を締結し、永久なる章程を立てるならば、両国の友好は永続する、即ち国際法の原理に基づき条約を確定すべきであると。これに対して、接見大官は言う、朝鮮国の制度として、この条約案の如きは、第一に朝廷に伺を立ててその処分を仰がなければならないと。

黒田全権はここに於て、接見大副官の一人が上京し条約案を朝廷に奏上すべきことを要求した。

更にその回答期間を五日と限ったのに対し、接見大官は、政府側に協議すべき時間がないと十日を要求した。黒田全権はこれを受諾し、「十日を届りて貴答を得ざれば、則ち両国の交際絶ゆるに至るべし」と警告して第二回の会見を終えた。〔朝鮮交際始末巻三、善隣始末巻二、日省録、倭使日記、倭使問答巻一、沁行日記巻上〕。

二月十三日、黒田全権は接見大副官と会見し、次の様に述べた。朝鮮国政府が本条約に同意すれば、日本国全権以下直ちに帰国し、両国の間永く平和を保つであろうが、若しこれに反すれば、その報が日本に伝わり、軍民が大挙して貴国に侵入しても、我政府はこれを如何ともすることができない。殊に昨日来着の汽船は後発の兵を搭載して来たものだが、我政府は更に軍隊を派兵する意向であると。井上副全権が附言した。明治元年以来、日本国使員の書契を受けず日本国を侮辱した件について、朝鮮国政府は、速やかに公文書を以て遺憾の意を表せられたいと。

接見大官はこれに反駁して言う。本件については、昨日説明した如く、朝鮮国政府は陳謝の必要を認めない、その上貴大臣は、軍民がこぞって侵入することを説くが、甚だ誠信礼敬を欠く発言であり、友好関係を築くためには派兵の説を必要としない。殊に、後発の軍隊を仁川・富平海岸に上陸させるとの説は、必ずしも事実とは信じ難いが、若しその事が事実であれば、朝鮮国の法令を無視するもので、これが地方官民を驚かせ事端を生じさせるかもしれず、必ず軍兵が妄りに上陸することのない様取り計らわれたいと。黒田全権はこれを諒として第三回会談を終えた。〔朝鮮交際始末巻三、善隣始末巻二、使鮮日記巻坤、沁行日記巻上、日省録、倭使日記巻一、倭使問答巻一〕。

二月十五日、日本国全権より提示された日朝条規案漢訳文謄本を受領した朝廷は、これを詳細に研究の上、取捨修正することに決した。但し、条約前文に「大日本国皇帝陛下」と「朝鮮国王殿下」と併列してあるのは「平等之権」と全く相反する故、条文中には国号を明記するに止め、元首の尊号は削除すること、又朝鮮国政府の謝罪については、厳格の意味の陳謝でなく、「向来阻隔之由、今者続好之意」を以て書契を発することは、政府に於ても異議がないと決した。二月十八日、朝鮮国政府は、接見副官を通して、修好条規は現に審議中であるが、原則として日本国と修好通商することに同意すると回答した〔沁行日記巻上、日省録、倭使日記巻二〕。

この後、二月十九日より三日間にわたる交渉の結果、修好条規・批准形式・叙事冊子について、日朝両国全権の完全なる諒解が成立し、明治九年（一八七六年）二月二十七日、日本国朝鮮国修好条規は、錬武堂に於て調印されたのである。

日朝修好条規の締結によって、三百年の歴史を有する日本と朝鮮の国交は更新はされたが、あくまで両国政府が直接交渉したに止まり、実質的に何等の成果も上げなかった。と言うのも日朝通商条約の締結、開港する港の選定、釜山港の遊歩区域の設定に至るまで、一切を、日朝修好条規第十一款の規定による修好条規附録に委譲してしまったからである。日本国政府は、日朝修好条規が、当初予想したよりも比較的容易に成立した事から、修好条規の細則を協定するのに大きな困難があるとは予想しなかった〔近代日鮮関係の研究〕。

政府は明治九年（一八七六年）六月七日、外務大丞宮本小一を理事官として朝鮮国差遣を命じ、修好条規附録と貿易規則及び貿易に関係ある事項の協定交渉に当たらせた。八月二十四日には、日朝修好条規附録及び貿易規則が記名調印され、同時に附属文書も交換されたのだが、前後十二回の会談を重ねて成立した日朝修好条規附録は、決して予期した成果を上げたものとは言い難い。

まず、公使の首都駐箚問題で、修好条規の解釈に重大な相違のあることが曝露された。即ち、日本国公使が朝鮮国首都に常駐すること、並びにこれに伴う特権である家族の同伴及び朝鮮国内地を随時旅行することに対して、朝鮮国政府は、修好条規第二款の解釈を根拠として公使の常駐を拒絶し、国際間の慣例によって認められた特権も否認、更には、日本国使臣の上京道路を一定しようとさえ試みたのであった。〔宮本大丞朝鮮理事始末巻二・四・五、旧条約彙纂巻三、日使文字巻一〕。

明治十年（一八七七年）九月十日、日本国政府は、代理公使花房義質に朝鮮国差遣を命じ、当時急務とされた修好条規第五款による開港場二箇所の協定を主に、その他懸案の解決に当たらせた。しかし、花房代理公使は遂に開港問題を解決できずに、十二月二十日京城を退去した。

公使の首都駐劄問題に解決の曙光が現れたのは、明治十三年（一八八〇年）になってからであり、その契機は、花房代理公使の弁理公使への昇任であった。弁理公使には親書である信任状が付託されるため、花房公使は当該国元首に謁見し、親しく信任状を捧呈する任務を果たす必要があった。十二月二十七日、花房公使による国王謁見式は終了したが、これは、朝鮮国王が国際間の慣例に従って海外使臣と引見した初めての謁見であった。

謁見式に於ては、何等公文書の交換を見なかったけれども、朝鮮国政府は、今後日本国公使が長期にわたって、京城西大門外清水館に国旗を掲げて、滞在することを黙認し、その任務が国家慶弔以外通商事務に関係することも、暗黙裡に承認した。けれどもこれは、日本国政府の要求の正当なるを認めた結果ではなく、春秋の古法に倣い、公使駐都問題によって事端を作るべからずという意味に過ぎなかった。〔善隣始末巻四・五、日使文字巻二、明治十三年弁理公使朝鮮事務撮要、承政院日記〕。

公使の首都駐劄問題は、変則的ながらも解決したが、家族同伴及び内地旅行の特権については、その解決は更に遅延し、明治十五年（一八八二年）八月三十日、花房弁理公使と全権大臣李裕元との間に調印された日朝修好条規続約第二条の規定により解決を告げることになる〔旧条約彙纂巻三〕。

ところで、明治九年（一八七六年）八月二十四日に調印された日朝貿易規則は、釜山に於ける輸出入を共に無税とすることを協定したが、その後朝鮮国政府は、輸出入の無税は甚だ不合理であると感ずるに至った。けれども海関を設置し輸出入税を徴収するのは、協定に抵触するため、朝鮮人商民から若干の徴収を行うことを決定し、明治十一年（一八七八年）九月六日、釜山港輸出入品の税率を定め、慶尚道観察使に命令した〔日省録〕。

東莱府使は、政府の命に従い、徴税を開始することを釜山駐在山之城管理官に通告した。課税されることになった釜山居留日本商民は致命的な打撃を受け、貿易は自然停止の形となり、山之城管理官の報告に接した日本国政府は、十一月十八日、花房代理公使を釜山に急派し、課税停止を交渉させた。政府は兵力を以て示威をなすために、最新最鋭のコルヴェット比叡の派遣を決め、川村純義海軍卿は比叡艦長沢野海軍中佐に、花房代理公使より請求があれば、協議の上適宜行動を取るべしとの訓令を発した。

花房代理公使は、軍艦比叡に搭乗して十一月二十九日釜山に到着し、山之城管理官に命じ、東莱府使に抗議をし、豆毛鎮税関の課税を即刻停止しなければ、兵力によって実行すると警告した。花房代理公使の警告は単に口頭のみではない。沢野比叡艦長と協議の上、陸戦隊を上陸させて豆毛鎮税関へ行軍し、本鑑は錨泊のまま合戦操練を行い、空砲を発射した。〔善隣始末巻四、倭使日記巻九〕。

東莱府使は、日本国政府の態度が甚だ強硬で、徴税を強行すれば、両国の正面衝突になることを憂慮し、政府に事態の緊迫する事情を訴えた。政府も事態の悪化に驚き、とりあえず徴税を中止することを決め、十二月十九日、慶尚道及び東萊府に回訓し、山之城管理官に当分徴税を中止する旨通知し、釜山に於ける不法課税は一時解決を告げた。残る問題は損害賠償である。

花房代理公使の復命を聴取した日本国政府は、明治十二年（一八七九年）三月十四日、朝鮮国開港場設定問題に釜山不法課税損害賠償要求をも加えて、朝鮮国政府と協議するため花房代理公使に訓令した。花房代理公使は六月十三日京城に到着し、朝鮮国講修官と仁川・元山開港について商談を開始した。朝鮮国政府の反対は極めて強硬で、両者の意見は全く対立し、容易に通商問題について交渉する機会を得られなかった。七月六日、釜山不法課税損害賠償七箇条を要求したが、開港交渉の停滞に禍せられて、損害賠償は容易に進行しなかったが、七月二十八日に至って朝鮮国政府は、日本国民の鉱山採掘・大邱薬令市参加の二箇条を除き、他の五箇条を多少修正の上同意する事になった。花房代理公使はこれを以て、朝鮮国側には日朝貿易の障壁を除去する誠意があるものと認め、外務卿訓令によって直接損害賠償金を要求しなかった。〔倭使日記巻九、善隣始末巻四・五〕。

明治十四年（一八八一年）十月、朝鮮国政府は趙修信使を東京に派遣した。修信使は、十一月九日明治天皇に謁見、朝鮮国書を捧呈した後、外務卿井上馨と会見し、通商条約締結の使命があることを陳述し原案を提示した。修信使の提示した通商章程原案は、日清両国に於ける通商条約を研究の上作成されたものであった。井上外務卿の命により、花房弁理公使・宮本大書記官は修信使と五回にわたって会談したが、遂に妥協点に到達することはできなかった。両者の間の難点は、通商章程案にあっては、米穀及び紅蔘の輸出禁止、海関税制にあっては、一般商品の輸入税を百分の十とすることであった〔善隣始末巻五〕。

明治十五年（一八八二年）四月二十五日、日本国政府は花房弁理公使に朝鮮国駐箚を命じ、日朝通商条約締結に関する全権を賦与した。花房弁理公使は五月十一日京城に着任したが、この時朝鮮外交に一大変革が生じ、日本国政府の既定方針である日朝通商条約の締結に障害が発生した。即ち、アメリカ合衆国政府が、李鴻章清国北洋大臣の仲介により、五月二十二日、米朝修好通商条約を締結したのである。この条約は朝鮮国政府起案の原案を、李鴻章が検閲修正したもので、京城に於けるよりもむしろ天津に於て作成され、朝鮮国全権大官・副官が、李鴻章より特派された馬建忠の指揮に従って記名調印された。ついで六月六日に英朝修好通商条約、六月三十日に独朝修好通商条約が成立した。この三条約は、宗主国が藩属たる朝鮮の保護を考慮し作成したものであるが、従来から朝鮮国政府が主張していた輸入税は、最低百分の十、最高百分の三十等が明記されていた〔善隣始末巻五〕。

六月五日より日朝会談が開始されたが、両者の交渉が具体的に進行するに先んじて、壬午変乱が突発し、交渉は無期延期となった。

壬午変乱が鎮定した、明治十六年（一八八三年）七月十八日より、竹添進一郎弁理公使と閔全権大臣との会談が開かれた。日本側が、朝鮮国全権の主張である輸入従価税百分の十を日本生産品に限り、原則的に承認したため妥協が成立した。残る紅蔘の輸出禁止については、原則的に清国商民と同一特権にすることを条約中に明記し、日朝通商章程並びに関税税則に関して両国全権の意見は一致し、両国は七月二十五日、日朝通商章程・税則に記名調印した。朝鮮国政府はこれによって関税権を回復したと言ってよい〔善隣始末巻八、旧条約彙纂巻三〕。

一方、日本国政府は、懸案となっていた日朝修好条規第五款による開港場を、朝鮮国東海岸では、咸鏡道徳源府元山を指定し、西海岸については、やっと京畿仁川府済物浦に決定した。明治十二年（一八七九年）六月十八日より、洪祐昌講修官と花房代理公使との間で交渉は開始され、八月二十八日、両国間に元山開港が協定された。

仁川開港については、講修官が難色を示し交渉の前途は多難であった。花房代理公使は各国の例を引き、懇々と仁川開港の有利なる点を説明するが、講修官は、京畿を除き再測量し、良港を発見されたしを繰り返すのみであった。花房代理公使は、最後の妥協案として朝鮮西海岸の開港を二十ヵ月延期し、その間日本国政府は、両湖地方の測量に従事し、若し適当なる良港がなければ、仁川に決定するとの覚書・議定書案を提示したが、朝鮮側に受諾する見込みは殆んどないものであった。七月二十七日の会見に於て、仁川開港交渉は事実上決裂に近く、この上は花房代理公使・洪講修官のいずれかを更迭しなければ、局面の展開は期待できなかった〔在朝鮮国公使館来翰抜萃、倭使日記巻十二〕。

明治十三年（一八八〇年）四月十七日、日本国政府は花房代理公使を弁理公使に任じ、朝鮮国駐箚として、懸案である公使京城常駐問題と、仁川開港の交渉に当たらせた。十二月二十七日、花房公使は国王に謁見、国書を捧呈した。明治十四年（一八八一年）二月十八日、花房公使が金弘集講修官を訪問した際、講修官は、仁川開港は政府内部に異論が多く、急速には開港を決め難い。その主な理由は、若し仁川を開港すれば第一に流出するのは米穀であり、そのために京城では米価が暴騰し、庶民の暴動が誘発される虞を危惧している。故に仁川を開港する際に、防穀令を発布し、これを釜山にも及ぼすことを受諾されるならば、仁川開港の件は比較的困難はないであろうと説明した。花房公使は講修官の発言を諒とし、仁川に限り防穀令発布を承諾し、仁川開港の件を督促した。二月二十八日、講修官は朝鮮国政府の命を以て、二十ヵ月の後、仁川開港を受諾する旨声明し、遂に仁川開港問題も円満なる解決を告げた〔明治十三・十四年弁理公使朝鮮事務撮要、倭使日記巻十四、朝鮮国仁川開港一件、善隣始末巻五〕。

そして、明治十六年（一八八三年）九月三十日、仁川口租界約条も両国の間に締結され、仁川は開港場として名実共に完成したのである。

三　壬午軍乱

明治十五年（一八八二年）七月二十三日、壬午軍乱が勃発した。柳春万・金長孫を首謀とした武衛営軍兵が、大挙して、武衛大将李景夏の東部駱第に押し寄せ、宣恵堂上閔謙鎬の不法を訴えた。原因は食糧の不正支給であったが、近代朝鮮に於ては、深刻なる財政難と軍兵の低い社会的地位により、規定の食糧支給が行われない事は特に異とすることではなかった。ただ大院君執政時代はやや潤沢であったのが、国王親政・戚族専権時代になって事態は悪化し、軍兵はその原因を戚族の宮廷費濫出に求め、責任者たる宣恵堂上閔謙鎬・京畿観察使金輔鉉に深怨をいだいていた〔興宣大院君伝〕。

武衛大将李景夏は、食糧支給の権限はなかったが、軍兵の言分を聴き、文書を以て閔謙鎬を諭したが、閔謙鎬はこれを無視した。結局李景夏は、集まった軍兵を閔謙鎬邸へ、哀訴する様仕向けざるを得なくなった。軍兵は大挙して閔邸に向かい、門外に達するや邸宅に乱入したが、閔謙鎬は発見できず、屋敷を破壊してしまった。既に戚族の代表者たる閔謙鎬邸を襲撃破壊した以上、騒擾罪は固より死刑は免れない。柳春万・金長孫等は相談して、大院位大監に陳情して進退を決しようと、雲峴宮に行き懇願することになる。大院君は武衛営軍張順吉等に暴動を鎮撫させ、未給の食糧は必ず支給することを約束して解散を命じた。

その後、大院君は、柳春万・金長孫等首謀者と会談して密計を授け、柳春万等は乱兵と行動を共にする事になる。

乱兵等は、まず東別営軍器庫を破って兵器を奪った後、捕盗庁に乱入して柳春万等四名を解放し、又義禁府を襲撃して罪人白楽寛を擁し、更に京畿監営を襲って、観察使金輔鉉をさがしたが発見できなかった。更に、一隊は江華府留守閔台鎬以下の戚臣の邸を襲撃した。もう一隊は、乱民と共に日本国公使館を襲撃し、公使以下全員を追放し、途上で遭遇した日本人を殺害した。乱兵等は、日本国公使館襲撃を最後に、大院君の諭告に従い一旦武衛に戻った。〔癸未大逆不道罪人許煜等鞫案、興宣大院君伝、壬午大逆不道罪人金長孫等鞫案、適可斎記行巻六東行三録〕。

政府に於ては、武衛大将李景夏に命じて兵乱鎮圧を図ったが、既に大院君の密命を奉じた軍兵等は李景夏の威望を以てしても如何ともすることができず、ただ事態を成り行きのまま放置する外施す策はなかった。七月二十四日、東別営に集合した旧訓錬都監軍兵は、武衛各営・壮禦営・別技軍と合同し、昨日に勝る勢いで行動を開始した。まず大院君の密命によって、興寅君最応をその邸宅に襲ってこれを殺害し、転じて昌徳宮敦化門に迫った。宮廷の守門将は逃亡したため、乱兵は直ちに宮廷に乱入し、ここに至っては、全権を大院君に委ね、反乱の鎮定を託すより策はなかった。大院君が、旧訓錬都監軍の精鋭二百人に護衛されて入闕した〔政治日記巻十四、興宣大院君伝、日省録、大逆不道罪人長孫等鞫案、大逆不道罪人煜等鞫案〕。

これより先の七月二十三日夕方、乱兵は暴民と一緒に、日本国公使館を襲撃した。当時花房公使等は、軍兵の不穏な動向については全く聞知していなかった。公使館では、水野勝毅歩兵大尉・岡警部の指揮のもとに、死力を尽して防戦し、朝鮮国政府より派遣される軍隊の到着を待ったが、同日深夜になっても一兵も来なかった。頑強な抵抗に苦しんだ乱兵が、公使館に放火したため、防戦を継続することも不可能となった。ここに於て花房公使は、重囲を突破して京畿監営まで逃亡し保護を求め、その後王宮で国王と安危を共にする決心をし、七月二十三日午後十二時、機密文書を焼棄し、総員二十八名国旗を掲げて正門より突出した。乱兵乱民はともに四散し、追撃するものもなく、一行は軽傷二名を出したのみで、まず京畿監営に着いたが固より誰もいない。やむなく楊花津を経て、仁川府に避難することにし、翌二十四日午後三時、仁川府に到着した。

仁川府使鄭志鎔は、一行を暖かく迎えたのだが、公使一行の到着後間もなく、乱兵の首領の一人である武衛営軍兵鄭義吉が京城より到着し、大院君の密命を伝えたので、府兵が大挙して府衙を襲撃することになる。このため公使一行は、即死者六名・負傷者五名を出す中、決死に乱兵の包囲を突破して済物浦に至り、この地に出張中の中村陸軍中尉等と一緒に船を雇い、月尾島に渡航した。七月二十五日、花房公使一行は月尾島を去り、翌二十六日、仁川西水道の外方にある草峠群島沖合に於て、英国測量艦「フライング・フィッシュ」に収容された。艦長リチャード・ホスキンは公使の遭難顛末を聞き、その要望に従って即日出航し、二十九日夜長崎に到着した。〔朝鮮激徒暴動顛末記、子爵花房義質君事略、大逆不道罪人金長孫等鞫案、明治十五年朝鮮事変と花房公使〕。

花房公使は長崎に到着するや、直ちに外務省に打電して、京城に於ける遭難顛末を報告した。釜山・元山も危険であるため、軍艦を両地に派遣して、居留民保護を為すかたわら京城の政情を探知し、今後朝鮮国政府との交渉には、強力なる兵力の保護がなければ、何等期待できないことを上申した〔朝鮮激徒暴動顛末記〕。

花房公使の報告は、七月三十日午前一時外務省に着電した。井上馨外務卿は同日早朝、内閣の最有力者たる山県陸軍卿代理等と協議を重ね、翌三十一日には緊急閣議を開き、対朝鮮方針について審議した。当時朝鮮国が日本国公使を襲撃したとの報道に接して、与論は大いに沸騰し、閣内にも強硬論があり、殊に、副島種臣・黒田清隆等は朝鮮問罪を主張しつつあったので、方針決定は特に慎重を要した〔世外井上公伝巻三〕。

井上外務卿は、宮本外務大書記官を下関に急派し、八月五日花房公使に次の外務卿訓令を伝達した。㈠釜山に軍艦天城を派遣し、元山在泊軍艦盤城と共に居留民保護に当たること。㈡近藤真鋤領事を仁川に派遣し、仁川府使と予備交渉を行うこと。㈢近藤領事護衛として、軍艦金剛・日進及び海軍陸戦隊百五十名、花房公使護衛として歩兵一大隊を付けること。㈣陸海軍を派遣しても、全く使節及び在留民の保護を目的とし、開戦の前提ではない故に、暴徒に会するとも当方より攻撃を加えてはならない。若し開戦のやむなきを認めた時は、直ちに請訓すべきこと〔善隣始末巻六、世外井上公伝巻三、公爵山県有朋伝巻中、明治十五年朝鮮事変と花房公使〕。

花房公使はこの訓令に従い、八月六日近藤領事に命じ、統理機務衙門宛公文を携帯して軍艦金剛に乗船し、仁川へ向け先発させた。翌七日には、井上外務卿も玄武丸で下関に来着した。井上は、花房公使の詳細な報告を受け、再び渡航し交渉を開始すべきことを命じ、七月三十一日閣議の趣旨による訓令と機密訓令を賦与した。

外務卿訓令及び機密訓令によって、花房公使に賦与された命令は頗る重大な内容を有した。即ち、㈠朝鮮国政府の文書による公式謝罪、㈡被害者遺族扶助料の支給、㈢犯人の逮捕・処刑、若し朝鮮国政府首脳の中に、本件関係者がいる時はその罷免処罰、㈣条約無視による損害賠償及び軍費賠償、

㈤朝鮮国政府の過失が重大なる時は、巨済島もしくは鬱陵島の割譲、㈥朝鮮国政府が、日本国政府の要求に誠意を示さない時は、兵力を以て仁川を占領し、後命を待つべきこと、等を訓令している。〔花房公使朝鮮関係記録、外務卿訓令及び委任状〕。

しかも、外交手段による交渉が決裂して、公使が国旗を捲いて仁川に退去し、護衛陸海軍が済物浦一帯を占領することになった場合、朝鮮国がこれに屈せず、全国の兵力を動かして対抗することも、又皆無とは言えない。山県陸軍卿代理はかかる場合を予想して、東京と熊本両鎮台を動員し、東京鎮台より騎兵・輜重兵各一小隊及び憲兵・輜重輸卒若干を福岡に輸送し、熊本鎮台と合わせて混成旅団を編成し、又運送船高砂丸等四隻を同港に待機させ、命令一下出動の準備を整えた〔公爵山県有朋伝巻中〕。

花房公使は明治丸にて、八月十二日済物浦に入港し、翌十三日には仁川府に到着し、府衙を以て旅館とした。同日和歌浦丸は、陸兵を搭載して入港、翌十四日には軍艦比叡、同十六日には軍艦清輝が入港した。朝鮮国政府は、伴接官尹成鎮・京畿観察使洪祐昌等に命じて、公使の兵を率いる入京を阻止させようとしたが、公使はこれを顧みず、八月十六日護衛兵を引率して仁川府を発し、夕刻京城に到着した〔明治十五年花房弁理公使復命書、弁理公使日乗、善隣始末、京城変動之始末書〕。

八月十七日、花房公使は伴接官に対して、国王謁見を要請し、国王は二十日同公使を召見する旨伝えた。当日花房公使は、伴接官の前導の下、護衛兵二個中隊を率いて昌徳宮に向かい、国王に謁見した。公使は「去月二十三日の変、実に古今未曾有のことたり。焚館逐使、恥辱を我国に与ふる尤も甚だし（略）」と述べた。国王は、堀本礼造中尉が朝鮮国軍事改革に少なからず功績があり、不幸にして遭難したことを深く遺憾に思うと述べられた。公使は更に朝鮮国全権委員の任命を要請した。国王はこれに対し、領議政及び礼曹判書を遣わすことを公約した。公使は要求冊子を捧呈し、その回答期限を三日とし「両国交際既に絶んとするの今日に当て、（中略）これに対する貴朝廷の決答は、即ち交誼断続の分るる所なり」と警告を与えた〔花房弁理公使復命書、京城変動之始末書、日省録〕。

八月二十一日、洪淳穆領議政は、山稜看審後封標の命を受けたため、書付けを花房公使に送り、これが終り帰京する迄会談を開始できないと通告した。朝鮮に於ては、国喪に当たり大臣を総護使に任ずる例で、山稜看審後封標は最も重大なる国務と考えられている。然るに国情の相違はあるが、花房公使は、領議政が王家の私事のため、国務を廃して離京したのは、最後通牒の回答期限を故意に遅延させるためと解し、朝鮮国政府の誠意の無さに甚だしく憤激した〔花房弁理公使復命書、朝鮮激徒暴動顚末記附録、京城変動之始末書、政治日記巻十四〕。

花房公使は、訓令の趣旨に従い、回答期限の前日である八月二十二日付を以て、国王及び領議政に対し、朝鮮国政府に誠意なく、不幸にして両国国交断絶に至るとも、その責任は全く朝鮮国にあることを通告した〔朝鮮激徒暴動顚末記附録、京城変動之始末書、善隣始末巻六〕。

花房公使が朝鮮国政府に、誠意なしと称して、最後通牒の期限前に国旗を捲いて京城を退去したことは、朝鮮国政府の甚だ意外とするところで、洪領議政は、八月二十三日回答書契を公使に送った。花房公使も、期限内に京城を退去したのは軽率であると誹謗されては、公使の立場を難しくするものがあり、その態度を緩和して交渉に応ずる事になる。この様に一旦決裂しかけた日朝会談も、八月二十八日、済物浦に碇泊中の軍艦比叡艦上に於て再開され、八月三十日には、花房弁理公使、朝鮮国全権大臣李裕元・副官金弘集が、済物浦条約六箇条・修好条規続二箇条に記名調印した〔花房弁理公使復命書、朝鮮激徒暴動顚末記附録、京城変動之始末書、弁理公使日乗、善隣始末巻六、東行三録、条約要説〕。

条約の中で特に注目を要する二箇条を詳しく見ることにする。

済物浦条約　第四条　因兇徒暴挙、日本国所受損害、及護衛公使水陸兵費内五十万円、由朝鮮国塡補事。

本条は、外務卿機密訓令第四条に規定された事変に対する損害賠償及び軍費賠償の規定であるが、当初、朝鮮国全権は、軍費賠償については場合により同意しても、損害賠償は絶対に拒否する意向を以て臨んだ。金額については、外務卿訓令には明示されずに花房公使に一任されていたが、井上外務卿は最高銀五十万円、若し朝鮮国政府が電信架設・鉱山採掘等の利権を提供すれば、二十五万円ないし三十万円に減額しても良いとの見解であった。しかし、清国から派遣された馬建忠は、事変に対する損害賠償要求の根拠が薄弱であり、又軍費賠償については、日本国陸海軍の出動状況より判断して最高五万円とし、花房公使にも非公式に減額の勧告をしたが、結着は五十万円であった。

済物浦条約　第五条　日本公使館、置兵員若干、備警事。

朝鮮国全権は、外国軍隊の首都駐屯は、主権侵害であること、日清両国軍衝突の危険を考慮して強硬に反対したが、花房公使は兵数を条約に明記しない事と、一年後随時撤兵の但書を附して同意させた。〔近代日鮮関係の研究〕。

七月二十三日に勃発した壬午軍乱、及びこれに対する日本国政府の方針を、最大の関心を以て注視しつつあったのは、黎駐日清国公使であった。黎公使は、七月三十一日花房公使遭難の公報に接するや、署理直隷総督張樹声に打電し、ついで日本国政府が出兵を決定したことを伝えた。張樹声は、事態の真相を確かめ、又日本国公使の行動を監視する必要性を認め、八月二日旅順口にいる統領北洋水師丁汝昌に出動準備を命じると共に、北洋大臣衙門の外交部長ともいうべき馬建忠を上海より召還した〔光緒朝中日交渉史料巻三、適可斎記行巻六東行三録〕。

日本国政府に於ても、清廷が今度の兵乱を傍観することなく、早晩何等かの行動に出ることは予期するところであったが、八月五日黎清国公使は、清国としての調停を、吉田清成外務卿代理へ提議した。吉田外務大輔は外務卿の方針に基づき、調停を謝絶したが、この件は政府としても慎重に考慮すべき重大案件であった。井上外務卿は下関へ出張中のため、吉田外務大輔は山県有朋参議と協議を重ねて、清国の調停を拒否する方針を、八月六日閣議に提出し、その決裁を経た上で井上外務卿に報告した。清国の調停提議は、日本国の拒絶によって一旦解消したが、八月九日、黎清国公使は総理衙門の訓電により、清国が陸海軍を派遣し、宗主国の義務として属邦を救済すると共に、属邦内にある条約国日本の公使館保護の任務に当たることを、公式に通告した〔善隣始末巻六、岩倉公実記巻下、花房家文書〕。

八月十日、統領北洋水師丁汝昌の率いる艦隊が済物浦に入港したが、既に日本国軍艦金剛が先着していた。十一日、近藤真鋤書記官と相浦紀道金剛艦長は、旗艦威遠に丁統領及び馬建忠を訪問し、近藤書記官は暴動事件並びに最近の朝鮮の政情を説明した。これに対し馬建忠は、事態の重大なることが出発前の予想を超える事を知り、至急本国より優勢なる兵力を朝鮮国首都に送り、乱党の首領を捕らえて反乱を鎮圧する必要を認め、丁統領と協議の上、馬建忠による上申書を携帯した丁統領が至急天津に向かった〔適可斎記行巻六東行三録〕。

丁統領は、朝鮮国出動の命を受けた呉長慶提督と会見して、出動に関する打合わせをした。出動準備が成った八月十八日、先発部隊として、約二千の兵を招商局汽船鎮東号、日新号の二隻に分載し、呉提督と丁統領は共に旗艦威遠に坐乗し軍艦泰安・拱北を率いた艦隊が、八月二十日、京畿南陽府馬山浦に到着した〔南通張李直先生伝記、天津談草、曽根海軍大尉煙台日記〕。

馬建忠は、艦隊の入港即日、旗艦に呉提督と丁統領をたずね、最近の情報を得ると共に、対朝鮮方針に関する署理直隷総督張樹声の重要訓令を受領したものと解釈される。八月二十一日、馬建忠は、大院君からの急報によって、日本国公使が要求冊子を提出し、その回答を三日後に限った事、又その後、交渉が決裂し、花房公使が京城を退去した事を知り、自ら仁川に急行し、八月二十四日、仁川府に於て花房公使と会見した〔適可斎記行巻六東行三録、日省録〕。

八月二十六日正午、呉提督・丁統領・馬建忠は、儀衛を備えて、雲峴宮に大院君を拝礼した。これに対し、午後四時頃、大院君は儀衛を従えて、黄総兵営に、呉提督・丁統領・馬建忠を答拝した。

馬建忠は直ちに大院君を帳中に誘い、長時間にわたって懇談し、日没時に迄及んだ。この間呉提督は、帳内にいる大院君に随行して来た者達を、帳外に誘い出して拘留し、帳内は、呉・丁両提督以下清軍将領のみとなった。馬建忠が、大院君に対し朝廷の指示により天津へ連行する旨を伝えると、大院君、慄然とした態度で周囲を見渡すが、もはや心服する配下の者は一人もいない。馬建忠は大院君を帳外に引率したが、外で待機していた輿は大院君の物ではなかった。馬建忠は、大院君を無理に輿に乗せると、丁統領の率いる騎馬兵百名に警護された一行は、暗夜泥濘の中疾走し、二十七日正午に、南陽府馬山浦に到着した。丁統領は大院君を軍艦に移し、天津への護送を命令した。

大院君拘致護送の後、呉提督・馬建忠は直ちに入城して、趙寧夏・魚充中に対して、大院君拘致の顚末を報告すると共に、朝鮮国として急いで行うべき事を挙げ、国王に密奏させた。八月二十七日、趙寧夏は南別宮に馬建忠を訪問し、国王の感謝の意を伝えると共に日本国との交渉内容について協議した。その上で国王は、李裕元を全権大臣、金弘集を副官に任命し、馬建忠の注意に基づき、日本国との交渉範囲を訓令し、両全権は八月三十日、仁川に於て、花房公使と済物浦条約・修好条規続に記名調印したのである。〔適可斎記行巻六東行三録、光緒朝中日交渉史料巻三〕。

壬午軍乱の終結後、京城の治安は、呉提督所属の六営約三千名の軍兵によって維持された。朝廷は、反乱を起こした朝鮮国軍の改編のために、軍事参謀の招へい及び新式兵器の供給を清国に依頼したが、呉提督の駐留が決定されたため、軍事参謀の人選は同提督に委任される事になる。呉提督はこれを袁世凱に託し、袁世凱は、朝鮮壮丁千名を訓練して清国式軍隊を整備すると共に、別技軍を改編して四営を完成させ、又各隊長には戚臣か国王の親臣を任命した。兵器は李鴻章に請願して英国エンフィールド施条銃千挺等が供給され、壬午軍乱後一年半にして朝鮮国は、比較的新式兵器に武装された二千名の軍隊を有する国になった〔朝鮮史六編巻四〕。

四　甲申事変

壬午軍乱後、清国の宗主権は極度に強化され、朝鮮国内の治安は維持されていたが、明治十七年（一八八四年）初め、清仏関係の緊張並びに同年四月の清国の政変によって、形勢は一変した。当時清国に於ては、孝欽皇太后の摂政が行われていたが、その太后を主として輔佐したのが、恭親王・李鴻藻等であった。四月の政変によって、太后を輔佐していた恭親王・李鴻藻が廟堂から逐われたことにより、孝欽太后の専権政治となり、醇親王を初めとする多くの者が重用されたが、無能者の登用・嬖臣により、綱紀紊乱・賄賂公行の政治となった〔張李子九録専録巻六〕。

殊に同年七月以降、南支那に於て清仏両国軍が衝突し、清国軍の敗報が伝えられると、宗主国の威信を著しく傷つけることになり、これがために、清国の威力に依頼してきた朝鮮国廟堂に動揺が生じ、依然として宗主国の支持下に安居すべきか、強隣日本の新興勢力に依頼すべきか、去就に迷う様になった。当時の廟堂は、戚族閔氏・趙氏を中心として成立していたが、清国の宗主権薄弱化によって従来殆んど廟堂に顧みられなかった、親日を標榜とする洪英植・朴泳孝・金玉均等の独立党の台頭を促すことになった。独立党は、日本の援助を期待しつつ、急進的革新を企画したのは、その実、戚族政権を打倒して、非戚族を中心とする新政権の樹立を目的としていた〔近代日鮮関係の研究〕。

明治十七年（一八八四年）初めより同年夏にかけて起きた清仏事変及び清国の政変によって、朝鮮国王は自国の前途に不安を感じ、従来期待しなかった日本国を好意的に支持する傾向が強くなった事が明らかになった。

四月二十八日、国王が、島村久代理公使を昌徳宮後苑に召見した際、国王は、盛んに明治維新以来の日本の進歩改革を称賛し、両国の国交日に敦厚を加えることを喜ぶ旨述べた。更に「将来両国に於て、如何なる難事差起候とも、相互に之を補助して、容易に了局すべきは深く信ずる所なり、尚依頼する事も可有之」と語り、この旨島村代理公使より日本政府に報告された〔明治十七年五月五日島村駐韓臨時代理公使発井上外務卿宛内信〕。

今、清国・朝鮮国の現状に重大な変化が生じた事によって、日清朝三国の現状維持を基礎とする日本国政府の方針は、当然再考されなければならない。井上馨外務卿は、依然として、消極的に清国との協調主義を取るか、或いは今度の機会を利用して消極政策を放棄し、朝鮮に積極的援助を与え、清・朝宗属関係を廃棄した完全なる独立国を目指すか、いずれかを選択する必要に迫られた。井上外務卿は、伊藤博文参議・吉田清成外務大輔及び竹添進一郎弁理公使と、商議を重ねたであろうが、その結果は全く知らされていない。政府は、対朝鮮政策の刷新を具体化する手段として、壬午賠償金の残額四十万円を、無条件で寄贈することに決定した。元来、この賠償金は政治的意味を有するもので、日朝両国共にその完済を予想していなかった。既に、条約の規定により、明治十五年度に五万円、十六年度五万円の分割払いを完了しているので、今権利を放棄しても実質的に日本に損失を及ぼすことなく、朝鮮国政府からは感謝を期待できる、いわば一石二鳥の名案と考えられていた（近代日鮮関係の研究）。

一年振りで帰任を命ぜられた竹添進一郎公使は、明治十七年（一八八四年）十一月一日昌徳宮に於て国王に謁見し、日本国皇帝の聖諭を奉じて、壬午賠償金の残額四十万円の返還を奏上した。又日本国政府の名を以て、汽艇一隻・山砲二門と砲車附属具を贈与した。公式謁見が終った後、国王は近臣をしりぞけて竹添公使と再び引見し、時事を論じ打ち解けた会談を行った。竹添公使は、清仏事変の大要を説明し、日本国政府の立場は、清仏両国間にあっても厳正に局外中立を維持する故、朝鮮もこれに倣い、局外中立を厳守する様上奏した〔善隣始末巻八、統理衙門日記巻三、日信巻一・巻二、明治十七年十一月十二日竹添公使内信、甲申日録〕。

竹添公使は国王と謁見の後、独立党の金玉均を招致し、隔意なく朝鮮国内政改革の必要性を論じ、独立党が日本の援助を得てこれを実行する決心があるのか質問した。竹添公使が独立党と協力して、積極政策を実施すべき意志を表示した初めである〔甲申日録〕。

十一月三日、国王・王妃は戚臣及び側近の重臣を召見し、日本国公使内奏の大要を伝え、その意見を求めた。戚臣閔泳翊は、壬午賠償金四十万円は、公法上当然返還すべきものを返還したもので、固より日本の好意と解すべきものではない、且つ日本国政府の対朝鮮政策は、反覆常なく信頼するに当たらないと奏上した〔近代日鮮関係の研究〕。

竹添公使が金玉均に、朝鮮政策の一変を暗示した三日後（十一月四日）、洪英植・朴泳孝・金玉均・徐光範は、島村久書記官を朴泳孝邸に招請し、将来取るべき方針について協議した。独立党の説明するところによれば、戚族は王妃の支持を得て、一挙に独立党を打倒しようとし、洪英植等が追放される日が迫っている。従って、先んじて独立党が直接行動を起こし、戚族の巨頭を倒す外はないと、その手段として次を挙げた。㈠日本国公使館落成を機会に国王の臨幸を請い、昌徳宮より校洞への途上中に、随行する重臣閔泳穆・韓圭稷・李祖渕を殺害し、その罪を彼等と反目している戚臣閔台鎬・閔泳翊等に帰してこれを死刑に処すること。㈡暗夜、支那服を着用した行動隊を配置して上記三名を殺害し、独立党幹部は王宮に於て、暗殺成功の報を待ち戚臣を処刑すること。㈢北部典洞に新築する郵征局落成祝賀の晩さん会を設け、戚族を招待し、刺客を放ちこれを殺害すること。㈣暗殺成功の確報を得て、日本国公使に対し、公使館警備隊一中隊を引率し入闕を要請すること。ついで十一月九日、金玉均は竹添公使を訪問し、十一月一日の竹添公使謁見後に於ける戚族の動静を詳細に報告した〔明治十七年十一月四日島村書記官朴泳孝金玉均等対話筆記、十一月九日竹添公使金玉均対話筆記〕。

独立党の報告に基づき竹添公使は、独立党と戚族との衝突は早晩免れ難いものと認め、十一月四日島村書記官の朴泳孝訪問、並びに竹添公使・金玉均会見顚末を報告すると共に対策二案を作成した。竹添公使は、明治十七年（一八八四年）十一月十二日付で、伊藤博文参議兼宮内卿・井上馨参議兼外務卿に、次の様に上申した。

甲案、我日本ハ支那政府ト政治ノ針路ヲ異ニスルヲ以テ、到底親睦ニ至ルヲ得ルノ目的ナシ、仍テ寧ロ支那ト一戦シ、彼レヲシテ虚傲ノ心ヲ消セシメバ、却テ真実ノ交際ニ至リ候モ難斗トノ御廟議ニ候ハバ、今日日本党ヲ煽動シテ、朝鮮ノ内乱ヲ起スヲ得策トス、何トナレバ我ハ求メテ支那ト戦ヲ開クニ無之、只朝鮮国王ノ依頼ニ依リ王宮ヲ守衛シ、右国王ニ刃向タル支那兵ヲ撃退ケタリト云名義ナレバ、何モ不都合無之儀ト存候。乙案、若又今日ハ専ラ東洋ノ和局ヲ保持スルヲ旨トシ、支那ト事ヲ生ゼズ、朝鮮ハ其自然ノ運ビニ任セ候方得策ナリトノ御廟議ニ候ヘバ、自分ノ手心ヲ以テ、ナルベク日本党ノ大禍ヲ受ケザル様保護スル丈ケニ止マリ可申候。

竹添公使は、更に次の様に附言している。

(略) 向後又々支那党跋扈スル様相成候ヘバ、日本党ハ必死ノ地ニ陥リ可申ニ付、必ズ斬姦ノ挙ニ出可申、其場合ニ差迫リ候ヘバ、電報ヲ以テ更ニ御指揮ヲ伺出候心得ニ御座候〔明治十七年十一月十二日竹添公使発伊藤井上両参議宛内信〕。

竹添公使がこの歴史的請訓を発した十二日未明、京城南山山麓より訓錬院一帯に、銃声が俄かに起こり、満都を震駭させた。国王が偵知させたところ、日本国公使館警備隊が、非常夜間演習を実施したものであることが判明した。これに憤激した国王は、早朝、協弁交渉通商事務金玉均を召見し、今、京城には日清両国軍が駐屯している故に、常に変事が突発する危険のある事を憂慮している。日本国が、何等朝鮮国政府に通告せずに、夜間演習を行うことは、両国軍衝突の風評を生み混乱をまねく元であり、速やかに竹添公使に説明を求めよと命令した。ところが、公使は一笑に附して、通例の演習は必ず統理衙門に通告するが、今日の如き夜間非常演習は、警備隊長の権限内で実行でき、公使の関知しないところだと回答した。ウイリアム・ジョージ・アストン英国総領事及びツェムブシュドイツ国総領事も竹添公使を訪問して説明を求めた〔甲申日録〕。

十一月十四日、徐光範は公使館を訪問して島村書記官と会見し、独立党と国王の関係を詳細に説明した。独立党の主張並びに立場は少しも国王に理解されておらず、むしろ、国王は、戚族と独立党の対立する両説を聴き、その判断に悩んでおられる事実を明らかにした〔島村書記官徐光範対話筆記〕。

この頃、朴泳孝・金玉均等は度々公使館を往来し、竹添公使・島村書記官と意見を交換し、又南部泥峴公使館警備隊本部を訪問し、警備隊長村上正積大尉と会見して連絡を緊密にした。洪英植も公使を訪問し、沈痛なる語気で朝鮮国政の紊乱を嘆き、長年の弊害を一掃するには、過激な直接行動によらなければ目的を達することができないと極言した。平常温厚沈着を以て知られたる洪英植の言動は、公使に深甚な印象を与えた〔竹添公使洪英植対話筆記、甲申日録〕。

竹添公使より伊藤参議・井上外務卿に宛てた報告は、十一月二十三日を以て絶えているが、その二十三日付報告は、洪英植との会談結果を報告し、又、十一月十二日の請訓を補足して「内政を医するに劇薬を用いざるべからざるとの論旨」を説明したに過ぎなかった〔明治十七年十一月二十三日竹添公使発伊藤井上両参議宛内信〕。

尚、竹添公使の十一月十二日付請訓が外務省に到着した際、井上外務卿は、山口に滞在中であった。やむなく、外務卿臨時代理外務大輔吉田清成は、伊藤参議の指揮を仰ぎ、竹添公使の甲乙二案の内、直接行動（甲案）を承認せず、平和を維持し、独立党に適当な保護を加える案（乙案）の採用を決定した。その後、山口滞在中の井上外務卿の同意を得た上で、十一月二十八日、竹添公使に訓電した〔明治十七年十一月二十八日伊藤参議吉田外務大輔発竹添公使宛電信〕。この電信は、長崎より千歳丸便で十二月七日、仁川に到着したであろうが、時既に、竹添公使の独立党支援は悲惨な失敗に終り、同公使は避難先仁川領事館で、この訓電を披見したであろう。

十二月四日、ついに、洪英植・朴泳孝・金玉均・徐光範・徐載弼等が準備した政治的叛乱、即ち甲申事変が勃発した。

叛乱の決行場所は、最近北部典洞に新設された郵征局開局祝賀晩さん会に設定された。十二月四日午後七時頃開かれた晩さん会には外交団よりリュシアス・フウト合衆国公使、チャールズ・スカッダー公使秘書官、ウィリアム・ショージ・アストン英国総領事、陳樹棠清総弁朝鮮商務、島村久書記官、川上立一郎外務三等属等が出席し、朝鮮側より主人として洪英植総弁、来賓として朴泳孝錦陵尉、金弘集督弁交渉通商事務、韓圭稷前営使、閔泳翊右営使、李祖渕左営使、金玉均、閔丙奭、徐光範、穆麟徳、尹致旲主事、申楽均司事が列席した。

晩さん会は洋式で行われたが、予定時刻である午後八時三十分を過ぎても〝安国洞別宮に放火成功〟の知らせがない。これは別宮が宏壮堅牢な建築物で、少量の燃焼物や火薬では容易に延焼しなかったためであった。放火失敗の急報に接した金玉均は、いずれの民家でも至急放火せよと命じた。午後十時近く李圭完は、郵征局北隣の民家への放火に成功した。

郵征局外路上に潜伏していた直接行動隊が閔泳翊の退出を発見するや、総島和作が躍り出て日本刀を以て一撃を加え、尹景純がこれに続いた。閔泳翊は、左耳後及び左大腿部に重傷を受け、悲鳴をあげて郵征局内に逃れ、その場に倒れた。騒ぎに驚いた来賓並びに郵征局職員・料理人等が一斉に路上に走り出たため、直接行動隊は事の意外に驚き、現場から逃走し、一方火災は消し止められた。

直接行動の第一歩で、重大な手違いをしたことを憂慮した金玉均・朴泳孝・徐光範は、日本国公使館へ急行した。島村書記官は、公使の決心に動揺がない事を断言し、更には警備隊が中庭に整列しているのを見た金玉均・朴泳孝等は、安堵して昌徳宮へ急行した。金虎門より入り、中宮柳在賢によって国王に謁見した金玉均等は、都下に重大な事変が発生し、閔泳翊は既に犠牲になったことを上奏し、暫く昌徳宮を去り景祐宮に避難することを請い、併せて日本国公使の保護を要請されるよう力説した〔甲申日録〕。

国王・王妃・王世子は、朴泳孝・金玉均等に強要されて、昌徳宮を出て景祐宮に向かい、宿衛後営使尹泰駿が軍卒を率いて護衛した。日本国公使館に於ては、郵征局の変後、島村書記官が帰還し、ついでアストン英国総領事も護衛兵を求めて来訪したので、竹添公使は、朴泳孝・金玉均等が直接行動に着手したことを知り、直ちに公使館警備隊長村上大尉に出動準備を命じた。ついで中宮辺樹が来訪して、竹添公使に、王命を以て入衛を要請した。景祐宮は、校洞にある公使館より、徒歩にて二十分程の距離にある。竹添公使は景祐宮に到着するや、島村書記官・浅山顕蔵三等属を従えて正堂階下に近付き、「日本公使竹添進一郎来見奉慰」と数回、呼号すると、国王は暗闇の中庭に出て公使を迎え、護衛のための参上をねぎらった〔竹添公使朝鮮京城事変始末書、甲申変乱事実、甲申日録〕。

独立党は事変の第一歩で重大な失敗をし、朴泳孝・金玉均は前途を懸念したが、その第二段階で国王の移御並びに竹添公使の来援が予定通り実行されたので、大いに気を持ち直し、郵征局並びに金虎門外で果たせなかった戚臣・三営営使斬殺を、景祐宮内で実行することにした。まず、後営使尹泰駿・前営使韓圭稷・左営使李祖渊の危急に際し、将臣としてその任務を全うしない罪を責め、李寅鍾・李圭完等に命じ、門後にひき出して斬殺した。ついで、判書閔泳穆・左賛成閔台鎬・判書趙寧夏が参内するや、金玉均が命令を出し、大門内に於て三人を殺害し、死体を門側の小房に放置した〔甲申日録、乙酉謀反大逆不道罪人尹景純等鞫案〕。

十二月五日未明、独立党は中官辺樹に命じ、各国公使領事を訪問して新政権の成立を通告すると共に、国王・王妃が景祐宮に移御されたため、参内する様要請した。フウト合衆国公使・アストン英国総領事が、同日午前八時景祐宮に参上した〔竹添公使朝鮮京城事変始末書、甲申日録、光緒朝中日交渉史料巻五〕。

十二月四日以来、独立党は混乱が甚だしく、政敵の暗殺以外に、何事も手を付けない状態にあった。独立党は、翌五日、国王に上申して、政府の改造・新政権の樹立に着手した〔甲申日録、龍湖間録巻二十三〕。

一方、竹添公使と独立党は、十二月四日夜郵征局に於て事変が勃発し、ついで国王が景祐宮に移御されてから、清国軍の攻撃を想定していたが、清国兵は桂洞附近に姿を現さなかった。統領駐防提督呉兆有・総理駐防営務処袁世凱等が、国王の景祐宮への移御及び日本軍出動の知らせに接したのは、翌十二月五日未明とみられる。日本軍が、国王の請求によって王宮守備に当たったため、呉兆有・陳樹棠等はその処置に苦しんだ。宗主国の代表者として、当然兵を率いて入闕し、国王を保護する責務のあることは自覚していたけれども、一面国王の請求もなく、又日本軍との衝突は避ける必要があり、即決断を下すことはできなかった。陳樹棠は同日午後、合衆国公使・英独両国総領事を訪問して協議したが、三国使臣は共に、日清両国軍が交戦すれば京城は混乱し、危害が外国人に及ぶことを恐れ慎重な態度をとる様希望した。袁世凱が独り強硬論を主張したが、呉兆有・陳樹棠は尚自重して動かなかった〔光緒朝中日交渉史料巻五、巻六〕。

当時国王は既に昌徳宮に還宮されていたが外部との交通が断たれていたため、内部の事情は一切不明となり、その運命に関して不穏な流言が流れていた。殊に洪英植が首謀となり、日本国公使支持の下に、国王を廃し庶王子を擁立したとの報が一般に信じられていた。これらの流言によって、満都の軍民は甚だしく憤激し、何時暴発するか計り難い形勢となった。この情況を見た呉兆有・袁世凱・陳樹棠等は、いよいよ事態を放置し難いものと認め、兵を率いて入闕することを決めた。袁世凱は、議政府右議政沈舜沢に対して、朝鮮国政府の代表者たる資格で、清国軍の出動を請求するよう勧告した〔統理衙門日記巻四、日案巻三、甲申年十月十八日袁営務処抵沈舜沢書〕。

朝鮮国政府代表者の公式出兵要請に接した呉統領は、いよいよ兵力投入を決意し、十二月六日午後、先ず差弁周徳武を昌徳宮に遣わし、呉兆有の名を以て国王の安否を尋ね、併せて国王への謁見を求めた。又、呉兆有は、袁世凱・張光前と連名で書函を竹添公使に送り、国王保護のため兵を率いて王宮内に進入しても、日本国公使に他意はない旨声明した。尚この書函が、朝鮮中官より島村書記官を通じ竹添公使に達したのは、戦闘開始後の十二月六日午後二時過ぎで、開く暇はなかったという。呉統領等は、国王並びに竹添公使より満足すべき回答を得なかったため、いよいよ戦闘を期して入闕するに決し、一隊は呉兆有がこれを率いて宣仁門より昌慶宮に進入し、一隊は袁世凱がこれを率いて敦化門に向かい張光前は予備隊を率いた〔善隣始末巻九、光緒朝中日交渉史料巻六、竹添公使朝鮮京城事変始末書、甲申日録〕。

昌徳宮内の戦闘は、十二月六日午後三時頃開始された。まず、宣仁門より侵入した清国兵は、左右両営と合流して発砲し、ついで敦化門に於ても、日清兵が衝突した。この方面の戦闘は最も激烈で多数の死傷者が生じたらしい。戦闘開始と共に銃丸が観物軒に到達したため、国王以下は後苑の林中に避難し、尹景完の率いる軍兵までも銃を捨てて潰散し、観物軒附近には一兵の守りもない。竹添公使は、防戦中に、国王を初め朴泳孝・金玉均等が、後苑の演慶堂に避難したのを知り、兵を率いて同所に急行した。しかし、同所は低地にあって危険極まりないため、国王は武監に負われて脱し、その後、北しょう門に移動する事態となった。独立党の大業は、今や頓挫したことは明瞭となった。洪英植・金玉均は国王を仁川に移し、日本国政府の援助を待つことを極力主張したが、国王は仁川に移ることを拒み、竹添公使も沈思するのみである。ただ、国王の身辺は極めて危険であった。国王が清国兵の手に落ちる事は、独立党政権の即時壊滅を意味するため、朴泳孝・金玉均・徐載弼は極力反対し、仁川に移る事を主張し、竹添公使の決心を促した。竹添公使は、今、日本兵が引き続き国王を護衛すれば、朝鮮兵の発砲によって、国王の一身に危険が及ぶかもしれず、万一の場合には、大事は瓦解することになる。ここは、一旦退いて再結集を図る外はないと述べ、浅山三等属を通じて、国王に拝別をした。国王これを聞き、北関王廟に急行された〔竹添公使朝鮮京城事変始末書、警備隊長村上歩兵大尉報告、甲申変乱事実、光緒朝中日交渉史料巻六、甲申日録〕。

国王に拝別した竹添公使は、村上警備隊長に命令を伝え、北しょう門を出て、朝鮮兵並びに乱民の襲撃を撃退しつつ迂回して公使館に帰還した。この戦闘に於て、飯島碩太郎歩兵曹長他兵一名が戦死し、面高俊一歩兵中尉他兵七名が負傷した。尚、朴泳孝・金玉均・徐光範・徐載弼等は、竹添公使と共に日本国公使館に避難した。

竹添公使が留守にした日本国公使館は、散々たる有様であった。六日午後、昌徳宮に於て日清兵が衝突し、銃声が響き渡るや、同日夕刻より、京城は全く動乱状態に陥った。清国兵・朝鮮兵は入り乱れて、日本国公使館を攻撃したが、大庭永成四等属に指揮された残留兵員・館員・職工によって撃退された。しかし、警備隊本部は防戦することができず、残留非戦闘員は全員虐殺され貯蔵米は掠奪に遭った。最も悲惨なのは居留民であった。自衛の手段もなく、ただ乱民乱兵の掠奪・暴行・惨殺が為されるままに、居留民二十九名は悲惨な最期を遂げたのである。〔警備隊長村上歩兵大尉報告、明治十七年事件仁川領事館書類、漢城之残夢、竹添公使朝鮮京城事変始末書〕。

竹添公使及び警備隊は、六日午後七時三十分帰還し、公使館は安全となった。当時公使館内には、公使館員家族等三十余名、請負人・職工・人夫等七十余名、兵員百四十余名、避難居留民十余名、合計二百六十余名の日本人が避難していた。日本国公使館には警備隊も配置され、優勢な清国兵の攻撃を受けない限り、久しく維持することはできるが、警備隊本部が掠奪されたことにより、食糧不足を来し、十二月七日夕刻まで支えることは不可能となった。竹添公使・島村書記官は、村上大尉と協議の上、仁川に退去して政府の後命を待つ事を決め、全員に公使館退去を申し渡した。

十二月六日、日清両国兵の衝突以来、京城各城門は固く閉鎖され、何人の通行も許されなかった。その中、公使館一同は決死に脱出を図るべく、村上正積大尉の指揮の下、安藤巌水少尉を前衛、小谷種美・面高俊一両中尉を後衛とし、公使以下非戦闘員を中央に置き、負傷者と弾薬を職工・人夫に運搬させ、午後二時三十分、公使館を突出した。校洞より鐘路に出て、途中朝鮮兵の襲撃を撃退しつつ、西大門を突破して、楊花津より漢江を渡った。楊花津から渡江後は、朝鮮兵の追撃もなく、十二月八日午前八時、仁川領事館に到着した。〔竹添公使朝鮮京城事変始末書、警備隊長村上歩兵大尉報告、漢城之残夢〕。

これより先、仁川駐在小林端一領事は、公使館御用掛武田邦太郎より公使撤退の急報を受け、陸戦隊を揚陸して領事館居留地の警備にあて、又公使館員避難民の収容準備を整えて一行を迎えた。尚、小林領事は、八日午後居留民の中の婦人小児を集めて、京城より到着した公使館員家族並びに非戦闘員等と共に、在泊の共同汽船株式会社船千歳丸に収容した。更に、十二月十日、既に合衆国公使館等に収容されていた居留民十六名、及び合衆国公使館と英国総領事館に分派されていた兵員が、小林領事に引き渡された。十二月十一日、汽船千歳丸は避難民を乗せて、仁川から長崎へ向かった。竹添公使は、木下真弘一等属を同船に便乗させ、事件の経過を外務省に報告する様指示した〔小林仁川駐在領事京城変動紀聞・余録、統理衙門日記巻四、光緒朝中日交渉史料巻六、善隣始末巻九、明治十七年事件仁川領事館書類〕。

この間京城は、すこぶる多事であった。昌徳宮後苑の戦闘に於て、日本軍との接触を失った清国軍は、その後、北関王廟に国王一行が居るとの報を入手し、袁世凱が同所に赴き国王一行を収容した。その後一行は呉統領営に移御された。尚、随行した洪英植・朴泳教及び士官生徒若干名は、朝鮮兵或いは清国兵によって殺害された〔甲申変乱事実、光緒朝中日交渉史料巻六〕。

国王を独立党の手より奪還した廟廷は、即時に活動を開始し、先ず督弁交渉通商事務金弘集の名を以て、竹添公使の不法を非難・追求した。又、合衆国公使・英独両国総領事に照合して、日本国公使が叛徒と通謀して国王を拘禁し、大臣を殺害した事実を訴え、その公正なる判断を求めた〔美案巻三、英信巻三〕。

十二月十六日、井上馨外務卿は、伊藤博文参議及び山県有朋参議兼陸軍卿と事変の善後策を協議した。この時、木下真弘一等属も上京し、竹添進一郎公使の執筆による京城事変始末書、並びに十二月六日より十一日迄の同公使と統理衙門・清国官憲との往復文書謄本も提出されて、事変の経過は詳細に検討された。三相会議に於ては、全権弁理大臣派遣を決定すると共に、仁川に滞在中である竹添公使に対し、至急京城への帰任を命じ、更に井上毅議官を特派して同公使を輔佐させることとした〔善隣始末巻九〕。

井上外務卿は、甲申事変の具体的善後策を熟慮したが、政府部内に於てすら竹添公使に対する非難は相当なものがあり、ひいては外務卿の責任問題を惹起する恐れがあり、且つ問題は日朝交渉より日清交渉に転ずる恐れがあるため、その処理は慎重を必要とした。本事件の処理に当たって、責任の所在を明確にすることが第一義であるが、竹添公使と交わした清国・朝鮮国両当局の往復書類によれば両国官憲は事変に関する全責任を竹添公使に帰し、同公使のこれに対する反駁は、明確を欠く嫌いがあった。井上外務卿は、変乱の真相を究明し㈠同公使が朴泳孝・金玉均等の独立党と密接な関係を有し、彼等の叛乱計画に参与したこと、㈡同公使が、公使館警備隊を以て景祐宮の諸門を占領し、叛徒の不法暗殺に援助を与えたこと、㈢公使が三日間王宮に滞在し叛徒を支持したこと、㈣朴泳孝・金玉均等の日本亡命に援助を与えたこと等については、疑問が少なくないけれども、政府はこれらの責任の帰属は、第二義的に置く事にした。何よりも優先させたのは、事変の結果、日本国代表者が不法な攻撃を受け、公使館は焼失し、居留民が惨殺された責任を問い、朝鮮国政府の謝罪・損害賠償及び被害者救済金を要求することであった（井上外務卿朝鮮事変査弁始末書、世外井上公伝巻三）。

以上の井上外務卿による方針は、明治十七年（一八八四年）十二月十九日、閣議に於て決定され、同外務卿は特派全権大使に任命され朝鮮国へ派遣された。

井上大使が東京出発に際して最も苦慮したのは、竹添公使が日本国を代表する使臣でありながら、当該国の叛乱に参加したという非難であった。大使は変乱の真相を掌握するのに腐心し、仁川に到着するや、変乱関係者より一切の事情を聴取するに及んで、以下の確信を得たという。竹添公使は朝鮮の政情に疎いため、独立党及びこれと共謀する一部日本人並びに公使自身の属僚に利用され、しかも一国の代表者としての行動に慎重を欠いた結果、乱党通謀の嫌疑をこうむったが、その実公使として越権行為があったものと見做すことはできないというものであった〔井上外務卿京城事変査明事実書〕。しかし、この主張は主として内政的理由より考案されたもので、事実とは懸け離れていることは、明白であった。

井上大使は、朝鮮国代表者との会議に当たって、竹添公使の責任問題に論議が及ぶと、収拾できない破目に陥ると考え、責任論に根拠を与える竹添公使・統理衙門往復文書を基に協議することを一切拒絶し、ただ将来の善後処理に限り、話し合う方針を以て会議に臨んだ。

明治十八年（一八八五年）一月四日、趙秉鎬督弁交渉通商事務・穆麟徳協弁交渉通商事務が井上大使を公式訪問するや、その会談の初めに、早くも統理衙門・竹添公使往復文書を閲覧したかと質問した。大使は、即時これに対し「素より委細閲了せり、然るに本使に於ては、是迄往復ありたる公文之意、引続きて御談判可申儀に無之候、（中略）決して政府と政府との往復すべき公文に無之候（略）」と述べて、変乱責任論に対する大使の見解を示した。〔井上大使復命書〕。

趙秉鎬・穆麟徳の退去後、リュシアス・フウト合衆国公使が旅館に来訪したので、大使は隔意なく意見を交換した。フウト公使は大体井上大使と同意見であったが、ただ竹添公使の行動が駐在使臣として、やや不謹慎な事実を指摘した。ウイリアム・ジョージ・アストン英国総領事、ブッドラードイツ国総領事代理も同じ見解を持っていたという。これらの事情より判断して、井上大使は、竹添公使の召還がやむを得ないことを覚ったであろう〔明治十八年一月八日井上大使発吉田外務卿臨時代理宛報告〕。

一月六日、井上大使は国王と謁見し、変乱の処理に関して、隔意なく意見を交わした。大使は、江華条約及び済物浦条約締結の経験から、日時を無駄に過ごすことなき様切望し、更に竹添公使と統理衙門との往復文書について注意をした。「（略）若し右公文の主意に基き談判すべしとの旨意を以て、御委任相成候時は、本使は其御委任に応じ難く候（略）」と述べ、国王が、竹添・統理衙門往復文書に基づく交渉に委任を与える時は、これに応じないと表明した〔井上大使復命書〕。

一月七日、開催された第一次会談に於て、日朝全権団は、朝鮮国全権委員の委任状修正問題で正面衝突を来した。井上大使は、全権大臣金弘集の全権委任状を見て、「京城不幸有逆党之乱、以致日本公使誤聴其謀」等の文字を不当とし、その削除又は修正を要求した。しかし、金弘集は、竹添公使が、逆党の謀を聴き入れて誤りを為したとの意の修正には応じず、当日の会議は打ち切りとなった。井上大使の再三の注意に拘らず、金弘集全権が変乱責任論を提起することは疑いなく、井上大使の責任論回避の方針も、実現の不可能が懸念された。大使は深くこの事態を憂慮し、同行した井上角五郎を召致して「朝鮮と講和の条約を結ぶに、敢て償金の多きを望まず、又文辞の卑きを欲せず、唯今回の変乱曲は日本に在りということなくんば可なり」と語り、金弘集・金允植等にその意向を伝えさせた。恐らくこの際に、大使は、竹添公使・島村書記官・浅山外務三等属召還の意志があることを漏らしたであろう。井上角五郎は大使の内命を受け、即夜、金弘集・金允植に会見を求めて、大使の意向を伝達した〔善隣始末巻十、井上大使復命書、日案巻三、漢城之残夢〕。

金弘集を初め、朝鮮国政府首脳といえども、日本元老政治家の一人である井上外務卿が来朝した以上、その提議は日本国政府最後の決心を示すもので、もしこれに同意しなければ重大な結果を生ずることを理解していた。更に、日朝交渉を監視しつつあった清国呉大澂・続昌両使の言によって、清廷が今度の変乱を機会に、日朝両国が正面衝突を来し、累を清国に及ぼすことを、最も好まない情勢であることも理解していたであろう。ただ問題は、金弘集・金允植を初めとする朝廷の政治的立場にある。若し、金弘集が井上大使の注意を容れ、その要求に無条件で同意すれば、強隣の圧迫に屈伏して国権を喪失した罪人として、その政治的生命を失うのは勿論、累を国王戚族に及ぼす危険がある。国内策より見ても容易に譲歩はできない。けれども竹添公使・島村書記官等が召還されたならば、国王以下の面目も立つわけで、この上は日本国の要求に同意を表しても、少しも政治的危機が生ずるはずがない。以上が、朝鮮国の方針が一月七日一夜にして一変した理由であろう〔近代日鮮関係の研究〕。

一月八日、第二次会談が議政府に於て開催され、井上馨・金弘集両全権は、前回衝突した全権委任状問題を解決し、善後条約案の審議に入った。両全権は極めて協調的に審議を進め、明治十八年（一八八五年）一月九日、井上大使・金弘集全権は、議政府に於て、朝鮮国の謝罪・損害賠償等を定めた漢城条約に記名調印した。又、明治十七年十二月六日より同年十二月三十一日の間に、竹添弁理公使・統理衙門間に往復された照合公函二十五通は、互いにこれを撤回することを協定した。調印と前後して井上大使は、竹添公使に一時帰朝を命じ、島村書記官を、交渉経過報告のため帰国させ、浅山顕蔵三等属・大庭永成四等属等は京城を去り、公使館の人員は一新された〔井上大使復命書、日案巻三、明治十七年事件仁川領事館書類〕。

しかし、漢城条約の調印と同時に協定された竹添弁理公使・統理衙門間に往復された照合公函二十五通の撤回は、以後の日本の歴史に深い傷痕を遺す源となった。

日本政府は、変乱責任論の根拠となる往復照合公函に基づく交渉を拒絶した上で漢城条約を締結したが、この結果、竹添公使等が、朴泳孝・金玉均等の独立党と密接な関係を築き、彼等の叛乱計画に参画し、叛徒による不法暗殺を支援した等の嫌疑を闇に葬ることになってしまった。

更に不可解な事に、一年振りに帰任を命じられた竹添公使は、十一月一日、国王に謁見後、十一月二十三日付を最後に、外交官の主たる任務である本国政府への報告を中断した事である。中断後の時期は、竹添公使による十一月十二日付、伊藤参議・井上外務卿宛の上申によって、対朝鮮政策が対策二案のどちらに決定されるのか、固唾をのんで待つ大事な時であった。しかも、この時期は、朴泳孝・金玉均等独立党が、連日公使館を往来し、竹添公使等と緊密な連絡の下で、叛乱計画を進めた疑いのある時期と重なり、見逃すことはできない行為だ。実に、本国政府への報告が、十一月二十四日以降中断されたことによって、十二月六日より十二月三十一日迄の、竹添公使・統理衙門間の往復公函二十五通の撤回と合わせて、この間の日本・朝鮮国間の外交関係は、歴史上、隠蔽状態となった。

まだ、不可解な事がある。竹添公使は、十一月十二日の請訓によって、伊藤参議・井上外務卿宛に対朝鮮政策二案を上申したが、その回訓を待たずして、直接軍事行動に着手した事である。本国政府の命（回訓）なしに、武装した兵を率いて王宮に侵入する事は、本国に対する大罪であり、犯す人はいない筈だ。この件については、伊東巳代治太政官大書記官も指摘した（伯爵伊東巳代治巻上）。所が、竹添公使は、政府の回訓なしに軍事行動を執った。従って、竹添公使は、前以て伊藤参議・井上外務卿より、警備隊出動のための条件について、内諾を得ていたとの疑いが生ずる。即ち、十一月十二日付竹添公使による、伊藤参議・井上外務卿宛の上申書の中の甲案「（略）今日日本党ヲ煽動シテ、朝鮮ノ内乱ヲ起スヲ得策トス、何トナレバ我ハ求メテ支那ト戦ヲ開クニ無之、只朝鮮国王ノ依頼ニ依リ王宮ヲ守衛シ、右国王ニ刃向タル支那兵ヲ撃退ケタリト云名義ナレバ、何モ不都合無之儀ト存候」が、竹添公使の日本滞在中に、既に、伊藤参議・井上外務卿より内諾を得ていたと推定でき、又、その内諾に基づき、竹添公使は直接軍事行動に着手したに違いない。

所で、伊藤参議は、朝鮮国が日本を支持する党と、清国を支持する党が対立している政情を、良く認識していた。伊藤参議は、李鴻章に対し、次の様に語っている。

閣下ノ知悉セラルル如ク、朝鮮ニハ二派ノ党与アリ。一方ハ日本ヲ賛成シ、一方ハ清国ヲ賛成ス。両派疾視シテ互ニ権ヲ争ヒ永炭相容レサルノ勢アリ。貴我両国袖手傍観徒ラニ之ヲ看過シ去リ、コノ現状ヲシテ此儘ニ存セシムルトキハ、両党ノ軋轢ハ益急激ヲ極メ、何等ノ事変ヲ醸スニ至ルヘキ歟逆シメ料ルヘカラサルモノナリ〔伊藤特派全権大使復命書附属書類「天津談判筆記　第四」〕。

従って、甲申事変〔京城事変〕の首謀者は朴泳孝・金玉均等ではあるが、政府転覆を煽動したのが竹添公使であると共に、伊藤参議・井上外務卿は、前以て竹添公使の策略に内諾を与えていた可能性が、極めて高い。だからこそ、策略の証となる二十五通の往復公函を闇に葬り去るために、公函の撤回を協定したに違いない。又、この策略と行動は、史実の隠蔽だけに止まらず、以後の日本国の進路、即ち、大日本帝国主義による海外侵略に利用され、様々な血塗る変乱・事変を誘発する前例となっていくのである。

五　天津条約

甲申事変の善後処理には、日朝両国の直接交渉よりも、日清両国の交渉を待たなければならない事は、清国朝廷に於ても十分理解されていた。清廷は、日清両国駐屯軍が衝突したとの報道に接するや、総理衙門・北洋共に事件不拡大の方針を定め、十二月十二日、総理衙門大臣徐用儀・鄧承修は榎本武揚全権公使を訪問し、朝鮮に於て日清両国軍が衝突しても、これは清国が日本国に対して敵意を懐くことを示すものではなく、両国須く一致協力して、西洋諸国の侵略を防ぐことを要すると述べ、又李鴻章総督も同じ事を天津駐在原敬領事に語った〔光緒朝中日交渉史料巻五〕。

総理衙門は、日清の紛争の発端を解明するために、呉大澂を朝鮮に派遣したが、井上大使が、単に形式上の手続き不備を理由に、呉大澂との会談を拒絶したため、現地での日清交渉の機会が失われ、又中国欽差使臣の体面を毀損したことに不満を抱いていた〔光緒朝中日交渉史料巻六〕。

日本国政府は、清廷より更に困難な立場に置かれた。甲申事変終結から一ヵ月が経過したが、尚、清国兵の日本国公使に対する発砲及び非戦闘日本人惨殺に関する責任について何等見込みが立たないことは、日清日朝関係の将来に悪影響を与えるだけでなく、国内問題としても、政府の威信に影響を与える虞があった。当時政府では、伊藤・井上両参議を中心として対清国方針が研究されていたが、政府内に於ては積極消極両論が対立して、容易に決定に至らない。政府の根本方針として日清両国共同撤兵を提議することは、既に確定していたけれども、清国軍指揮官の責任については、尚研究の余地があるものと見ていた。伊藤・井上両参議による平和的解決論には、反対意見が少なくないだけではなく、清廷が日本国政府の提議に同意するかも不明であり、むしろ、清廷が無条件で共同撤兵に同意することは不可能と見越して積極的に在朝鮮兵力を増加させ、朝鮮の要地を占領して、事態の推移を待つ方が外交上有利であると主張するものがあった。榎本駐清公使の意見がそれである〔伊藤参議意見書草案、明治十八年一月七日榎本公使発吉田外務卿臨時代理宛報告〕。

但し政府は、榎本公使の意見に絶対的信頼を置かず、他の方面より朝廷の意向を打診しようとした。その糸口となったのが、日本に駐箚した経験を持つ、駐清英国公使サー・ハリイ・パアクスであった。政府は、同公使を通じて、清国政府が無条件共同撤兵を基礎条件に、日清交渉に応ずる準備があるのか、並びに日本より伊藤参議を派遣すれば、清廷は慶郡王若しくは李鴻章を全権委員に任命する意向が有るか否を打診した。パアクス公使はよくその依頼に応じ、総理衙門の同意を確かめ、これを内報した。ここに、日本国政府の対清国交渉の方針は確定したのである〔世外井上公伝巻三〕。

明治十八年（一八八五年）二月二十四日、伊藤博文参議兼宮内卿は、特派全権大使として清国差遣を命ぜられ、一方、清国朝廷は李鴻章総督を全権大臣として任命した。

第一回会談に於て、伊藤大使は、日本国政府の要求の全貌を明らかにした。㈠共同撤兵について、日本側は、条約上の権利である公使館警備隊も同時に撤兵する準備があること。㈡日本国公使に発砲するなどの兵士の暴行を許した朝鮮駐在清国将領を懲戒すること。㈢遭難に遭った日本人に損害賠償を支払うことの三箇条である。これに対し、李鴻章は、日本国政府の要求する三条件が、日清両国軍の衝突を根拠とする故に、事変の責任の所在を明らかにする必要があるとし、その上で竹添公使による軍隊の王宮内駐屯を非難した。これに対して、伊藤大使は、国王の親書を以て請求されたと応酬した。天津に於ける日清会談は、三回実施されたが、全く暗礁に乗り上げてしまった〔伊藤大使復命書附属書類天津談判筆記第一、光緒朝中日交渉史料巻七〕。

第四回会談に伊藤大使は、最後の決意を以て臨んだ。会談の始めに、李鴻章が全体論に入ることを避け、先ず撤兵の件を討論することを要望し、伊藤大使もこれに同意し、両者は日清両国軍の共同撤退を討議した〔天津談判筆記第四、光緒朝中日交渉史料巻七〕。

第六回会談に於て、ようやく共同撤兵条約案が協定された。この時点で李鴻章には懸案が無くなったが、伊藤大使には、朝鮮駐在清国将領の懲戒と被害者損害賠償要求の二件が残っている。伊藤大使は又もや李鴻章と激論したが、要は前言を繰り返したに過ぎなかった。大使が、清国将領の懲戒を要求すれば、李鴻章は、変乱に対する竹添公使の責任論を以て応酬し、清兵の暴行を論じて、被害者の供述書を引用すれば、調査結果かかる事実は絶対にないと否認するのみである。

李鴻章は、日本の新聞等によって日本の世論が甚だ奮激し、李があくまでその主張を曲げなければ、伊藤大使が折角成立する撤兵条約を破棄するのもやむを得ない決心である事を知った。これにより、李鴻章は、軍機処訓令を多少変更し、朝鮮駐留清国兵を査問の上、若し兇行を犯した者があれば、厳罰に処すことを公文を以て照会する事を約した。ここに於て、天津会談の重大案件は全部完了し、明治十八年（一八八五年）四月十八日、伊藤大使・李鴻章は、直隷総督衙門で、天津条約三箇条に記名調印した。〔天津談判筆記第六、光緒朝中日交渉史料巻八、伊藤大使復命書〕。こうして、日清両国は、朝鮮への派兵に当たっては、互いに「行文知照」、つまり事前通告することを認めあったのである。

所で、第一回天津会談に於て、李鴻章は次の様に述べている。

（前略）竹添公使ハ六大臣謀殺ノ事ニ連累ナリト信セサレトモ、而カモ六大臣ヲ屠戮シタルハ、当時王宮ヲ守ル所ノ貴国兵ノ力ヲ籍テ成シ遂ケラレタルハ疑ナシ。何トナレハ、貴国兵城門ヲ堅ク鎖シテ何人モ進入スルコトヲ許サス、其間ニ乗シ王宮内ニ於テ六大臣ヲ謀殺シタルヲ以テナリ〔天津談判筆記第一〕。

これに対して、伊藤全権大使は、答えた。

閣下ノ所説ニ拠レハ、六大臣ヲ惨殺シタルモノハ我兵ノ力ニ拠テ成シ遂ケラレタリト云ハルモ、能ク虚心熟思アリタシ。抑モ暗殺ハ必スシモ兵力ノ助ケヲ借ルヲ要セス、何時モ容易ニ成シ遂クヘキモノナルコトヲ考ヘラルヘシ。
閣下ハ彼ノ六大臣惨殺ノ事ヲ以テ我兵ノ直接補助ナリト云ウコト能ハス。或ハ其結果ニ於テ間接ニ多少ノ効アリシト云ハンカ、間接ノ結果ニ至テハ我之カ責ニ任スルノ理ナシ（略）〔天津談判筆記第一〕。

と、日本軍の直接・間接の関与を否定している。竹添公使が、王宮からの要請により、警備隊を率いて国王の許へ参上したのが、明治十七年（一八八四年）十二月四日夜十時頃であったが、「甲申日録」は、当夜実行された六大臣惨殺を次の様に記している。

朴君○朴泳孝対尹○尹泰駿李○李祖渕韓○韓圭稷三人曰、今当変乱、要日本公使率兵護衛、（略）尹泰駿先言要出、仍使領出、纔到小中門外李圭完・尹景純結果了、（略）韓与李万不得已、乃出景祐宮後門、○此門外各営兵卒尽来集守衛矣、於門外黄龍沢・尹景純・李圭完・高永錫下手了案、閔泳穆来到景祐宮正殿外、以名札要日本通詞楓玄哲人送、乃使李圭完・高永錫擁護而入、纔到大門内、日本兵士衛立之中行事、趙寧夏次之、閔台鎬又次之、一例結果了。〔甲申日録、甲申年十月十七日条（明治十七年十二月四日）〕。

「朴泳孝は、尹泰駿・李祖渕・韓圭稷の三人に対していう。今度の変乱に当たり、日本公使が率いる兵を護衛に差し向けた。（略）尹泰駿をまず外へ呼び出し、更にひき連れて無理やり門を出、やっとのことで小中門外に達し、李圭完と尹景純が尹泰駿を殺害した。（略）韓と李に対しては、なかなか執行できない。やむなく、景祐宮後門を出、兵士が集合し守衛する門外に於て、黄龍沢・尹景純・李圭完・高永錫等が殺害した。閔泳穆が景祐宮正殿の外にやって来た。金玉均が名札のある者だけの入門を許した。すなわち、名札のない閔は、李圭完・高永錫によって抱きかかえられ、やっとの事で、大門内に入り、日本兵士警衛の中で殺害された。次に、趙寧夏・閔台鎬がこれに続き、一連の殺害は終了した」。

この記述の中に「日本兵士衛立之中行事」とあるが、これは、日本兵の警衛のもとで、殺害が執行された事を示している。

日本兵の配置について、竹添公使は、明治十七年十二月七日付金弘集への照合公函で、〝日本兵を諸門に配置し、守衛兵は出入りする者を一人一人姓名を問い、これを伝えて、許可のあった者を通行させた〟と記している〔日案巻三、善隣始末巻九〕。

日本兵の関与について、朝鮮国義禁府に収容された政治犯の調書である「乙酉謀反大逆不道罪人尹景純等鞫案」は次の様に記している。

甲申年十月十七日（明治十七年十二月四日）郵征局変ニカカル（略）与李圭完・崔恩同及矣身、令聴日人之指揮、且曰李圭完能為日語、須聴日人指揮為之也、日人即率矣等出来、有頃召一老宰相入来、圭完即与日人耳語、即為斫其老宰相、矣身与李崔両漢、同為犯手矣、追後聞之云是閔督弁〇閔泳穆也、其後又召一宰相入来、圭完又与日人耳語、発声斫之、矣等同為犯手、此則趙判書〇趙寧夏云也（略）。

「李圭完と崔恩同なんじらは、日本人の指揮に従わなければならない。その上、李圭完は日本語がよくできるため、当然日本人の指揮に従って、これを実行する必要がある。日本人が直ちに彼等を整列させると、しばらくして、呼び出した一人の宰相が入ってきた。李圭完が即座に日本人に耳打ちし、直ちにその老宰相をたたき切った。李圭完と崔恩同の両人は、共に同じ罪を犯した。後で聞くと、この人が閔督弁、即ち閔泳穆であった。その後、又呼び出した一人の宰相が入ってきた。李圭完が、又日本人に耳打ちすると、声を上げて宰相をたたき切り、同じ罪を犯した。これが趙判書、即ち趙寧夏であった（略）。李祖淵・尹泰駿・韓圭稷・閔台鎬も同じ様に殺害された」。

更に、これらの殺害について、竹添公使は甲申事変の勃発前に、金玉均等独立党に対し承認を与えていたことが、甲申日録に見える。十一月二十五日午後二時頃、金玉均が竹添公使を訪ねた際、「因明言除去諸閔及数三奸臣之計、竹添無不賛成其説」と殺害計画を承認したとある。諸閔及数三奸臣とは、閔泳穆・閔台鎬・閔泳翊・趙寧夏・韓圭稷・李祖淵・尹泰駿のことである。

六大臣等が殺害されたのは、十二月五日未明に近かったが、最も凄惨な最期を遂げたのは、中官柳在賢であった。柳在賢は国王・王妃の恩寵厚く、官官中最も勢力を有し、戚族の走狗として革新派の嫉視を受け、暗殺名簿に記載されていた。金玉均・朴泳孝の殺害命令を受けた李寅鍾は、柳在賢を堂下に蹴落し、金奉均と協力して斬殺した。この惨状を目撃した国王は、恐怖におののき、「勿殺勿殺」と連呼したが、通じなかった〔甲申大逆不道罪人喜貞等鞫案、甲申変乱事実〕。

竹添公使が、金玉均による「諸閔及数三奸」の殺害計画を承認し、十二月四日夜には、六大臣を「日本兵士衛立之中行事」と殺害現場を記録した甲申日録、又「令聴日人之指揮」の下で六大臣を殺害したとする〝乙酉謀反大逆不道罪人尹景純等鞫案〟、並びに柳在賢の斬殺を記録した〝甲申大逆不道罪人喜貞等鞫案〟、甲申変乱事実等を見ると、日本側の関与があった事を認めざるを得ない。従って、竹添公使が、朴泳孝・金玉均等による不法暗殺を幇助した事は明白である。

竹添公使は、殺害について、公式復命書である「朝鮮京城事変始末書」に、次の様に記している。

（略）昨夜大臣数名ガ景祐宮ノ内外ニ於テ刺殺セラレタルコトヲ此夜ニ及ビテ確知セリ。何故ニ昨夜我公使ハ景祐宮ニ在テ此事変ヲ見聞セザリシカト云ウニ、前記ノ如ク我公使ハ昨夜国王ニ咫尺シテ殿外ニ出デズ、国王ノ左右ハ此事ヲ談ズル者ナク内外隔絶シテ通ズルコトナカリシガ、此日ニ至テ此風説隠レナク、夜ニ及ビテ衆人一口其言フ所符節ヲ合シタルガ如シ、因テソノ事実ノ確タルヲ知リ得タリ（略）〔明治文化全集第六巻〕。

要約すると次の様になる。大臣等の殺害が執行されたのは、昨夜（十二月四日夜）であったが、竹添公使が殺害の執行を知ったのは今夜であった。昨夜は、国王と一緒であったために、外部とは隔離されており、殺害について見聞していない。

しかし、竹添公使は、「此夜（四日）三時頃内官柳在賢ノ謀殺セラレタルヲ見タリ」と朝鮮京城事変始末書に記し、更にこの殺害について、「彼レ硝薬ヲ以テ王宮ヲ焼ン事ヲ企テタルガ事発露シテ捕殺セラレタルナリト」と徐載弼が答えたと記している。徐載弼は、叛徒の一員であった。実に、竹添公使は、柳在賢が、金玉均等叛徒によって斬殺された事を知りながら、〝王宮を焼く企てが発覚して捕殺された〟と偽装したのである。又、柳在賢が斬殺された時間について、「乙酉謀反大逆不道罪人尹景純等鞫案」は〝李圭完が韓圭稷を殺害して、門内に戻ると、既に、柳在賢は殺害されていた〟と記している。従って、竹添公使が、六大臣殺害について、外部とは隔離された国王の居所にいたため、見聞しなかったとする記述は、信憑性に欠けるのである。

伊藤全権大使は、第一回天津会談に臨む前に、井上外務卿から、朝鮮変乱について記載した漢城事変始末書及び査明事実書の他、一切の案件文書を受け取っていた（善隣始末巻十一）。従って、伊藤全権大使は、隠蔽と偽装のある朝鮮京城事変始末書にも目を通した上で、天津会談に於て、六大臣惨殺に係る日本側の直接・間接にわたる関与を否定したのである。これによって伊藤全権大使は公然と取り返しがつかない隠蔽を行ったのである。

隠蔽行為については、井上全権大使も同じ罪を犯した。明治十八年（一八八五年）一月九日、井上全権大使は、金弘集全権大臣との間で、漢城条約に調印したが、同時に、竹添公使と朝鮮国統理衙門間に往復された照合公函二十五通の撤回も協定した。この照合公函二十五通の撤回こそが、竹添公使による通謀行為の隠蔽そのものであった。この協定は、竹添公使が、朴泳孝・金玉均等独立党と密接な関係を築き、叛徒の政府転覆計画に関与し、同公使が警備隊を率いて王宮を占拠し、政府六大臣の暗殺を幇助した嫌疑等を隠蔽し、その責任回避のために公然と実行されたものであった。

伊藤・井上両全権大使による隠蔽とは、日本国による、更には日本民族による隠蔽であり、罪のある取り返しのつかない行為であった。これらの行為は、史実の隠蔽だけに止まらず、以後の日本国民の精神構造に大きな傷痕を刻む事になった。即ち、国民は隠蔽のある歴史をそのまま受け入れ、内化・継承して来たため、国民の精神構造には、隠蔽性の存在を認めざるを得ず、昨今の社会生活ではこれが随所に露出し、この体質こそが、隠蔽のある歴史をそのまま受け入れ、内化してきた日本人の負の遺産である。

六　甲申事変後の政情

甲申事変勃発により、清国軍は、日本国公使館警備隊を攻撃し、遂に警備隊は仁川に退却したが、若し日本国政府が直ちに有力な陸海軍を増派すれば、京仁間は悲惨な戦場と化するのは避け難い。朝鮮国王・戚族は、先ずこの事を恐れた。この上は、両国より強大な第三国の干渉を懇請して、少なくとも、日清両国軍隊の朝鮮国領土内での開戦を防止する必要があると、ロシア干渉政策を押し進めたのが、国王と協弁交渉通商事務穆麟徳（メレンドルフ）であった〔近代日鮮関係の研究〕。

国王は、廟堂・統理衙門には固よりメレンドルフにすら極秘で、ロシア国皇帝の保護を懇請する内容の親書を作成し、権東寿・金鏞元等四名に附して、咸鏡道慶興府を経てウラジオストックに潜行させた。彼等は、沿海州軍務知事に会見を求め、国王の親書の進達を依頼し、その回答を受領して、明治十八年（一八八五年）五月京城に帰着した。しかし、ロシア国政府が、この非合法な手段によって手交された朝鮮国王親書をいかに取り扱ったかは、不明である〔明治十八年五月二十六日駐韓代理公使近藤真鋤報告〕。

ロシア国皇帝の保護を要請するに当たり、メレンドルフは、合法的手段を取った。彼は王命を以て在東京ロシア国公使館への打電を請求したが、国王は、メレンドルフの請求には同意したが、自らが行った密使派遣は、秘密にしていた。

朝鮮国王の保護要請を受けた、駐日ロシア国特命全権公使ダウィドフは、真相を確かめるため、スペエル書記官を派遣した。スペエル書記官は、横浜より同国巡洋艦「ラズボイニク」に搭乗、明治十七年（一八八四年）十二月二十八日仁川に入港、翌年一月二日国王に謁見し、同七日仁川を出港帰国した。スペエル書記官は、メレンドルフだけでなく、趙秉鎬督弁交渉通商事務とも会見し、日清開戦に際し朝鮮の中立を維持する方法について、相当深く意見を交換し、メレンドルフは同書記官があらゆる手段の保護を約したと述べている。それが実現しなかったのは、日清両国が共に事変不拡大の方針を取り、朝鮮が、日清両国軍隊の戦場とならなかったためである〔P.G.von Moellendorff, 統理衙門日記巻四〕。

明治十八年（一八八五年）二月十六日、漢城条約の締結によって、日本国に謝意を表するために、全権大臣徐相雨・副官メレンドルフ一行が、東京に到着した。その後、メレンドルフは、駐日ロシア国公使ダウィドフ・書記官スペエルと朝鮮ロシア関係について、隔意なき協議を遂げた。メレンドルフが、自己権限を示す証拠文書を何等提示できなかったにも拘らず、ダウィドフ公使がこの協議に応じたのは、既にスペエル書記官が京城出張の際、国王よりメレンドルフの使命について、或る程度の諒解を与えられていたからであろう。

メレンドルフとダウィドフ公使の間では、朝鮮国軍事教官として、将校四名・下士官十六名を招聘すること、朝鮮国政府は、財政窮乏のため、教官の俸給を支払うことが不可能につき、その代償として或種の利権を提供することで諒解が成立し、その細目は、近く派遣されるスペエル書記官と協議することになる。全権大臣徐相雨・副官メレンドルフは、四月五日、使命を終えて京城に帰任した。メレンドルフは、東京に於けるロシア国公使との交渉の成果を、国王に密奏したが、統理衙門当局には報告しなかった。

六月十日、スペエル書記官が京城に到着した。同書記官は、京城到着後、メレンドルフと密談を重ねた後、ロシア国陸軍教官招聘協定細目案を作成し、国王の裁可を仰ぎ、統理衙門に配布した。ここに、メレンドルフが進めていた秘密協定の全貌が曝露されたのである。スペエル書記官は、六月二十日、初めて督弁交渉通商事務金允植と会見し、メレンドルフとの間に協定した朝鮮ロシア秘密協定及び細目を承認させようとしたが、金允植は断乎として拒否した。その理由として、㈠メレンドルフが、ダウィドフ公使と協定した事については、全権委任状は勿論、あらゆる形式の公文書を賦与しておらず、統理衙門も関知していない。㈡朝鮮国政府としては、既に、合衆国政府に、陸軍教官招聘を正式に依頼しているので、今これを取消してロシア国陸軍教官を招聘することは、不可能であるという二点にあった。朝鮮国政府は、スペエル書記官の強圧なる姿勢に憂慮し、連日商議を重ね又、清総弁朝鮮商務陳樹棠ならびに、日本国臨時代理公使高平小五郎に援助を求めた。七月七日、スペエル書記官は、遂に朝鮮国政府の譲歩を得ることができず、京城を退去した。

スペエル書記官との交渉に当たり、清総弁朝鮮商務陳樹棠の与えた支援は、大であったが、一面では、宗主国たる清国の威信を傷つけた側面もあるため、国王は、北洋大臣李鴻章の厳重なる問責が生ずる事を恐れ、吏曹参判南廷哲を、国王の親書を附して天津へ急行させた。国王の意向は、一切を、メレンドルフの越権行為に帰し、同人の召還を要求するものであった。李鴻章はこの要求に同意し、七月二十七日、メレンドルフは、協弁交渉通商事務を解職された。〔俄案巻一、日案巻四、美案巻三、各国交渉文字巻二、光緒朝中日交渉史料巻八、高平駐韓臨時代理公使報告、統理衙門日記巻六〕。

明治十八年（一八八五年）春夏の間に発生した朝鮮ロシア秘密協定事件は、その後朝鮮を中心とする国際政局に、重大な影響を与えたものとして、軽々しく看過し去ることはできない。甲申事変に際し、正面衝突の危機に瀕した日清両国は、自国の安全を済うに急がしく、その根本たる朝鮮の前途を考慮する余裕はなかった。日清両国は、今や両国より見離された朝鮮が、自ら実践すべき国策を選択できず、強隣の足下に跪伏し保護を懇請する姿を見て、初めて愕然とし、自己の失策、換言すれば天津条約に朝鮮の保護に関する規定を入れなかった過失に気付いたのである〔近代日鮮関係の研究〕。

井上外務卿は、日清両国が協力して善後策を講ずる必要を認め、明治十八年（一八八五年）六月五日、清国公使徐承祖と会見して、朝鮮国内政を改革し、将来の禍根を絶つための具体策を提言し、これを李鴻章に伝達させた。更に、井上外務卿は、朝鮮国内政改革と関連して、大院君の釈放を提議した〔光緒朝中日交渉史料巻八〕。

大院君の釈放については、これより前の明治十七年十二月十四日、李鴻章は総理衙門に密函を送り、大院君を帰国させ、清国の恩威を背景として国王に適当な制圧を加えつつ、時局収拾に当たる選択肢を伝えていた。明治十八年（一八八五年）九月二十一日、清国朝廷は、大院君の護送帰国を認め、大院君は、袁世凱・王永勝に護衛され、北洋海軍所属の軍艦鎮海に乗船し、十月三日、仁川に安着した〔李文忠公全集〕。

大院君の帰国に際して、王妃及び戚族は、露骨な嫌がらせを決行し、世間を驚かせた。大院君の帰国が確定するや、左右捕盗庁に命じ、壬午事変の残党を、大々的に捜査させたのである。捜査によって、壬午事変後三年間逃亡していた金春永・李永植が逮捕され、謀反大逆不道を以て、大院君の入京当日に処刑された。これらの行為は、大院君に対する王妃の復讐が如何に畏るべきものかを、知らしめるものであった。続いて、大院君の入京当日、国王は礼曹に命じて、大院君の自由を拘束し、一種の監視状態に置いたのである〔大逆不道罪人春永永植等鞫案、日省録、光緒朝中日交渉史料巻九〕。

　明治十八年十月大院君の帰国を契機に、李鴻章の対朝鮮国方針は一変した。即ち、これより以前、李鴻章は、国王を度外に置き、戚族閔氏・趙氏を朝鮮国政権の代行者と認め、これに適当な指導を与えて、中国東方の藩屏たる任務を尽させようとしたが、この方針を一新し、戚族は、中国の威信を傷つけ、朝鮮国の健全な発展を阻害する私党と断定し、李鴻章の朝鮮国への内政干渉は露骨となり、殆んど独立国たる実を失わせるものへと変遷した。その結果、戚族は、清の強圧に苦しみ、清に勝る強国の援助を物色することになったのである〔近代日鮮関係の研究〕。

　李鴻章の戚族への強圧は、駐朝使臣の更迭を以て開始され、朝鮮に於ける清国代表者である陳樹棠が更迭され、後任に、袁世凱が抜擢起用された。十一月十七日、京城に着任した袁世凱が先ず処理すべき重要案件は、第二次朝鮮ロシア秘密協定であった。当時、戚族の中の親ロシア派は、メレンドルフと密接な連絡をとり、新任ロシア国代理公使カルル・ウェーベルに接近すべき機会を窺っていた。袁世凱は、一切の禍根が、当時失意の境遇にあるメレンドルフにあると断定し、メレンドルフを国外へ退去させた。これによって、袁世凱は、朝鮮ロシア間の連絡の道を、遮断したと考えたが、王妃及び戚族は新たな方法を発見するに、大きな困難を感じなかった〔光緒朝中日交渉史料巻九〕。

第二次朝鮮ロシア秘密協定は、明治十九年（一八八六年）八月頃予備交渉が成立し、朝鮮国政府より、ウェーベル代理公使に、照合文書が出されたが、第三国と紛争になった際に、軍艦の派遣を請求するものであった。しかし、これに先んじて明治十九年七月末、閔泳翊より袁世凱に対して、秘密協定が進行中であると密告された。袁世凱は、事件の経過を詳細に李鴻章へ報告して、断乎たる処置を取ることを要請した。袁世凱の国王廃位論は李鴻章の同意を得ることはできなかったが、八月十六日には、署理督弁交渉通商事務徐相雨を招致し、朝鮮国君臣の不法を面責した。又、ロシア国代理公使に送った密函は、奸臣に依るもので、国王の決裁を経ていないことを理由に、ウェーベル代理公使に、返還を懇請する事になった。密函の返還について、ウェーベル代理公使は、この文書の受領を堅く否定しただけではなく、却って、清国代表者による朝鮮ロシア関係への干渉を、非難した。

李鴻章は、袁世凱の要請に応じ、緊急の防止策を執ったが、既にウェーベル代理公使が密函の返還を拒絶した以上、直接ロシア国政府にその無効を宣言する以外にない。幸いにロシア国外務大臣臨時代理ウランガリイは、もと駐清公使として李とも面識があるため、李鴻章は、八月十五日、駐ロシア特命全権公使劉に打電し、ウェーベル代理公使より、密函が進達されたか否を探らせた。劉駐ロシア公使の回答はなく、すこぶる李鴻章を焦慮させたが、八月二十八日、同公使より、ロシア国外務大臣が、ウェーベル代理公使より朝鮮国王若しくは政府の密函に関して、何等の報告にも接しなかったことを言明し、若し密函が進達されても、偽文書として無効である事に、同意した旨の報告があった。〔李文忠公全集、日省録〕。

この様にして、朝鮮ロシア秘密協定に関する一切の暗躍は、封印されたのである。

七　甲午農民戦争・日清出兵

日清関係は、天津条約の調印後、暫く小康状態を保っていたが、甲午農民戦争の勃発により、再び険悪な関係に突入する事になる。

戦争勃発の起因は、東学と言う民衆宗教であった。東学の教祖である崔済愚は、自分が確立した道を、キリスト教の西学に対して、東方の朝鮮の学という意味で、東学と呼んだ。その教旨は、敬天順天の心を以て天主となし、常に「至気今至、願為大降」、「侍天主造化定、永世不忘万事知」の八字呪文・十三字呪文を誦し、その祈祷を行うに当たっては、山中に壇を設け、呪文を誦して、神を降ろし、木剣をとって跳舞したという。病の治療を請うものがあれば、呪文を授けて誦し、又字を書した紙片を与えて、これを焼き、その灰を服用させ、万病必ず治癒したと伝えられる〔天道教書、天道教創建史、上帝教歴史〕。

全琫準は、東学第二世道主である崔時亨に従って東学を学び、古阜地方の接主を命ぜられた。明治二十六年（一八九三年）十二月二十二日、全琫準は、郡民四十余名を率いて、郡守の虐政を正すために、古阜郡衙に赴き郡守に陳情したが、駆逐された。全琫準はこれに屈せず、明治二十七年一月、再び六十余名を率いて郡守に陳情したが、又もや同じであった。全琫準は、前二回の失敗に屈せず、同志である鄭益瑞・金道三と謀り矯世を掲げて農民を煽動したが、郡守の虐政に激怒する農民の中、応ずる者も少なくなく、明治二十七年二月十五日、その数一千余名に達した道徒は、古阜郡畓内面馬項里に集合、直ちに古阜郡衙に向かって襲撃を開始した。不意なる襲撃に、郡守趙秉甲は単身逃走してしまった。全琫準は、悪徳官吏の逮捕を命じると共に、軍器庫を打ち破り、郡守によって不法徴収された税穀を納付者に還元し、苛酷な税の原因となった新水路を破壊した〔全琫準供草、全羅道東学匪乱調査報告、上帝教歴史、東学党匪乱史料、全羅道古阜民擾日記〕。

当時地方官の虐政は、独り古阜郡のみではなく、各地で横行していた。今、古阜郡に於て、東学道接主である全琫準が、地方官を放逐し、その不法を匡正したとの報道が伝わるや、東学の根拠地たる忠清・全羅両道が動揺し、中でも古阜郡に隣接する泰仁・金溝・井邑・扶安・茂長等各縣に於ける東学道徒は、農民と通じ、蜂起の機会を窺っていた。全琫準の檄に応じて、先ずその下に集合したのは、古阜郡・泰仁縣の東学道徒である。中でも、泰仁の農民軍は、五月四日縣衙を襲撃し、軍器庫を壊して軍器を奪取し、この間全琫準は、古阜農民軍を率いて、同郡白山面白山を占拠した。全琫準が再挙して白山を占拠した事が伝わるや、泰仁・金溝・扶安等隣接する地方の農民軍が、一斉に呼応して白山に赴き、農民軍はたちまち数千の一大集団となった。廟堂に於ては、全琫準及び古阜・泰仁地方の農民軍に対する注意を怠らなかったものの、全琫準再集結の知らせを受け、五月六日、全羅道兵馬節度使洪啓薫を、両湖招討使に任じ、野砲二門・機関砲二門を備えた政府軍八百名を派遣した〔全琫準供草、全羅東学匪乱調査報告、東学党匪乱史料、全羅道古阜民擾日記、日省録、両湖招討謄録〕。

古阜郡白山を根拠地とした全琫準は、五月八日、農民軍を率いて扶安縣の縣衙を襲撃、軍器庫を打破して、銭穀・軍器を掠奪し、三日後に、扶安を出発して古阜郡道橋山に集合した。五月十一日、道橋山に集合した農民軍は、黄土峴に於て、官兵と最初の衝突を引き起こし、数に於て優勢な農民軍は、官兵を撃破した。官兵を駆逐した農民軍は、即日、井邑縣に侵入し、縣衙を襲撃して囚人を釈放した。又軍器庫を破砕後、無数の軍器を奪取し地方官吏官舎を破壊した。農民軍は、引き続き興徳縣・高敞縣に侵入、十三日には茂長縣に侵入した。古阜・泰仁・扶安・井邑・興徳・高敞各縣の官庁を打破して、あたかも無人の野を行く如く進軍した農民軍は、参加する者日に日に多くなり、茂長縣に入った時は一万余名に達していた。茂長を占拠する間に、全琫準は、布告を発して東学の趣意を宣明し、特に戚族の虐政を痛撃して、保国安民の義を強調した〔両湖招討謄録、東学党匪乱史料、全羅道古阜民擾日記、聚語〕。

これに対し、廟堂が派遣した、両湖招討使洪啓薫の率いる政府軍八百名は、農民軍の破竹の勢いに怯えたためか、進軍中に逃亡者が相次ぎ、全州滞陣中には四百七十名に減少し、出動を躊躇していた。廟堂もこの事態を深刻に受けとめ、五月十九日、政府軍の精鋭である総制営の一部を、海路で増援することを決めた。五月二十七日、総制営中軍黄顕周は、四百名の兵を率いて法聖浦に上陸し、部隊は霊光郡で両湖招討使と合同した。

この日、長城に前進した政府軍の分隊が、農民軍と衝突した。分隊は、農民軍約四千名が、前面の黄龍村に集合し食事中である事を偵知し、黄龍川を渡り、野砲一門を以て砲撃を加えた。農民軍は、突然の砲撃で死者四五十名を出したが、その圧倒的多数の農民軍は直ちに逆襲し、その追撃を受けた政府軍は、野砲・機関砲各一門及び弾薬を放棄し、黄龍川を渡って霊光方面に退却した。招討使供啓薫は、二十七日夕刻、敗兵の到着によって、長城に於ける敗戦を知ったが、敢えて動かず、

二十九日高敞縣へ移動した。〔東学党匪乱史料、日省録、中東戦紀本末続編巻二、両湖招討謄録、全臻準供草、全羅道東学匪乱調査報告、勉庵集巻二五〕。

これより前、五月二十三日、霊光郡に滞陣中の招討使洪啓薫は、自分に農民軍を鎮定させる自信がない事を告白し、壬午・甲申二度の変乱が、清国兵の力によって鎮定された例を引き、清国の出兵を電報にて請願した。洪啓薫は、国王・戚族の信任が最も厚い将軍であり、その将軍が請願する故、何人も傾聴せざるを得ない。ついで、五月二十七日長城敗戦、三十一日には全州陥落の悲報が到達し、招討使による請願に、裏書を与える事になった。国王・戚族は、固より清国に出動要請する考えであったが、この頃、政府内には清国が若し出兵すれば、天津条約の趣旨もあり、日本はこれに倣い、ロシアも又これに次ぎ、京城には外国軍隊が充満し、廟堂は全く外国軍憲に制圧されると、憂慮する意見が台頭していた。五月三十一日、全州陥落の報は内外を愕かした。今や清国兵出動は、議論の時期ではないと、閔泳駿は、国王の内命により袁世凱と交渉し、六月一日出兵の同意を得た。但し、正規の手続きは、まだであった。

清国兵出動について、袁世凱が、尚躊躇したのは、日本国の態度が判明しないからであった。清国の出兵は、宗主国として固有の権限であるとはいえ、明らかに天津条約に抵触し、即時、日本国の出兵を、誘発する懸念があるからである。従って、袁世凱は、杉村濬駐韓日本国代理公使の態度に注目していた。六月三日、杉村代理公使は、袁世凱を訪問した。この会談に於て、杉村代理公使は、朝鮮国の現状に於ては、反乱鎮定のため、清国軍の出動は不可避なる事情を認め、かかる場合には、日本国政府も、また、公使館・居留民保護の理由で出兵する意向であることを明らかにした。その兵力については、両者共に明言しないけれども、過去の実例に照らして、歩兵一中隊であることは予想できる。ならば日本の出兵は大勢に影響はないと、ここに袁世凱は、出兵を決意したものと解される。廟堂に於ては、袁世凱からの督促に従い、六月三日、正式な手続きにより出兵を請求した。〔東学党匪乱史料、甲午実記、杉村濬明治廿七八年在韓苦心録、光緒中日交渉史料巻十三、公文謄録〕。

李鴻章は旅行中であったが、袁世凱からの詳細な電報により、朝鮮国王に反乱鎮圧の能力なく、早晩北洋陸海軍より出兵を余儀なくさせることを予想して帰任した。果たして、六月一日、袁世凱よりの来電は、国王が非公式に出兵を懇請した事を報じたので、李鴻章は、北洋陸海軍に出動準備を命令した〔中東戦紀本末続編巻亨〕。

六月六日、李鴻章は、駐日特命全権公使汪鳳藻に訓令し、天津条約第三款の規定に従い清国軍の朝鮮派遣を、日本国に通告した〔中日交渉史料巻十三〕。

六月八日、清国軍は牙山に上陸を開始し、二十五日には、清国軍の第一次輸送が完了したが、牙山・公州一帯に集中された清国軍は陸兵約二千八百、砲八門に達した〔東方兵事紀略巻一、日清戦史巻一〕。

清国軍は、反乱鎮圧のために派遣されたのだが、六月十一日には、既に陥落した全州府の秩序が、招討使洪啓薫によって回復され、農民軍は、自発的に解散することになる。一方、日本国政府は、清国の出兵を機会に、在朝鮮公使館・居留民保護の理由の下に、軍隊の派遣を決定し、その先発隊として、六月十日、三百名の海軍陸戦隊が京城に入城した〔日清韓交渉事件記事朝鮮之部、在韓苦心録、日案巻二八、統理衙門日記巻四十〕。

当時の日本国政府は、第二次伊藤内閣が担っていたが、議会との対立が、最も激しい時期であった。六月二日、内閣総理大臣伊藤博文は、衆議院の解散を決意し、臨時閣議を召集した。あたかも当日は、杉村濬駐韓代理公使発の急電が外務省に到着し、朝鮮国政府が非公式に、清国に出兵を請願した事を報告した。陸奥宗光外相は、この電報を手にして、閣議に出席するや、先ずこれを報告し、「若し清国にして、（略）朝鮮に軍隊を派出するの事実あるときは、我国に於ても相当の軍隊を同国に派遣し、以て不虞の変に備へ、日清両国が朝鮮に対する権力の平均を維持せざるべからず」との意見を陳述した。閣僚はいずれも同意したので、伊藤首相は、直ちに参謀総長熾仁親王及び川上操六参謀本部次長を閣議に招致し、兵力は、軍部の主張により混成一旅団と決定された。首相は、出兵及び衆議院解散の閣議を携えて、即日、明治天皇に上奏し裁可を得た。又、軍部は、朝鮮派遣陸海軍を統率する最高統帥部を、設置する必要ありとし、六月五日、勅裁を経て大本営が置かれた〔大日本帝国議会誌巻二、蹇々録四、日清戦史巻二〕。

一方、待機を命じられていた大鳥圭介特命全権公使は、陸奥外相より、必要なる訓令及び口達を受けて、六月五日、巡洋艦八重丸に便乗して朝鮮国に帰任し、六月十日京城公使館に入った〔日清韓交渉事件記事、蹇々録、二十七八年海戦史〕。

陸奥外相は、六月七日、小村寿太郎駐清臨時代理公使に対して、日本軍の朝鮮派遣を、天津条約に基づき、通告するよう訓令した〔日清韓交渉事件記事〕。

大鳥公使は、六月十一日、袁世凱を訪問した。袁世凱は、同公使の着任を大いに歓迎し、直ちに、日清両国の出兵問題について意見を交換し、ついで翌十二日には、大鳥公使を答訪して、引き続きこの問題を討議した。袁世凱は、先ず日本軍出兵の理由を質問したのに対し、大鳥公使は、公使館護衛のためで、若し、農民軍が騒乱を起こすのであれば、朝鮮兵を援助して乱を平定するしかない。幸いにして、反乱も小康を得たので、本日仁川に入港した一大隊八百名（一戸部隊）は、暫時京城に駐屯後撤退を命ずべく、又後発部隊も、本国政府に打電して、派遣を中止させようとしている。故に、清国政府に於ても、京城に軍隊を派遣する事は中止されたしと答えた。次に、大鳥公使は、清国が更に兵一、二千を増派するという風説について質問すると、袁世凱はこれを否定せず、日本国が大兵を派遣するが故に、本国政府も増援を準備中であろう。ただし、貴公使が後発部隊の派遣を阻止すれば、我も北洋大臣に電請して、増援を中止させようと答えた〔中日交渉史料巻十三〕。

大鳥・袁会談の結果は、大体現状維持、即ち日本側は一戸部隊、清国側は葉軍を限度として、これ以上の増兵は行わない事に、意見が一致した。大鳥公使が、六月十三日、一戸部隊以外の陸軍部隊を、対島に後退させることを上申したのは、この会談の結果である。袁世凱も、同時に、牙山にいる葉提督に打電して、牙山・公州の間に駐留し、暫く前進を見合わすよう請求した〔中日交渉史料巻十三、中東戦紀本末続編巻亨、在韓苦心録〕。

六月十五日、袁世凱は、再び大鳥公使を訪問して会談した結果、両者の意見は完全に一致し、大鳥公使より外務大臣に請訓の上、公文を以て協定することに決定した〔在韓苦心録〕。大鳥・袁協定の内容は、袁世凱より李鴻章への報告によれば、次の様になっている。日清両国は、共に六月十五日現在上陸を完了している陸軍兵の一部を留め、大部隊は撤退する。即ち、日本兵は、その四分の三を撤退、四分の一即ち二百五十名を仁川に駐留、清国兵は、五分の四を撤退、五分の一即ち四百名を留めこれを牙山邑より仁川附近に移駐する。その後、反乱鎮定を待ち全兵撤退する〔中日交渉史料巻十三〕。

大鳥公使は、これら撤兵に関する袁世凱との交渉内容を厳秘にし、杉村書記官等とも協議せず、外務大臣にも、交渉の経過を報告しなかったらしい。これがため陸奥外相は、公使が只撤兵を繰り返し上申する理由を不可解とし、六月十三日、同公使に「参謀本部ヨリ、大島ニ其兵ヲ仁川ニ駐屯セシムルノ命令ヲ与ヘタリ、閣下ヲシテ兵士ノ京城ニ入ルコトヲ、止メント求メシメタル理由如何（中略）右ノ理由及意見電報セヨ」と打電し、更に「大島部下ノ本隊ヲ、京城ニ入ラシムルコト得策ナリ（中略）閣下ハ日本兵ヲ以テ、暴徒ヲ鎮定スベキ旨、申込レテ差支ナシ、朝鮮国ニ対スル将来ノ政策ニ就テハ、日本政府ハ止ムヲ得ズ、強硬ノ処置ヲ執ルニ至ルコトヲアルベシ、本大臣ハ之ニ付伊藤伯ト商議中ナリ」と、日本軍を反乱鎮圧の任に当てる事を、朝鮮国政府に提議する様訓令した。

六月十三日付き陸奥外相による高圧的命令は、大鳥公使の意外とするところであった。六月十四日、大鳥公使は「全羅道ニテハ暴徒敗北シ、京城ニハ清兵派遣セラレズ、斯ル境遇ニ於テハ、我公使館及人民保護ノ為メ、多数ノ兵士ヲ派遣スル要ナキノミナラズ、又清国・露国及其他諸国モ日本ノ意向ニ疑ヲ抱キ（中略）京城ニ四千ノ兵士ヲ進入セシムルノ好理由ヲ見ズ（略）」と打電して、外務大臣命令に反駁した。大鳥公使の消極的対処法は、本国政府の方針と一致しないばかりでなく、在朝鮮文武官僚の強硬な反対意見にも、遭遇した。〔日清韓交渉事件記事朝鮮之部、在韓苦心録〕。

大鳥公使は、強硬論を主張する杉村濬書記官・本野一郎参事官・松井慶四郎交際官試補等と協議の結果、六月十七日、次の如く、外務大臣に請訓した。「（略）六月十五日仁川ニ到着シタル三千ノ大兵ヲ無用ニ撤回セシムルハ甚ダ不得策ニ付、我々ハ右ノ大兵ヲ有効的ニ使用スル道ヲ発見セザル可カラザル事ト存ゼリ、（中略）日兵ノ撤回ニ先チ、清兵ノ撤回ヲ朝鮮政府並清使ニ向ツテ要求スベシ、而シテ清使若シ我要求ヲ拒絶シタル場合ニハ、我ハ其拒絶ヲ以テ、（中略）朝鮮ニ於ケル我利益ヲ害スル者ト為シ、兵力ヲ以テ清兵ヲ朝鮮国ノ境外ニ逐出スベシ」〔在韓苦心録〕。大鳥公使の急激な転向は、同時に大鳥・袁撤兵協定の成立を、断念したことを意味する。

大鳥公使が、消極的な共同撤兵論から積極的な日清開戦論へと転向したのは、杉村書記官・本野参事官等の力による事は勿論であるが、一面、陸奥外相の私設公使とも言うべき岡本柳之助の活躍が、少なくなかった。岡本柳之助は、明治二十七年（一八九四年）五月京城に渡り、甲午農民戦争が漸次拡大するや、杉村代理公使に出兵を勧告し、又自ら陸奥外相にも意見書を進達し、この後、岡本は、大鳥公使・陸奥外相間の連絡係として活動する〔岡本柳之助小伝〕。

岡本柳之助は、やがて起きる閔妃殺害事件（明治二十八年十月）では、三浦梧楼・杉村濬と共に、事件の首謀者となっている。

八　朝鮮国内政改革

六月十四日付、大鳥公使より陸奥外務大臣宛電報に示されている通り、大鳥公使は、混成第九旅団の京城進入に反対したため、伊藤首相・陸奥外相は、対朝鮮政策を再検討し、次の成案を得た。㈠日清両国軍隊は、共同して東学匪徒を討伐すること、㈡匪乱平定後、日清両国は、内政改革のため常設委員若干名を派遣すること。内政改革としては、㈢財政を調査すること、㈣中央政府及び地方に於ける冗官を淘汰すること、㈤国内の秩序安寧を維持するに十分な警備隊を常設すること、㈥財政を整理し、公債を募集して有益な事業を起こすこと等を清国に提案すること。

この原案は、六月十四日の閣議に提出され異議なく承認された。但し、目下の情勢では清国政府が朝鮮国内政改革に同意する見込みはない。六月十五日、再び閣議が召集され、席上陸奥外相は「清国政府との商議の成否に拘らず、その結果如何を見るまでは、目下朝鮮国に派遣してある我軍隊は決して撤回すべからず、又若し清国政府に於て我提案に賛同せざる時は、帝国政府は独力を以て、朝鮮政府をして、前述の改革を為さしむるの任にあたるべし」との条件を附した。閣議はこれを承認し、伊藤首相は閣議終了後、上奏し裁可を得た。即日、陸奥外相は、大鳥公使に対して閣議決定を伝えると共に、如何なる理由があっても、駐屯部隊の撤退に同意する事のなき様訓令した。次いで六月十六日、陸奥外相は、駐日清国全権公使汪鳳藻を招致して、閣議決定である東学農民軍の共同討伐及び朝鮮国内政の共同改革を提議し、即日その内容を大鳥公使に打電すると共に、日本軍駐留の理由を作るために、朝鮮国政府に対し、日本軍による東学農民軍討伐を提議する様訓令した。〔蹇々録、明治二十七年六月十五日大鳥公使宛外務大臣電報、在韓苦心録〕。

六月二十一日、共同討伐並びに内政共同改革に対する李鴻章の回答が、清国公使によって伝達され、陸奥外相の予想通り日本政府の提議を全面的に拒絶してきた。此に於て、日本国政府は、独力で朝鮮国内政改革に当たることになる。政府は、六月二十二日、単独改革に関する方針を閣議決定したが、その実施を進める大鳥公使の責任が殊に重大であるため、陸奥外相は、加藤増雄書記官を、朝鮮に特派した。六月二十三日、大本営は、大島義昌旅団長に、外交上の理由により一時延期していた混成旅団の京城進入、及び後発部隊の輸送開始を命令し、二十八日、全部隊の輸送を完了した。日本軍は、京城・仁川間に、歩兵六大隊・騎兵一中隊・野砲兵二中隊・工兵一中隊、その兵力少なくとも五千人、山砲十二門を集結させた。大鳥公使は、この優勢なる兵力を背後に、朝鮮国政府に、如何なる改革をも強制し得る立場に置かれたのである〔日清韓交渉事件記事朝鮮之部、在韓苦心録、日清戦史巻一、二十七八年海戦史巻上〕。

陸奥外相が派遣した加藤外務書記官は、二十七日、京城に到着した。同書記官より大鳥公使に伝達された内訓は「今日の形勢にては行掛上開戦は避くべからず、依て曲を我に負はざる限りは、如何なる手段にても執り、開戦の口実を作るべし」〔在韓苦心録〕との内容であり、又同書記官は、下関で接受した六月二十三日付大鳥公使宛訓電をも伝達した。「朝鮮ノ行政・司法及財政ノ制度上、実際有効ノ改革改善ヲ施シ、以テ将来再ビ失政ナカランヲ保證スベキコトヲ、同政府ニ向ヒ、勧告振ヲ以テ厳談スベキ旨閣下ニ訓令ス、（略）而シテ閣下ハ適宜ニ右理由ヲ諸外国公使ニ開示シ、以テ日本政府ノ処置ノ至当ナルコトヲ世上ニ表スベシ」〔日清韓交渉事件記事朝鮮之部〕。

陸奥外相が、如何なる手段にても開戦の口実を作るべしと訓令する傍ら、朝鮮の国内改革に主眼を置くのは、政治上の理由によることは明白である。従来より懸案となっている清・朝鮮宗属関係を、日清間衝突の口実とするのは、外交上有利でなく、国内改革はたとえ実行不可能にしても、朝鮮の政情に通じない欧米人には、良い印象を与え、この改革に同意しない事を開戦の理由とすれば、その責任を清国に転嫁することも可能であると考えたらしい。六月二十三日付訓電に、改革案を諸外国公使に開示する事を指示しているのは、このためであろう〔近代日鮮関係の研究〕。

大鳥公使は、六月二十八日付外務大臣宛の上申によって、同公使の考えを述べているが、第一に有効な策は、清・朝鮮宗属関係の解決であり、第二に、国内改革の必要性を掲げている。大鳥公使が先ず実行したのは、六月二十八日、統理衙門督弁趙秉稷に対し、汪駐日清国公使による六月七日付書簡にある〃保護属邦〃について、六月二十九日を期限として説明を要求した事であった〔日清韓交渉事件記事朝鮮之部〕。

清・朝鮮宗属問題について、大鳥公使から回答を要求された朝鮮国政府は、驚愕した。又、統理衙門より日本国公使要求の内容を知らされた袁世凱は、即日、李鴻章に打電し、若し朝鮮国政府が宗属関係を認めれば、必然的に日朝関係は断絶され、日本国軍隊が京城に入る事になるため、速やかに善後策を回訓する様上申した。もともと清・朝鮮宗属問題は明治十八年四月天津条約締結の際、伊藤全権大使も自発的に論議を回避したところであり、今、日本国政府が、突然この問題を提出したことに、李鴻章はうろたえ、直ちに袁世凱に対しこれを阻止する様訓電し、又東京駐在汪公使に、日本国政府と直接交渉せよと命令した〔中日交渉史料巻十三、中東戦紀本末続編巻亨〕。

大鳥公使は、六月二十九日迄に、朝鮮側の回答がないため、三十日午前杉村書記官を統理衙門に遣わして督促を行った。統理衙門はやむなく、汪駐日公使の書簡に見える〃保護属邦〃は、同公使の独断主張するところで、本国政府の関知するところでないとする回答を送致した。これは、袁世凱の承認を得たものであった〔日案巻二八、在韓苦心録〕。

同日、突如として陸奥外務大臣から訓電が届き、訓電は、清・朝鮮宗属問題に深入りすることを戒め、朝鮮国政府に対する要求は、内政改革に限定せよとする命令であった。外務大臣の訓電内容は、明確であり違反することは許されない。大島公使は、六月三十日の統理衙門による回答に依り、清・朝鮮宗属関係否定の第一歩となった交渉も、しばらく中止せざるを得なかった。又、大島公使は、出先官憲の意見が、外務当局に徹底されない嫌いがあるため、朝鮮に於ける現下の情勢を説明し、積極政策を促進するために、本野一郎参事官・福島安正歩兵中佐を、一時帰朝させることにした〔在韓苦心録〕。

本野参事官・福島歩兵中佐は、七月三日発帰朝の途に上った。岡本柳之助も又、福島中佐に託して、書を陸奥外務大臣並びに山県有朋枢密院議長に送り、即時開戦を進言したという〔岡本柳之助小伝、大島圭介伝〕。

一方、陸奥外相は、朝鮮国内政改革の具体案を立案し、六月二十七日、臨時閣議に提出した。同時に外相は、内政改革に附帯して、朝鮮国居留日本国臣民が、清国臣民と同一特権を共有すべきことを、朝鮮国政府に要求する案も提出した。この要求は、結局、清・朝鮮宗属関係を消滅させる結果を生むため、清国政府としては、最後まで譲歩し得ない性質のものであった。陸奥外相の提出した二案は、六月二十七日、臨時閣議で承認された。陸奥外相は、朝鮮国内政改革と清国臣民との特権共有に関する訓令を、大島公使に伝達し、同時に、現地側の行動を抑制して、外務大臣訓令の範囲を逸脱しないよう、厳重に戒めた〔日清韓交渉事件記事、蹇々録、在韓苦心録〕。

七月三日、大鳥公使は、統理衙門督弁趙秉稷と会見し、内政改革案を提出するに至った経過を陳述し、次の改革要項五条を説明した。㈠中央政府及び地方制度を改革すると共に、門閥に拘らず人材を抜擢すること。㈡財政を整理し、国内の資源を開発すること。㈢法律を整頓し、司法制度を改正し、裁判の公正を期すること。㈣国内の民乱を鎮定し、治安を維持するに必要な軍備を備えること。㈤教育制度を確立すること。又、大鳥公使は、改革案調査委員として、国王の信任する重臣を若干名、任命することを要求した。

大鳥公使は、提示した内政改革案に対して、朝鮮側の回答が七月七日になっても到達しないため、七月八日正午を期限として、確答を催促した。日本国公使より内政改革案を提示された国王・廟堂及び袁世凱は、ただおろおろするばかりであった。日本国公使が大部隊の陸兵を首都に駐留させ、内政改革を強要するのは、内政干渉であり、且つ主権侵害の嫌いがある。けれども斯様な問題を、論議する場合ではない。ただ如何にすれば、日本国公使の内政改革案に対する回答を、回避し得るかであった。廟堂の依頼する袁世凱は、混成旅団の入京と共に、大鳥公使・杉村書記官の態度が硬化したのを見て、最早、文書と口舌を以て争う時期でないと考え、七月五日には李鴻章に打電し、至急対策を講ずるため帰朝を申請した程であった。〔日清韓交渉事件記事朝鮮之部、在韓苦心録、

日案巻二八、中東戦紀本末続編巻亨、日省録〕。

七月七日夜、国王は、統理衙門督弁趙秉稷を日本国公使館に遣わして、督弁内務府事申正熙・協弁内務府事金宗漢・曹寅承を内政改革調査委員に任命した旨通告した〔統理衙門日記巻四十、日案巻二八〕。

七月十日、大鳥公使は、南山麓老人亭に於て、申正熙・金宗漢・曹寅承の三委員と会談し、「内政改革方案綱目」と題する内政改革案を提示した。これは、七月三日に提出した改革五箇条について、具体的に合計二七項目を列挙したもので、十日以内に実行すべきもの、六ヵ月以内に実施すべきもの、二年以内に実行すべきものに分けて作成されている。期限を設定したのは、履行できなかった際の、第二の手段に取りかかる口実の一つにするためであった。翌十一日に続行された第二回老人亭会議に於て、大鳥公使の説明が終るや、申正熙委員は、内政改革に期限を附して実行を督促することは、内政干渉の嫌いがあり、絶対に同意できないと主張した。

七月十五日、第三回老人亭会議が開催された。申正熙委員は、準備した文書を基に発言した。内政改革方案の根本精神についてては、朝鮮国政府も同意であるが、目下日本軍が京城に駐留し、改革案に期限を附して実施を督促するのは、内政干渉の嫌いがある。まず、日本軍を撤退させ、その上改革案中の期限を撤回するよう要求した。大鳥公使・杉村書記官はこれに反駁し、数時間に及ぶ交涉を続けたが、遂に意見の一致を見なかった。〔日清韓交渉事件記事朝鮮之部、在韓苦心録〕。

九　甲午政変

明治二十七年（一八九四年）七月十日、大鳥公使は陸奥外務大臣に対して、「機密第一二二号、朝鮮内政改革ノ勧告拒絶セラレタル時我カ執ルヘキ手段ニ付大鳥公使ヨリノ伺」と題して請訓を行っている。

この請訓は、朝鮮政府が日本の勧告を拒絶するか、その返答を先延ばしした場合、又は勧告を受け入れても、実行しなかった場合には、甲乙両案の内必ずどちらかを決行するとする案について、決裁を仰ぐものであった。甲案は、軍隊を派遣して、京城封鎖・王宮占拠を行い、軍事力を以て必ず内政改革を迫る案であり、乙案は、まず公文を以て、清・朝鮮間に存在する宗属関係の清算と、清国と同じ最恵国待遇を要求し、これらの実行が保証される迄、軍隊による京城封鎖・王宮占拠を続けるとする案であった。

（甲）朝鮮政府ヨリ陽ニ或ハ陰ニ拒絶ヲ受ケタルトキハ、我ヨリ「朝鮮政府ハ内政不整頓ナルガ為メ、シバシバ内乱ヲ挑発シ、或ハ外援ヲ招クニ至リ、実ニ我国ニ向テ危険ヲ与ヘリ、我国ハ政事及貿易上、朝鮮トノ関係甚ダ深キガ故、自衛ノ為メ朝鮮内政ノ改革ヲ促シ、変乱ノ根源ヲ絶タザルベカラズ」ト云ウコトヲ辞柄ト為シ、兵威ヲ以テ之ニ迫リ、其必行ヲ促スベシ、但シ兵威ヲ以テ之ニ迫ルノ手段ハ、我護衛兵ヲ派シテ、漢城ノ諸門ヲ固メ、且ツ王宮ノ諸門ヲ守リ、彼等ガ承服スル迄手詰ノ談判ニ及フベシ。

（乙）朝鮮政府若シ陽ニ或ハ陰ニ、我勧告ヲ拒絶シタルトキハ、我ハ先ヅ公文ヲ以テ「朝鮮政府ノ拒絶ハ、全ク東洋ノ大局ヲ顧ミズ、我国ト相提携シテ、共ニ富強ヲ図ルニ意ナキヲ表示シタルモノナレバ、我国ハ遺憾ナガラ、本国ノ利益ヲ保護スル手段ヲ執ラザルベカラズ」トノ決意ヲ申送リ、之ト同時ニ左ノ要求ヲナスベシ。

一、日朝条約中、「朝鮮ハ自主ノ邦ニシテ、日本国ト平等ノ権ヲ保有ス」ノ主義ヲ推拡シテ、従来清韓間ニ存セシ宗属ノ関係ヲ悉皆革除セシムルコト、但シ清韓宗属ノ問題ハ、我ヨリ提出スベカラザル旨、兼テ御電訓ニテ承知致候ヘドモ、朝鮮ニ向テ之ヲ提出スルハ、強テ差支有之間敷ト存候。

二、最恵国条款ニ依リテ、支那政府及人民ニ許与シタル権利・特典（朝鮮人民ヲ裁判スル権利並ニ電線架設等）ヲ我ニ要求スルコト。

右二箇条ノ実行ヲ保証スル迄、我ガ兵ヲ派シテ漢城並ニ王宮諸門ヲ守ルベシ、（略）。〔日清韓交渉事件記事朝鮮之部〕。

又、大鳥公使は、七月十日付の請訓に先だち、特命を帯びた本野参事官・福島歩兵中佐を帰国させている。七月十日、本野参事官等は、外務大臣及び参謀本部に対し、この際何等かの口実を設け兵力を以て朝鮮国政府を威嚇し、且つ清国軍を朝鮮国内より撤退させなければ、内政改革の見込みのない事を上申した〔福島安正談話〕。

政府は、本野参事官等の報告に接して、特に大鳥公使の主張する、兵力を以て朝鮮王宮を包囲し日本国政府の要求を呑ませる方法、並びに、清国軍隊が「保護属邦」を根拠に、朝鮮に駐屯するのは、日朝修好条規に反するとして、その撤退を朝鮮国政府に要求する方法は、外交上非常手段であり、政府内にも異論は少なくはなかった。伊藤首相を初め元老閣僚は、大鳥公使の高圧的建策を、到底承認できなかった。ただ、形勢が予期した以上に発展した以上、日清関係の決裂は早晩免れない事は、伊藤首相以下の一致した意見であり、なるべく合法的手段を以て目的を達しようとする点にのみ、大鳥公使と見解を異にしていた〔蹇々録〕。

しかし、陸奥外相は、必ずしも伊藤首相等と同じではなく、寧ろ大鳥公使の主張に、同情していた。陸奥外相は、本野参事官等の報告を受けた後、七月十二日大鳥公使に「今は断然たる処置を施すの必要あり、故に閣下は克く注意して、世上の批難を来さざる或口実を択び、之を以て実際運動を初むべし」と電訓し、ついで「閣下は改革に対する要求を、貫徹せしめんことを務むると同時に、京城・釜山間の鉄道及び電線、木浦開港の如き実利を占むることに尽力すべし」と指示した（明治二十七年七月十二日大鳥公使宛外務大臣電報（日清韓交渉事件記事朝鮮之部））。

七月十三日、陸奥外相は、本野参事官等を再び朝鮮に派遣するに当たり「日清の衝突を促すは今日の急務なれば、之を断行する為には、何等の手段をも執るべし、一切の責任は余自ら之に当るを以て、同公使は毫も内に顧慮するに及ばず」との旨を、大鳥公使に伝達させた（蹇々録）。

陸奥外相を以上の如く強行姿勢にさせたのは、七月九日清国が、朝鮮問題解決のために仲裁に入った英国の調停案を、拒絶した事が原因であった。陸奥外相は、その気持を「此仲裁の失敗は寧ろ我国将来の行動上、漸く自由を得たるを喜び」と蹇々録に記し、又、七月十二日大鳥公使宛外務大臣電報では「北京ニ於ケル英国ノ仲裁失敗シタルヨリ今ハ断然タル処置ヲ施スノ必要アリ」と高圧的態度を明確にしている。

七月十三日東京を出発した本野参事官・福島歩兵中佐は、七月十八日仁川着、十九日には京城に入り、外務大臣内訓を大鳥公使に伝達し且つ政府の方針を伝えた。内容は、外務大臣の責任に於て、如何なる強圧手段を執る事をも、許可するものであった〔福島安正談話、在韓苦心録〕。これにより、外務大臣と出先官憲との意見のくい違いは一掃され、今後は、大鳥公使自身が考慮した高圧手段が、時機を見て執られることになる。

七月十九日、大鳥公使は、大島義昌混成旅団長等と協議して、強圧手段の実施に着手した。まず実行に移したのは、当時公使館及び派遣部隊が共に必要を痛感していた、京城・釜山間に軍用電信を架設する事と、派遣部隊を収容する営舎の新築であった。

七月二十日を迎えて、大鳥公使は最後の切り札を実行した。即ち、清・朝鮮宗属関係の解消を朝鮮国政府に迫り、朝鮮国の独立自主を理由に、同国内駐屯清国軍の撤退を要求するもので、その回答期限を、七月二十二日午後十二時と指定した。

「（略）依之貴政府ガ右等不正ノ名義ヲ以テ、派来セル清兵ヲ永ク貴境内ニ駐在セシムルコトハ、貴国自主独立ノ権利ヲ侵害シ、随テ日朝条約ニ載セタル朝鮮自主ノ邦、保有与日本国平等之権一節ヲ無視スルモノニ付、速ニ之ヲ貴境外ニ退去セシメ、以テ貴政府守約ノ義務ヲ完フセラレンコト、深ク希望スル所ニ有之候、右清兵ヲ退去セシムル義ハ、固ヨリ差急ギ候儀ニ付、迅速御決行相成候様致度（略）」〔日清韓交渉事件記事朝鮮之部、日案巻二八、中日交渉史料巻十五〕。

又、大鳥公使は同時に、清国臣民に広般な特権を賦与している、中朝商民水陸貿易章程等、三条約の廃棄も要求した。大鳥公使の公文は、最後通牒を帯びるものである。国王・戚臣は慎重なる態度で、袁世凱の代理者である唐紹儀と協議した。李鴻章にも打電して指揮を仰いだが、電信が不通で、期限である七月二十二日になっても回訓は到着しない。やむなく、朝鮮国側は、唐紹儀を通じて、清国政府に撤兵を請求中であるとの意味の回答照合を起案し、唐紹儀の校閲を経て、七月二十二日夜、日本国公使に伝達した〔日清韓交渉事件記事朝鮮之部、日案巻二八、中日交渉史料巻十五、東征電報巻上〕。

回答は、指定時間内に到着したが、果たして予期した通りの内容である。大鳥公使は、断乎たる処置を行う事に決し、七月二十三日未明、公文を統理衙門督弁に送り、「（略）貴政府ヨリ満足ナル回答ヲ与ヘラレザルニ於テハ、時宜ニ依リ我権利ヲ保護スルガ為メ、兵力ヲ用フルコトモ可有之ニ付、右予メ御承知相成度（略）」と、軍事力を行使すると警告した〔日清韓交渉事件記事朝鮮之部、在韓苦心録、日案巻二八〕。

正に、七月十九日以降、大鳥公使が執った一連の行動、即ち、京城・釜山間の軍用電信の架設要求、兵士用営舎の新築要求、朝鮮国駐屯清国軍の撤退要求、中朝商民水陸貿易章程等三条約の廃棄要求並びに、軍事力行使の警告は、七月十日、大鳥公使が陸奥外務大臣に対して行った請訓である機密第一二二号の中の乙案そのものである。乙案の中には、「我ガ兵ヲ派シテ漢城並ニ王宮諸門ヲ守ルベシ」と、軍事力を行使する旨の文言があるが、日本の対朝鮮関係の直近の史実を遡及すると、軍事力が行使されたのは、明治十七年（一八八四年）十二月に起きた甲申事変が、これに当たる。

甲申事変は、清国の宗主権薄弱化を契機に当時の朝廷を占有していた戚族閔氏・趙氏等と、親日を標榜する洪英植・金玉均等独立党との間の政権争いの中で勃発した。竹添公使・島村書記官等は、戚族政権打倒を企てている洪英植・金玉均等と密接な関係を作り、その叛乱計画に参画していたが、戚族と独立党との衝突が避け難くなった明治十七年（一八八四年）十一月十二日、竹添公使は、伊藤参議兼宮内卿と井上参議兼外務卿に対して、日本国の選択肢二案を上申した。

甲案（略）今日日本党ヲ煽動シテ、朝鮮ノ内乱ヲ起スヲ得策トス、何トナレバ我ハ求メテ支那ト戦ヲ開クニ無之、只朝鮮国王ノ依頼ニヨリ王宮ヲ守衛シ、右国王ニ刃向タル支那兵ヲ撃退ケタリト云名義ナレバ、何モ不都合無之儀ト存候」。乙案（略）支那ト事ヲ生ゼズ、朝鮮ハ其自然ノ運ビニ任セ候方得策ナリトノ御廟議ニ候ヘバ、自分ノ手心ヲ以テ、ナルベク日本党ノ大禍ヲ受ケザル様保護スル丈ケニ止マリ可申候」。

結局、竹添公使は、軍隊を率いて王宮を占拠し、洪英植・金玉均等の政権転覆計画を、幇助したのであった。即ち、甲乙二案の内、甲案を実行したのである。

ここで、留意しなければならぬ点は、竹添公使が、伊藤・井上両参議に対して行った請訓の中の甲案「我ハ求メテ支那ト戦ヲ開クニ無之、只朝鮮国王ノ依頼ニヨリ王宮ヲ守衛シ、右国王ニ刃向タル支那兵ヲ撃退ケタリ」と、大鳥公使が、陸奥外務大臣に対して行った、七月十日付請訓の中の乙案「我ガ兵ヲ派シテ漢城並ニ王宮諸門ヲ守ルベシ」との間に、〝軍事力行使〟の点で、策略に類似性がある事である。

大鳥公使は、七月二十日、朝鮮国に対して清・朝鮮宗属関係の破棄を要求し、七月二十三日未明には、軍事力行使を警告したが、そのために同公使は、周到な準備工作を必要とした。一つは京城内に兵力を招致することであり、もう一つは朝鮮国政府の改造である。既に、大本営の命令によって、京城・仁川間には、混成旅団が、歩兵六大隊他約五千人を集結させていたが、その一部を入城させる事は、朝鮮国への最後通牒を強制する上から、又、政府改造の断行の点から見ても、緊急に必要であった。大鳥公使は、この点について大島混成旅団長と隔意なく、協議を行った。

既に大島旅団長は、七月十九日、大本営の命令に従って、牙山に駐留中の清国軍を、攻撃する様命令を受けていたが、今大鳥公使の要望に接して其出発を延期し、朝鮮政府改造計画に参加する事を決めた。その計画とは、七月二十三日午前三時、西大門開門と同時に歩兵一連隊を入城させ、又一中隊を雲峴宮附近に駐屯させることである〔在韓苦心録〕。

朝鮮国政府の改造が必要となる理由は、廟堂を完全に改造しなければ、内政改革は実現できないとする建て前の他に、別の意図が隠されていた。日本国が、朝鮮国領土内に駐屯している清国軍を、攻撃する場合には、朝鮮国より委託を受けて、攻撃を開始したとする方便が必要となるが、そのためには、日本側の意図に従う朝鮮国政府の樹立が、必要であったのである。では、政府から戚族閔氏を駆逐した後、誰を政府首脳に推すべきか、重要な問題であった。杉村書記官は大院君を推すべきことを主張していた。去る六月十三日、杉村書記官は「（略）朝鮮ノ内部ニ変革ヲ起サシメ、閔党ヲ斥ケ、之ニ反対スル人々、若ハ中立ノ人々ヲ政府ニ立タシムルヲ期スベシ、数日已来閔泳駿ノ窮迫、大院君ノ入闕（一時ノ流言ナリ）ハ聊カ其端緒ヲ開キタレバ（略）……在韓苦心録」と陸奥外務大臣に上申している。又、甲申事変勃発の際、竹添公使が、戚族政権打倒のために支援を与えた、いわゆる日本党も目下勢力がなく、金嘉鎮・趙義渕等十余人に過ぎなかった。従って、戚族閔氏を駆逐した後、日本官民が、大院君以外の有力者を発見できないのは、当然の成行であった。

ここで、留意しなければならぬ事は、日本国が、朝鮮国政府改造のために、戚族閔氏を排斥し、その代わりに大院君を政府首脳に担ぐ策略は、甲申事変勃発の際に、日本国が、戚族政権打倒を企てた、洪英植・金玉均等の独立党を支援した策略との間に、類似性があることである。
従って、大院君執政誕生までの経緯を、「明治二十七年（一八九四年）七月二十五日外務大臣宛大鳥公使報告、機密一三六号」に基づき、精査することにする。

「（略）⑴右ハ表向ノ運動ニ有之候へ共、裏面ニ於テ種々探偵相用ヒ候処、一般ノ人気ハ全ク大院君ニ向ヒ、同君モ全ク青雲ノ志ナキニアラザル様子ニ付、兼テ申進候通、金嘉鎮・安駉寿・岡本・小川等ヲ利用シ、先ヅ大院君ヲ入閣セシムルコトニ尽力致候得共、同君ハ今一歩ノ処ニ至リ決シ兼ヌル様子有之、誠ニ隔靴ノ感有之候間、種々苦心致候処、同君ノ股肱ニシテ、大院君清国ヨリ帰韓以来、捕盗庁ニ幽囚サレ居ル鄭雲鵬ヲ獄ヨリ取出シ、之ヲ勧メテ大院君ヲ説カシムルニ如カズトノ事ニ付、非常ノ手段トハ存候得共、⑵去ル二十三日午前一時、国分書記生ヲシテ兵卒十名・巡査十名ヲ従へ、右捕盗庁獄屋ニ赴カシメタルニ、夜深ノ事トテ一般ニ寂寥、誰トテ傍リニ見ルモノ無之ニ付、始メノ間ハ、彼此鄭ニ於テ故障云ヒ立テタルモ遂ニ難ナク之ヲ引出シ、当館ニ連レ来リタル処、同君邸ニ赴キタルニ大院君容易ニ蹶起スへキ模様無之候得共、鄭雲鵬種々諌告スル所アリタリシ為メ大概ハ出仕ニ決心セリ乍然此問答ニ時刻相移リ⑶夜モ明ケ来リ候内我兵ト韓兵トノ間ニ発砲起リ遠クヨリ望見スルニ或ハ国王陛下闕後ニ落行カレタル事アル間敷ヤノ疑慮有之候ニ付本官モ一方ナラス心配シ遂ニ杉村書記官ヲ大院君邸ニ遣シ速ニ出世方相促シ候処同君ノ心中全ク出世ニ意アルモ日本人ニ強ヰラレ出テタリト云ハ、当国人間ノ評言モ有之候ニ付態ト我勧告ニ応セサル様子ヲ仮装シ只韓国王陛下ヨリ勅使ノ至ルコトヲ待チ居タリ、此時安駉寿・兪吉濬等ハ大闕ト同君邸トノ間ニ奔走シ遂ニ勅使ヲ差立ツルコトニ至リタルニ付大院君此ニ断然決意ヲナシ勅使ノ帰邸ニ引続キ直チニ参内セラレタリ、(4)是ヨリ先大闕内ニテハ閔家ノ一族我兵ノ侵入ニ驚キ、追々後門ヨリ逃走シ、亜閔ノ輩モ之ニ続キ、闕内稍々騒擾ヲ極メタルガ為メ、(5)大君主陛下ハ特ニ外務督弁ヲ当館ニ遣ハシ、速ニ本官ニ参内可致旨王命有之候間、本官ハ直チニ入闕可致筈ナリシモ、日人韓人共ニ轎夫ニ不足相告ゲ、容易ニ纏マラザリシニ付、(6)遂ニ十一時頃漸ク出館、参内致候処、此時大院君モ亦参内相成、久々ニテ父子ノ対面、満悦感泣ノ観アレバ、大院君怒テ国王ノ失敗ヲ責メ、陛下ハ之ヲ謝スル実アル等、一時ハ図ラザル演劇ヲ呈シ候、其内大院君ハ正堂ニ出来リ、本官ニ対シ、大君主ハ本日貴公使ヲ引見可致筈ナリシモ、何分ノ取込ニテ混雑ニ付、自分代テ進謁ヲ受クル旨ヲ述べ、(7)且ツ自分ハ大君主ノ命ニヨリ自今政務ヲ統轄スベキニ付、当国内政改革ノ事ハ追テ委シク貴公使ニ御協議可及云々述ベラレ候ニ付、本官ハ先ヅ大君主陛下ノ無恙ナリシヲ祝シ、次デ大院君執政ノ賀辞ヲ述べ引取申候（略）」〔日清韓交渉事件記事朝鮮之部〕。

大鳥公使は、七月二十二日夜に、朝鮮国から最終回答を受け取った後、軍事力行使を朝鮮国側に警告する傍ら、大院君執政を樹立するために奮闘していた。公使は、大院君を説得するために、大院君の腹心で、当時捕盗庁に拘禁されていた鄭雲鵬を脱獄させるため、国分書記生他兵卒を、捕盗庁へ赴かせたのが二十三日午前一時であった〔七月二十五日大鳥公使報告の中の⑴⑵〕。

その後、脱獄に成功した鄭雲鵬を大院君邸に連行して大院君と引き合わせ、説得問答を繰り返している内に時間が経過し、「夜モ明ケ来リ候内我兵ト韓兵トノ間ニ発砲起リ遠クヨリ望見スル」と大鳥公使報告の⑵⑶にある。この日本兵と韓兵との間に起きた発砲事件が王宮占領事件であった。

大鳥公使は心配になり、杉村書記官を大院君邸に遣わし、更に政府首脳就任への説得工作を続行させた。大院君は、杉村書記官に対して、領土の分割をしないことを約束せよと迫ったため、杉村書記官は「日本政府之此挙、実出於義挙、故事成之後、断不割朝鮮国之寸地」と記して署名をし、大院君に差し出した。大院君、これを閲読すると、政府首脳への就任を承諾し、入闕するために宮中からの勅使の派遣を要求した。ここに交渉はまとまり、杉村書記官は、一切を岡本柳之助等に託して公使館に戻った〔在韓苦心録〕。以上の状況を見ると、大院君への説得工作は、深夜にも拘らず、発砲の音を耳にしながら、なり振りかまわず続行されていた。

王宮占領事件について、大鳥公使は、「七月二十五日外務大臣宛大鳥公使報告、機密一三六号」で、次の様に報告している。

「(略)大島旅団長トモ協議ノ上翌二十三日午前四時龍山ヨリ兵一連隊並ニ砲・工兵若干ヲ入京セシメ王城ヲ囲繞セシカ為メ之ヲ王宮ノ方ニ進メタルニ彼ヨリ発砲シタルニ付我兵之ニ応撃シ遂ニ彼ヲ逐ヒ退ケ城門ヲ押開キ闕内ニ進入シ其四門ヲ固メタリ(略)」(日清韓交渉事件記事朝鮮之部)。

又、王宮占領事件について「明治廿七八年日清戦史、参謀本部編、東京印刷、明治三十七年発行、以下〝日清戦史〟と記す事にする」は、次の様に記している。

「(略)因って旅団長は歩兵第二十一連隊第二大隊及び工兵一小隊を王宮北方山地に移し幕営せしめんとし、人民の騒擾を避けんがため特に二十三日払暁前において右諸隊を京城に入れ、その進んで王宮の東側を通過するや、王宮守備兵及びその附近に屯在せる韓兵突然たって我を射撃し、我兵も亦匆卒応射防御し、なおこの不規律なる韓兵を駆逐し京城以外に退かしむるにあらざればいつ如何の事変を再起すべきも測られざるに因り、ついに王宮に入り韓兵の射撃を冒してこれを漸次北方城外に駆逐し、一時代りて王宮四周を守備せり。（略）」。

七月二十五日外務大臣宛大鳥公使報告と日清戦史を比較してみると、歩兵一連隊・工兵の入京→王宮の方に進行→韓兵より発砲→我兵の応撃→韓兵の退却→城門を開く→王宮に進入→四門を封鎖と、実行された軍事行動の手順は、殆んど同じである。

これに対して、中塚明氏が、福島県立図書館「佐藤文庫」内で発見した「明治二十七八年日清戦史第二冊決定草案（以下〝日清戦史〟決定草案と記すことにする）」は、王宮占領事件を次の様に記している。

大鳥公使の意を受けて、七月二十日午後一時、本野一郎参事官が、大島義昌混成旅団長を訪ねて、次の申し入れを行なった。

「（略）本日該政府に向かって清兵を撤回せしむべしとの要求を提出し、その回答を二十二日と限れり。もし期限に至り確乎たる回答を得ざれば、まず歩兵一個大隊を京城に入れて、これを威嚇し、なお我が意を満足せしむるに足らざれば、旅団を進めて王宮を囲まれたし。然る上は大院君を推して入闕せしめ彼を政府の首領となし、よってもって牙山清兵の撃壊を我に嘱託せしむるを得べし、因って旅団の出発はしばらく猶予ありたし」。

その上で、王宮占領事件を次の様に記している。

「七月二十三日午前零時三十分、大島旅団長が公使より電報を受くるや、諸隊に向かって計画の実行を命じ（略）かくて武田中佐の引率せる一団は迎秋門に到着せしが、門扉固く閉ざされて入るあたわず。北方金華門をうかがわしめしがこれまた閉鎖し在り。因って迎秋門を破壊するに決し、工兵小隊は爆薬を装しこれを試みるも薬量少なくして功を奏せず。かくのごとくすること再三、ついに破れず。（略）ついに内外相い応じ鋸を用いて門楗を裁断し、しかるのち斧をもって門扉を破り、辛うじて開門したるは午前五時ごろなり。迎秋門破壊するや河内中尉の二分隊まず突入しこれを守護し、もって第七・第五中隊進入し、第七中隊は吶喊して直ちに光化門に進み守衛の韓兵を駆逐してこれを占領し内より開門せり。しこうしてその一小隊（長、中尉時山龔造）は更に建春門に進み内部より開門す。この間守備の韓兵は一も抵抗する者なく皆北方に向かって逃走したり。ここに又第六中隊は予定のごとく南大門を入り、午前四時二十分建春門に達せしが、門外に韓兵あり、これに向かって射撃す。（略）第六中隊の建春門を入るや更に北方春生門、神武門及び昬居門を占領すべき任務を受け、兵を分かちて韓兵を駆逐しつつ王宮内部を通過し北方に向かって一斉に行進せり。しかるにその春生門に向かいし部隊、王宮北部の外郭に出るや、北方の松林中より韓兵の射撃を受けこれに応射したり。この時第五中隊は軍旗を護衛して武田連隊長及び山口大隊長と共に光化門内に在りしが、北方においてはげしき銃声の聞こうる。（略）第五中隊の赴援するや、従来第六中隊に向かって抵抗せし韓兵は陸続北方王宮囲壁を出て白岳の方向に敗走し、双方の発火ようやく緩徐なるに至れり（午前七時半）」。

「日清戦史」と「日清戦史」決定草案を比較すると、明らかに記述内容に違いがある。占領事件について、「日清戦史」は、王宮の東側を通過していると、韓兵が突然日本兵を射撃したため、防御上応射し、韓兵を駆逐しながら王宮へ入り、韓兵の射撃をかわして、これを北方城外に駆逐したと記述している。「日清戦史」決定草案は、迎秋門を斧を使用し辛うじて破壊の後、河内中尉の二分隊が突入し、更に第七・第五中隊が進入して光化門へ進み、韓兵を駆逐してこれを占領、更に建春門が、第六・第七中隊によって開門されるや、諸門の韓兵を駆逐しつつ北方へ進み、王宮北部では、激しい銃撃戦があったと記述している。又、決定草案の記述には、部隊名・軍人名が随所に出てくる。

正に、「日清戦史」は、予期せぬ韓兵による発砲にあって王宮へ進入したと、受動的であるのに対し、「日清戦史」決定草案は、戦場からの報告を基とした、臨場感ある攻撃的な軍事行動を記述し、対照的となっている。

更に「日清戦史」は、第二大隊及び工兵一小隊を、京城に入れたと記しているが、工兵に与えられた任務については、全く触れていない。これに対し「日清戦史」決定草案は、迎秋門を破壊するために、工兵が爆薬・鋸・斧等を使用したと記しているが、これらの軍器は、戦場に出る前に、前もって準備しなければならない事から、周到なる作戦が立てられていたことが分かる。

又、「日清戦史」決定草案には、最初の銃発砲が発生したのが午前四時二十分、銃撃戦が終了したのは、午前七時半と記録されているが、「日清戦史」には記述がない。しかし、大鳥公使が、当日午後五時、陸奥外務大臣宛に発信した報告によると「発砲はおよそ十五分間も引続き今はすべて静謐に帰したり」と比較すると、大きな違いがある。

「日清戦史」決定草案は、国王の所在を探して、王宮内を捜索した行動を、次の様に記している。

「（略）第五中隊長より報あり、いわく〝国王雍和門内に在り、韓兵これを守護す〟と。因って大隊長はまずその部下に発火を制止し自ら王の所在に赴く（略）韓吏などすなわち大隊長に請うていわく、〝外務督弁今や大鳥公使のもとに行き談判中なり、彼が帰るまで軍兵を雍和門内に入れざることを希望す〟と。大隊長いわく〝門内多数の韓兵を見る、もしその武器を我に交付せば求めに応ぜん〟と。彼ら聴かず、大隊長すなわち剣を抜き現兵を麾し叱咤して門内に突入せしめんとす。彼ら大いに驚きこれを支え国王の裁決を得るまでの猶予を請い、霎時にして出で来り韓兵の武器を交付することを諾したり」。

これに対して、「日清戦史」には、大隊長が剣を抜き大声を揚げながら、朝鮮国側に対して示した威嚇的行動に関する記述は、全く無い。又、「日清戦史」決定草案は、山口大隊長が、国王を謁見した時の発言を、「今や図らずも両国の軍兵交戦し殿下の宸襟を悩ませし」と記述しているのに対し、「日清戦史」は、「両国軍兵不測の衝突に因り宸襟を悩ませし」と表現し、明らかに相違がある。

「日清戦史」と「日清戦史」決定草案は、共に参謀本部が編集した書物であるが、「日清戦史」の記述は、防御的・抽象的・省略的であるのに対し、「日清戦史」決定草案は、攻撃的・具体的・詳細な記述と、著しい違いがある。又、部隊名・軍人名の記述の点でも、格段の差がある。この様に二つの戦史の記述内容に、大きな落差があるのは、「日清戦史」決定草案が、福島県立図書館「佐藤文庫」の中から、中塚明が発見するまで、約一世紀近く死蔵していた事実から考えて、史実を隠蔽するために政治力が働いた事を、指摘しなければならない。

「日清戦史」決定草案について、その記述の信憑性を判定するために、決定草案の中にある本野一郎参事官に関する記述を、史実と照合する事にする。「日清戦史」決定草案は、七月二十日午後一時、本野参事官が、大島混成旅団長に行なった申し入れを、次の様に記している。

「(略) 本日該政府に向かって清兵を撤回せしむべしとの要求を提出し、その回答を二十二日と限れり。もし期限に至り確乎たる回答を得ざれば、まず歩兵一個大隊を京城に入れて、これを威嚇し、なお我が意を満足せしむるに足らざれば、旅団を進めて王宮を囲まれたし。然る上は大院君を推して入闕せしめ彼を政府の首領となし、よってもって牙山清兵の撃攘を我に嘱託せしむるを得べし、因って旅団の出発はしばらく猶予ありたし」。

一方、この時期に於ける史実については、次の様に要約できる。

大鳥公使は、朝鮮内政改革の勧告が、拒絶された時の対応について、上申するために、本野参事官と福島歩兵中佐を、帰国させた。七月十日、本野参事官等は、陸奥外務大臣及び参謀本部に対し、何等かの口実を設け、兵力を以て朝鮮国政府を威嚇することを上申した。しかし当時、伊藤首相を初め元老閣僚は、合法的手段による解決を着地点と考え、武力による高圧的政策には、異論が多かった。しかし、七月十三日、陸奥外務大臣は、再び本野参事官等を朝鮮国へ派遣するに当たり、「日清の衝突を促すは今日の急務なれば、之を断行する為には、何等の手段をも執るべし、一切の責任は余自ら之に当る」との高圧的政策に踏み切った決意を、大鳥公使に伝達する様指示した。七月十三日東京を出発した本野参事官等は、七月十九日京城に入り、外務大臣内訓を大鳥公使に、伝達した。外務大臣内訓を受けた大鳥公使は、大島混成旅団長等と協議して、強圧手段の実施に着手した。七月二十日、大鳥公使は、朝鮮国政府に対して、同国内駐屯清国軍の撤退を要求し、その回答期限を、七月二十二日と指定した。大島旅団長は、既に大本営より朝鮮内に於ける清兵攻撃の命令を受けていたが、その出発を延期し、七月二十三日午前三時西大門開門と同時に、歩兵一連隊を入城させる事を、決めた。従って、本野一郎参事官が、大鳥公使の意を受けて、七月二十日午後一時、大島義昌旅団長と会談を行ったとの「日清戦史」決定草案の記述は、史実と合致している。併せて、本野参事官と大島旅団長との会談内容も、史実と合致している。

更に、「日清戦史」決定草案の信憑性を、裏付ける物として、ノース・チャイナ・ヘラルド紙（一八九四年九月七日）を、上げることにする。新聞は、決定草案と同様に〝日本軍が王宮を占拠するに当たって、門を破壊するための斧、門に火を放つための可燃物、攻城はしご等、王宮を攻め落とすに必要な、あらゆる物が用意されていた〟と記している〔外国新聞に見る日本(2)〕。

もう一つ、決定草案の信憑性を裏付ける資料として、日省録李太王甲午年六月二十一条「是日侵暁、日本公使大鳥圭介、率其兵、自迎秋門斬関突入（略）」と、日本兵が迎秋門から、斬り込み突入した事実を記した、日省録を上げることにする。

従って、王宮占領事件に関して、「日清戦史」決定草案の記述は、信憑性があると判定を下す事ができよう。又、この判定によって、王宮占領事件に関して、「日清戦史」の記述に、事実の隠蔽の有る事が、明確になった。当然、「日清戦史」の作成に当たって、参謀本部が、参照したと思われる「明治二十七年七月二十五日外務大臣宛大鳥公使報告」の信憑性にも疑問が出てくる。「七月二十五日外務大臣宛大鳥公使報告」と「日清戦史」との比較結果については、前に述べたが、王宮占領事件の軍事行動（骨子）について、殆んど同じ様に記述している。

ここで再び、「七月二十五日外務大臣宛大鳥公使報告」について、検証を行う事にする。

国王が遣わした外務督弁は、大鳥公使に対して、速やかに王宮へ参上する様にと、国王の要請を伝達したが、公使は、轎を担ぐ人夫を直ちに手配できずに、午前十一時頃、漸く公使館を出たと報告している〔七月二十五日外務大臣宛大鳥公使報告の中の(5)(6)〕。しかし、大鳥公使が夜明けに、日本軍兵士と韓兵との間に起きた発砲を、遠くから見ながら、「国王陛下闕後ニ落行カレタル事アル間敷ヤノ疑慮有之候〔大鳥公使報告の中の(3)〕と、国王の行方を心配していると報告しながら、その後遣わされた外務督弁による、王宮への参上要請を、人夫不足のため直ちに実行できなかったとする報告は、一貫性がなく、矛盾がある。これには、何か特別な理由があると思われる。大鳥公使が、国王の遣わした外務督弁と面会した時刻に、その手掛かりを求める事にする。

「午前五時四十分右捕将王宮に来れり。ここにおいて王の所在を詰問し嚮導せしめたるに雍和門に至り武器あるを発見し、これを没収せんとす。国王出で来たりこれを制していわく、日本公使館に向けて外務督弁を遣せり、故に帰還するまで猶予ありたし」〔従明治二十七年六月至同年九月混成第九旅団第五師団報告の七月二十三日分、防衛研究所図書室〕。

従って、大鳥公使が、外務督弁と面会した時刻は、午前五時四十分頃に近い時刻と推定できる。

とすると、大鳥公使は午前十一時頃、漸く公使館を出て、王宮へ向かったとの報告〔大鳥公使報告の中の⑹〕から判断して、約五時間近く、轎を担ぐ人夫を待っていた事になる。国王の安否が懸念される状況の中で、信じられない行動である。即ち、大鳥公使は事件の勃発当初から、大院君より政府首脳就任について、承諾を得る事と、国王を軟禁状態に置くという、二つの条件が揃う迄、王宮へ参上する予定は、無かったのではないか。だから、大鳥公使は、外務督弁による王宮への参上要請に対して、直ちに行動せずに、時間稼ぎをしたのである。その上、大鳥公使は、轎を担ぐ人夫を手配できなかったため、直ちに参内できなかった、と言い訳することによって、国王の安否を確認・報告する任務を回避したのであった。もっとも、大鳥公使は、「閔家ノ一族我兵ノ侵入ニ驚キ、追々後門ヨリ逃走シ、亜閔ノ輩モ之ニ続キ、闕内稍々騒擾ヲ極メタル」〔大鳥公使報告の中の⑷〕と、王宮内の混乱状態を、記述しているが、肝心の国王の安否については、触れていない。しかし、「日清戦史」決定草案は、国王の行方について、次の様に記述している。山口大隊長が、剣を抜き、大声を上げながら国王のいる雍和門内へ突入しようとしたため、驚いた国王が武装解除に応じ、日本軍は、隠匿されていた武器をも押収し、王宮内の制圧を終えたのは、午前九時過ぎであったと。

又、ノース・チャイナ・ヘラルド紙（一八九四年九月七日）は「（略）壁の上から狙い撃ちされるなど多数の朝鮮人が、犠牲になった末に、国王は、捕虜として王宮の小さな離れ家に、監禁された（略）」と記している〔外国新聞に見る日本(2)〕。

外務大臣宛大鳥公使報告は、午前十一時過ぎ、大鳥公使が参内し、同じ頃に大院君も参内して、国王と大院君との対面が実現し、「満悦感江ノ観」と記し、更に「自分ハ大君主ノ命ニヨリ自今政務ヲ統轄スベキニ付」と政権委譲が実現したと記している〔大鳥公使報告の中の(6)(7)〕。しかし、大院君が、歩兵第十一連隊第六中隊の日本兵等に周りを固められて、王宮入りした、威嚇的行動等については、記述がないのである。ノース・チャイナ・ヘラルド紙（一八九四年九月七日）は、「（略）午後になって代表達が王宮に行ってみると、国王と老摂政は、捕虜としてひどく侮蔑的な取り扱いを受けており、軽い飲食物も与えられぬまま、王宮の狭い召使部屋に放置されていた」と記している〔外国新聞に見る日本(2)〕。

従って、明治二十七年（一八九四年）七月二十五日外務大臣宛大鳥公使報告には、重大なる誤りがある。国王と大院君との政権引き継ぎは、正常な状況下で実施されたのではなく、実は多数の日本兵による監視の下で、即ち、軍事力を使用した威嚇的軟禁の下で、政権委譲が強行されたにも拘らず、その事実を隠蔽した事である。この道義上許されない、威嚇的軟禁の下で強行された政権委譲が、国際社会に知らされれば、ロシア・米国等の列強による非難が噴出し、政権委譲そのものが空中分解したに相違ない。しかも、大鳥公使が目論む政権委譲が早期に実現しなければ、朝鮮国政府が、清・朝鮮宗属関係の廃棄を宣言する見込みが立たないと同時に、日本国が朝鮮国政府の委任を受けて、同国に駐屯中の清国軍を攻撃する軍事行動そのものの名目が喪失して、列強の強い反発を招く事は、火を見るよりも明らかであった。だからこそ、大鳥公使は、甲午政変を完結させるために、軍事力を基にした威嚇策を強行し、且つ、その事実を隠蔽し、報告の偽装を図ったのである。

大鳥公使は、七月二十七日付外務大臣宛報告の中で、事変後の軍隊による警戒体制について、次の様に報告している。

「本月二十三日事変後、引続キ我兵ハ王宮ヲ守備シ、宮門ノ出入ヲ監督シ、本館ヨリ発附シタル門票ヲ有スルモノノ外ハ出入ヲ許サズ、以テ雑人ノ濫入ヲ相拒ミ居候、大院君其外朝鮮官員中ニハ、我兵ノ守備ヲ撤去センコトヲ頻リニ希望致候得共、右ハ表面ノ飾辞ニ過ギザル色有之、加之改革派ノ人々ハ改革ヲ整頓スル間、当分守衛ヲ存センコトヲ望ミ候ニ付、本官ニ於テモ新政府ノ組織成リ韓兵ノ逃散シタルモノヲ呼集メ、守衛ニ充ツルニ足ル迄ハ、王宮ノ守備ヲ存シ置可申ト存候、将又京城内外ニ在ル韓兵ノ営所ヘハ、去ル二十三日ヨリ二十五日迄ニ、我兵ヲ派シテ之ヲ逐ヒ払ヒ、兵器ヲバ尽ク我手ニ収メ候ニ付、目下国城内外ニハ一人ノ韓兵ナキ姿ニ有之候（略）」〔日清韓交渉事件記事朝鮮之部〕。

ここで現在に生きる我々が、最も肝に銘じなければならない点は、大鳥公使が、甲午政変を完結させるために行った隠蔽工作と、同じ隠蔽工作が、既に十年前にも、行われていた事である。それは、明治十七年（一八八四年）十二月四日に勃発した甲申事変に於てであった。

当時、朝鮮国の廟堂は、戚族閔氏・趙氏によって支配されていたが、清仏両国軍の衝突による清国の敗北を契機に、新興勢力として台頭してきた日本国の援助の下で、戚族政権打倒を企てたのが、朴泳孝・金玉均等独立党であった。竹添公使は、朴泳孝・金玉均等と密接な関係を作り、彼等の政権転覆計画に関与した。転覆計画が、先ず火蓋を切ったのは、朝鮮京城郵便局開業祝賀会に於ける放火と、重臣閔泳翊への襲撃であった。更に転覆計画は王宮へと移動し、竹添公使は、警備隊を率いて王宮へ参内し、国王を護衛すると共に、この間に金玉均等による六大臣謀殺を幇助した。国王の護衛を開始した三日目には、王宮内に侵入した清国兵との間に戦闘が発生し、国王は、危険を避けて王宮内を移動し、京城は、動乱状態に陥り、竹添公使不在の日本国公使館は、清国兵・朝鮮国兵による攻撃によって、居留民二十九名が悲惨な最期を遂げ、警備隊本部が掠奪の対象となった。

甲申事変終結後、井上馨外務卿は、事変後の善後策を検討するに当たり、大変腐心する事になった。まず、責任の所在を明確にする必要に迫られるが、井上外務卿は、次の結論を出して、事変後に対応した。㈠竹添公使が朴泳孝・金玉均等と密接な関係を作り、彼等の叛乱計画に参与したこと。㈡同公使が、公使館警備隊を率いて、景祐宮の諸門を占領し叛徒の不法暗殺に援助を与えたこと。㈢公使が三日間、王宮に滞在し叛徒を支持したこと。㈣朴泳孝・金玉均等の日本亡命に、援助を与えたこと等については、疑問が少なくないけれども、これら行為の責任の所在は、第二義とし、むしろ、日本国代表者が不法な攻撃を受け、公使館が焼失し、居留民が惨殺された責任を問い、朝鮮国政府に、謝罪と損害賠償を要求する方針を固めた。明治十七年（一八八四年）十二月十九日、日本国政府は、井上外務卿の方針を閣議決定し、同外務卿を全権大使に任命、朝鮮国へ派遣した。

井上全権大使は、朝鮮国との交渉に当たって、竹添公使の責任論に根拠を与える事になる、竹添公使統理衙門往復文書を、基礎とした協議を、一切拒絶する方針で臨んだ。明治十八年（一八八五年）一月四日、井上全権大使は、趙秉鎬督弁交渉通商事務との会談に於て、竹添公使と朝鮮国統理衙門との間の往復文書について、政府間の公文書として、認めないと表明した。又、一月六日、井上全権大使は国王に対しても、往復文書に基づいて談判する旨を、委任される時は、その委任には応じない事を表明した。一月九日、井上馨・金弘集両全権は、やっとのことで、朝鮮国の謝罪と損害賠償を内容とする漢城条約の調印に、漕ぎ着けることができたが、同時に、明治十七年十二月六日より、同年十二月三十一日の間に、竹添公使・統理衙門間に往復した照合公函二十五通を、互いに、これを撤回することを協定した。この往復照合公函二十五通の撤回協定こそが、竹添公使が、朝鮮国政府転覆に加担した事実を闇に葬り去る、公然と実行された隠蔽工作であった。

又、甲申事変では、竹添公使が警備隊を率いて王宮へ参上し、国王を護衛中に、閔泳穆等六大臣が惨殺される事件が起きたが、李鴻章は第一回天津会談（明治十八年四月三日開催）に於てこの事件を取り上げ、伊藤博文全権大使に、次の様に述べた。「本大臣ハ素ヨリ、竹添公使ハ六大臣謀殺ノ事ニ連累ナリト信セサレトモ、而カモ六大臣ヲ屠戮シタルハ、当時王宮ヲ守ル所ノ貴国兵ノ力ヲ籍テ成シ遂ケラレタルハ疑ナシ。何トナレハ、貴国兵城門ヲ堅ク鎖シテ何人モ進入スルコトヲ許サス、其間ニ乗シ王宮内ニ於テ六大臣ヲ謀殺シタルヲ以テナリ」〔天津談判筆記第二〕。これに対して、伊藤全権大使は「閣下ハ彼ノ六大臣惨殺ノ事ヲ以テ我兵ノ直接補助ナリト云ウコト能ハス。或ハ其結果ニ於テ間接ニ多少ノ効アリシト云ハンカ、間接ノ結果ニ至テハ我之カ責ニ任スルノ理ナシ」〔天津談判筆記第二〕と、日本側による、六大臣惨殺への直接・間接的関与を、否定したのである。

しかし、竹添進一郎公使は、甲申事変勃発前に、金玉均による「諸閔及数三奸臣」の暗殺計画を承認し、事件当日には、六大臣を「日本兵士衛立之中行事」と斬殺した事実を、記録した甲申日録、並びに「令聴日人之指揮」と、日本人の指揮の下で六大臣を殺害したとする、乙酉謀反大逆不道罪人尹景純等鞫案の記録によって、竹添公使が、六大臣斬殺を幇助した事は、明確となっている。従って、伊藤全権大使は、六大臣惨殺に日本兵の関与があった事実、又竹添公使が六大臣惨殺を、幇助した事実を、隠蔽したのである。更に公式復命書である朝鮮京城事変始末書には、報告に偽装のある事も判明した。

この様に、日本国は、甲申事変に於て、民族の未来にとって、永遠なる悪しき刻印となる隠蔽偽装工作を、公然と実行し、十年後の甲午政変に於ても、再び、同じ隠蔽偽装工作を、繰り返す罪を犯したのである。

十　日清戦争

明治二十七年（一八九四年）七月二十四日、朝鮮国は、甲午政変によって、大院君を執政とする新政権に移行した。翌日、領議政に、金弘集を任命し、新たに合議体の臨時政府である軍国機務処を設置し、その総裁官に、領議政金弘集を任命した。

大鳥公使は、景福宮に於て、大院君及び督弁趙秉稷と会見し、七月二十日の最後通牒の趣旨に従い、「中朝商民水陸貿易章程」の廃棄、並びに〝朝鮮国駐留清国軍の駆逐を請求する件〟について協議した。しかし、大院君、趙秉稷ともに、将来清国より報復懲戒を加えられることを恐れて、決定する事ができなかったが、大鳥公使の強硬な要求に屈して承諾し、七月二十五日、清代理交渉通商事宜唐紹儀に対し、清・朝鮮通商三章程の破棄を通告した。この通告こそ、清・朝鮮宗属関係の廃棄を意味するものであった〔日清韓交渉事件記事朝鮮之部〕。

朝鮮国内駐留清国軍の駆逐について、大鳥公使は、七月二十五日、内容は不満足であったが、形式的には朝鮮国政府が日本国公使に清国兵駆逐を依頼したと見ることのできる、外務督弁記名調印入り文書を受領した〔日清戦史巻一、日清韓交渉事件記事朝鮮之部〕。

一方、甲午政変に於て、任務を完遂した大鳥混成旅団は、七月二十五日、大本営の命令により龍山を出発した。旅団は二十五日に果川、二十六日に水原府、二十七日には振威に各々露営し、二十八日には、清国軍陣営に間近い素砂場北方の高地に迄、前進した。二十九日、午前二時頃、素砂場を出発した右翼隊は、安城渡西方七百メートルの村落に於て、清国軍と衝突し、銃撃戦の上、遂にこれを撃退した。同隊は村落を発して、成歓駅西北方高地に向かって進撃し、漸く清国軍の守地に達したが、清国軍は幕営を捨てて、牙山方向に向かって潰走した。一方、素砂場を出発した左翼隊は、午前五時二十分、成歓駅の東北方高地に到達すると、砲火を開始し、同時に歩兵も前進を開始した。清国軍は、その陣地の中央に堅固なる防御工事を施し、死力を尽して固守したが、午前七時十二分、左翼隊の総攻撃によって、遂に、清国軍は、西方の高地に潰散し、清国軍の成歓駅陣地は、日本軍によって占領された。日本軍は、直ちに追撃に移り、七月三十日牙山を制圧したのであった。日清両国軍の陸上に於ける戦闘に先立ち、七月二十五日、日本国軍艦「吉野」「浪速」「秋津州」の三艦が、仁川に向かって航行中に豊島沖で、清国軍艦「済遠」「広乙」と遭遇し交戦となり、「済遠」は敗走し、「広乙」は座礁するという豊島沖海戦が起きた〔日清海陸戦史〕。

八月一日、日本国では、天皇が宣戦の詔勅を発し、清国も宣戦を公布し、ここに日清戦争が勃発した。

八月二十五日、大鳥公使は、日清戦争の勃発によって、同盟関係になった朝鮮国との間にある、既往将来の問題を整理するために、仮条約を締結したことを、陸奥外務大臣に報告した。

「大日本・大朝鮮両国政府ハ日本暦明治二十七年七月二十三日（朝鮮暦開国五百三年六月二十一日）、漢城ニ於テ両国兵ノ偶爾衝突ヲ興シタル事件ヲ治メ併ニ将来朝鮮国ノ自由独立ヲ鞏固ニシ且ツ彼此ノ貿易ヲ奨励シ以テ益々両国ノ親密ヲ図ランカ為メ茲ニ合同条款ヲ暫定スルコト如左。

暫定合同条款

一、此度日本政府ハ朝鮮国政府ニ於テ内政ヲ改革センコトヲ希望シ朝鮮政府モ亦其急務タルヲ知覚シ其勧告ニ従ヒ励行スヘキ各節ハ順序ヲ追テ施行スヘキコトヲ保証ス。
一、本年七月二十三日王宮近傍ニ於テ起リタル両国兵員偶爾衝突事件ハ彼此共ニ之ヲ追究セサル可シ。

大日本国明治二十七年八月二十日

特命全権公使大鳥圭介

大朝鮮国開国五百三年七月二十日

外務大臣金允植」

〔日清韓交渉事件記事朝鮮之部〕。

この暫定合同条款の締結によって、明治二十七年（一八九四年）七月二十三日、王宮近辺に於て勃発した〝両国兵員偶爾衝突事件〟、即ち〝王宮占領事件〟は、今後とも、追究しないことを協定した。この協定によって、大鳥公使が行った隠蔽偽装工作は、その真相が公然と闇の中に、封印されてしまった。

ここで、我々は、大鳥公使が行った隠蔽偽装工作が、甲申事変で行われた隠蔽偽装工作との間に、類似性のある事に、着目しなければならない。類似性については、既に指摘した項目もあるが、改めて要約を記す事にする。

一、竹添公使が、伊藤・井上参議に対して行った、明治十七年（一八八四年）十一月十二日付請訓の中の甲案、「我ハ求メテ支那ト戦ヲ開クニ無之、只朝鮮国王ノ依頼ニヨリ王宮ヲ守衛シ、右国王ニ刃向タル支那兵ヲ撃退ケタリ」と、大鳥公使が、陸奥外務大臣に対して行った、明治二十七年（一八九四年）七月十日付請訓の中の乙案、「我ガ兵ヲ派シテ漢城並ニ王宮諸門ヲ守ルベシ」との間に、〝軍事力行使〟の点で、策略に類似性がある。

二、甲申事変に於て、竹添公使が、戚族政権転覆のために、洪英植・金玉均等の独立党を支援した策略と、甲午政変に於て、大鳥公使が、朝鮮国政府改造のために、大院君執政を成立させた策略との間には、類似性がある。

三、甲申事変に於て、竹添公使は、朴泳孝・金玉均等の政権転覆計画に関与し、軍隊を指揮して王宮の諸門を占拠、叛徒による不法暗殺を支援したが、井上外務卿は、これらの嫌疑を隠蔽するために、朝鮮国政府と竹添公使間に往復した文書を、政府間の公文書として認めないと、朝鮮国へ通告した。又、第一回天津会談に於て、伊藤参議は李鴻章に対して叛徒による六大臣惨殺に、日本側の関与があったにも拘らず、直接・間接にわたる日本側の関与を否定した。一方、甲午政変に於て、大鳥公使は、朝鮮国政府改造に当たり、大院君執政を成立させたが、国王から大院君への政権委譲は、軍事力を使用した威嚇的軟禁の下で、強行されたにも拘らず、大鳥公使は、その事実を隠蔽した。従って、甲申事変・甲午政変には、ともに重大なる隠蔽工作が存在する。

四、甲申事変に関して、事件の経緯を記した公式復命書である朝鮮京城事変始末書には、報告に偽装があり、大院君執政の実現までの経緯を記した、明治二十七年七月二十五日陸奥外務大臣宛大鳥公使報告にも、報告の偽装がある。

五、甲申事変の終結後、井上外務卿は、竹添公使・統理衙門間を往復した照合公函二十五通を、相互に撤回することを協定したが、協定は、竹添公使への嫌疑を、公然と隠蔽するためのものであった。一方、甲午政変終結後、大鳥特命全権公使は、明治二十七年七月二十三日の王宮占領事件について、自らの関与の下で成立した朝鮮国政府と、暫定合同条款を協定したが、協定は、事件の真相を公然と隠蔽するためであった。

以上の要約で明らかな様に、甲申事変と甲午政変には、五項目にわたる類似性が存在するが、これは類似すると言うより、甲午政変は、前例として、甲申事変を模倣したと判定すべきだろう。更に、甲申事変と甲午政変の渦中で為された隠蔽工作と策謀は、竹添・大鳥両日本国公使のみで実行されたのではなく、政府が深く関与した上で遂行された事が明瞭になり、これを国搦みの隠蔽工作と言わねばならぬのは、恥辱的な事だが、歴史の検証にとっては、避けることはできない。

明治二十七年（一八九四年）八月二十七日、大鳥公使は陸奥外務大臣に対して、八月二十六日、「大日本大朝鮮両国盟約」に調印したことを報告している。この盟約は、甲午政変によって成立した大院君執政が、明治二十七年七月二十五日、日本特命全権公使に対し、清国軍の撤退を委託し以来、日朝両国政府は清国に対し、既に攻守同盟の位置に立っている事を内容としている。しかし、盟約は、大鳥公使による策謀と威嚇的軍事力介入の下で成立した大院君執政と、特命全権公使大鳥圭介の間で調印され、その上調印日の約一ヵ月前に、既に、日本国・清国間には、戦端が開かれていることから、この盟約は見せかけの協約であり、日本国の侵略行為をカムフラージュし、全ての策謀と欺瞞性を隠蔽し、列強の干渉をかわすものであった。

第三章　歴史検証
―旅順の戦役―

勃発した日清戦争は、明治二十七年（一八九四年）九月十六日、清国軍の金城湯池である平壌城が陥落し、又黄海の海戦では、清国艦隊が撃破されたことにより、第二段階に突入した。日本軍は天津・北京を衝くために、更に第二軍を編成し、旅順及び威海衛を攻略する作戦を決定した。

第二軍司令官には、大山巌陸軍大将が任命され、第二軍は、第一師団（師団長、山地元治陸軍中将）と、第六師団の第十二旅団（旅団長、長谷川好道陸軍少将）によって編成され、十月十六日、広島を出発し、遼東半島の花園口に上陸した。

十一月六日、日本軍は遼東半島にあって、旅順への第一の要害である金州を総攻撃し、金州は陥落した。十一月十三日、第二軍司令官は、入手した地形情報及び敵情を基に、旅順への攻撃及び背後の守備に関する作戦を決定し、十一月二十日、第一師団長・混成第十二旅団長・攻城廠長に対し、旅順攻略を次の様に命令した。

一、軍ハ明日敵ヲ攻撃セントス。
二、右翼縦隊中第一師団ハ土城子ヨリ旅順ニ通スル本道ノ西方ニ展開ス其攻撃目標ハ二龍山ノ砲台トス但シ先ツ椅子山ニ在ル旅順西方ノ堡塁団ヲ占領スル事ヲ勉ムヘシ。
三、右翼縦隊中混成旅団ハ土城子ヨリ旅順ニ通スル本道ノ東方ニ展開ス其攻撃目標ハ二龍山ノ砲台トス第一師団旅順西方ノ堡塁団ヲ攻撃スル間其団ハ持続戦ヲ為スヘシ。
四、左翼縦隊ハ旅順ノ東北方ニ展開シ敵ヲ牽制ス。
五、攻城廠長ハ二十一日ノ未明ヨリ砲火ヲ開始シ得ル如ク水師営ノ北方ニ陣地ヲ占領ス。〔「日清戦史」第三草案。以下「日清戦史」第三草案からの引用は、福島県立図書館「佐藤文庫」所蔵の「明治二十七八年日清戦史第十二篇第三草案」に基づく〕。

ここで、旅順周辺の地形について、簡単に記すことにする。遼東半島南部にある水師営から、旅順への道を南へ下ると、東側に松樹山・二龍山があり、更にそのまま若干南下すると、西側に椅子山・案子山がある。同時に道は、練兵場を境に東南方向へと曲がり、旅順市街に入ると、西側に白玉山、南側には港があり、その港を越えた対岸に、黄金山がある。

二十一日、日本軍は、前夜の内に、各種の大砲を敵地の標的に合わせ、東天の白むと同時に、砲撃を開始した。清国軍も直ちに応戦したが、正午には、旅順の背後にある各砲台は、既にことごとく日本軍の手に帰し、ただ海面と向かう二、三の砲台のみ、尚辛うじて防戦した。是に於て、日本軍は、旅順駐留清国軍の兵営へ向かって前進し、午後二時、軍司令部は水師営に入ったが、昨日迄数百の清国旗が翻っていたのに、今や清国軍の影はなかった。午後四時には、旅順にある清国軍兵営は、ことごとく日本軍の手に帰した旨の報告があり、因って軍司令部は、旅順市街よりおよそ半里程の所にある練兵場に入り、各部隊の将校を集めて、今日の戦勝を祝した。この時、後方より、清国軍およそ二千人が、海岸に沿って敗走の上、日本軍の背後に出て、逆に金州及び大連湾を襲う動きがある、との急報があった。因って、今夜直ちに、一旅団を金州へ派遣する命令が出された。日没には、練兵場の将校集会は解散され、旅順市街と南の海に面する黄金山の砲台が、まだ占拠されておらず、明朝迄に占拠すべしとの命令が下った。二十二日、各将校は、午前八時を期して再び練兵場に集会し、旅順市街は昨夜既に攻略を終え、黄金山の砲台も、清国軍がこれを遺棄したため、戦わずして日本軍が占領した事が告げられた（日清戦役国際法論）。

ところで、旅順の戦役が終結し二十日程経過した、明治二十七年（一八九四年）十二月十二日、ニューヨークの日刊紙「ワールド」は、十二日付紙面で、クリールマンの記事を報道したが、この記事は、ニューヨークやワシントンのアメリカ人に強い衝撃を与えた。「日本軍大虐殺」の見出しの下、「ワールド社従軍記者による旅順に於ける殺戮の報告」、「三日間にわたる人殺し」、「防御もせず、武器を持たない住民が自宅で殺戮され」、「死体は、いまわしくも、切断され」と記事の要点を掲載。更に「ワールド」は、十二月二十日付紙面で「旅順に於ける大虐殺」の見出しの下、「無力な人々が少なくとも二千人、日本兵によって殺戮され」、「三日間にわたる殺戮」、「大山将軍とその将校等は、残虐行為を止めようとしない」、「街は端から端まで略奪され」、「街路は、兵士が笑う中、手足が切断された男性・女性・子供等の死体で埋まり」、「商店主は射殺された後、軍刀で斬り裂かれ」、「日本軍に随行した従軍記者によってワールド社に寄稿された、驚くべき事実の全要」との見出しのもと、紙面第一・第二面の全てを使用して、大虐殺の全要を報道した。

そこで、筆者は、クリールマンの記事を基に、旅順大虐殺について真相解明を試みることにする。

クリールマンは、次の様に述べている。「朝鮮国の解放闘争は、突然として、向こう見ずで野蛮な征服戦争へと方向転換した。もはや、文明化と野蛮性との衝突ではない。日本はその仮面を剥ぎ、直近四日間で勝者となった軍隊の意のままに、文明社会を踏みにじった。旅順制圧の惨事は、歴史上最も兇悪な出来事の一つだろう。清国の国民を簡単に制圧し、世界で最も強固な要塞の一つを、占有したことは、日本人の人格に必要以上の心の高ぶりを与え、数時間にして、日本人を邪悪なる道―獣的なる状態―に引き戻してしまった。これは一世代前を呼び起こすものだ」。更にクリールマンは「野獣は解き放された」と題して、「日本は、ヨーロッパ又はアメリカの軍勢によって支配されていれば、一万名を備する要塞を、戦死者約五十人と戦傷者二百五十人の犠牲で占領したが、更に引き続き起こった抑制することのできない力の意識は、文明化という外面の下に、日本人の内部に閉じこめられていた野蛮性を解き放し、その一つの確かな証として、国家による全くの無能力さを露呈させた。東洋の暗闇の中で、現に穏やかな光明を放っているアジアの灯が消えるのを見る事は、苦痛である。そして、旅順に於ける言うに言われぬ恐怖の戦慄が、冷血にして現実のものとなり、虐殺が、清国人に対し、武器を棄て侵入軍に身を預ける様にとの勧告を、満州の城壁に掲示した日本軍によって引き起こされた事を知り、痛ましい限りだ。日本は、世界を前に、栄誉ある地位を失った。日本はジュネーヴ条約を破り、赤十字に恥辱を与え、神聖なるものを汚し、その評定からヒューマニズムと神の慈悲さを、駆逐した。勝利と支配に対する新たな慾望は、日本を狂わせた」と述べている。

クリールマンは、旅順総攻撃の前日に開催された戦略会議に於て、大山巌司令官とその幕僚が、山地元治中将・西寛二郎少将・乃木希典少将・長谷川好道少将とその幕僚と会談し、山地師団の一部が清国軍の側面に対し、戦局を変える重要な行動として西側から攻撃を加え、長谷川旅団は、清国軍の右に位置する砦の東側から攻撃する、二つの作戦を決定したと記している。十一月二十日午後一時、大山司令官から下された命令について「日清戦史」第三草案は、「右翼縦隊中第一師団（師団長長山地）ハ土城子ヨリ旅順ニ通スル本道ノ西方ニ展開ス其攻撃目標ハ二龍山ノ砲台トス」、「右翼縦隊中混成旅団（旅団長長谷川）ハ土城子ヨリ旅順ニ通スル本道ノ東方ニ展開ス其攻撃目標ハ二龍山ノ砲台トス」と記しているが、クリールマンの記述と、第三草案を各々照合してみると、山地第一師団並びに長谷川混成旅団の作戦行動について、その骨子は同じになっている。

十一月二十日午後八時、山地師団長は、司令官の命令を部下に伝達すると共に、西少将に対し、歩兵第三連隊他を率いて椅子山の砲塁を攻撃すべき事、砲兵連隊に対しては、午前五時迄に、椅子山の砲台を砲撃できる陣地を占領すべき事、又残りの兵は、予備隊として師団長直轄とする事を命令した。長谷川混成旅団長は、午後七時五十分、司令官の命令を伝えると共に、第一師団が椅子山攻撃の際、当旅団は前面に対し持久戦をし、その後、第一師団の松樹山砲台攻撃と共に二龍山の砲台を攻撃する事、並びに砲兵大隊は、土城子より旅順に通ずる本道の東方に陣地を選定し、明朝五時迄に、準備隊形を取る事を命令した（「日清戦史」第三草案）。

クリールマンは、日本軍の作戦について、「日本の将軍等の考えは、戦局への鍵となる椅子山を、第一に占領することにあった。何故なら、山地は、その後旅順へと続く谷を横切り前進して、後方の海洋砦への攻撃を、目論んでいたからである。一方、長谷川は、水師営の谷に据えた攻城砲・山野砲によって、敵の士気を喪失させた後に、松樹山と二龍山の東側前面を強襲し、山地師団の残る縦隊は、変化する戦局に従って、敵のどちら側でも闘える様、本隊で待機することであった」と記しているが、クリールマンは驚く程に、第二軍の軍事作戦を熟知している。

一方、清国軍は、陸正面に人員約一万名、重砲十八門、軽砲四十八門、機関砲十九門、海正面に人員約三千二百名、重砲五十八門、軽砲八門、機関砲五門の兵力を保持していた。

十一月二十一日六時四十五分、日本軍の山岳砲が椅子山に向けて、発砲を開始した。椅子山の三つの砦の大砲も火を噴き、炎と煙が山腹を被った。清国軍は、五インチグルップ砲と回転式・速射大砲補助台付七インチ臼砲を所有していた。砲弾があらゆる方向から、日本軍に向かって落ち始めた。二龍山と黄金山の巨大な大砲、並びに清国軍の野砲が、日本軍の山岳砲が設置されている丘に、激しい攻撃を加えた。これは、椅子山が要害の地であり、一旦陥落すれば、清国軍の左側面の全てを危険にさらす事になるからであった。椅子山砦の奪取は、長谷川旅団長が右翼の砦を攻撃する合図であった。砲撃は山腹をこなごなに砕き、うねのついた地面から、おびただしい土埃を巻き上げた時、椅子山の前方斜面の麓に伏せていた日本兵が、火蓋を切り、十四、五分間にわたってむらなく一斉射撃を続けた。西少将が下へ向かって、攻撃を命令した。突然、軍勢が立ち上がり、大砲にまともに向かって進み始めた。前進中も間断なく砲火が続いている。輪になり金切声をあげて、日本軍は砦へ突進した。そして城壁を登ると、逃げる守備隊に向かって発射し、銃剣で突き刺し、つながる壁に沿って敵を追撃した。歓声があちこちの丘や谷から起こり、勝利を得た軍勢が第二の砦に突進し、ついに角面堡からの逃亡者を、旅順峡谷の方へ追いやる事に成功した。椅子山は、午前八時五分、一時間二十分の戦闘の末陥落した。一人の副官を含む九人の死体が、斜面に転がっていた〔ワールド、一八九四年一二月二〇日〕。

その後、右翼隊第一師団は、白玉山から松樹山にかけて陣を構える清国軍に対し、苦戦しつつあったが、長谷川旅団の前進によって清国軍の砲火も漸く衰え、左翼隊の野戦砲兵第一連隊の第二陣地への進出・支援もあって、大いに力を回復し、進撃する機会を窺っていた。丁度その時、松樹山砲台の火薬庫が爆発し、にわかに清国軍の戦線が動揺し始めた。この機を逃がさんとばかりに、第二連隊（第三大隊）第三連隊（第二大隊）は、松樹山砲台を奪略するために、武庫附近の清国軍に向かって猛攻撃を加えた。間もなく、砲台の守兵が山ひだを伝わり東南に敗走するのを見て、第二連隊（第三大隊）と第三連隊（第二大隊）は、正面より武庫附近の清国軍に向かって突進し、遂に清国軍は大敗し、旅順市及び東方に潰走した。同時に第三大隊は、白玉山山頂まで前進して、敗兵を追撃した。一方、砲弾が松樹山砲台火薬庫に命中して爆発した時、砲台の清国兵が、二龍山方向に走るのを見た攻撃諸隊は、二龍山砲台へ百四、五十メートルの地に突入した。又、砲台の火災と同時に五個の地雷が爆発したため、煙塵が空を覆い、一時方向を失う状態になったが、第一連隊（第一大隊）・第十五連隊（第三大隊・工兵小隊）が、遂に二龍山砲台に突入した。時に、午前十一時三十分であった〔「日清戦史」第三草案〕。

水師営北方高地で全体を指揮していた大山司令官は、今や旅順口背面防御線は陥落したと見て、午後零時二十分、第一師団長及び混成第十二旅団長に次の命令を下し、又左翼隊を、混成第十二旅団長の指揮下に編成替えをした。一、第一師団は、旅順の占領を確実にする事に力を入れよ。二、混成旅団は、旅順東北方に脱出せんとする敵を抑止し、師団の前進を援助すべし。第一師団長は大山司令官の命令を受け、午後二時十五分、歩兵第二連隊長に「歩兵第二連隊に、歩兵第十五連隊の第三大隊を編入する。貴官は白玉山を占領し黄金山及びその東の砲台を、占領する事に務むべし」と命令した。歩兵第二連隊長伊瀬知好成大佐は、部下連隊及び歩兵第十五連隊第三大隊を白玉山北方中腹に集合させ、この間各大隊長を従えて白玉山山頂に登り、敵情及び地形を視察した〔「日清戦史」第三草案〕。

クリールマンは、総攻撃開始前夜から、山地第一師団長並びに幕僚と行動を共にしていたが、歩兵第二連隊の白玉山登頂を契機に、山地師団長と別れて白玉山へ登った。白玉山山頂からは、旅順市街の殆んど全ての街路を見通すことができ、クリールマンは、旅順市街へと進軍する第二連隊の行方を、じっと凝視していた。又、オブライエン米国大使館付武官とドウレエイ英国大使館付武官も、一緒であった。

午後三時十分、第二連隊第一大隊は、黄金山砲台に向かった。午後三時三十分、伊瀬知大佐は、第二連隊（第二、第三大隊）及び第十五連隊第三大隊を率いて、旅順市街入口に達し、第十中隊を市街の東外側に沿って前進させた。午後四時十五分、黄金山砲台に向かって砲撃を開始し、伊瀬知大佐の率いる諸隊は、旅順市街の敗兵を掃蕩しながら前進し、第一大隊は四時五十分、黄金山・東人字墻等の各砲台及び附近の兵営を占領した。又、汽艇・端艇に乗って港外及び老鉄山方向に逃亡する敗兵を追撃した。伊瀬知大佐は、第一大隊に砲台・兵営・造船所等の守備を命じ、第二、第三大隊に旅順市街の周囲を守備させた。これより先、攻撃部隊が黄金山砲台に達する前、砲兵第一連隊は、既に砲台には敵がいない事を知り、午後四時二十分攻撃を中止してその陣地を撤収した。又、歩兵第二十四連隊は、敵の東北方への脱走を阻止するために、旅順市西北端の兵営及び毅字後軍後営を、占領した（『日清戦史』第三草案）。

クリールマンは、白玉山山頂から歩兵第二連隊の行動を見ていたが、その状況を「虐殺された女性と子供達」と題して記している。

女性と子供等は、保護者と一緒に丘の方向へ逃げたが、激しく追跡され、発砲を受けた。街は端から端まで略奪され、居住者は自分の家で略奪された。恐怖におののく男達・子供等の群と共に、小馬・ろば・駱駝の行列が旅順の西側から続き、逃走者等は、浅い入江の中を、冷い水に震え、つまずきながら歩いて渡った。一歩兵中隊が入江の突端に整列し、ずぶぬれになった被害者達に向かって、むらなく銃火を浴びせたが、狙った射撃が皆命中したわけではない。入江を渡る最後は二人の男性であったが、その一人が二人の小さな子供を引率していた。彼等がよろめきながら反対側の堤にたどりついた時、一騎兵中隊が乗りつけ、一人の男性を銃剣で切り倒した。もう一人の男性と子供達は、水際へ向かって逃げたが、丸で犬を狙う様に射殺された。クリールマンは、街路に沿って至る所で、命乞いをする商人等が射殺され、その上銃剣で斬られるのを見た。ドアは壊され、窓は破られ、あらゆる家は侵入に遭い、略奪された。第二連隊の先陣が黄金山砦に到着した時、そこには誰もいなかった。その後、彼等は、逃亡者が群がる港内の帆船を発見し、歩兵小隊は、波止場の突端まで張り出して、全ての男・女・子供等を殺すまで、船内を掃射した。港外に停泊中の魚雷艇は、極度の恐怖に襲われた人々でいっぱいとなっている十隻の帆船を撃沈した〔ワールド、一八九四・一二・二〇〕。

クリールマンが目撃した光景と、伊瀬知大佐が率いる歩兵第二連隊（第一、第二、第三大隊）・

歩兵第十五連隊（第三大隊）の行動を照合してみると、第一大隊が、汽艇・端艇に乗って、港外及び老鉄山方向に逃亡する敗兵を追撃したとの「日清戦史」第三草案の記述と、一歩兵中隊が、入江の突端で逃亡者に向かって一斉射撃をし、その後、逃亡者が群がる帆船内の男・女・子供等を掃射し、十隻の帆船を撃沈したとするクリールマンの記述は同じ光景を記述していると思われる。更に、「日清戦史」第三草案は、砲兵第一連隊が黄金山砲台に到着した時には、既に清国軍はいなかったと記しているが、クリールマンも、全く同じ光景を記している。白玉山の上から第二連隊の残虐行為を見ていたのは、クリールマン・オブライエン米国武官・ドウレエイ英国武官だけではなかった。英国の日刊紙「タイムス」の従軍記者であるコーウェンも白玉山の上から見ていた。

明治二十八年（一八九五年）一月八日付「タイムス」は、コーウェンが、明治二十七年十二月三日に神戸で書いた「旅順陥落後の残虐行為」と題する記事を載せている。

旅順が日本軍の手に落ちた後、起きた出来事について、現地から報告することは不可能だったし、危険ですらあった。外国人通信員は、できるだけ早い時期に、その恐ろしい現場から自由にものを話すことができる場所へと逃れた。そして八日前、あの信じられない残虐行為のすさまじい嵐から無事脱出できたことに信じがたい思いを抱きながら、長門丸で旅順を発つ我々の耳に最後に聞こえたのは、大戦闘の五日後まで続いていた残忍な殺戮の射撃音だった。二十一日、日本軍が旅順に侵入した際、午後二時を少し過ぎたころから攻撃を始めると、清国人は最後まで必死の抵抗を行い、少しずつ隠れ場所を移動しながら退却し、ついには町はずれにある建物の所にまで後退した。そしてついに全ての抵抗がやんだ。完全な敗北を喫した清国軍は通りを大敗走し、必死に隠れたり、右往左往し逃げようとした。日本軍が進入を開始し、通りや家々を砲撃し、目の前を横切るあらゆる生き物を追いかけ殺すのを見た私は、その理由を必死にさがし求めた。私は、実際に全ての銃撃を目撃したが、その全てが日本軍によるものだったと、自信を持って誓うことができる。多くの清国人が隠れ場所から追い出され、射殺され、切り刻まれるのを見たが、そのだれ一人として戦おうと試みた者はいなかった。全員が普通の服を着ていたが、そのことにはなんの意味もない。何故なら、死から逃れようとする兵士達は、何はさておき軍服を脱ぎ捨てるからだ。多くの清国人がひざまずき、叩頭の礼をし助命を嘆願していたが、その姿勢のまま、征服軍によって無慈悲に虐殺された。逃亡した者は追跡され、遅かれ早かれ殺された。私が見る限りでは、どの家からも発砲はなかった〔タイムス、一八九五・一・八〕。

クリールマンは、コーウェンと一緒にいる間に、首をはねられた死骸に遭遇した。頭は二、三ヤード先に転がり、犬がその首を掻き裂いていた。一人の日本人の歩哨が、これを眺めながら笑っていた。その後、クリールマンは、白髪で歯のない商人が、奪い取られた自分の店の敷居の上で、内臓を刳り取られているのを見た。もう一人の犠牲者は、日本刀で胸を剥ぎとられ、愛犬が死体の腕の下で震えながら横になっていた。多くの虐殺された男達は、断末魔の苦しみと嘆願する心情を、考え得る極限の状態で表わし、その死骸の下には、一人の女の死体があった。或る街角には二十五人の死骸が積まれていた。兵隊は犠牲者に近づき、衣服に火をつけ、死体を一部火炙にした。二十フィート離れた所では、白い髯と皺の多い男が、吭を切られて両眼と舌をもぎとられていた。どこにも武器の跡はなく、どこにも戦争の跡はない〔ワールド、一八九四・一二・二〇〕。

コーウェンも残虐行為を次の様に記している。

背後の銃声によって、我々の注意は広い潟に注いでいる北側の小川に向けられた。多数のボートが西に向かっていた。ボートは、包囲された街に長くとどまりすぎた、恐怖に怯えた老若男女の逃亡者で、すし詰め状態だった。一人の将校に率いられた日本の騎兵隊が、川の先端から海に向かって発砲し、射程距離内にいる全員を虐殺した。一人の老人と十歳か十二歳位の子供が二人、川を歩いて渡り始めていた。すると、馬に乗った日本兵が川の中に入り彼等をめった切りにした。その光景は人間には到底耐えられないものだった。街の方を振り替えると、一軒の家の裏手からまた一人かわいそうな男が飛び出してきた。侵略者たちが表の入口から、無差別に発砲しながら入ってきたのだ。男は路地裏に入ったが、すぐに両方からの射撃に追い詰められた。男が地面に頭を三度こすりつけながら命ごいをしている声を聞くことができた。三度目に頭をこすりつけた後、男はもう二度と立ち上がらなかった。彼は横向きに倒れ、その体は折り曲げられ、日本人が大いに自慢する、慈悲を嘆願する姿勢をとっていた。十歩離れたところに立っていた日本兵達は、意気揚々と男の体にありったけの弾丸を撃ち込んだ。殺人者の手を押さえることができないまま、我々はこの様な哀れな死をもっと沢山目撃した。その数の多さは、到底書き表わせない程だった〔タイムス、一八九五・一・八〕。

午後四時頃、軍司令官は、旅順背面防御線を突破して東海岸の諸砲台が陥落した今、既に危急な戦局となっていた金州方面に、第一連隊第二大隊等の派遣を命令し、同時に第一師団長に部隊の応援を命令した。午後四時三十分、第一師団長は、乃木第一旅団長に、金州に急行し敵を撃攘すべき事を命令した。午後五時、軍司令官は、敵兵の一部が北方へ敗走している事を認め、部隊は旅順附近に宿営する旨命令を下した。午後九時、大山司令官は、明日の攻撃に関して次の命令を下した。

一、第一師団は明日饅頭山及びその附近の砲台を占領する事、及び旅順の西方敗餘の敵を掃攘し、且つ黄金山及び人字墻砲台の占領を確実にする事。

二、混成旅団は嘮嗶咀及び牧猪礁砲台の占領を確実にする事。

三、捜索騎兵は明日王家屯附近より老鉄山の方向を捜索する事。

午後十時、第一師団長は、諸隊に対して軍司令官の命令を下すと同時に、歩兵第三連隊第二大隊に対して、王家屯近辺の敗餘の敵を撃攘すべしと命令した。又、歩兵第二連隊長伊瀬知大佐は、師団長命令に従い第一大隊は歩兵第一連隊長の指揮下に編入、第二大隊は人字墻砲台を占領すべき事、第三大隊（二中隊欠）は午前六時半迄に、第一大隊の守備線を交代すべしと命令した。二十二日午前六時三十分、混成第十二旅団長も又、軍司令官の命令を下した。二十二日午前七時、敗兵の撃攘を命令された歩兵第三連隊第二大隊は、練兵場を出発し、白玉山の東北の麓にある王家屯に於て、約二百名の敗兵を発見し、第五中隊は敵を撃攘し二十四名を殺害、第六中隊も八名を殺害して敗兵の逃路を断った。第二大隊は、二十二日から二十五日迄に敗兵百四十五名を殺し、小銃十九挺、弾薬二百五十四発、銃剣三振を没収した。又、歩兵第一連隊も二十三日、饅頭山砲台より旅順に向けて帰途の中、老鉄山附近を捜索し敗兵百四十余名を殺傷した。尚、二十一日、旅順市街を占領した歩兵第二連隊（第一大隊欠）の内第九、第十中隊を除く部隊は、二十二日、白玉山南麓に駐屯した〔「日清戦史」第三草案〕。

クリールマンは、二十二日と二十三日の状況を、「虐殺と略奪」「三日目の殺戮」と題して、次の様に記している。

日本兵は血の味を知り、その作業は二日目も続いた。私は、四人の男達が街の境界線を平静に歩いているのを見た。一人は、腕に赤児を抱えていた。兵士の一分隊が、即座に彼等に向かって一斉射撃をしたが、標的を外し男達は逃げてしまった。分隊は一日かけて、恐怖におののく男達を、彼等の家から引きずり出して射殺し、或いは粉々に斬り裂いた。私は、家を略奪された男達の死体が、まだ手足の筋肉をぴくぴく動かしていたが、それを兵士達が踏みつけているのを見た。肝を冷やす様な、罪を隠す試みはなかったが、恥を知る心持ちは既に喪失していた。獲物を追う野獣の様に街角を狩り立てる日本兵には、慈悲の心持ちはなく、その犠牲になった男達を見ることは、胸の張り裂ける思いだ。二日目も一日中、殺人の勢いは続き、何百人もの人達が殺され、一本の街路上だけで、二百二十七人の死骸があった。少なくとも四十人が手を後に縛られて、射殺されていた。

戦闘開始後三日目の朝、丁度夜明けに、私は、小銃が発砲された音で目がさめ、間もなく銃声は静まった。外へ出ると、将校に指揮された兵士の一隊が、三人の男を追跡しているのを見た。一人は、腕に裸の赤児を抱えていたが、走った際に赤児を落してしまい、赤児は一時間後に死亡した。第二の男は射殺され、赤児の父である第三の男は、つまずいて倒れた。即座に、一人の兵士がむき出しの銃剣を手に持ち、彼の背中に跳びかかった。私は前方へ走り出て、白色の非戦闘員の腕章をつけて、赤十字の徽章を示したが、訴えは無用であった。銃剣は、三、四回、倒れた男の首に突き刺され、その後地面の上で、息が絶えた。私は急いで宿所に戻り、フレデリック・ヴィラーズを起こし、私と一緒に死体を遺してきた場所へ向かった。男は死亡していたが、その傷口が静かにいぶっていた。我々が死骸の上へ屈みこんでいる間に、数ヤード離れた道路のあたりで銃声があったので、何が起きたのか見に行った。一人の老人が腕を背中に縛られて、道路に立っていた。彼の脇には、腕を縛られて動けぬ三人の男達が、射撃を受けて、激痛のためにのたうっていた。我々が近ずこうとした時、一人の兵士がその老人に向け発砲し、彼は苦しみうめきながら、眼をきょろきょろさせて、道路に仰向けに倒れた。兵士達は、彼の衣服を引き裂き、胸から血が流れているのを確認すると、彼に向けて二回目の射撃を行った。彼の顔面がぴくぴくとけいれんし、体は激痛のため、ばたばたと激しく揺すった。兵士達は、彼の顔に唾をはきあざけ笑った。我々はその場を離れた。これが、戦闘開始後、第三日目の出来事であった〔ワールド、一八九四・一二・二〇〕。

コーウェンも、二日目以降の残虐行為を、次の様に記述している。

我々が驚き、かつ困惑したことは、水曜日に行われた虐殺、それは赦すわけにはいかないものの、戦闘の真っ最中で興奮していたとか、勝利に酔いしれていたとか、日本兵の切断死体を見たとかいう理由で説明できたかもしれない。だがそれが終りになったわけではなく、引き続き冷酷に行われていたのだ。木曜、金曜、土曜、日曜と、夜明けから夕暮まで、殺戮・略奪・死体の切断・名状しがたい大虐殺が続けられ、ついに町は、身の毛のよだつ様な地獄と化した。生涯忘れることのできない、ぞっとする光影だった。通りに、三、四人、川の中にそれ以上の女性・子供の死体があった。私は、間違いないかどうか確かめるために立ち止まり、何人かの死体を識別したのだ。通りには、男の死体が散乱していた。その数は何百、いやおそらく数千に達するだろう。何故なら数える事ができなかったからだ。ある者は手足を切断され、ある者は頭を切断され、横あるいは縦に切られ、ある者は体をわざわざ念入りな正確さで縦横に引き裂かれ、はらわたを抜き出され、手足を切断されていた。局部を短剣ないし銃剣で貫かれた死体も時々あった。私は、手を後ろに縛られ、ひとまとめにつながれた捕虜の一団が、五分間銃弾を浴び、穴だらけにされた後、切り刻まれるのを見た。岸に打ち上げられたジャンクいっぱいに乗っていた老若男女の逃亡者が何度も一斉射撃を浴び、そして……これ以上はもう言えない〔タイムス、一八九五・一・八〕。

二十二日夜、陸軍大学校で国際法を講義している有賀長雄が、第二軍の外国特派員の宿所にやってきた。有賀は、日清戦争が布告されると同時に、伊藤博文総理大臣より、国際法関係の事件に関し諮問を受け、十月十六日第二軍の日本出発と同時に、軍司令部の法律顧問として従軍していた。有賀は二十二日午前十時に、旅順市街に入り、悲惨なる光景を目にしたが、この時の事を「日清戦役国際法論」の中で次の様に記している。

市街の北の入口よりその中央にある天后宮と称する寺まで、道の両側に民家が並び、その戸外及び戸内にあるものは死体のみで、特に横路の如きは、累積する死体を踏み越えなければ通過できなかった。中央の天后宮より東に折れて進むと海軍衙門等の巨大な建物があり、その前に港への入口があり、港の前は広場になっている。この広場に沿って東西に長い街があり、この街と直角をなす三筋の街（東街・中街・西街）も皆死体で埋まり、市街にある死体の総数はおおよそ二千人で、その中五百人は非戦闘者である。水中にも多くの死体があったが、これは、湾を渡って西へ逃げた者が、陸上より射殺されたためであった。

有賀は外国特派員の宿所で、クリールマン、コーウェン、ヴィラーズと会話を交わしたが、その時の状況についてクリールマンは、〝有賀は、我々が発信する記事の中で、大虐殺という言葉を使用しない様に我々を牽制しようとしていた事は明白であり、彼は真のアジア的型式の中で自己擁護していた〟と語っている。

有賀は、日清戦争を戦時国際法の立場から考察し、明治二十九年（一八九六年）八月に「日清戦役国際法論」を発表しているが、旅順の戦役に於ける日本軍の挙動に関して、諸外国が非難する行為として、次の三点を挙げている。

一、日本軍は、旅順市街に進入した日、即ち十一月二十一日に、市民と敵方兵士とを区別せずに、混一にして彼等を襲撃した。

二、日本軍は二十一日の戦いを終えた後に、戦闘力を有しない敵方兵士を殺戮した。

三、市街の民家に於て財貨を掠奪した。

以上の三点の他、例えば婦女幼児に至るまでも殺戮したとの非難については、市街の死体は大抵盛年の男子であり、婦女幼児は極めて少ない状況から見て事実ではない事を察知できると、その疑いは解けたとしている。しかし、クリールマンが記した「虐殺された女性と子供達」と題する記事並びにコーウェンの報告を見ると、有賀の姿勢は、事実に対して盲目である様だ。

更に、有賀は、一国の兵士がその敵の卑劣なる行為に対して、激怒の上引き起こす挙動について述べている。敵の卑劣なる行為とは、土城子の小衝突の際に、清国兵が日本軍死傷者の内臓を奪ってその跡に土石を塡めた事を指している。その後、第一師団の一部が、旅順市街に向かって進軍中に、日本兵の首級三個が路傍の樹に懸けてあるのを見た。日本兵が如何に冷血なりといえども、土城子に於ける敵の卑劣なる行為を見、今又目前に戦友の死体にこの侮辱を加えられた姿を見ては憤激せざるを得ず、一刀の下に敵を殺害したことは、至極当然の感情であり、これを非難する事はできないはずだと。ただ有賀は、この弁解論によって、日本兵の残虐行為の起因を説明することはできるが、戦律違反を正当化する十分の理由とするべきではないと述べている。クリールマンも、日本兵の報復行為について「日本の軍隊が旅順に侵入した時、彼等は斬殺された仲間の頭が、鼻と耳が切り取られて、綱につるされているのを見た。大通りには、血まみれの日本人の頭が並ぶ野蛮なるアーチがあった。言語に絶する殺戮が続いて起き、憤激した兵士達は、会う人を手当たり次第に殺害した」と記している。

日本軍の挙動に対する諸外国の非難の一つである、兵士と市民とを区別せず混一にした殺戮を行なった事について、大山巌第二軍司令官は、その事実を認めた上で、次の弁解を大本営へ回答している。

一、旅順は敵の軍港であり、市街は多くの兵員職工によって成立している事。
二、敗走の敵兵は家屋内より発砲した事。
三、各戸に兵器弾薬が遺棄してあった事。
四、日本兵が市内に進入した頃は薄暮であった事。

この大山司令官の回答に対して、有賀は、殺戮の事実を認めた上で下した答弁は、弁解しようとする主旨を十分に含み、道理があると批評している。上記一については、旅順市街の非闘戦住民といえども従軍した非闘戦者、即ち新聞通信者・軍用商人等と同様に看做すべきものであり、兵戦上やむを得ない場合は、襲撃は認められるとしている。しかし、有賀の批評は、非闘戦者の中には婦女幼児等も含む事を、全く度外視している。もっとも有賀は、旅順戦役の検証に当たり、冒頭から婦女幼児の殺戮はなかったとしている。又、上記二と三についても、敗走した敵兵が家屋内より発砲し、各戸に兵器弾薬が遺棄してあった事実を、有賀が自ら見聞したので、弁解論として十分道理があり、四の薄暮の件も事実であったとしている。これに対し、クリールマンは「日本人は、今や、銃弾は窓口と戸口から発砲されたと主張しているが、この正式なる声明は偽りである。捕虜にしようとしなかった」と記し、コーウェンも「街に進撃した日本兵は家々から攻撃を受けたと言うが、後で街に散乱している弾薬筒を見つけたが、どれも未使用のままだった。私が見る限り、どの家も攻撃などしていなかった」と、有賀の見解と大幅な違いを示している。

その一方で有賀は、日本軍が旅順市街に突入して激戦をする必要があったのか、検証を行っている。明治二十八年（一八九五年）三月四日の牛荘攻略の場合は、清国人死者千八百余人を出す市街戦であったが、旅順の形勢は牛荘の場合と全く異なり、市街にいた清国兵ははるかに少なく、更に団結して強烈なる抵抗をした形跡がなく、市街戦をする必要があったのか疑わしいとしている。ただ有賀は、この問題はあくまで戦術上の問題だとしているが、旅順市街に多くの清国人死者が出た事は認めている。

諸外国の非難の一つである、闘戦力を有しない敵方兵士を殺戮した件について、大山第二軍司令官は、その事実を認めた上で、抵抗し或いは逃亡を計る等の行為を、懲戒するためであると弁解している。この大山司令官の答弁に対し有賀は、捕虜になっている清国兵の中に、抵抗し又は逃亡等を計る者がいた事は事実であるが、これに対し兵器を使用する十分な理由があるのか、究明する行為を省いた殺戮は、戦律違反であるとしている。更に有賀は、捕虜及び敵の負傷者の取り扱いについて、次の様に述べている。〝第二軍が経歴した金州城・旅順・威海衛の三役において、敵の戦死者は少なくとも五千人を下らなく、五千人の戦死者がある場合は、少なくとも二倍即ち一万人の負傷者がいるはずだ。しかし、この三役の後に、第二軍の各病院に収容された敵の負傷者の数は、わずかに六十六人に過ぎなかった。旅順の戦役では、第一野戦病院に七名の清国人を収容し、第二野戦病院には一人も収容しなかった。この数から見て、いかに弁解しようとも、収容すべき負傷者を、戦場に遺棄した疑いは避けられない〟と、ジュネーヴ条約を遵守していない事を指摘している。

クリールマンは、旅順の戦役について、次の様に記している。〝旅順の戦役に於て、少なくとも二千人の武器を持たない男達が、殺戮された。この結果に対し日本人は、手足を切断された仲間達の死骸を見た兵士達の胸中に湧き上った、激怒の念が引き起こした当然の結果、また報復だと言い訳しているが、弱者を虐殺し死体を切断した残虐行為を、正当化する全ての試みは、単なる後知恵である。かような虐殺を実行できる文明国家は、あり得ないはずだ。私が、米英両公使館付陸軍武官の立ち会いの中で目撃してきた残虐な光景、これは戦争かもしれぬが、野蛮人の戦争だ。その様な人々を開化するには、一世代以上の歳月がかかるであろう。軍司令官と全ての将校達は、大虐殺が毎日続行されているのを知っていた〟と日本人の野蛮性を鋭く酷評した。

第四章　条件反射論による検証

ここで、本書の主題として掲げた、条件反射論の人間の歴史への応用を試みる事にする。パヴロフは、〝動物は外界に正確に適応していなければ、遅かれ早かれ生存できなくなる。動物が、食物へ向かって走る代わりに脇へ避け、火から逃げる代わりに、向かって突進するといった事が起これば、結局のところ身を滅ぼすだけである。動物の外界に対するあらゆる応答活動は、生存を守る様な反応だけでなければならない〟と、大自然の法則を基礎に、条件反射論を確立した。パヴロフは、条件反射形成のための基本的条件として、次の条件を挙げている。

一、以前に無関係であった要因の作用と、一定の無条件反射を引き起こす無条件要因とが、時間的に一致して作用する事。

二、条件反射の形成に当たって、無関要因は無条件刺激の作用より、いくらか先行しなければならない。

三、条件反射形成のために、大脳半球は活動状態になければならず、同時に動物に何か別の活動を引き起こさせる、他の外からの刺激を与えない様にする必要がある。

又、条件刺激は、多かれ少なかれ無関係な要因から容易に形成されるが、生体の外部と内部の無数の変動が、条件刺激となることを指摘している。

これらの基本的条件を人間の歴史に、当章では、日清戦争の中で勃発した旅順の虐殺に適用する事にするが、適用に当たり以下のことを考察した。

クリールマンは「旅順に於ける大虐殺」の見出しの下、「無力な人々が少なくとも二千人、日本兵によって殺戮され」「三日間にわたる殺戮」「大山将軍とその将校等は、残虐行為を止めようとしない」「街は端から端まで略奪され」「街路は兵士が笑う中、手足が切断された男性・女性・子供等の死体で埋まり」「商店主は射殺された後、軍刀で斬り裂かれ」と、目撃した光景を記している。更に「文明化という外面の下に、日本人の内部に封印されていた野蛮性が、解き放された」と酷評した。

これに対して、伊藤総理大臣から国際法関係の諮問を受け、軍司令部の法律顧問に就任した有賀長雄は、日本兵による虐殺は否定したが、捕虜・負傷者の取り扱いについては、ジュネーヴ条約違反であるとの見解を、公にした。

では、旅順の戦役に於て一体虐殺はあったのであろうか。しかしこの問題を検証するには、既に戦役から百年以上の年月が経過しているために、虐殺の事実を裏付ける、当事者の証言や物的証拠等を収集する事は、不可能になってしまった。仮に、戦争終結後早い時期に真相を明らかにする必要性に気付き、検証を開始する事ができたとしても、作業は、困難を極める事になったに違いない。最も難しい問題は、加害者側にある。即ち、戦場に於て兵士が、上官の命令に従って虐殺を行った際の経緯を暴くために、兵士一人一人毎に、命令内容・殺戮行為・被殺者の状況・正当防衛の可否・戦場の状況等について、精査を終える事は、至難のわざである。何よりも障害になるのは、虐殺が平和時の行動ではなく、殺戮を当然とする戦争中に発生した行為であるため、勝者の論理が強く前面に出てくる事は、避ける事のできない悲しい現世の掟である。この因果は、古今東西の戦争の歴史に、一目瞭然と現れている。

旅順の戦役が始まる一ヵ月程前の明治二十七年（一八九四年）十月十五日、大山第二軍司令官は、部下の軍人に対して、次の様に命令した。

「我軍ハ仁義ヲ以テ動キ文明ニ由テ戦フモノナリ故ニ我軍ノ敵トスル所ハ敵国ノ軍隊耳ニシテ其一個人ニ非ス左レハ敵軍ニ当リテハ固ヨリ勇壮ナルヘシト雖モ其降人俘虜傷者ノ如キ我ニ抗敵セサル者ニ対シテハ之ヲ愛撫スヘキコト嚮ニ陸軍大臣ヨリ訓示セラレタルカ如シ況ヤ敵国一般ノ人民ニ対シテハ尤此注意ヲ体シ我カ妨害ヲ為ササル限リハ之ヲ遇スルニ仁愛ノ心ヲ以テスヘシ（略）」（日清戦役国際法論）。

その大山司令官は、日本軍が清国軍の旅順口背面防御線を突破した後、十一月二十一日午後零時二十分と四十分に、「脱出せんとする敵を抑止せよ」と命令し、更に同日午後九時「敗余の敵を撃攘すべし」、十一月二十三日午後一時「敗余の残兵を掃攘せよ」としつこく敗残兵の追撃を命令している。旅順に於ける虐殺が世界に報道されると、大本営は大山司令官を推問し、これに対して大山司令官は、十一月二十一日に、旅順市街で兵士と市民との区別なしに殺戮を行った事を認めた上で弁解を行っている。大山司令官の諸命令を、再度吟味すると、「敵国の人民に対しては妨害しない限りに仁愛の心を以て」「脱出せんとする敵を抑止せよ」「敗余の敵を撃攘すべし」「敗余の残兵を掃攘せよ」と部下の軍人に命令し、虐殺の事実発覚後は、兵士・市民を混一にした殺戮行為を認めた上で、弁解を行っている。しかし、虐殺が発覚前の大山司令官の命令内容には、〝撃攘すべし〟

〝掃攘せよ〟とはあるが、〝虐殺せよ〟との文言はない。又、虐殺を実行した兵士とその上官との間に交わされた命令内容は、一切不明だが、これらの命令は、通常口頭で行われるために、記録として遺ることは極めて少ない。

ここで、視点を変えて、〝軍隊に於ける、上官の部下への命令〟について、条件反射の視点から考察することにする。人間の反射行為は、〝命令に従う行為〟に優先するのは、自明の理である。従って、条件反射は〝命令に従う行為〟に優先する。軍隊に於て、上官から部下の兵士に対して、〝敵を殺戮せよ〟との命令が下った時、兵士は当然本人の意志に拘らず、殺戮を実行する。この場合、〝命令に従う行為〟に優先する条件反射が成立していたために、殺戮を実行したと置き換える事ができる。上官から兵士に対して〝敵を殺戮せよ〟との命令はなくても、〝命令に従う行為〟に優先する条件反射が成立していれば兵士は殺戮を実行し、〝敵を殺戮せよ〟との命令の有無が不明であっても、〝命令に従う行為〟に優先する条件反射が成立していれば兵士は殺戮を実行する。この考察の結果、〝命令に従う行為〟に優先する条件反射が成立していれば、殺戮は実行されるとの結論を得た。

次に、人間の歴史、即ち人間の行為に、条件反射論を適用するに当たり、人間という集団の概念を採用することにする。これは、個人特有の行為を検証するのではなく、人間全体の行為・特質を検証するためであり、従って、集団には多数の人間の存在が確認されねばならないのは、当然の事である。

以上の考察を終えて、旅順の虐殺への条件反射論適用を開始することにする。

日清戦争に応召した日本兵は、徴兵令によって、明治二十六年（一八九三年）十二月時点で満二十歳以上の男子、誕生日で言えば、明治六年（一八七三年）十二月出生迄の男子が対象となった。内、旅順口攻略作戦に参加した兵員は、一万四千人程であった。徴兵された日本兵の教育歴を見ると、明治元年（一八六八年）以降の出生者は、明治十四年（一八八一年）に実施された改正教育令の下で、小学校教育を受けている。

ここで、改正教育令の下での小学校教育を精査することにする。丁度この頃は、明治初期の文明開化の教育方針を改めて、儒教主義・国家主義に基づく教育へと、政府の教育政策が大きく転換した時期であった。改正教育令に基づき、明治十四年（一八八一年）五月「小学校教則綱領」が、六月には「小学校教員心得」が制定され、更にこの先教育勅語発布へとつながって行くのだが、この教則綱領は当時の教科書に極めて大きな影響を与えた。教則綱領には、教科の内容や程度・教授の方法等が詳しく示され、以後の教科書はこれに基づいて編集される様になった。修身の科目では〝初等科に於ては、簡易なる格言・事実等に就き、中等・高等科に於ては、高尚なる格言・事実等に就いて児童の徳性を涵養すべし〟と定められ、歴史の科目では〝殊に尊王愛国の志気を養成することを要す〟と定められた。明治十六年（一八八三年）六月、文部省編輯局より刊行された「小学修身書」（初等科、首巻）の内容を見ると、まず最初に教師が守らなければならない心得が、〝書中に記す古語俚諺は、つとめて是を暗記させるべし〟、〝書中の何れの語を口授する場合も、必ず先ずその前に記してある小引の意をよく説き聞かせ、或いは是に忠臣孝子の伝記等を交えて、その後、その主とする語を挙げてこれを断ずべし〟等が記載されている。

同じく明治十六年に、文部省編輯局より刊行された「小学修身書」（初等科、巻一～巻五）には、まず教師が守らなければならない心得として、〝常にこれを暗誦させて、徳性を養う資とすべし〟、〝教師たるものは、その力を唯暗誦の教授のみに用いず、生徒の平常の言行に注意し、成るべく編中の語を引證して、是を言って非を戒めよ〟等が記載されている。本文の巻二を見ると、「臣下は。忠節を以て君に事ふまつるを。根本とす。忠は二心なく。一筋に君のためのみ思ひ入り。それぞれの職分をよく勤めて。我が身を捨て。奉公する徳なり。それぞれの位によりて。大小の差別はあれども。忠の心法は同じものなり。（第二章）」とある。巻四には、「君に事へ奉ること。必ず先づ恩を蒙りて。それに従ひて。我が身の忠をも。奉公をも。はげまさんと思ふ人のみ侍るなり。うしろざまに心得たることとなり。本より世の中に住めるは。君の恩徳なり。（第五章）」とある。

以上のごとく、改正教育令実施以降の小学校教育では、「天皇へ忠」なる道徳規範が生徒に訓育されていた事実が明瞭となった。

続いて、日清戦争に応召した日本兵（明治元年以降に出生した者）が受けた小学校教育を、前述した〝条件反射形成のための基本的条件〟を基に点検することにする。

まず基本的条件一である「以前に無関係であった要因の作用と、一定の無条件反射を引き起こす無条件要因とが時間的に一致して作用する事」に必要な無関要因と無条件要因を設定することにする。修身を学ぶ生徒が、「天皇へ忠」なる道徳規範に反応する作用を、無関要因とする。無条件要因については、次の様に考察した。人間は〝社会と共存することができるか否かの反射〟を備えている。従って、社会と共存する無条件刺激の作用を、無条件要因として設定する。

二つの要因を設定したところで、基本的条件一に適用すると、修身を学ぶ生徒が「天皇へ忠」なる道徳規範に反応する作用は、無条件要因となる〝社会と共存する無条件刺激の作用〟と時間的に一致している。基本的条件二にある「無関要因は、無条件刺激の作用よりいくらか先行しなければならない」との条件を基に点検すると次の様になる。修身を学ぶ生徒が「天皇へ忠」なる道徳規範に反応した後に〝社会と共存する無条件刺激の作用〟が働く故、無関要因が先行している。最後に基本的条件三にある「大脳半球は活動状態になければならず、同時に他の外からの刺激を与えない様にする」との条件を基に点検を行う。学校教育を受ける生徒は、これらの条件を満足しているのは明白である。以上の結果、日清戦争に応召した日本兵（明治元年以降の出生者）の小学校教育では条件反射が成立し、「天皇へ忠」なる道徳規範が生徒の大脳皮質に深く刻み込まれた事が確認できた。

所でパヴロフは、条件反射論の中で、条件刺激となる要因の性質について、多かれ少なかれ無関係な要因から容易に形成されるが、生体の外部及び内部の無数の変動が、条件刺激となることができるとしている。パヴロフは、強い無条件刺激を取り上げ、これを条件刺激に転化できるとして、〝傷害刺激として、皮膚に与えられた電流刺激による皮膚の傷と火傷〟の例を挙げている。

これは、勿論、防御反射の無条件刺激である。生体はこれに対して、強い運動反応で答え、この刺激から離れようとし、あるいは又それを取り除こうとする。しかし、この刺激に対しても、別の種類の条件反射を形成させる事ができる。危害を加える刺激が、食餌反射の条件刺激となるのである。皮膚にきわめて強い電流が流されても、防御反射は跡形もなく、その代わり食餌反応が出現した。動物は向きを変えて餌の与えられる方向に身体を伸ばし、舌なめずりをして大量の唾液が流れた。この実験で、動物に強い傷害刺激が加えられた時にみられる鋭敏で客観的な現象は存在しなかった事を示す確実な証拠がある。つまり反射の転換された犬では、傷害刺激があらかじめ食餌反応と結合されていない場合に、同じ刺激に対して必ず見せる脈拍・呼吸等の大なり小なり著明な変動を、全く示さなかった。しかし、この反射の改造も一定の条件に依存しており、それは、一つの反射の無条件刺激を他の反射の条件刺激に転化することは、第一の反射が生理学的に第二のものより弱く、生物学的重要性が低い時にだけ可能となることである。即ち、犬の皮膚を傷つけ、これを食餌反射の条件刺激にした前述の例は、皮膚の傷害に対する防御反射が、食餌反射より弱かったため可能であったと考えて良い。我々は、皆、日常の観察から、犬が食物のために闘う時、双方の犬の皮膚がしばしば傷ついており、つまり食餌反射の方が防御反射より優勢であることを、既に良く知っている。更にパヴロフは、条件刺激と無条件刺激の相互作用に関して新たな実験を基に、〝強化に伴う特定の反射やあらゆる局外の反射を適用した時にみられる、消去されている反射の回復は一時的である〟としている。条件反射が食餌反射で、局外反射が傷害反射である前述の実験例に適用すると、消去されている食餌反射の回復は一時的であり、その後は自発的な動きとなる。

ここで再び論点を、日清戦争に応召した日本兵（明治元年以降に出生した者）に当てる事にする。日本兵は戦場に於て、敵を殺さなければ己が殺される場面に直面し、己の命を守るために持てる全ての身体能力及び神経機能が全開する。即ち、抑制されていた、大脳半球皮質の全ての細胞が、一斉に興奮状態（活動状態）に移行し、あらゆる反射が順次に作用する。戦場に於て、環境のごく僅かな変動、たとえば何かの小さな音、明るさの変化等の感知によって、「おや何だ」という探索反射が頻繁に作用する。パヴロフが指摘した、局外の無条件刺激が条件刺激となる条件反射も、一時的に回復する。即ち、〝探索反射〟の無条件刺激である環境のごく僅かな変動が、〝社会と共存する事ができるか否かの反射〟の条件刺激となって、条件反射が一時的に回復する。パヴロフが指摘した、一つの反射の無条件刺激を、他の反射の条件刺激に転化する時は、第一の反射が、生理学的に、第二の反射より弱い時だけ可能となるとの条件を当てはめてみると、「おや何だ」という探索反射は〝社会と共存する事ができるか否かの反射〟より生理学的に弱いことは明らかだ。従って、パヴロフの示した条件を満足している。又パヴロフは、条件反射が形成された時、その後訓練をしなくても、何ヵ月も何年も保たれる強固な結合がある事を指摘しているが、正に国家による教育は、その強固な結合に相当する。従って、日清戦争に応召した日本兵（明治元年以降の出生者）の大脳皮質には〝社会と共存する無条件刺激の作用〟を無条件要因とする条件反射が、一時的に回復したことにより、小学校教育で刻まれた「天皇へ忠」なる道徳規範が再現されることになる。

では、条件反射が回復して再現された「天皇へ忠」なる道徳規範は、如何なる内容を包含しているのであろうか。

「忠」とは、〝誠を致し心を尽くすことである〟と広辞苑にあるが、いたって封建社会を象徴する概念でもある。福沢諭吉は「文明論の概略」の中で、武家社会を次の様に記している。

日本の武人の権力はゴムの如く、その相接する所の物に従って縮張の趣を異にし、下に接すれば大に膨張し上に接すれば頓に収縮するの性あり。この偏重の権力を一体に集めてこれを武家の威光と名づけ、その一体の抑圧を蒙る者は無告の小民なり。小民を思えば気の毒なれども、武家社会に於ては上大将より下足軽中間に至るまで、その上下の関係よく整いすこぶる条理の美なるものがあるが如し。即ちその条理とは、武家社会では上下の間に人々の卑屈の醜態ありといえども、武家一体の栄光を強いて自らこれを己が栄光となし、かえって独り一個の地位をば棄ててその醜態を忘れ、別に一種の条理を作ってこれに慣れるものなり。

正に福沢諭吉の言う〝条理の美〟こそ、「忠」なる概念と同意語であると言えよう。

封建社会に於て、身分が上・中・下と主従関係にある中の者が、己を棄てて上の者に誠を尽くし仕える、即ち「忠」の関係を逆に見ると、上の者の中の者への命令・強制・抑圧する関係と置き換える事ができ、中の者と下の者との主従関係についても同じ事が言える。即ち「忠」なる概念には、上方への精神作用の他に、下方への精神作用が内包されている事になる。一方、「天皇へ忠」なる道徳規範が大脳皮質に再現した日本兵（明治元年以降に出生した者）には、同時に〝抑圧の排除〟なる防御作用が働くことになる。この作用は、上からの圧迫感を、自らの良心を媒介することなく下へ向かって排除することによって、自己保存の維持を図る作用である。よって、日本兵（明治元年以降に出生した者）の大脳皮質に「天皇へ忠」なる道徳規範が再現された事により、己を圧迫する抑圧感が生じ、その抑圧感を下へ向かって排除せざるを得なくなる。この結果、日本兵は敵国の清国人に対し、虐殺・殺戮等の残虐行為をなす事によって、己への圧迫感を解消させ、自己の生命保持を図ったのである。

旅順の虐殺に、条件反射論を適用して判明した事は、明治十四年（一八八一年）に実施された改正教育令の下での小学校教育で訓育された、「天皇へ忠」なる道徳規範が、虐殺行為を引き起こした誘因であるとする愕然とする結論である。

第五章　歴史検証

―台湾統治―

旅順の戦役を終えた日本軍は、山東半島にある威海衛を攻略し、明治二十八年（一八九五年）二月十三日、北洋艦隊が降伏して日清戦争の大勢は決した。三月二十日、下関に於て休戦条約・講和条約の交渉が開始された。四月十七日、日本側全権伊藤博文・陸奥宗光と清国全権李鴻章・李経方は、日清講和条約に調印し、㈠清国は朝鮮の独立を認め、㈡遼東半島・台湾・澎湖諸島を日本に譲り、㈢軍費賠償金として二億両（当時の邦貨で約三億一千万円）を日本に支払い、㈣新たに沙市・重慶・蘇州・杭州の四港を開くこと、等がその内容であった。しかし、遼東半島の割譲は満州に利害関係のあるロシアを強く刺激し、ロシアはフランス・ドイツ両国と共に、同半島の返還を要求したため、日本政府は三国干渉を受け入れる事になる。

日清講和条約の批准を終えた日本政府は、五月十日、樺山資紀を台湾総督に任命し、台湾接収に当たって、やむを得ない場合は、兵力を以て強制執行すべしと命令した（日本外交文書第二八巻）。

五月二十八日、樺山総督は台湾淡水港外に到着後、参謀会議を開き、軍隊を三貂湾方面より上陸させ、先ず基隆攻略の後に台北府占領を目指す方針を決めた。翌二十九日、日本軍は敵前上陸の態勢で三貂湾旧社附近より上陸したが、附近に駐屯していた旧清国軍は抵抗もせず潰走した。六月二日、瑞芳を攻撃の後占領し、翌三日、日本軍は進撃を続けて基隆を占領した。基隆方面の敗戦に加えて、抵抗勢力の総統である唐景崧等の清国本土への逃亡が伝えられると、台北地方守備部隊は戦わずして潰散し、日本軍は七日、台北へ無血入城した〔日清戦史、台湾八日記、譲台記〕。

六月十七日、樺山総督は、台湾総督府始政式を挙行した。樺山は、容易に台北を占領したためか、近衛師団の第一次輸送部隊だけで新竹以北を制圧できると考え、第二次輸送部隊を七月三、四日までに、台南および鳳山附近に上陸させる予定であった。日本軍当局は、台北から新竹占領までの必要兵力を約歩兵一大隊と算定し、六月二十日阪井支隊の南進を命じた。同支隊は、呉湯興の率いる義勇軍諸部隊の激しい抵抗を受けながらも、二十二日新竹を占領した。これに対し呉湯興配下の部隊は平鎮に北上し、同地区住民の協力の下に、台北・新竹間でゲリラ戦を展開した。二十八日、日本軍はゲリラの主力部隊が拠る平鎮を攻撃したが、撃退させられ、この報告を受けた樺山は大本営に混成一個旅団の増派を申請すると共に、七月一日、更に部隊を増援し攻撃を加えたが、これを破ることができなかった。ここにおいて樺山は、ついに南部上陸作戦をしばらく延期し、近衛師団第二次輸送部隊を台北に上陸させることにした〔日清戦史〕。

樺山は、再び近衛師団に台北・新竹間の抗日軍討伐を命じ、近衛師団は優勢な兵力で以て、「沿道住民の良否判明せざるに付残酷ながら」いたる所で徹底的に掃蕩を行い、七月二十九日、新竹に師団司令部を進めた。そして日本側は、ようやく旧台北府管内をほぼその占領下においた〔日清戦史、樺山資英伝〕。

八月九日、日本軍の混成第四旅団が基隆に到着し、近衛師団は新竹以北の守備をそれにまかせ、十三日より南進を始めた。攻撃を受けた抗日軍諸部隊は潰滅に近い状態となり、近衛師団は二十六日台中へ入り、翌日さらに彰化を攻撃占領し、彰化では呉湯興が戦死した。三十日、日本軍の騎・歩兵一大隊が雲林地方に進出し、九月二日その一部は大莆林に到達した。雲林出身の抗日リーダーである簡義は、日本軍に抵抗しないことを決め、住民に道路を清掃させ、食物を供えて日本軍を迎えさせた。ところが、その部隊の一部兵士が同地の婦女子を姦淫殺害したので、住民は逃散した。簡義は憤り、衆を集めて三日より雲林地方に駐屯している日本軍を襲撃しはじめた。そこへ、台南にいる抗日指導者劉永福より派遣された黒旗軍部隊が到着し、共に抗戦に加わったため、七日、日本軍は遂に北斗渓北岸へ退却した。十五日、近衛師団は再び南進を開始した。雲林地方の抗日軍は敗退し、簡義は敗退しながらも連日各地住民を鼓舞して抵抗を繰り返したが、その都度日本軍に駆逐された。九日、日本軍は嘉義を攻撃し占領した。十月十一日、日本軍第二師団（混成第四旅団を除く）も上陸し、日本軍は、十五日鳳山に入城した。なおも南部各地に於て義勇軍の抗戦が続けられていたが、二十日、台湾における抗日戦の象徴的存在となっていた劉永福が逃亡したため、翌二十一日、日本軍は無抵抗のうちに台南へ入城した。この様にして、日本軍の台湾征服に対する抗日軍の抵抗は、一段落をつげた〔日清戦史、譲台記、瀛海偕亡記、台湾通史、魂南記〕。

十一月に入り、日本統治に抵抗する武力闘争は、ほとんど鎮圧されたと判断した日本側は、中南部地域の守備を近衛師団から第二師団に交替し、近衛師団を帰国させる事にした。北部地域は第二・第四師団が守備に当たり、各地の警察業務は、総督府陸軍局の直轄する憲兵隊と民政局の直轄する警察が、これに従事した〔日清戦史、台湾憲兵隊史、警察沿革誌〕。

しかし、鎮静化したかに見えた日本統治に対する抵抗闘争は、一般住民の不満をも吸収して一段と拡大し、北部では明治二十八年（一八九五年）末、中部では明治二十九年六月の大蜂起へとつながって行く。ちなみに本書では、台南陥落以後に日本官憲に抵抗した集団を、全て抗日勢と称することにする。

まず北部の抗日勢大蜂起について究明することにする。

基隆より蘇澳に至る東海岸一帯は、独立後備歩兵第五大隊の警戒区域に属し、守備隊の大部分は基隆・宜蘭の二ヵ所を根拠地とし、司令官は宜蘭に駐在した。又、各一小隊を蘇澳及び頭囲に、各一分隊を礁渓・大里簡等に派遣していた。十二月二十八日、鳥取頭囲警察分署長は、同地方の赤城分遣隊長より「大里簡派遣の加藤軍曹よりの報に依れば、本日午前二時、匪徒二千余名蜂起、頂双渓に於て日本人凡そ三十名を殺せる旨土人よりの情報あり」との急報を受けた。午後七時、分署長は宜蘭に急報すると共に、自ら巡査十五名を率い、分遣隊兵士十一名と共に頭囲を出発し大里簡へ向かった。二十九日午前一時、大里簡に到着した分署長第一行は、同地の守備隊加藤軍曹等と合体し、敵情偵察のために下双渓に向かって出発したが、嶺を越えようとする頃、抗日勢数百名と遭遇し直ちに戦闘になった。以後、各地で抗日勢が蜂起し、三十一日までに、台湾島北東沿岸の各地が、抗日勢の手に落ちた。台北方面においても、抗日勢はまず深坑を陥落させ、三十一日夜半より台北を包囲した。これに対して総督府は新竹より援軍を呼びよせ、城内外呼応して台北包囲の抗日勢を夾撃したので、明治二十九年（一八九六年）元旦、台北包囲の抗日勢は敗退した。各地抗日勢の活動はなお激しく、日本側の窮地が続く中、一月二日第二師団の補充兵二千人が基隆に到着したので、総督府は直ちに台北及び宜蘭の増援にあてた。一方、抗日勢蜂起の報を受けた大本営は、混成第七旅団を派遣し、十二日基隆に到着した。

総督府は、頑強に抵抗する宜蘭方面の抗日勢を一掃する事を決めた。先発隊の第八連隊第二大隊が、十二日午前八時五十分蘇澳に達し、直ちに上陸を始め十一時漸く終った。午後十二時、第二大隊は蘇澳を出発し同夜冬瓜山附近に野営し、翌十三日は三縦隊を編成して宜蘭に前進し、〝各村毎に綿密に家屋を捜索し、銃器刀槍を以て抵抗するものは固より兇器を所持せしもの、不穏の挙動を為す者は悉く之を銃殺し、兇器は悉皆之を破毀しその家屋も共に焼燬せり〟。十六日混成第七旅団長の率いる一大隊も到着し、十七日宜蘭を出発して抗日指導者林李成・林大北等がたてこもる柴囲庄・三囲庄附近を攻撃し、午前十時礁渓を占領した。当時抗日勢千四百余名は、各村落に堅固なる防御工事を施して頑強に抵抗したが、日本軍の攻撃に堪えかね、大部分は海岸に沿って頭囲方面に逃走した。日本軍の犠牲者は死者四・傷者十一を出し、抗日勢の死傷者は三百人を下らなかった。翌十八日混成第七旅団長は、抗日勢の退路を遮断するために、礁渓の北方山路に続く頂埔附近に歩兵第二中隊を遣わし、十九日、日本軍は礁渓を出発して、下埔附近の抗日勢を攻撃して頭囲を占領した。二十二日、混成旅団は二個中隊を台北に、三個中隊を頂双渓より基隆に遣わし、二十四日迄に頭囲・礁渓に各々一個中隊を、宜蘭に司令部並びに山砲中隊・歩兵二個中隊を配置し、羅東にも一中隊を派遣した。二十五日、日本軍は宜蘭平野に於て、抗日勢の掃蕩に従事し、千余人を殺戮した。羅東に派遣された中隊には、支庁長・警察官も同道し、軍隊の求めに依り案内役として、原住民二十名を雇って良民を判別した。良民であれば原住民が手を振り、抗日勢であれば黙す事によって良民を判別する手段は、大いに役立ったという。又、支庁長は羅東に於て各村落の長老を召集し、〝抗日勢を隠匿して告げない時は、良民か否かを判定し難く、家屋を焼燬させる事もある。従って抗日勢を捉えるか、所在を密告して良民の実を表すべし〟と説得した。長老等は二十六日にかけて、七十余名の抗日勢を捕獲し、日本軍は悉くこれを斬殺し、良民に良民證を交付した。「かくて一月二十八日迄に誅戮せし者大約千五百人、家屋の焼燬せられたるもの一万、宜蘭平原の大半は灰燼したり」。尚、宜蘭地方の抗日指導者林維新・林大北が統率する抗日勢は、二千余名であった。〔台湾総督府警察沿革誌〕。

当時、総督府高等法院長をしていた高野孟矩は、宜蘭地方の蜂起討伐の情況を次の様に記している。

昨年支那政府ヨリ引渡ヲ受クル当時迄ハ台湾一時ノ民心ハ寧ロ日本ノ版図ニ帰シタル事ヲ悦フモノ多カリシニ本年一月台北宜蘭附近ノ土匪討罰ノ際良民ト土匪トノ甄別ヲ精密ニセス幾千ノ民人ヲ殺戮シ多数ノ民屋及ヒ財産ヲ焼燬シタル其惨状ヲ自ラ見又ハ伝聞シテ稍不安ノ心ヲ懐ク其機ニ乗シ土匪ノ残類等種々ノ流言ヲ放テ或ハ曰ク日本人ハ台湾旧来ノ住民ハ機ニ乗シテ不残殺戮シ尽サントスルモノニシテ到底民政ヲ布キ以テ我々ヲ其所ニ安ンセシムルニ意ナキナリト

或ハ曰ク日本人ハ我々所有ノ財産ヲ悉皆収奪シ民人ハ之ヲ奴隷トシテ使役セントスルノ決意ナリト或ハ婦人少女ハ不残逮捕シテ之ヲ日本内地ニ送リ、玩弄ノ具ト為シ以テ之ヲ辱シムルノ評議中ナリト其他種々ノ流言ヲ放チテ民心ヲ煽動スル其側ヲ不幸ニモ日本軍人ニシテ民家ノ婦ニ情ヲ通シ其痴情ノ極兵率ヲ引率シ来リ其民家ニ放火シ其婦ノ夫及家族若シクハ隣人数人ヲ殺害セシコト又ハ軍夫其他下等ノ日本人等漫リニ戦勝ノ威ヲ弄シ理由ナク支那人ヲ凌虐シ則チ理不順ニ之ヲ殴打シ又ハ財物家畜ヲ奪掠シ若クハ婦女ヲ姦スル如キ非行ヲ為スモノ多ク加之憲兵巡査等カ支那人種ヲ待遇スル状態モ亦内地人ニ於ケルト極メテ大ナル相違アリ其甚敷ニ至リテハ意ニ任セテ逮捕拷責ヲ公然行フヲ顧ミサル〔高野孟矩〕。

北部の新店街附近では、一月十九日、日本軍が抗日勢七名を捕らえてこれを殺害し、又市街各戸の家宅捜索を行って、張広山以下七名を捕らえ、別に抗日勢五十余名を逮捕し罪が判明している者は、先の七名と共にこれを誅殺した。台北附近の抗日勢は、日本軍・警察官による討伐により多くは山間地に難を避けたため、二月四日樺山総督は、大甲渓以北に潜伏している抗日勢の掃蕩を命令した。二月二十九日、本隊は大嵙崁を出発して三角湧に到着、当地を本拠として各隊を分遣後、三角湧・磺渓間を始め附近各地に潜伏する抗日勢を掃蕩し、抗日勢又は抗日勢と認定される者数十名を殺戮し、家屋数百戸を焼棄した。連日所属各部隊を分遣して掃蕩を続け、同二十五日にはその目的を達成した〔警察沿革誌〕。

続いて、中部地区に於き、明治二十九年（一八九六年）六月に勃発した雲林の大蜂起について究明することにする。

明治二十九年四月一日、総督府の民政が始まり、旧雲林県地方は台中縣に併合され、雲林支庁が斗六に設置された。五日、支庁長として松村雄之進が着任し、六月十日、第二師団の守備隊も第四師団の一個中隊と交替した。六月十四日、守備の任務に着く二十余名からなる日本軍が、抗日勢の巣窟である大坪頂に支庁員三名と共に偵察のため近付いたところ、抗日勢の包囲攻撃に遭い十数人が戦死した。十六日、台湾守備第四連隊長益田中佐は、一連隊を率いて斗六に入り、十八日松居大隊は渓辺暦方面を討伐し、佐藤大隊は大坪頂を囲み撃ちにしたが、抗日勢は山中へ逃げ込んだ。日本軍は、翌十九日より二十二日にかけて、各隊を分けて斗六東南の諸庄を掃蕩し、松居大隊に属する兒玉中尉の一個中隊は二十一日の夜、林圯埔東面大坪頂、労水坑の巣窟を襲撃してこれを焼き、帰路には沿道の抗日勢を討伐した。この捜索には、憲兵・警察及び松村支庁長以下支庁員が、挙げて武装従軍した。後日兵火に罹った民家を調査すると、斗六街の三百九十六戸をはじめ、附近の村庄五十五庄三千八百九十九戸に達し、「土民殺戮の数の如きは審にすべからざりき。討伐の惨烈斯の如きに際して固より良匪甄別の余地を存すべくもあらざりし」（警察沿革誌）。

高野孟矩は、雲林地方に於ける日本軍の殺戮行為を、「誠ニ良民タルヤ将タ土匪タルヤ未タ明確ナラサル民人ヲ右手ニ逮捕シテ左手ニ之ヲ斬殺若クハ銃殺セシハ果シテ何ノ意ソ」と非難し、「戦闘中ニアラスノ民家ニ侵入シ民人ヲ捕ヘテ直ニ殺戮シ及ヒ民家ニ放火シテ数十百戸ヲ焼燬シ尽シタルハ事実疑ナキカ如シ」と記している。更に高野孟矩は、雲林の大蜂起の原因についても記している。

> 雲林支庁々員及同守備隊ハ雲林ヲ去ル数里ニアル三坪項附近ノ村落凡ソ七十余庄ヲ六日間ノ日子ヲ費シテ焼キ払ヒ其村落ノ民人ハ善悪曲直ノ甄別ヲモ為サスシテ凡ソ数百人ヲ殺戮シ或ル庄ニ在リテハ数人ノ女子ヲ捕エテ強姦シ後之ヲ殺害シ又ハ民屋ニ侵入シテ金銭ヲ持去リタルモノアリト就中或ル庄ニ在リテハ六十七人ヲ連結シタル儘一整射撃ヲ以テ之ヲ撃殺シ其人胆ヲ採リ去レリト然ルニ其射撃ヲ受タル中ノ一人未タ死セサルニ死状ヲ仮葬シテ軍隊ノ挙動ヲ窺フ中人胆ヲ採ントシテ順次死人ノ胸部ヲ開割スル状ヲ見突然起テ連縄断チ辛フシテ其場ヲ逃レ近傍村落ノ民人ニ此有様ヲ報告シタル（略）所謂土匪ナリト誤認シ加之精密ナル捜索ヲ遂ケ強盗逮捕ノ手続即チ司法警察力ヲ以テ為スヘキ任務ヲ実行セス漫然兵隊ヲ出シテ六日間ヲ費シ七十余庄

ノ民屋ヲ焼キ良匪然タラサル民人三百余人ヲ殺害シ附近ノ民人ヲ激セシメタルハ全ク今般暴動蜂起ノ基因ト認メラル。

更に、高野孟矩は、多くの抗日勢と称する者達のその実際を精査した結果を、次の様に記している。

多クハ良民ノ父ヲ殺サレ母ヲ奪レ兄ヲ害セラシ又子ヲ殺サレ妻ヲ殺サレ弟ヲ害セラレタル其恨ニ激シ又家屋及所蔵ノ財産悉皆ヲ焼尽サレ身ヲ寄スル処ナク彼等ノ群中ニ投シタルモノ実ニ十中七八ニ位シ真ニ強盗トシテ兇悪ヲ極ムル輩ハ十中二三ニ過キサルモノノ如シ（略）〔高野孟矩〕。

この結果、抗日勢と一般住民とが連帯を強めて、蜂起を拡大させたとしている。

六日間にわたる抗日勢討伐を終えた第四連隊は、直ちに台中に帰り、雲林の守備は一個中隊のみとなった。

六月二十八日、抗日勢が大挙して林圯埔屯所を襲い、死者四人、負傷者七人が発生、続いて三十日、簡義が率いる抗日勢が、一般住民をも統率して斗六を襲い、市街に侵入した。守備隊は東南と北面、憲兵・警察は西面を防御したが、午後、抗日勢に新たな勢力が加わり、銃器なき者は、鎌・鋤・竹槍の類を執って抗日勢に参加し、殺気満々として事は甚だ危急であった。午後六時、守備隊は支庁長と相談の上、斗六からの退却を決定した。七月一日、今橋司令官は斗六の危急に応じて、直ちに台中を出発したが、守備隊の斗六からの退却は単に行政の府を失っただけではなく、各地の蜂起を誘発させる契機となった。松居少佐が率いる大隊は、南投に於て抗日勢の重囲に陥り、埔里社からは守備軍・憲兵・支庁警察も退却し、四日、北斗・員林も抗日勢に襲撃された。七日、日本側は新たに抗日勢討伐隊を編成し、今橋連隊長を司令官として、直ちに彰化へ進んだ。同日、鹿港に於て戦闘があり、「遺棄シ去リタル死体中ニハ、十一二歳以上十五六歳ノ少年亦少ナカラサリシ」と日本軍による虐殺のあった事を、高野は記している。八日より十二日にかけて日本側は彰化・員林・北斗を平定し、十四日、討伐隊は三方より林圮埔に入り、抗日勢の防戦に遭遇したが、遂に雲林を奪回した。六月十七日から六日間にわたる雲林地方の日本軍による無差別殺戮は、「雲林の虐殺」として、清国内の英字新聞に大々的に報道され、雲林支庁長松村雄之進は懲戒処分を受け、位記勲章を剥奪された。その罪状について桂太郎総督は、「（略）務むべき職責を有しながら却って雲林管下に良民なしと称し順良なる村落を指定して土匪なりと断言して之を焚焼せしめ剰へ自ら庁員過半数を率い其の討伐に加わりしを以て却って土民の激昂を来し為めに元来順良なる土民も勢ひ土匪に加担し益々其の勢力を増さしむるに至り（略）」と大臣に報告している。明治二十九年（一八九六年）七月、桂総督は抗日勢の掃蕩に当たり、第二旅団長へ次の訓令を発した。

（略）銃器ヲ携帯セサルモノニシテ現ニ抵抗セルモノハ一人ト雖モ之ヲ殺戮スルヲ厳禁シ悉ク之ヲ捕縛シ其事審カナルニ及テ其処置ヲ定メシムヘシ本職ハ之カ確実ヲ期スルカ為ニ討伐ヲ要スル各地ニハ臨時法院ヲ設ケ以テ之等ノ審明ヲ掌ラシメントス（略）〔警察沿革誌〕。

以下、日本側の抗日勢に対する対応が、桂総督の訓令通りに、殺戮から逮捕へと行動が転換したかに注意しながら、その行動を辿る事にする。

明治三十年（一八九七年）十月七日、台北県知事は、軍隊と協議の上、守備兵二箇中隊と巡査四十名による、坪林尾管下一帯の抗日勢大討伐を決定した。十月九日より行動を開始し、同十五日に終了したが、その間、逮捕された抗日勢は三十九名、内三十名は證拠不充分で放還し、九名は抵抗したため斬殺し、他に十一名を誅殺した。明治三十一年六月五日、台北近郊の坪林尾支署闕水巡査補は、宜蘭から台北縣内に逃げこんだ抗日勢二十四名を射殺した。中部地域では、雲林・嘉義が抗日勢の根城となっていたが、南部に於ては、阿里山山脈からその南蕃仔山にかけて、頑強な抗日勢が控えていた。台南混成第三旅団長比志島義輝は、磯貝台南縣知事と打ち合わせ蕃仔山附近の抗日勢討伐を決行した。明治三十一年四月二十四日の夜、本隊は台南を出発し、二十五日夕方第一小隊を樸仔脚の東に、第二小隊をその西に進軍して抗日勢の巣窟を包囲し、更に両中隊の半数は庄内二十余戸を捜索し、抗日勢三十八名を殺害した。二十七日討伐本隊は九重橋に入って露営し、抗日勢は数回にわたる討伐に遭い、「庄を焚かれ皆山谷幽隠の処に逃栖し九重橋以下諸庄の名は地図に留るのみ」となった。二十七日夕方、九重橋で本隊と一緒になった水原中隊は、途中で抗日勢を五名殺し、その家屋を五十ばかり焼き払った。四月二十四日に開始された蕃仔山討伐は、五月五日を以て終了したが、抗日勢は常に間諜を用いて嘉義・台南間の情報を入手し敏捷な行動をとった。四月二十五日には、本隊・水原中隊・若月中隊が計三十六名を殺害し、二十七日には岡村中隊が二名、三十日には若月中隊が二名それぞれ殺害し、憲兵・警察に於ても若干の殺獲があった〔警察沿革誌〕。

明治三十一年（一八九八年）十一月十二日、児玉源太郎総督は、木下台中縣知事・安東第二旅団長・林憲兵隊長を台中より、磯貝台南縣知事・高井第三旅団長・萩原憲兵隊長を台南より共に斗六に集めて、台中・台南抗日勢大討伐作戦を決定した。又、臨時法院の開設と、逮捕した嫌疑者は良民たる保証のある者は放免し、できない者は、臨時法院へ送付する事を定めた。十一月十二日に台中縣管内の討伐を開始し、特に北斗及び斗六を中心に十一月二十三日迄続いた。又、逮捕者の審判を公明敏活に行うために、臨時法院を十二月三日、台中縣斗六に開設した。この捜索によって、抗日勢二百二十八名を殺し、三百二十四名を逮捕、銃器五百二十九挺を押収した。一方、台南縣嘉義地方及び阿公店附近の抗日勢討伐を、十一月二十六日開始し、十二月二十七日に終了したが、臨時法院を十二月十日嘉義で、十二月二十五日阿公店に於て各々開設した。十一月二十六日朝、抗日勢約百七十名が店仔口に集結。この日、奥小隊は抗日勢三十六名を、鈴木工兵隊は抗日勢三名を各々捕獲し、能美隊は抗日勢六名を殺害した。二十九日、諸隊は抗日勢二十七名を殺し、八十六名を捕虜にし、警察隊も抗日勢四十余名を逮捕したが、嫌疑者六名以外を解放した。十二月一日、各部隊は抗日勢二十一名を殺害、七十五名を捕虜にし、銃器二十二挺を押収した。二日、諸隊の行動は活発で、抗日勢二百九十五名を殺し、抗日勢十一名を捕虜にし、銃器十四挺を押収した。四日、各方面に派遣された部隊が殺害した抗日勢は、六十九名、捕虜にした者六十七名、押収された銃器百六十三挺であった。五日、旅団長は司令部を果毅後に進め、又鳳山中隊の台南第十二大隊に沿道阿公店の抗日勢を掃蕩させた。数日にわたり、諸隊は山を焼き抗日勢を追跡したため、東方の山中には火焔が頻りに立った。九日、各部隊が漸く後大埔に迫り、抗日勢二十名を殺し、日本兵が二名死亡した。十二日、軍隊は後大埔一帯を捜索した後、第一次討伐隊の編成を解除した。諸隊は通して、抗日勢六百六十七名を殺害した。
　更に、十二月二十日より第二次討伐が開始され、台南以南蕃薯藔より淡水渓右岸に沿い、阿公店附近を討伐し、二十七日に終了した。二十五日までに、安村・湯浅・鎌田・能美の各隊は、合計二百五十九名を殺害し、三百二十名を逮捕、銃器四十三挺を押収した。児玉総督は、第一・第二次討伐の結果を、次の様に内閣へ報告した。

逮捕人員　一八四五名
殺害人員　二〇四三名
押収銃器　一四三七挺
全焼家屋　二七六四件
臨時法院にて受理した件数
受理件数　一三四件
起訴人員　五一名
不起訴人員　九三名

児玉は、殺害及び逮捕人員について、最も多かったのは阿公店附近であったと報告しているが、阿公店一帯での猛烈なる討伐行動については、英国宣教師ファガツソンも香港ディリーニウスで発表している。〔警察沿革誌〕。

日本は、明治二十八年（一八九五年）台湾を領有して以来、抗日勢に悩まされてきたが、明治三十五年（一九〇二年）になりほぼ抗日勢を鎮圧した。警察沿革誌は、明治二十九年より三十六年の間に、抗日勢として処分した者五千三百四十余名、内死刑を宣告された者三千四百八十余名、更に、明治三十四年末より三十五年夏にかけての抗日勢討伐によって殺戮又は逮捕された者二千九百余名と、これに裁判の宣告を待たずに臨機処分を受けた者を加算すると、台湾領有以来、殺戮・逮捕された者は、一万数千前後に上ると記している。

第六章　条件反射論による検証

台湾統治の回顧を終えたところで、台湾で発生した残虐行為に、条件反射論を適用することにする。

高野高等法院長は、彰化・鹿港・北斗・雲林等を視察して、住民蜂起の起きた原因・民間人の被害の有様・軍隊又は民政官の対応の有様・司法警察及び裁判所の動向を調査した上で、民間人が自宅もしくは農耕の場所で逮捕され、審問又は裁判を行わずに、〝暗夜暗所に於て殺戮せられたる者多きは、断言せざるを得ざるの事実〟であると記している。確かに、台湾北部の蜂起並びに雲林の蜂起を精査すると、無差別に殺戮された台湾人は多く、その発生も頻発している。では、無差別殺戮は誰が命令したのであろう。台湾を統治する台湾総督は、抗日勢を掃蕩せよと命令してはいるが、無差別殺戮を命令した証はどこにもない。

ここで、〝旅順の虐殺〟に条件反射論を適用した際に行った考察〝軍隊に於ける上官の部下への命令〟を、顧みることにする。人間の反射作用が〝命令に従う行為〟に優先するのは自明の理であり、従って条件反射は〝命令に従う行為〟に優先する。軍隊に於て、上官が部下の兵士に対して〝敵を殺戮せよ〟と命令した時、兵士は当然、本人の意志に拘らず、殺戮を実行する。この場合、〝命令に従う行為〟に優先する条件反射が成立していたために、殺戮を実行したと置き換える事ができる。上官が兵士に対して〝敵を殺戮せよ〟との命令がなくても、〝命令に従う行為〟に優先する条件反射が成立していれば、兵士は殺戮を実行し、〝敵を殺戮せよ〟との命令の有無が不明であっても、〝命令に従う行為〟に優先する条件反射が成立していれば、兵士は殺戮を実行する。この考察の結果、〝命令に従う行為〟に優先する条件反射が成立していれば、殺戮は実行されるとの結論を得た。

日本政府が台湾統治に当たり派遣した軍隊は、最大時で約四万九千人に上ったが、統治に当たった日本兵は、日清戦争に応召した兵士達であった。兵士は徴兵令によって、明治二十六年（一八九三年）十二月時点で満二十歳以上の男子、誕生日で言えば明治六年（一八七三年）十二月出生迄の男子が対象となった。徴兵された日本兵の教育歴を見ると、明治元年（一八六八年）以降の出生者は、改正教育令の下での小学校教育を受けている。改正教育令の下では、明治十四年（一八八一年）五月「小学校教則綱領」が制定され、この教則綱領に基づいて編集された教科書が、小学校教育に於て使用されていた。修身の科目では〝初等科に於ては簡易なる格言・事実等につき、中等・高等科に於ては高尚なる格言・事実等について、児童の徳性を涵養すべし〟と教則綱領は定め、歴史の科目では〝殊に尊王愛国の志気を養成することを要す〟と定められた。明治十六年（一八八三年）六月、文部省編輯局より刊行された「小学修身書〈初等科、巻一〜五〉」の中に、教師が守らなければならない心得が「常にこれを暗誦させて、徳性を養う資とすべし」、「教師たるものは、その力を唯暗誦の教授のみに用いず、生徒の平常の言行に注意し、成るべく編中の語を引證して、是を言って非を戒めよ」と記載されている。本文の巻二を見ると、「臣下は。忠節を以て君に事ふまつるを。根本とす。忠は二心なく。一筋に君のためのみ思ひ入り。それぞれの職分をよく勤めて。我が身を捨て。奉公する徳なり。それぞれの位によりて。大小の差別はあれども。忠の心法は同じものなり。（第三章）」とある。巻四には「君に事へ奉ること。必ず先づ恩を蒙りて。それに従ひて。我が身の忠をも。奉公をも。はげまさんと思ふ人のみ侍るなり。うしろざまに心得たることなり。本より世の中に住めるは。君の恩徳なり。（第五章）」とある。

従って、改正教育令施行後の小学校教育に於ては、「天皇へ忠」なる道徳規範が、生徒に訓育されていた事実が明瞭となった。又、台湾統治に当たり派遣された日本兵の内、明治元年以降の出生者には「天皇へ忠」なる道徳規範が訓育された事も判明した。

次に、条件反射論の視点から、改正教育令施行後の修身教育を精査することにする。パヴロフは、条件反射形成のために次の基本的条件を挙げている。

一、以前に無関係であった要因の作用と、一定の無条件反射を引き起こす無条件要因とが、時間的に一致して作用する事。

二、条件反射の形成に当たって、無関要因は無条件刺激の作用より、いくらか先行しなければならない。

三、条件反射形成のために、大脳半球は活動状態になければならず、同時に動物に何か別の活動を引き起こさせる、他の外からの刺激を与えない様にする必要がある。

又、条件刺激は、多かれ少なかれ無関係な要因から容易に形成されるが、生体の外部と内部の無数の変動が、条件刺激となることを指摘している。

続いて、上記基本的条件に必要な条件を設定することにする。修身を学ぶ生徒が、「天皇へ忠」なる道徳規範に反応する作用を、無関要因として設定する。一定の無条件反射を引き起こす無条件要因については、次の様に考察した。人間は〝社会と共存する事ができるか否かの反射〟を備えているため、社会と共存する無条件刺激の作用を、無条件要因として設定する。無関要因と無条件要因の設定を終えたところで、日本兵（明治元年以降の出生者）の小学校教育に於て条件反射が成立していたか否かを、前述の基本的条件を基に点検することにする。

一、修身を学ぶ生徒が、「天皇へ忠」なる道徳規範に反応する作用は、無条件要因となる〝社会と共存する無条件刺激の作用〟と、時間的に一致している。二、修身を学ぶ生徒は「天皇へ忠」なる道徳規範に反応した後に、〝社会と共存する無条件刺激の作用〟が働く。従って、無関要因が無条件刺激の作用より先行している。三、修身を学ぶ生徒の大脳半球は、小学校に於て活動状態にあり、同時に他の活動から解放されている。

以上の点検の結果、条件反射形成のための基本的条件を、全て満足している事が確認できた。従って、台湾に派遣された日本兵（明治元年以降出生者）の小学校教育に於ては条件反射が成立し、「天皇へ忠」なる道徳規範が、生徒の大脳皮質に深く刻み込まれたのであった。

台湾で発生した残虐行為に条件反射を適用するに当たり、桂太郎総督が次の訓令を発した明治二十九年（一八九六年）七月を界に、前後に分けて考察を進める事にする。「（略）抵抗セルモノハ一人ト雖モ之ヲ殺戮スルヲ厳禁シ悉ク之ヲ捕縛シ（略）臨時法院ヲ設ケ以テ之等ノ審明ヲ掌ラシメントス（略）」。

訓令が下る前に起きた北部大蜂起について、警察沿革誌は、次のように記している。宜蘭方面では「銃器・刀槍を以て抵抗するものは固より兇器を所持せしもの、不穏の挙動を為す者は悉く之を銃殺し、兇器は悉皆之を破毀しその家屋も共に焼燬せり」と、更に「誅戮せし者大約千五百人、家屋の焼燬せられたるもの一万、宜蘭平原の大半は灰燼したり」とある。又、高野猛矩は蜂起中の状況を「当初ニアリテ良匪ヲ甄別セスシテ之ヲ殺害シタルノミナラス日本軍隊ニ於テ回復ヲ為シタル其後ニアリテモ軍隊ハ随時ニ民人ヲ捕ヘテ暗夜暗所ニ之ヲ斬殺セル其幾千百人ナルヲ知ル能ハサル多数ニ属セリ」と記し、更に「一点ノ曇リナキ良民タリトモ随時之ヲ捕縛シ正当ノ審問弁解ヲモ為サシメス暗夜暗所ニ之ヲ斬殺セラルル」と日本軍による無差別殺戮の事実を記している。

一方、桂総督が訓令を下した後、抗日運動への関与を判定する臨時法院が設立される事になったが、臨時法院は、桂総督・乃木希典総督の在職期間中には開設されずに、児玉源太郎総督赴任後に、初めて開設された。

明治三十一年（一八九八年）十一月、児玉総督は、台中台南合同の抗日勢討伐作戦を開始し、臨時法院を台中縣斗六、台南縣嘉義・阿公店に各々開設した。児玉総督は、抗日勢討伐作戦の結果を内閣に報告しているが、逮捕人員一八四五名、殺害人員二〇四三名、臨時法院受理件数一三四件であった。この報告実数を見ると、臨時法院の受理件数（一三四件）は、逮捕人員（一八四五名）の一割にも達していない。従って逮捕者の九割強（一七一一名）は臨時法院へ送致されずに、抗日運動への関与について識別を既に終えている。当然、識別を終えた者の中には、良民である事が判明して釈放された人も多数含まれている。臨時法院へ送致されなかった逮捕者（一七一一名）から、良民である事が判明し釈放された者を除外した残りの逮捕者総数を、殺害人員（二〇四三名）と比較すると、殺害された人員の方が断然多く、逮捕されずに即時に殺された台湾人が、かなりいた事になる。即時に殺された台湾人の中には、日本兵の正当防衛による殺害も含まれていようが、武装力の差からみて、殆んどが日本兵による斬殺であろう。しかも、斬殺は、総督による〝殺戮スルヲ厳禁シ悉ク之ヲ捕縛〟せよとの命令を無視した行為であった。従って、台湾で発生した残虐行為の究明には、〝命令に従う行為〟に優先する条件反射の適用が必要になってくる。

台湾に於ける抗日運動の展開中に発生した日本兵による無差別殺戮は、各日本兵（明治元年以降出生者）の大脳皮質に、条件反射が一時的に回復した結果である。以下、この結論を得た論理の過程を、詳しく説明する。

パヴロフは、条件反射論の中で、条件刺激となる要因の性質について、〝多かれ少なかれ無関係な要因から容易に形成されるが、生体の外部及び内部の無数の変動が、条件刺激となることができる〟としている。当然、強い無条件刺激も条件刺激に転化できると、〝傷害刺激として、皮膚に与えられた電流刺激による皮膚の傷と火傷〃の例を挙げている。これは、勿論、防御反射の無条件刺激である。生体はこれに対して、強い運動反応で答え、この刺激から離れようとし、あるいは又、それを取り除こうとする。しかし、この刺激に対しても別の種類の条件反射を形成させる事ができる。危害を加える刺激が、食餌反射の条件刺激となるのである。皮膚に極めて強い電流が流されても、防御反射は跡形もなく、その代わり食餌反応が出現した。動物は向きを変えて、与えられた餌の方向に身体を伸ばし、舌なめずりをして大量の唾液を流した。この実験で、動物に強い傷害刺激が加えられた時に見られる、鋭敏で客観的な現象は存在しなかった。つまり反射の転換された犬では、傷害刺激があらかじめ食餌反応と結合されていない場合に、同じ刺激に対して必ず見せる脈拍・呼吸等の大小の著明なる変動を、全く示さなかった。しかし、この反射の改造も一定の条件に依存しており、一つの反射の無条件刺激を他の反射の条件刺激に転化できるのは、第一の反射が生理学的に第二のものより弱く、生物学的重要性が低い時にだけ可能となる。即ち、犬の皮膚を傷つけ、これを食餌反射の条件刺激とした前述の例は、皮膚の傷害に対する防御反射が、食餌反射より弱かったため可能であったと考えて良い。我々は、日常の観察から、犬が食物のために闘う時、双方の犬の皮膚がしばしば傷ついており、つまり食餌反射の方が、防御反射より優勢である事を既に良く知っている。更にパヴロフは、条件刺激と無条件刺激の相互作用に関して、新たな実験を基に、

〝強化に伴う特定の反射やあらゆる局外の反射を適用した時に見られる、消去されている条件反射の回復は、一時的である〟としている。条件反射が食餌反射で局外反射が傷害反射である前述の実験例に適用すると、消去されている食餌反射の回復は一時的であり、その後は自発的な動きとなる。

ここで再び論点を、台湾抗日運動の鎮圧に当たった日本兵（明治元年以降出生者）に移す事にする。

日本兵は、武力闘争をする抗日勢との遭遇によって、自らの生命危機に直面し、己の命を守るために持てる全ての身体能力・神経機能が全開する。即ち、抑制されていた大脳半球皮質の全ての細胞が、一斉に興奮状態（活動状態）に移行し、あらゆる反射が順次に作用する。戦場に於て、環境のごくわずかの変動、たとえば何かの小さな音、明るさの変化等の感知によって、「おや何だ」という探索反射が頻繁に作用する。パヴロフが指摘した、局外の無条件刺激が条件刺激となる条件反射も、一時的に回復する。即ち、探索反射の無条件刺激である環境のごく僅かな変動が、〝社会と共存する事ができるか否かの反射〟の条件刺激となって、条件反射が一時的に回復する。パヴロフの指摘する、一つの反射の無条件刺激を、他の反射の条件刺激に転化する時は、第一の反射が生理学的に第二の反射より弱い時だけ、可能となるとの条件を当てはめてみると、「おや何だ」という探索反射は〝社会と共存する事ができるか否かの反射〟より生理学的に弱い事は明らかだ。従って、パヴロフの条件を満たしている。又、パヴロフは、条件反射が形成された時、その後訓練しなくても、何ヵ月も何年も保持される強固なる結合がある事を指摘しているが、正に、国家による教育は、その強固なる結合に相当する。従って、台湾で抗日勢と遭遇した日本兵の大脳皮質には、〝社会と共存する無条件刺激の作用〟を無条件要因とする条件反射が一時的に回復したことによって、小学校教育で深く刻み込まれた「天皇へ忠」なる道徳規範が再現することになる。再現した「忠」なる概念は〝誠を致し心を尽くすこと〟であると広辞苑にあるが、いたって封建性を象徴する概念である。封建社会に於て、身分が上・中・下と主従関係にある中の者が上の者に対して、誠を尽くし仕える関係を逆に見ると、上の者の中の者への命令・抑圧する関係と置き換える事ができ、中の者と下の者との主従関係についても同じ事が言える。即ち「忠」なる概念には、上方への精神作用の他に、下方への精神作用が内包されている。一方、「天皇へ忠」なる道徳規範が、日本兵の大脳皮質に再現したことにより、同時に、「抑圧の排除」なる防御作用が働くことになる。この作用は、上からの圧迫感を自らの良心を媒介することなく、下へ向かって排除することにより、自己保存の維持を図る作用である。即ち、日本兵（明治元年以降の出生者）の大脳皮質に条件反射が一時的に回復した事は、兵士に異常な行動を引き起こさすことになった。兵士は「天皇へ忠」なる道徳規範の再現によって、その規範から受ける自己への圧迫を、下へ向かって排除せざる得なくなり、無差別に抗日勢を殺戮する行動を取る事によって、その圧迫感を排除し、自己の生命保持を図ったのであった。

台湾で発生した残虐事件に、条件反射論を適用して判明した事は、日本国の小学校教育に於て訓育された「天皇へ忠」なる道徳規範が、残虐行為を引き起こした誘因であったとする愕然とする結論である。

第七章　歴史回顧と検証

一　閔妃殺害事件

日清戦争終結後、朝鮮半島の支配をめぐり、日本・ロシア両国の争いは、益々激化していった。明治二十八年（一八九五年）十月八日、親日派の大院君を擁立する朝鮮国兵士と日本人壮士等が朝鮮王宮に乱入し、親ロシア政策をとる閔妃を殺害する事件が起きた。このクーデターを指導・教唆した、朝鮮国駐剳公使三浦梧楼と朝鮮国宮内府顧問岡本柳之助並びに安達謙蔵ら壮士は、帰国を命じられ、広島地方裁判所に於き裁判を受けたが、予審の段階で証拠不十分を理由に、いずれも免訴となった。事件について、広島地方裁判所吉岡美秀判事による「予審終結決定書」は、次の様に記している。

明治二十八年（一八九五年）九月一日、三浦梧楼は、朝鮮国駐劄特命全権公使として、京城に着任した。同年十月三日、三浦は、杉村濬公使館一等書記官・岡本柳之助朝鮮国軍部兼宮内府顧問官と日本公使館に会し、謀議を行った。宮中のために解散の危機にある訓練隊と時勢を慷慨する壮年等を利用し、京城守備隊にも応援させて、大院君の入闕を支援する機に乗じ、宮中内で最も権勢を握る王妃を殺害しようと決意した。しかし、大院君が他日、もし政治に口ばしを入れれば、その弊害はかえって従来より悪化する事もあり、予めこれを防がねばならないと、杉村は〝要項四〟と題する約款を起草し、岡本と大院君との親善関係を利用してこれを携え、十月五日孔徳理の別邸を訪れた。杉村が三浦公使の要望として該書を示したところ、大院君は子孫と共に欣然として之を承諾し、自ら誓約書を裁断した。因って、三浦等はその時期を同月中旬と予定し、岡本が孔徳里を訪ねた事は他の疑いを招き、事が露顕する恐れがあるので、帰国のための告別に過ぎないことを表わすため仁川に下り、岡本は翌六日、京城を出発した。しかし、同月七日軍部大臣安駉寿は、宮中からの命令として訓練隊解散のことを告げられて、三浦公使の意見を求める事になった。時機既に切迫し一日も猶予できなく、三浦は杉村と協議の上、同夜事を挙げるに決した。直ちに、電信を以て岡本の帰京を促し、一方で、領事館補堀口九万一に、大院君入闕に関する方略書を授け、岡本を竜山で待ち受け共に入闕すべき事を命じた。尚三浦は、京城守備隊大隊長馬屋原務本に訓練隊を統率させ、かつ守備隊の応援で、大院君の入闕を容易にすべく諸般の指導を命じた。又、三浦は、新聞記者安達謙蔵・国友重草を公使館に招致し、その知人を多く集めて竜山で岡本と会し、共に大院君入闕の護衛をなすべきことを委嘱すると共に、当国二十年来の禍根を絶つのは、実にこの一挙にあるとの決意を示し、入闕の際王妃を殺害すべき旨を教唆した。又、外務省警部荻原秀次郎に対して、三浦は、部下の巡査を引率し、竜山で岡本と打ち合わせ、大院君の入闕に尽力すべき旨を命じた。

杉村も、鈴木重元・浅山顕蔵朝鮮国補佐官を招き、大院君入闕のことを告げ、鈴木重元には通弁のため鈴木順見を竜山に遣わすこと、浅山には、大院君の入闕を熱望している朝鮮人李周会に報知すべきことを託し、かつ大院君入闕の趣意書を起草し、堀口に渡すために荻原に預けた。ここに、堀口は直ちに馬で竜山に赴き、荻原は非番の巡査に、大院君入闕のため私服を着て刀剣を用意し竜山へ行くべしと命令し、自身も竜山に赴いた。外務省巡査渡辺鷹次郎・成相喜四郎・小田俊光・木脇祐則・境益太郎は、荻原の命令によって竜山に赴いた。外務省巡査横尾勇太郎は、同所でこれに加わり、浅山と李周会に面会し、今夜大院君入闕すると告げ、彼が数名の朝鮮人を集めて孔徳里に到るを見届け、竜山に赴いた。安達・国友の両人は、三浦の教唆に応じ、王妃を殺害する事を決意して、同志者の招集に尽力した。平山岩彦・佐々木正之・松村辰喜等二十四名は、大院君入闕に付き、安達・国友がその護衛者を募るのを聞き之に同意し、その内平山外十数名は、安達・国友等より王妃を殺害すべき三浦公使の教唆を伝えられ、各自殺意を決し、その他右等の事実を知らず一時の好奇心に駆られ附和した者までも各自兇器を携え、国友並びに月成以下三名の外は、皆安達と共に竜山に赴いた。

又、岡本は、仁川で時機切迫せりとの電報に接し、即刻京城へ戻る途中、同日夜半の頃麻浦で、堀口竜山に待つの報告を得て、直ちに同所に立ち寄り、前記の者達と相会し、堀口から三浦の書面入闕趣意書の草案等を受け取り、入城方法等を協議した。その後一同は、岡本を総指揮者として孔徳里に到り、李周会の一行と共に翌八日午前三時頃、大院君の轎輿を擁して出発した。岡本はその際、表門前に一同を集め、入城の上臨機処分すべしと号令し、以て王妃殺害について、未だその事実を知らない境益太郎外数名に、殺害を決心させた。一同は京城に向かって徐々に前進し、西大門外で訓練隊に出会い、しばらく守備隊の来るのを待ち、同所より訓練隊を前衛とし王城に急進した。一行は、同日夜明け方、光化門より城内に入った。〔「秘書類纂」朝鮮交渉資料中巻、大日本憲政史第四巻〕。

大院君を擁立した一行が、王城内に乱入した後の状況については、予審終結決定書に記述はないが、在京城領事館一等領事内田定槌より、臨時外相代理西園寺公望宛の「明治二十八年十月八日王城事変ノ顚末ニ付具報」に詳しく報告されている。内田報告書は次の様に記している。

後宮ニ押寄セタル一群ノ日本人等ハ外ヨリ戸ヲコヂアケテ内部ヲ伺フニ、数名ノ宮女其内ニ潜ミ居ルコトヲ発見セシカバ、此ゾ王妃ノ居間ナリト心得、直チニ白刃ヲ振ッテ室内ニ乱入シ、周章狼狽シテ泣キ叫ビ逃ケ隠レントスル婦人ヲバ情ケ容赦モアラバコソ、皆ナ悉クヒッ捕へ、其中服装容貌等優美ニシテ王妃トモ思ハルベキモノハ直ニ剣ヲ以テ之ヲ殺戮スルコト三名ニ及べリ、去レトモ彼等ノ中ニハ真ニ王妃ノ容貌ヲ識別シ得ル者一人トシテナカリシノミナラズ、既ニ殺害セラレタル婦人ノ死骸及尚ホ取押へ居ル者ノ相貌ヲ一々点検スルニ其年配皆ナ若キニ過キ予テ聞キ及ヒタル王妃ノ年齢卜符合セルザヲ以テ是レ必定王妃ヲ取逃シタルナラント思ヒ（略）。

所々ニ王妃ノ所在ヲ捜索中或ル宮女ノ言ニヨリ王妃ハ顛ノ上部ニ一点ノ禿跡アリトノコトヲ聞キ、已ニ殺害セル婦人ノ屍ヲ点検スルニ其内壱名ハ果シテ顛ノ上部即チ俗ニ米噛ミト称スル部分ニ禿跡ノ存スル者アルヲ発見セルニヨリ、之ヲ他ノ宮女数名ニ示シタルニ何レモ皆王妃ニ相違ナシト云ヒ後チ之ヲ大院君ニ告ケタルニ同君モ亦必ズ其王妃ナルヲ信シ手ヲ拍ッテ頗ル満足ナル意ヲ表サレタリ（略）王妃ノ屍ハ三浦公使ノ入闕後公使ノ意ニ出デタルヤ否ヤ詳カナラザレトモ荻原ノ差図ニヨリ韓人ヲシテ或門外ノ松林中ニ運ヒ行カシメ薪ヲ積ンテ其上ニ載セ直チニ之ヲ焼キ棄テタリト云フ　而シテ之ヲ焼キ棄ツル際王妃ノ腰ニ掛リ居リシ巾着ノ中ヲ探リタルニ朝鮮国王ヨリ露国皇帝ニ向ヒ露公使「ウエーバー」氏留任ヲ依頼スル書状ノ原稿ニシテ、王妃ノ自筆ニ成ルモノ二通ヲ発見セシカバ荻原ハ之レヲ鈴木順見ニ渡シタリトカ聞及候〔『日本外交文書』二八巻第一冊〕。

この様にして閔妃は殺害されたのだが、広島地方裁判所吉岡判事は、予審終結決定書の最終部分で「前記ノ被告人中其犯罪ヲ実行シタルモノアリト認ムベキ証拠十分ナラズ」として、刑事訴訟法百六十五条により、被告人総べてに免訴を言い渡したのであった。予審裁判は、三浦梧楼・岡本柳之助等が、王妃殺害の策謀をめぐらし、訓練隊・日本人壮士を利用して、日本守備隊も参加の上、王城へ侵入した事実を認めたために拘らず、犯罪を実行したと認められる証拠は不十分であると、裁判打ち切りを決定した。この裁判打ち切り決定について、沼田孚源太郎代議士は第九議会に於き、閔妃殺害事件を公判に移した場合には政府の近年の失策を、悉く暴露しなければならない状態に陥るため、これを回避するために、政府は予審裁判での結着を図ったと追求している。この結着は、沼田代議士の指摘通り、紛れもなく閔妃殺害の真相を隠蔽するための、政府による司法権への干渉に他ならない。

ここで、現代に生きる我々が、肝に銘記しなければならぬ事は、明治十七年（一八八四年）に勃発した甲申事変と、明治二十七年（一八九四年）に発生した甲午政変の中に存在する策謀と隠蔽工作が、閔妃殺害事件にも存在する事を、恥辱的な事だが、認めざるを得ないことである。

二　教育勅語の浸透

次に、本書の主題に係る教育勅語について記述する事にする。

教育勅語が発布されたのは、日清戦争終結から遡ること五年前の明治二十三年（一八九〇年）十月三十一日であった。教育勅語は「朕惟フニ」で始まり、国民による「忠」「孝」による心が一になって作る美が、「国体ノ精華」であり「教育ノ淵源」であるとした。続いて、勅語は「父母ニ孝ニ」「兄弟ニ友ニ夫婦相和シ」等と説き、更に「公益ヲ広メ世務ヲ開キ」「国憲ヲ重シ国法ニ遵ヒ」と社会道徳を説き、国民の義務として「一旦緩急アレハ義勇公ニ奉シ以テ天壌無窮ノ皇運ヲ扶翼スヘシ」とし、最後にこの道が皇祖皇宗の遺訓であるとした。

教育勅語の発布に先き立ち十月八日、勅令第二百十五号小学校令が公布されたが、文部大臣は、翌年四月八日小学校令に基づき、小学校設備準則第二条に次の準則を定めた。

校舎ニハ天皇陛下及皇后陛下ノ御影並教育ニ関スル勅語ノ謄本ヲ奉置スヘキ場所ヲ一定シ置クヲ要ス。

同年六月十七日、同じく小学校令に基づき、小学校祝日大祭日儀式規定が定められ、紀元節等の祝祭日には、学校長・教員及び生徒一同が式場に参集して、両陛下の御影に拝礼し、万歳を奉祝した後、学校長又は教員が「教育ニ関スル勅語ヲ奉読ス」。その後、学校長又は教員は、「教育ニ関スル勅語ニ基キ聖意ノ在ル所ヲ誨告シ又ハ歴代天皇ノ成徳鴻業ヲ叙シ若クハ祝日大祭日ノ由来ヲ叙スル等其祝日大祭日ニ相応スル演説ヲ為シ忠君愛国ノ志気ヲ涵養センコトヲ務ム」と定められた。

更に、同年十一月十七日、勅令第二百十五号小学校令に基づき、小学校教則大綱が定められた。修身は、教育勅語の旨趣に基づき、児童の良心を啓培してその徳性を涵養し、尋常小学校に於ては、孝悌・友愛・仁慈・信実・礼敬・義勇等実践の方法を授け、殊に尊王愛国の志気を養うことを要すると定めた。日本歴史については、「本邦国体ノ大要ヲ知ラシメテ国民タルノ志操ヲ養フヲ以テ要旨」とし、教える際には、児童に成るべく図画等を示し、人物の言行等については、修身で授けた格言等に照らして正邪是非を識別させることを要すと定めた。

更に、同年十一月十七日、文部大臣は、小学校令に基づき、小学校長及び教員の職務及び服務規則と、小学校長及び教員懲戒処分等に関する規則を定めた。前者は「教育ニ関スル勅語ノ旨趣ヲ奉体シ法律命令ノ指定ニ従ヒ其職務ニ服スヘシ」と定め、後者は「職務ヲ粗略ニシ若クハ職務上遵奉スヘキ指命ニ違背シ又ハ体面ヲ汚辱スルノ行為アルトキハ府県知事懲戒処分ヲ行フヘシ」と定めた。

この様にして、教育勅語を中心とする国家による教育体制が確立されたのだが、体制を支える小学校令・中学校令・師範学校令等の教育法規は、天皇の大権である勅令によって定められた。

一方、教育勅語体制下で勃発した日清戦争に於ける日本国の勝利は、国民の間に次の世論を醸成させる事になった。即ち、勝利は国民智徳の進歩に因るものであり、戦争賠償金の一部を国民教育、殊に普通教育の振興に当てるべきとの論が、強く唱えられた。明治二十八年（一八九五年）の暮から開かれた第九議会に於いて衆議院は、戦争賠償金の十分の一を普通教育費に充て、学校維持の元資として市町村に分賦すべきであるとの建議案を討議し、これを可決した。この建議案は、高田早苗・工藤行幹等七名が発議者となって提出されたが、高田は、衆議院で次の様に主旨説明をしている。

（略）此度ノ戦争ハ其戦争ニ勝利ヲ得タト云フ原因ハ上ハ天皇陛下ノ御稜威ノ致ス所又軍隊ノ

勇気ナル結果デアルコトハ申スマデモナイノデゴザイマスガ其根本ノ原因ト云フモノハ何処ニ在ル斬ウ考ヘマスルト云フト天皇陛下ノ御稜威ノ有難キコトヲ知リ敵愾ノ気ヲ出シマシテ敵軍ヲ破ッタト云フ此心持ハ抑何所カラ出タト云フ全ク教育ト云フモノカラ出タト云フコトハ多言ヲ竢タズシテ明瞭ナコトデアルト信ジマス則チ日本ノ軍隊ニハ此教育ト云フモノガアリタレバコソ従テ忠義ノ心モ出デ従テ勇武ノ気象モ出タト云フモノデアル（中略）諸君モ常々御承知ノ如クニ我国ノ教育ト云フモノハ普及セザルニアラズト雖モマダ十分ノ所ニハ参ラヌノデアッテ殆ド就学児童ノ半バト云フモノハ─学齢児童ノ半バト云フモノハ小学校ヘ這入ラナイト云フ位ノ有様デアルカラ之ヲ欧米諸国ノ比例ニ取ッテモ大ニ学問ノ普及セザル─普通教育ノ普及セザル所ノ事実ガ挙ッテ居リマスカラドコマデモ此根本ヲ培養シテ益将来ニ向ッテ我国ノ基礎ヲ固クスルト云フ必要ガアル先ヅ斬ウ云フ考デアル又ソレバカリデナクモウ一ツ理由ハ何デアルカト云フト此度ノ戦争ニ就イテ国民ノ尽シタル所ノ精神義勇奉公ノ厚キ念慮ヲ顕ハシタル所ノ事柄其事柄ト云フモノハ詰リ（中略）此義勇奉公ノ志ト云フモノヲ何処マデモ表彰スルト云フコトハ是レ亦必要デナケレバナラナイ之ヲ表彰スルニ就イテ即チ全国ニ行渉リマスルヤウニ先ヅ其結果トシテ得タル所ノ償金其償金ノ十分一ダケヲ市町村ニ割与ヘテ而シテソレヲ此普通教育ノ基本金トスルト云フコトデアル（略）〔教育時論、三百八十七号〕。

即ち、建議案は、日清戦争勝利の最も重要な要因は国民の教育にあったとし、普通教育の更なる普及実現のために、戦争賠償金の十分の一を市町村に分賦する事を目的とした。もう一つの目的は、日清戦争に示した国民の義勇奉公の精神を表彰するために、賠償金の一部を市町村に分賦する事であった。貴族院も又、戦争賠償金の十分の一を、国民智徳の基である市町村立小学校の基本金に分賦すべきであるとの建議を可決した。尚、賠償金の一部を普通教育普及のための基金に充てるとする議案が両院に提出されると、時事新報・東京新聞・東京朝日新聞・東京日々新聞は、賛成の意見を表明した。政府も世論に押されて、教育基金特別会計法案を、明治三十一年（一八九八年）暮から開かれた第十三議会に提出し、これが可決された。教育基金特別会計法は、日清戦争の勝利によって設立された償金特別会計から一千万円を教育基金に組み入れ、普通教育費に充当する事が定められた。

一方、明治三十年（一八九七年）五月四日、勅令によって道府県に地方視学が設置され、地方視学職務規定が定められた。職務規定は、地方視学の視察対象として、教育勅語が実際に教えられる情況を挙げると共に、法令に牴触した事項について、視学官は関係者に意見を陳述する事を定めた。視学は既に小学校令に基づき郡に郡視学一名を配置することを定めているので、文部省の専任視学と地方視学の配置によって、視学制度が確立された。視学は、国の教育推進について監督する任務を持ち、事実上、教育の人事権を握る現場教師にとって怖い存在であった。

この様にして確立された教育勅語体制下で推進された小学校教育は、著しい成果を上げ、教育勅語は日本国民の間に深く浸透して行く事になる。

次に、教育勅語の国民への浸透程度を測るものとして〝共和演説事件〟を見る事にする。

明治三十一年（一八九八年）八月二十一日、いわゆる共和演説事件が起きた。尾崎行雄文相が帝国教育会茶話会の席上で、「拝金熱を排す」と題して行った演説が問題となる事件であった。「尾崎文相のなしたる演説中、もし我が国にして千百年の後共和政体設立せうるるがごときこと云々とは、いやしくも日本臣民としてはあるまじき、不敬のはなはだしきものなり。尾崎氏は文部大臣にして、しかも帝国教育茶話会に於いての言語なりとは、余輩は決して黙過すべからず。畏くも我が皇室は一系連綿、これを万世無窮に伝え、日本という国のあらん限りは、日本臣民たるものは君に忠に、国家に忠ならざるべからざるは、我が国民教育の本旨なり。この本旨を基礎として徳育を施し、智育を施し、体育を施し、以って国民を涵養するものなければ、我が国民の頭脳には文相のいわゆる共和政体云々の観念なく、観念なきと同時に、共和政体を維持するの必要は起らざるはずなり。又拝金熱の熾んにし、人心の腐敗せるは、実に国家のため憂うべきことにして、教育の任にあるものの最も注意して矯正に勉めざるべからずは言を待たず。（略）」と東京日日新聞（八月二十五日）は報道した。

時事新聞（八月二十六日）は次の様に報道した。当人の云う所によると、千百万年の後に於ても我が国に共和政治は断じて行わるべきでなく、仮に、今の時勢の成り行きより察すれば、ひとり金持が権勢を得ることになると、金力崇拝を戒めたもので、毛頭共和政治の実行を云々してものではないと。

この後、尾崎文相の演説は、貴族院に於ても問題となり、現内閣弾劾上奏案を提出する動きに広がった。又、宮中に於ても論議があり、十月二十二日、岩倉具定侍従幹事が大隈重信首相に対して、共和云々の演説をした尾崎文相は信任できない故、速やかに辞表を呈出させよと申し渡した〔桂太郎書翰　山県有朋宛（明治三十一年十月二十三日）〕。十月二十四日、尾崎文相は大隈首相に辞表を提出した。

この共和演説事件で注目しなければならない事は、東京日日新聞の報道にある「畏くも我が皇室は一系連綿、これを万世無窮に伝え、日本という国のあらん限りは、日本臣民たるものは君に忠に、国家に忠ならざるべからざるは、我が国民教育の本旨なり」の記事である。これは、正に教育勅語が示すものと、全く同じである。即ち、尾崎文相は、国民の間に広がった教育勅語の教えによって、文部大臣を辞任する破目になったとの結論を導く事ができる。

三　日露戦争と日韓議定書

日清戦争終結後、独・英・露・仏等列強による中国権益の拡大は、清国を事実上分割の危機に追いやり、極東の情勢は緊迫を加えた。

明治三十三年（一九〇〇年）六月、清国に義和団事件が勃発し、列強は連合軍を組織して排他的暴動の鎮圧に当たり、日本も二万余の陸軍を派遣した。義和団事件に際し、ロシア軍が満州に進攻し、満州を占領した事は、「満州占領ハ其モノ自身ニ於テ直接ニ我利益ト大衝突ヲ来サズ、然レトモ其結果露ノ勢力ハ朝鮮半島ヲ支配シ延テ帝国ノ自衛上ニ危険ヲ及ボスノ恐レアリ（略）、（加藤高明外相請議、日本外交文書第三十四巻）」との危機認識から、明治三十五年（一九〇二年）一月、第一回日英同盟協約が締結された。

同盟条約を締結した日英両国及び米国の警告により、ロシアは明治三十五年四月、清国と満州還附条約を締結し、三期にわけて満州よりの撤兵を約束した。第一期の撤兵は条約の規定通りに実行されたが、翌年四月の第二期撤兵は実行されず、撤兵期日の間際には、却って、奉天及び牛荘に増兵を行い、牛荘港行政の還附を拒絶した。更に、ロシアは清国に対して新たな七箇条の要求を行ったため、日本国は〝清国の領土保全並びにその主権を毀損し、又満州に於ける列国の条約上の権利及び利益に害のあるいかなる譲与も、清国にとって危険である〟と、繰り返し警告を行った。又、英国も同じく清国に警告をした。

日本国は、明治三十六年（一九〇三年）六月二十三日、御前会議の後閣議に於て「（略）露国ハ既ニ遼東ニ於テ旅順大連ヲ租借セルノミナラス事実的ニ満州占領ヲ継続シ進ンデ韓国境上ニ向ッテ諸般ノ施設ヲ試ミツツアリ若シ此尽ニ看過スルニ於テハ露国ノ満州ニ於ケル地歩ハ絶対的ニ動カスヘカラサルモノトナルヘキノミナラス其余波忽チ韓半島ニ及ヒ漢城ノ宮廷及政府ハ其ノ威圧ノ下ニ唯命是従フニ至ルヘク否ラストモ露国ハ壇ニ其欲スル所ヲ行フヘキカ故（略）」、日本国の存立を危くする虞ありと、ロシアとの直接交渉の開始を決定した。交渉の主眼は、日本の防衛と経済上の利益が、韓国の安全と満州に於けるロシアの行動を条約の範囲内に限定させる事によって確保されるとして、次に置かれた。

㈠、清韓両国ノ独立、領土保全及商工業上機会均等ノ主義ヲ維持スルコト。

㈡、日露両国ハ互ニ其韓国又ハ満州ニ於テ現ニ保有スル正当ノ利益ヲ認メ之カ保護上必要ノ措置ヲ執リ得ルコト。

㈢、日露両国ハ上記ノ利益ヲ保護スル為メ必要ナルカ又ハ地方ノ騒乱ニヨリ国際的紛擾ヲ惹起スヘキ恐レアル時ハ之レカ鎮圧ノ為メ出兵ノ権アルヲ認ムルコト（略）。

㈣、日本ハ韓国内政改革ノ為メ助言及助力ノ専権ヲ有スルコト。〔対露交渉ニ関スル件。以下「日本外交文書」に基づくものにはタイトルを表示する〕。

明治三十六年（一九〇三年）七月二十八日、日本政府は「日露協商案文」を決定し、栗野慎一郎全権公使が案文をラムスドルフ伯に手交した。

十月三日、ロシア公使は、ロシア皇帝の決裁した対案を、小村寿太郎外務大臣に手交した。対案は八箇条から成っており、第一条、韓帝国ノ独立並ニ領土保全ヲ尊重スルコトヲ相互ニ約スルコト、第二条、露国ハ韓国ニ於ケル日本ノ優越ナル利益ヲ承認シ並ニ第一条ノ規定ニ背反スルコトナクシテ韓国ノ民政ヲ改良スヘキ助言及援助ヲ同国ニ与フルハ日本ノ権利タルコトヲ承認スルコト、第三条、韓国ニ於ケル日本ノ商業的及工業的企業ヲ阻礙セサルヘキコト及第一条ノ規定ニ背反セサル限リ右企業ヲ保護スルカ為メニ採ラレタル総テノ措置ニ反対セサルヘキコトヲ露国ニ於テ約スルコト等と、日本国の韓国に対する権益については、譲歩する内容となっていた。これに対して、日本国が満州に保有する利権については、第七条、満州及其ノ沿岸ハ全然日本ノ利益範囲外ナルコトヲ日本ニ於テ承認スルコトの条文のみであった〔十月五日、露国公使ヨリ露国対案提出ノ件〕。

十月十四日、小村外務大臣はロシアの対案第七条を削除し、代わりに次の満州条項二項と朝鮮条項一項を入れた修正案を提出し、ローゼン公使と商議した。第七条、満州ニ於ケル清国ノ主権及領土保全ヲ尊重シ並ニ満州ニ於ケル日本ノ商業ノ自由ヲ妨害セサルヘキコトヲ露国ニ於テ約スルコト、第八条、日本ハ満州ニ於ケル露国ノ特殊利益ヲ承認シ且前条ノ規定ニ背馳セサル限リ該利益ノ保護ニ必要ナルヘキ措置ヲ露国ニ於テ採ルノ権アルコトヲ認ムルコト、第九条、今後韓国鉄道及東清鉄道ニシテ鴨緑江迄延長セラルルニ至ラハ該両鉄道ノ連結ヲ阻礙セサルヘキコトヲ相互ニ約スルコト〔十月十六日、露国対案ニ対シ我方ヨリ提出ノ修正条項通報ノ件〕。

しかし、ローゼン公使は、ロシアの対案第七条は、韓国に関するロシアの譲歩に対する唯一の補償であり、更に満州問題は、ロシア・清国二国間の案件であり、第三国の干渉は許さないとする国是に反するため、受諾できないとした〔十月二十二日、露国公使ト会商ノ経過通報ノ件〕。

十月三十日、小村外務大臣は、ロシアの対案に対する日本政府の確定修正案を、ロシア公使に提出した。

十二月十一日、ロシア公使は、小村外務大臣を訪問し、本国政府の訓令により、日本確定修正案に対するロシア政府の回答を提出したが、十月三日に提出した対案から唯一の満州条項である第七条を削除した上で修正を加えた、大幅に後退する対案であった〔十二月十二日、露国公使ヨリ提出ノ露国修正対案通報ノ件〕。

十二月三十日、日本政府は、日露交渉決裂の際に、日本国が執るべき対清国と韓国に対する方針を閣議決定した。開戦の場合、清国に対しては、中立を守り交戦に加担しない様勧告する事を決定した。韓国に対しては、如何なる場合にも、実力を以て日本国の権勢の下に置かなければならない事は勿論のこと、往年の日清戦争の場合の如く、攻守同盟もしくは他の保護的協約を締結できれば、最も便宜なる故に、既に必要な訓令を駐韓公使に下して種々の手段を執りつつあるとの方針であった〔対露交渉決裂ノ際日本ノ採ルヘキ対清韓方針〕。

明治三十七年（一九〇四年）一月六日、小村外務大臣は、在清国内田康哉全権公使に対して、日露間の戦争が避けられない場合に、清国が中立の態度を採る様に勧告せよと訓令した。

一月十二日、日本国は、御前会議に於て日露交渉に関する最終提案を決定し、満州に関して次の如く修正を加えた。満州及其沿岸ハ日本ノ利益範囲外ナルコトヲ日本ニ於テ承認スルコト但シ露国ハ満州ノ領土保全ヲ尊重スルコトヲ約スルコト。露国ハ満州ノ区域内ニ於テ日本又ハ他国カ其清国トノ現行条約ノ下ニ獲得シタル権利及特権ヲ享有スルコトヲ阻礙セサルヘキコト。韓国及其沿岸ハ露国ノ利益範囲外ナルコトヲ露国ニ於テ承認スルコト。日本ハ満州ニ於ケル露国ノ特殊利益ヲ承認シ並ニ此等ノ利益ヲ保護スル為メニ必要ナル措置ヲ取ルハ露国ノ権利タルコトヲ承認スルコト。〔満韓ニ於ケル日露交渉ニ関スル帝国ノ最終提案決定ノ件〕。

一月二十七日、小村外務大臣は、日露開戦の場合清国に中立政策を採らせるために、慶親王に対し、日本は満州を獲得する何等意志の無い事を保證する旨通告する様、在清国内田全権公使に訓令した。

二月四日、日本国は、御前会議に於て、ロシアは誠心誠意に日本国と妥協する意思なく、ただ回答を遷延する行為により、日本国は外交軍事ともに回復不可能な不利な状況になったと判断し交渉の断絶を通告、併せて軍事行動を執る事を決定した〔日露交渉ノ断絶及帝国ノ独立行動ニ付露国政府ヘノ通告ニ関スル件〕。

二月十日、日本国は宣戦を布告したが、既に八日夜、連合艦隊主力は、旅順港外でロシア艦隊に水雷艇による奇襲攻撃をかけていた。日本軍は二月中旬、第一軍（近衛・第二・第十二各師団）を朝鮮半島西岸に上陸させて半島を制圧しつつ、五月には、鴨緑江下流でロシア軍支隊と戦ってこれを破り、満州に進出した。ほぼ同時に、第二軍（第三・第四・第六各師団）は、遼東半島の大連に近い塩大澳に上陸した。

この様にして日露戦争が勃発したのだが、戦争の目的について、御前会議は「韓国ノ独立及領土保全ヲ以テ自国ノ康寧ト安全トノ為メニ緊要欠クヘカラサルモノナリ」と、「満州領土保全ノ尊重ヲ約スルコトヲ執拗ニ拒否シタルコト」を挙げているが、対韓国に対する方針は、既に前年十二月三十日の閣議に於て決定済みであった。それは、日清戦争の際に実行した攻守同盟もしくは他の保護的協約を締結するために、種々の手段を執るとの方針であった。

ここで、閣議決定に基づき実行された、韓国に対する種々なる手段について、日本外交文書を基に究明する事にする。

明治三十六年（一九〇三年）十月六日、小村外務大臣は、在韓国林権助公使宛に「韓国局外中立ニ関スル件」と題する訓令を発した。満州問題に関して日露交渉が決裂の場合に生ずる韓国の局外中立問題に関し、「（略）中立国タラントスル以上自ラ之レヲ保持スルノ決心ト実力トヲ要スルハ一ナリ故ニ今日韓国ノ最大急務ハ国力ノ充実国家ノ富強ヲ図ルニアリ、而シテ此目的ヲ達センカ為メニハ須ラク先ツ（第一）皇室ノ安固（第二）財政ノ刷新（第三）兵制ノ改革ヲ実ニセサルヘカラス、日本ハ固ト韓国現皇室ノ永久存続ヲ擁護スルヲ以テ確定不動ノ覚悟トナスモノナルニヨリ此点ハ勿論前掲財政兵制ノ二箇条ニ関シテモ自然韓国ニ於テ我レノ啓沃援助ヲ希望スルニ於テハ我レハ喜ンテ之レニ応ズベシ（略）」とし、更に、韓国皇室の安全を図るために、日本国在住韓国亡命者の件について、「（略）日本ニハ憲法モアリ法律モアリテ名義ノ立タサル処分ニ出ツルコトハ無論出来ガタキモ陛下ノ御希望ニヨツテハ之レヲ考料シ且出来得ル丈ヶ聖意ニ応スベキニヨリ陛下ノ御希望ノアルトコロヲ御開示アランコトヲ望ム云々」と駐日韓国公使に対して述べた談話を、内報した。

十一月二十五日、小村外務大臣は、在韓国林公使に対して、韓国亡命者禹範善が昨夜、広島県に於き同じ韓国亡命者である高永根並びに魯允明によって殺害され、加害者は直ちに逮捕され、取調中である事を訓令した。殺害された禹範善は、明治二十八年（一八九五年）に起きた閔妃殺害事件で、王妃を殺した人物とされ、又高永根は、尹孝定による禹殺害計画を密告した者とされている。以上の情報は、小村外務大臣が九月二十五日に、林公使宛に「禹範善殺害ノ陰謀露顕ノ件」と題して訓令していた。

十一月三十日、林公使は、韓国皇帝より高永根の処分について、刑罰減刑の要望があった事を報告した。

日露交渉の決裂が想定される十二月二十七日、小村外務大臣は、在韓国林公使に対し「（略）韓国皇帝ヲ我方へ抱込ミ置カンコト極メテ必要ナルニ付閣下ハ此目的ヲ達スルカ為メニ一層手段ヲ進メ御尽力アリタシ（略）」と述べ、更に「（略）我目的ヲ貫徹スルカ為メニ必要ナラバ担当ノ金額ヲ贈与スルモ妨ケナキニ付其必要ナル理由及金額幷ニ使用ノ方法ヲ具シ上申セラレタシ（略）」と訓令した。又、小村外務大臣は、昨日広島地方裁判所で死刑の宣告を受けた高永根について、若し死刑が確定した場合には、韓国に対し好意を表するため、特赦を上奏し一等を減じて生命を助ける旨、皇帝陛下へ内奏せよと訓令した。

十二月二十八日、在韓国林公使は、高永根の刑罰軽減に関する日本政府の内意を、韓国皇帝に内奏し、同時に陛下への内謁を求めたところ、陛下は、林公使の意見の詳細を聴取する様李址鎔に命じ、二十九日夜、李址鎔が林公使を訪問した。林公使は、李址鎔に対して亡命者処分案を示して、十分に勧説した。一方、李は、陛下が下した外部大臣宛の委任状付き草案を示し、尚詳細を直接上奏する必要があるために、内謁を許可した。草案は、「一、亡命者ハ我国法ノ許ルス範囲ニ於テ厳重処分シ高永根モ許ルス限リ寛典ヲ施シ、二、皇室ノ安全及独立ノ維持ニ関シ日本ノ誠実ナル援助ヲ要求シ又事変ノ際韓国殊ニ京城ノ安全ニ関シ日本ヲシテ臨機ノ措置ヲ採ラシムル事、三、細目ノ協議ハ外部大臣ト本使ノ間ニ臨機協定スル事ヲ協議且依嘱スル」との趣意であった。又、林公使は李址鎔に対し、李及びその同志が、王宮内の勢力を維持するため金銭の必要があれば、相応の援助をする旨伝えた〔十二月三十日、韓延高官ト連絡ノ件〕。

以上の経過を経て、日本政府は韓国に対して、日清戦争時に実行した攻守同盟又は他の保護的協約を締結するために、種々たる手段を執るとの決定を下したのであった。

明治三十七年（一九〇四年）一月四日、林公使は、小村外務大臣に対して「韓帝ノ露国公使館播遷説情報ノ件」と題して報告している。日本はロシアに対して開戦可能な立場になく、万一開戦した場合にはロシアの勝利が必至であり、時局切迫の場合には、ロシア公使館に播遷する事が上策であるとの説が、宮邸に出回っている旨の報告であった。更に、同日、林公使は「亡命者処分案並ニ日韓密約締結ニ関シ李外相ヨリ申出ノ件」を、小村外務大臣に報告している。外務大臣李址鎔が、林公使と会談し、ロシア公使館播遷説等のために韓国皇帝は、日韓密約に関して躊躇する所もあったが、大体に於て既に受け入れており、密約締結に向けて、今後四・五日内にも目的に達する事ができるだろうと、繰り返し発言した。又、李址鎔は、引き続き宮廷内の勢力を維持するために、韓国皇帝の近侍を籠絡する必要ありとして金一万円の準備を求めた。李の申出に対して林公使は、亡命者処分の決行は、密約締結の後とするが、運動費一万円は、林公使宛に送金する様に請訓した。

一月十一日、林公使は「日韓密約締結ノ予想並韓廷ノ懐柔大体成功ノ状況等報告ノ件」と題して、小村外務大臣に報告した。韓国皇帝は、日本との親密なる関係維持に務め、日本との密約に関しても、聖意は殆んど確定し、時機を見計らい契約する運びであるが、国喪中は差し控えると李址鎔が語り、目下の処「（略）仮令密約等成文ノモノ出来上ラザルモ韓延懐柔等ニ関スル帝国政府御訓令ノ趣意ハ大体ニ於テ目的ヲ達セシモノト見テ差支ナカルヘク（略）」と記している。又、李址鎔の運動費として送金を依頼した一万円については、本人に手交し、同人の使用に任せたと述べている。

李址鎔の手を経て内密に奏上した密約案は、間もなく調印するまでになったが、李址鎔は調印するに先立ち、陛下の詔勅を得る必要がある。一月十四日、李址鎔・閔泳喆の二人は陛下に対し、密約締結について、李址鎔・閔泳喆・李根沢の三人に委任される様奏上した。一月十六日、三人は揃って林公使を訪問し、陛下からの委任は、数日内に林公使に示し得る運びとなっているが、委任を示した際には、日本政府による韓国の独立と皇室の安寧に保證を与える事を求めた。これに対して、林公使は、日本政府としては、保證は勿論その誠実履行に関し陛下に充分安心頂く様にすると答えた〔一月十六日、日韓密約締結ニ関シ韓国要人操縦ノ件〕。

以上の報告に対して、小村外務大臣は、一月十七日、林公使に対して「日韓密約ニ関スル尽力ニ付林公使へ表謝ノ件」と題して、感謝の意を表した。

所が、予定された一月二十三日、密約案の調印交換が執行できない羽目になってしまった。林公使は、一月二十四日、その理由を探知するために、国分書記官を李址鎔の許に遣わした結果、次の事が判明した。韓国皇帝が、韓国の厳正中立通知に対する日本政府の回答を得た後に、密約案を調印交換すべき旨命令を下したために、調印済の密約書を陛下に示したが、交換する事はできなかった。尚、中立通知に対する日本政府の回答が得られれば、二十五日中にも、密約書の交換はできると、李址鎔は回答した。一月二十四日、林公使は、韓国の局外中立通知に関して、李址鎔が希望する如く、速やかに承認する様に、小村大臣に請訓した〔一月二十四日、日韓密約未締結事情報告並ニ韓国ノ中立声明ニ対スル我方回答ニ付請訓ノ件〕。

一月二十五日、林公使は「日韓密約ノ成立頓挫ト其善後措置ニ関スル件」と題して、小村外務大臣に次の報告を行っている。李址鎔・閔泳喆・李根沢の三人は、昨夜、韓国皇帝に対し、速やかに密約を成立させるべく奏上したが、陛下は三人の意見を受け入れなかった。李址鎔等が韓国の独立に危険のある旨を奏上すると、陛下は「韓国ノ独立ニ関シテハ韓国ハ中立ヲ守レバ安心ナリ、今日ノ場合日本ト提携シテ露国ノ怒リヲ招クコソ反テ韓国ノ独立ニ害アル」と三人に罷免を申し渡した。又、林公使は、陛下が日韓密約反対の決心をしたのは、李容翊・姜錫鎬が宮廷内にあって陛下を動かし、同時に李学均・玄尚健・李寅栄一派が、英米仏独等の外国語学校教師と合体した所謂中立派勢力に影響されたためであると、報告している。

一月二十六日、小村外務大臣は、密約不成立後の措置について「適当ノ時機ヲ待ツコトニ至スベシ」と訓令し、又二十八日、韓国中立声明に関する公文への回答は、当分の間見送る事を訓令した。

二月四日、日本国は御前会議に於て、日露交渉の断絶を通告し、併せて軍事行動を執る事を決定した。

二月八日、林公使は「今日日本兵馬山釜山方面ニ上陸セリトノ説伝ハリ宮中ト仏館トノ来往頻繁ナリ其使ハ玄尚健ナリ」と、玄尚健が皇帝の命により、京城を局外中立地にする様、フランス公使と交渉していると報告した。又、林公使は、各方面からの風説に惑わされ、不穏な情況下にある宮廷内の懸念を解消するために、李址鎔・李容翊を招き、京城に先着する日本軍は凡そ二千五百人内外に過ぎず、日本軍が、宮廷その他に対して、何等不穏な挙動に出ることは断じてないと強調した〔韓帝仏国公使館播遷説ニ関スル情報ノ件(一)(二)〕。

二月十二日、林公使は、加藤大三輪が韓国の中立問題等に関して、皇帝に内謁した模様を次の様に報告した。中立問題に関して陛下は、中立の通牒さえ各国に与えれば、日露開戦に当たり、両国兵の韓国への進入を防止できると深く信じていたが、その効果はない様だと語った。その際傍らに居合わせた李容翊が頻に中立論の擁護に務めたため、加藤大三輪は、李容翊の挙動を見て「同人カ中立論ノ主動者ニシテ又擁護者トシテ陛下ヲ今日迄瞞著シ居リタル真相ヲ認メ」又、林公使も自分の判断が誤っていなかったと述べている〔韓国ノ中立問題等ニ関シ加藤大三輪韓帝ニ内謁ノ模様報告ノ件〕。

二月二十三日、林公使は、昨夜来一頓挫あったが、遂に本日、日韓議定書の調印を終えたと小村外務大臣に報告した。林公使は、昨夜来起きた出来事について、二十三日「日韓議定書調印事情報告ノ件」と題して、次の様に報告している。李容翊は、陛下の心を動かし、既に（一月二十三日）、調印した日韓密約の交換を停止させた張本人であるが、その李容翊が、今ロシアが陸戦に勝利すると信じ、この際、日本を信頼する条約を締結すれば、後日ロシアの勝利が確定した時に、韓国を併呑する屈強なる理由を与えるものだと主張している。一昨日来、ロシア軍の安州平壌方面に於ける状況が、誇大に宮中に報道された結果、陛下も又大いに李容翊の主張を重要視し、日韓議定書の調印を、再び延期する決定を下した。二十二日、李容翊は李址鎔に対し、陛下の命令として日韓議定書の欠陥を指摘し、その議定書に調印した場合には、大罪人として処分する旨伝えた。李址鎔は処罰を恐れて議定書の調印を拒む決心をし、同時に林公使に対して面目を失ったため、二十三日に京城以外に逃走する予定であった。林公使は、二十三日朝、上記の報を受けて、直ちに塩川通訳官を李址鎔の私宅に遣わして、その逃走を思い止まらせ、同時に林公使と正午に外部に於て、面談する約束を取り付けた。約束通り、林公使は李址鎔と面会をし委細を説明したところ、結局李址鎔は、快く議定書の調印交換を行った。林公使は、午後三時、井上光師団長同伴の上、陛下に謁見して委細を奏上した。又、林公使は、今後の日本にとって李容翊の存在は、甚だ妨害の元となるので、此際日本に漫遊させる様勧告し、御用船に乗せ、近々内地に出発させると報告している。

しかし、この日韓議定書調印報告には、腑に落ちない箇所がある。

と言うのは、二十二日、李址鎔は、李容翊から、議定書に調印した場合には、大罪人として処分するとの陛下の命令を受けて、議定書の調印拒否を決定したにも拘らず、翌日（二十三日）には、林公使の説得を受けて、快く議定書の調印交換をしたとの報告は、信じ難い内容だ。調印した場合には、大罪人として処分するとの皇帝の命令を受け入れた李址鎔が、翌日その決心を覆したのは、何か別の条件が加担したからに他ならない。

その鍵は、二月十四日、林公使から小林外務大臣へ発した「我対韓策ヲ妨害スル韓国要人離国方措置ノ件」と題する請訓の中にあった。林公使は「李容翊ノ日本ニ出遊スル件ハ別電ノ如ク陛下モ御同意ニ付キ昨日直チニ仁川ニ下リ御用船旅順丸ニテ明朝仁川ヲ発シ宇品ニ到着スル筈ニ取計置ケリ依テ同人日本着ノ上ハ可然御取計ヲ乞フ（略）」と報告している。即ち、李容翊が二十三日、仁川へ下り、御用船旅順丸で二十五日に、仁川を出発し日本へ向かうと記している。しかし、真実は李容翊が自らの意思で日本へ向かったのではなく、日本側が拉致・軟禁した上の行動であったのではないか。

李容翊を拉致・軟禁した事を裏付ける証として、三月二十二日の林公使と小村外務大臣との交信を精査することにする。

伊藤博文特派大使が韓国を訪問し、三月十八日韓国皇帝を謁見したが、二十一日、韓国皇帝は、李容翊より〝伊藤大使滞在中に、李容翊帰国の事を大使に相談されたし〟との電報を受けて、内密に、玄暎運の妻を伊藤大使に遣わした。これに関して、林公使は、電報の内容を取り調べの上、至急返答する様に小村外務大臣に請訓した〔三月二十二日、李容翊ノ帰韓運動ノ件㈠㈡〕。これに対して小村大臣は、「(略)一日モ速ニ帰国センコトヲ希望シ過般来数回電報ノ序ヲ以テ帰国ノ勅許ヲ願ヒタルモ陛下ヨリハ貴官及伊地知（幸介）少将ニ於テ異議アルガ故ニ東京ニ於テ運動セヨトノ返電来リタル（略）」と電報内容を回訓した〔三月二十二日、李容翊ノ帰韓運動ニ関シ回報ノ件〕。即ち、韓国の最高権力者である皇帝でさえ命令できない〝李容翊の帰国〟とは、取りも直さず、日本国によってなされた李容翊の軟禁に他ならない。又、電報の中に、「貴官及伊地知少将ニ於テ」と記されているが、これは、林公使と日本軍が拉致・軟禁を実行した事実を示している。

林公使は、伊藤特派大使の韓国滞在中の状況について、四月一日、小村外務大臣に報告したが、その中に附属書として「対韓私見概要」と題する別紙がある。この私見は、伊藤特派大使が皇帝に謁見する前に、林公使が提出した者であるが、〝李容翊の帰国の件〟について「是ハ当政界ノ状況ニヨリ今後一個年位ハ帰国セシメサルヲ可然ト存候其故ハ同人ハ独リ韓帝ニノミ信用セラレテ他一般ニ嫌悪セラレ居候ヘハ其帰国ハ韓帝ノ我意ヲ助長セシメテ政界ヲ攪乱セシムルノ恐アルカ為ニ候」と記している〔伊藤特派大使ヘ呈セシ覚書貳通及同大使謁見始末書送附ノ件〕。これは、正に日本側が、李容翊を軟禁していた事実を明白に示している。

以上の理由で、日韓議定書は、議定書の調印交換に猛反対していた李容翊を拉致・軟禁の後、林公使と李址鎔との間で調印交換を終えた事実が明白になった。調印交換が終了したのは、林公使と李址鎔との面談約束時刻二十三日正午から午後三時の間であった。午後三時、林公使は井上光師団長を同伴の上、陛下に謁見して委細を奏上した。林公使は、二月二十三日に提出した「日韓議定書調印事情報告ノ件」の中では、陛下が議定書を承認したか否かについて言及していないが、井上師団長を同伴していることから、日本軍の護衛の下、強圧的状況の中で事が運ばれたのは言うまでもない。

林公使は、二月二十四日、小村外務大臣への報告「我対韓策ヲ妨害スル韓国要人離国方措置ノ件(一)(二)」の中で、「(略)李容翊ノ態度我方ニ不利益ノ行動多キヲ以テ此際本邦へ渡航セシムルコト得策ト認メ昨日井上師団長ト共ニ謁見ノ際右ノ事情ヲ奏請ニ及ヒタルニ陛下モ昨今李容翊ニ対シ非難攻撃ノ声内外一般ニ高マリ到底現職ニ在ラシムルノ不可ナルコトヲ諒察セラレ居ル際ニテ同人ヲ日本ニ渡航セシムルコトハ極メテ事宜ニ適シ且ツ本人モ為メニ其身命ノ危険ヲ免カレ得ヘキニ付本使ニ於テ右ノ取計ヲ為スヘキ様御沙汰アリタリ(略)」と記している。しかし、この記述は、陛下が李容翊の日本への渡航を認めていないことから、日本側による拉致・軟禁を隠すための偽装報告である事は、明白である。又、この偽装は、次の歴史的事実からも裏付けられる。日韓議定書調印後の韓国では、中枢院副議長李裕寅等が議定書に反対し弾劾上奏を行い、李址鎔等の私宅には爆弾が投げこまれる等、騒然としていた状況が明らかになっている。

林公使は、更に次の如く、拉致・軟禁を隠蔽する工作を行っていた。「（略）本使ハ清安君ヲ通シテ李容翊官掌ノ書類帳簿銭穀等ノ始末方同人出発前ニ於テ片付ケラレタキ旨注意致シ置キタルニ昨夜中此等ノ調査ハ夫々相済ミタル旨（略）〔二月二十四日、我対韓策ヲ妨害スル韓国要人離国方措置ノ件(一)(二)〕。

一方、日韓議定書の締結交渉は、日本軍の韓国領土進出の下で進められた。林公使が、二月十三日に作成した議定書案の第四条は、「第三国ノ侵害若クハ内乱ニ当リ大日本帝国政府ハ臨機必要ノ措置ヲ取ル事」〔日韓議定書調印事情報告ノ件〕であったが、二月十七日には、「第三国ノ侵害若クハ内乱ニ当リ大日本帝国政府ハ臨機必要ノ措置ヲ取リ軍略上必要ノ地点ヲ随機収用スルコトヲ得ル事」〔日韓議定書調印事情報告ノ件〕と修正され、結局、調印は「第三国の侵害により若くは内乱の為め、大韓帝国の皇室の安寧或は領土の保全に危険ある場合は、大日本帝国政府は速に臨機必要の措置を取るべし。而して大韓帝国政府は右大日本帝国政府の行動を容易ならしむる為め十分便宜を与うること。大日本帝国政府は前項の目的を達する為め、軍略上必要の地点を臨機収用することを得ること」と、日本国の軍事基地受け入れを協定した。

日韓議定書調印後間もない二月二十七日、山本権兵衛海軍大臣は、小村外務大臣に対して、軍事上の必要により巨済島・同松真・八口浦玉島・於青島の土地を日本政府の保有にするため、当該海軍官憲と協議する様要請した。これに対して、二月二十九日、小村外務大臣は山本海軍大臣宛に、照会のあった場所の中の官有地は、日韓議定書第四条により、当然日本政府に収用の権利がある故、韓国政府と特に協議する必要はなく、又区域限定並びに民有地購入等については、当該領事に対し訓令したと回答した。尚、その後の巨済島及び附近諸島の状況について、明治三十八年（一九〇五年）九月二日、在馬山の三浦領事は桂太郎外務大臣に、次の様に報告した。「（略）開戦後間モナク我海軍ハ鎮海湾ヲ以テ其仮根拠地ト為シ巨済島及附近諸島ニ必要ノ防備ヲ施シ其後陸軍ノ築城団ハ更ニ加徳島及猪島ニ堅固ナル砲塁ヲ築キテ目下要塞砲兵之ニ駐屯シ（略）」〔鎮海湾経営ニ関スル件〕。

この様にして、日韓議定書は締結されたのだが、この議定書締結こそが、日露戦争開戦に当たって日本政府が決定した〝往年の日清戦争の場合に於ける様に、攻守同盟もしくは他の保護的協約を締結する〟との閣議決定そのものであった。

日本政府は、議定書締結に反対した韓国皇帝擁護の急先鋒であった李容翊度支相を、軍隊を使って拉致・軟禁すると共に、その事実を陰蔽するために、李容翊管掌の書類帳簿を始末した。又、議定書について韓国側窓口である李址鎔外部大臣臨時署理を、既に買収するという質の悪い手段を実行したのであった。その上で締結された日韓議定書は、御前会議で決定された日露戦争の開戦目的の一つである「韓国ノ独立及領土保全ヲ以テ自国ノ康寧ト安全トノ為メニ緊要欠クヘカラサルモノナリ」との名目とは反対に、日本国による韓国の軍事基地化を進める協定となった。又、日清戦争の勃発によって、明治二十七年（一八九四年）八月二十六日に調印された「大日本大朝鮮両国盟約」は、「第二条、日本国ハ清国ニ対シ攻守ノ戦争ニ任シ朝鮮国ハ日兵ノ進退及其糧食準備ノ為メ及フ丈ケ便宜ヲ与フヘシ」と、朝鮮国が日清戦争遂行のための後方基地と成る事を協定したが、正に、明治三十六年（一九〇三年）十二月三十日の閣議決定で想定された攻守同盟とは、この盟約を指しているのであった。

以上で、日韓議定書の検証を終えるが、我々が歴史から学ばなければならない事は、日韓議定書の締結に当たって、日本政府が実践した行動と、日清戦争直前に勃発した甲午政変との間に、類似性がある事である。㈠甲午政変に於て、日本政府は、日本国の政策を受けれる朝鮮政府成立のために、威族閔氏を排斥し、代わりに大院君執政を実現させたが、この政権交代は正常な状況下で成立したのではなく、軍事力を使用した威嚇的行動の下で実現した。これに対して、日韓議定書の締結は、議定書調印反対の急先鋒であった李容翊度支相を、軍隊に命じて拉致・軟禁した上で実現した。

㈡甲午政変終結後、日本は、明治二十七年七月二十三日に起きた王宮占領事件を、今後とも追究しない事を「暫定合同条款」を以て協定し、公然と事実の陰蔽を図った。これに対して、日韓議定書の締結は、拉致・軟禁された李容翊度支相管掌の書類帳簿等を、清安君李載純に指示して始末するという陰蔽工作の下で実現した。㈢甲午政変について、大院君執政実現までの経緯を記した「明治二十七年七月二十五日陸奥外務大臣宛大鳥公使報告」に偽装があるが、明治三十七年二月二十三日に林公使が、小村外務大臣に報告した「日韓議定書調印事情報告ノ件」と、二月二十四日に発した「我対韓策ヲ妨害スル韓国要人離国方措置ノ件」の中にも、報告の偽装がある。㈣甲午政変終結後、日本は日清戦争遂行のために、朝鮮国を後方基地とする「大日本大朝鮮両国盟約」を協定したが、「日韓議定書」締結は、日露戦争遂行のために、韓国の軍事基地化を進めるための協定であった。

以上の類似点で明らかな様に、日本国は、日韓議定書の締結を、先例である甲午政変を模倣の上で実現したのであるが、これは陰蔽・偽装を刻む日本の歴史が、そのまま日本国民によって模倣され、実践されたと換言しなければならない。しかも、これらの行動は、更にこの先の日本の進路に大きく影響を与え、陰蔽工作を刻むその歴史が、再び模倣される事は必然的な成行であった。

四　日韓協約と対韓施設綱領

日韓議定書は、第一条で「日韓両帝国間ニ恒久不易ノ親交ヲ保持ナシ、東洋ノ平和ヲ確立スル為メ、大韓帝国政府ハ大日本帝国政府ヲ確信シ、施政ノ改善ニ関シ其忠告を容ルルコト」と協定したが、二月十三日の議定書案の段階では「（略）韓国ハ日本ニ信頼シ専ラ助言ヲ受ケ内治外交ヲ改良する事」（日韓議定書調印事情報告ノ件）であった。二月十七日の修正案で「（略）施政改善ニ関シ大日本帝国政府ノ忠告及助力ヲ用ユル事」と修正され、調印日に前述の様に協定されたのだが、この条文は極めて重要な意味を持っている。即ち、韓国は施政改善に関して日本国の政策を受け入れると協定した事によって、韓国と日本国との関係が、対等な主権国家の関係から、韓国は日本国に従う国家関係に変化した事を意味する。

明治三十七年（一九〇四年）五月三十一日、日本国政府は、閣議に於て「（略）帝国ハ日韓議定書ニ依リ或ル程度ニ於テ保護権ヲ収ムルヲ得タルモ尚ホ進ンテ国防外交財政等ニ関シ一層確立且ツ適切ナル締約及設備ヲ成就シ以テ該国ニ対スル保護ノ実権ヲ確立シ（略）」との対韓方針を決定し、次の対韓施設綱領を決定した。

㈠、軍隊の駐屯。日本国が軍隊を韓国内に駐屯させる事は、国防上の必要だけでなく、日韓議定書第三条に基づき、韓国の防衛及び安寧維持の責任を負担する故に、相当の軍隊の駐屯が必要であり、同時に平時に於ても、韓国全土に対して日本国の威力を維持するために、頗る有用である。又、韓国内地及び沿岸に於て軍略上必要な地域を収用する事は、日韓議定書に依り、日本国の当然且つ必要な権利である。

㈡、外政を監督。韓国政府に外交を一任すると、暗黒裏に危険な事態に陥る事が予測されるため、韓国政府と外国との条約締結その他重要な外交案件の処理に当たっては、予め日本政府の同意を要する旨を約束させる。又、その監督の為に、外部衙門に顧問官を入れて外交を監督指揮する。

㈢、財政を監督。速やかに日本人の顧問官を入れて、財政の混乱を治め、続いて徴税法の改善・貨幣制度の改革等に着手して、韓国財務の実権を日本国が掌握する。尚、韓国財務混乱の原因の一つに多大な費用を要する軍隊の存在があり、従って将来、韓国の防衛は日本軍が行い、韓国軍は親衛隊を除く外は漸次削減する。

㈣、交通機関を掌握。交通及び通信機関の要所を日本国が掌握する事は、政治上・軍事上及び経済上の理由により頗る緊要の事であり、特に鉄道事業（京釜鉄道・京義鉄道等）は、韓国経営の骨子とも言うべきものであり、順を追ってこれを掌握する。

㈤、拓殖を図る。日本人農家のために韓国内民有地を開放させる手段として、日本人の土地所有権を認め、又永代借地権あるいは用地権を認めさせる。林業の分野では、豆満江及び鴨緑江森林の伐採権を獲得し、日本人が自ら経営できる様にする〔対韓方針並ニ対韓施設綱領決定ノ件〕。

一方、日露戦争に突入した日本軍は、朝鮮半島西岸に上陸し、半島を制圧しつつ五月には鴨緑江下流でロシア軍支隊と戦ってこれを破り、満州に進出した。六月十九日には、満州軍総司令部が設立され、同時に第三軍と第四軍が編成され、第三軍は旅順の包囲に、第四軍は満州に展開した。第一軍は主戦場とされた満州の中央に展開し、第二軍も六月には得利寺、七月二十五日には大石橋を攻略して更に遼陽に進撃する体制をととのえた。第一・第二・第四軍十三万四千の兵力を結集した日本軍は、八月末、ロシア軍との第一回大会戦が遼陽附近で、激戦の火蓋を切った。凄惨な戦闘が行われ、特に首山堡のロシア軍陣地に対する攻撃は非常な苦戦となり、静岡第三十四連隊は、連隊長以下一千名以上の死傷者を出した。戦闘は形勢互角で一進一退を重ねたが、ロシア軍は九月四日に至って全軍の退却を命令し、沙河の線まで後退した。辛うじて勝利した日本軍は、退却する敵軍を追撃して徹底的殲滅するのが戦闘方針ではあったが、既に兵器・砲弾が欠乏していたために、追撃する余力はなかった。両軍ともそれぞれ二万を超える兵員の犠牲を出していた。

八月十九日には、第一回旅順総攻撃が実行された。その報道は、国民の期待を反映して希望的観測に満ちていたが、戦闘の情況は全くこれと反対であった。日本軍は強行策をとって、肉弾戦による突撃を繰り返したが、砲台は堅固で容易に進撃することはできなかった。決死隊を編成して強襲を行ったが、多くの犠牲はあるが寸土も占拠できず、一度占領した砲台も奪還されてしまった。日本軍は屍体を積み重ねるだけで決死隊は全滅し、二十四日午後四時、乃木司令官は攻撃を断念して、作戦を一応中止した。攻撃参加の兵員約五万一千人のうち、死傷者は一万六千人を数えたのである。

十一月二十六日に、第三回総攻撃が開始された。日本軍は攻撃の焦点を二〇三高地にしぼり、二十八日から十二月五日にかけての激戦の末に占領し、この地から旅順港内のロシア軍艦への砲撃を行った。この拠点からは他の砲台への攻撃も容易になり、十二月三十一日、松樹山砲台の爆破をもって、旅順要塞は陥落した。第三軍は兵員十三万を数えたが、死傷者は五万九千を超え、使用した火砲数は四百門に達していた。明治三十八年（一九〇五年）一月十三日、旅順は全て日本軍が占領し、旅順港内のロシア太平洋艦隊も全滅した〔明治ニュース事典第六巻〕。

日露戦争の中、日本軍の後方基地となった韓国では、次から次へと「対韓施設綱領」が実行に移されていった。

明治三十七年（一九〇四年）八月二十二日、韓国政府は、日本政府の推薦する日本人一名を財務顧問として、又外国人一名を外交顧問として各々雇聘し、〝韓国政府は、外国人に対する特権譲与若しくは契約等の処理に関して予め日本政府と協議すべし〞との第一次日韓協約に調印した。財務顧問には、目賀田種太郎大蔵省主税局長が命じられ、外交顧問には、アメリカ人スティーブンスがえらばれたが、外国人を顧問としたのは、日本の介入を外国の監視から遮蔽するためであった。

十二月九日、特命全権林公使は、韓国外部大臣に、鴨緑豆満両江岸に於ける森林は、日本軍の進行に伴ってこれを伐採・経営に着手し、将来に於ても森林経営は日韓議定書の主旨に遵じ、日本政府が行う事を決定したと、通知した〔十二月十二日、鴨緑江及豆満江沿岸森林経営ニ関スル件〕。

明治三十八年（一九〇五年）一月十七日、小村外務大臣は、在群山横田主任に〝既に韓国政府に、日本警務顧問を傭聘させたが、更に観察使の所在地を始め国内の必要なる郡衙に日本警察官を雇聘させて、韓国内に於ける警察の実権を、日本が掌握する素地を作る〞と回訓した〔巡回警察官派遣ニ関スル稟甲ニ対シ回訓ノ件〕。

三月十六日、小村外務大臣は、在韓林公使に対して、軍事上の必要に依り、永興湾内の松田里及び附近、葛麻半島連島里以北、虎島の全部、永興湾口に散在する諸島の各全部を収用する事に決定したと訓令した〔永興湾内軍用地収用ニ関シ申進ノ件〕。

この様にして、先に日本政府が決定した「対韓施設綱領」が、軍隊駐屯の下で、次々と実現されていく事になったが、その様子を「朝鮮独立運動の血史」は次の様に記している。

日本はわが国の電信・通信機関を占拠し、日本の船舶は自由に国内の河川を航行した。又日本人は、各地の荒地開墾を要求し、森林を伐採し、砲台をきずき、庖肆を奪取し、西北各郡の税金を徴収し、官吏を駆逐し、かわりに自己の腹心をおいた。日本の憲兵は、わが警察権を代行し、我々の集会を禁止し、鉄道および軍用地を広く占領し、軍用人夫を強制徴発した。各部に、全部日本人顧問をおいて、海関税および度支財政を管理し、わが国の軍事予算を削減し、わが人民の私有田土を奪取した。わが人民の徴用労働を拒否したものを、ロシアの間諜として罪におとしいれ、あるいは拘束し、あるいは拷問を加え、甚だしくは斬殺した。そして、その男子を殺す時は、十字架を立てて、その上に首を架け、その足をくくりつけて歩かせた。また、あるいはその四肢を十字架に縛りつけてこれを銃殺した。しかし、一発で即死しない者は、痛苦に耐えず、悲しい叫び声がやまなかった。婦女を殺すときは、その頸を路上にかけて往来の衆目にさらした。

明治三十八年（一九〇五年）二月下旬、旅順攻略を終えた第三軍が、満州軍本隊の戦線に参加し、日本軍は総勢二十五万の兵を瀋陽の南に集結させて、ロシア軍との戦いに備えた。ロシア側も三十二万の大軍を集結させた。三月一日に開始された会戦では、日本軍は苦戦を強いられたが、三月十日日本軍はついに瀋陽を占領したが、退却するロシア軍を追撃して北上する余力はなくなっていた。既にロシア軍は死傷者二十三万、捕虜七万余りを出し、一方日本軍も死傷者十九万を数え、両軍とも甚大な戦禍を蒙った。

四月八日、日本政府は、韓国に対する保護権を確立するために、次の趣旨の保護条約を締結する事を閣議決定した。

第一、韓国ノ対外関係ハ全然帝国ニ於テ之ヲ担任シ在外韓国臣民ハ帝国ノ保護ニ帰スルコト。
第二、韓国ハ直接ニ外国ト条約ヲ締結スルヲ得サルコト。
第三、韓国ト列国トノ条約ノ実行ハ帝国ニ於テ其責ニ任スルコト。
第四、帝国ハ韓国ニ駐剳官ヲ置キ該国施政ノ監督及帝国臣民ノ保護ニ任セシムルコト〔韓国保護権確立ノ件〕。

同日、日本政府は、第二回日英同盟協約の継続問題を、英国との間で意見交換する事を閣議決定した。政府は意見交換を開始するに当たり、日露戦争勃発の結果、韓国の地位が一変したため、即ち「我邦ハ韓国ニ対シ保護権ノ確立ヲ期スルカ故ニ」日韓協約と牴触しない様日英同盟協約に修正を加え、又その実行に対し英国政府の賛助を得る様、予め相当の処置をとる必要がある事を閣議決定した。四月十日、上記閣議決定について、天皇の裁決を終えた〔日英同盟協約継続ニ付英国ト意見交換開始ニ関シ閣議決定ノ件〕。

五月二十四日、日本政府は、日英同盟協約の適用範囲を拡張しその性質も一変させて、防守同盟から攻守同盟へ移行する事が得策であると、次の具体的協約大綱を閣議決定した。

第一、両締約国ハ東洋ニ於テ全局ノ平和ヲ維持シ且清国ニ於ケル両国共通ノ利益（即ち同国ノ領土保全門戸開放ノ主義ヲ維持スルコト）及極東並ニ印度以東ニ於ケル各自特殊ノ利益ヲ擁護スルヲ目的トスルコト。

第二、英国ハ日本カ韓国ニ於テ有スル政治上軍事上及経済上ノ特殊利益ヲ擁護スル為メ適宜必要ト認ムル措置ヲ執リ得ルコトヲ承認スルコト。

第三、両締約国ノ一方カ正当ノ理由ナクシテ一国若クハ数国ヨリ攻撃ヲ受ケタル時又ハ前記共通若クハ各自特殊ノ利益カ他国ノ侵略的行動ニ依リテ侵迫セラレ之ヲ擁護スル為メ戦端ヲ開クニ至リタル時ハ他ノ一方ノ締約国ハ直ニ兵力ヲ以テ援助ヲ与フルコト。

第四、本協約に因リ相互ニ兵力的援助ヲ与フル区域ハ極東及印度以東ニ限ルコト。

日本政府は、以上の協約大綱の他に次の事項を秘密約款に盛る事を決めた。

日本カ韓国ニ対スル別国ノ侵略的行動ヲ予防シ並ニ同国ノ国際関係ヨリ紛擾ノ発生スルコトヲ杜絶スル為メ同国ニ対シ保護権ヲ確立スルトキハ英国ハ之ヲ承認スルコト。

又、日本政府は、日露戦争に於て日本軍が優位に立つ昨今の戦況を上げて、日英同盟協約締結のために好時機であるとした〔日英同盟ノ強化、拡張ニ関シ閣議決定ノ件〕。

五月二十七日未明、警戒船信濃丸は薄霧の彼方にバルチック艦隊の艦列を見付け、無線電信をもって艦隊発見を報じた。この艦隊は、ロシアが旅順とウラジオストックにあるロシア太平洋艦隊を増強のために、日本海に回航したものであった。午後二時頃、朝鮮の鎮海湾から出た連合艦隊は、沖の島附近の海上でバルチック艦隊と出会い、午後七時までの海戦でバルチック艦隊の中心的な艦艇に大きな打撃を与えた。翌二十八日には、殆んどの軍艦は損傷して降伏し、撃沈された軍艦は十九隻、ウラジオストックまで航行できたのは、巡洋艦一隻、駆逐艦二隻に過ぎなかった。この海戦は、日本海海戦と言われ、日露戦争勝利の象徴的戦いとなった。

五月二十六日、林董全権公使はランスダウン英国外相に対して、第二回日英同盟協約の大綱案を提議し、韓国に関する規定について説明をした。

六月六日、ランスダウン外相は、林全権公使に対し、同盟協約に秘密約款の必要はなく、韓国に関する規定も公然と条文に記載すべきだと主張した。

六月十日、ランスダウン外相は、日本政府案を基礎として作成した同盟協約案を、林全権公使に手交した。この協約案の中、韓国に関する条文は次の様になっている。

第三条、大不列顚国ハ日本国カ韓国ニ於ケル政治上軍事上及経済上の特殊利益ヲ擁護セムカ為メ正当且必要ト認ムル措置ヲ採ルノ権利ヲ充分ニ承認ス但シ該措置ハ常ニ列国ノ商工業ニ対スル機会均等ノ主義ト牴触セサルヲ要ス〔日英同盟協約英国案報告ノ件〕。

六月二十一日、小村外務大臣は、日英同盟協約英国案に対して日本政府の修正案を、在英国林全権公使に訓令した。修正案の中、韓国に関する条文は次の通りとなった。

第三条、日本国ハ韓国ニ於テ政治上軍事上及経済上ノ特殊卓絶ナル利益ヲ有スルヲ以テ大不列顚国ハ日本国カ該利益ヲ擁護増進セムカ為メ正当且必要ト認ムル指導監督及保護ノ措置ヲ韓国ニ於テ採ルノ権利ヲ承認ス但シ該措置ハ常ニ列国ノ商工業ニ対スル機会均等主義ト牴触セサルコトヲ要ス〔日英同盟協約英国案ニ対スル我修正案提出方訓令ノ件〕。

七月二日、在英国林公使は、小村外務大臣宛に英国政府の再修正案を報告した。条文にある第三条の最終部分は「但シ該措置ハ常ニ他国ノ条約上ノ権利又ハ他国ノ商工業ニ対スル機会均等主義ト牴触セサルコトヲ要ス」であった〔日本修正案ニ対シ英側ヨリ再修正案提出ニ付両案ノ相異点報告ノ件〕。

七月六日、桂太郎外務大臣は英国修正案に対する日本政府の回答を訓令したが、第三条については「他国ノ条約上ノ権利又ハ」の語句を削除して最終部分を「但シ該措置ハ常ニ列国ノ商工業ニ対スル機会均等主義ト牴触セサルコトヲ要ス」と修正する様、回答した。これは、韓国と他国との特殊な条約に基づく権利は、韓国と当該国との条約の規定に依って異なり、従ってこれらの権利は日英同盟とは関係がなく、直接関係国の間で各別に措置すべきだとの理由であった〔英再修正案ニ対スル日本政府ノ回答英外相へ申入方訓令ノ件〕。

七月十九日、ランスダウン外相は、英国政府の修正を林全権公使に通知した。第三条については、「機会均等主義ト牴触セサルコトヲ要ス」との語句を「機会均等主義ニ反セサルコトヲ要ス」と修正要求した。更に、ランスダウン外相は、日本国が韓国に於ける利益を擁護するため、正当且つ必要と認める指導保護及び監督の措置を採る権利について、常に列国の商工業に対する機会均等主義に反しない限り、英国はこれを承認するが、この条文は、条約上の既定の権利を侵害スル何等の措置を採る事を予想するものではない故に、この点に関して、日本政府の保障を、書面によって確認する事を要求した〔第三次英修正案提議ノ件〕。

八月一日、桂外務大臣は、英国政府修正案に対する日本政府の回答を、ランスダウン外相に通知するよう訓令した。第三条に関して英外相の要求した外交文書交換には、同意することはできないと次の理由を挙げた。第三条には、日本政府が韓国に於て、列国の有する条約上の既定の権利を無視せんとする意志があるが如く解釈すべき何等の語をも含んでいない。たとえ、保護権を設定することがあるとしても、その設定の事実は列国と韓国との条約を当然消滅させるものではなく、日本は何国の条約上の権利をも無視せんとする意志もなく、韓国現行条約の有効性を承認するとした〔第三次英修正案ニ対スル我方回答ヲ英政府へ通知方訓令ノ件〕。

八月七日、桂外務大臣は、林全権公使に対して、〝第三条に関し、韓国と他国との条約上既定の権利を尊重することは、日本政府の固く決心する所であると声明を出す事に躊躇はしない〃と英外相に申し入れる様訓令した〔英外相ノ申出ニ対シ回答並協約ノ性質及範囲ニ関スル日英ノ説明振統一ニ付英外相ニ申入方訓令ノ件〕。

八月八日、ランスダウン外相は、林公使から手交された覚書の要領を、閣議に提出した。英国政府は覚書に記載された内容について、何等の異議もなく、日本政府の宣言を歓迎すると通告した〔八月九日、新協約ノ案分調印日取発表時期適用範囲ニ関スル説明振ニ付英外相ヨリ公文受領ノ件〕。

以上の外交交渉の末、八月十二日、新日英同盟協約が調印されたのだが、この協約によって日本国は、韓国に対する保護権確立の方針について、英国の承諾を得る事に成功したのである。

新同盟協約の調印日から遡る七月二十九日、来日中のタフト米国陸軍長官は、桂総理大臣と会談し、韓国及びフィリピン問題について桂・タフト覚書を取り交わした。日本側が、この覚書を米国大統領が承認した旨の通告を受けたのは、八月七日であった。覚書は、韓国が日本国の同意なしに、如何なる外国とも条約を締結しない事が、日露戦争から得られる論理にかなった結論であるとした。従って、米国も、日本国の韓国に対する保護権確立の方針を認めたのである。

日露戦争は、ルーズヴェルト米国大統領の勧告を機会に講和に入り、八月十日ポーツマスに於て講和会議が開催された。ロシア側が樺太の割譲と軍費賠償を拒否したため、会議は決裂に頻したが、日本側は、〝経済上ノ点ヨリシテ糧尽キ弾尽キ〟状態にあり、割地及び償金の二要求を放棄しても講和締結の余儀なき状態にあった。結局、妥協の結果、明治三十八年（一九〇五年）九月五日、ポーツマス講和条約が調印された。条約は、日本の韓国における政治・軍事・経済上の優越、遼東半島租借権及び租借権に関連する一切の権利・特権の日本国への譲渡、長春旅順口間の鉄道及び一切の支線並びに附属する権利・特権・財産の日本国への譲渡、サハリン南部及びその附近の一切の島並びに一切の公共営造物・財産を主権と共に日本国へ譲渡する事であった。又、条約は第二条で、ロシアは「日本帝国政府カ韓国ニ於テ必要ト認ムル指導・保護及監理ノ措置ヲ執ルニ方リ之ヲ阻礙シ又ハ之ニ干渉セザルコトヲ約ス（略）」と、日本国が韓国に保護権を確立する事を承諾した。

この様にして、日本国は、四月八日に閣議決定した〝韓国に対する保護権確立の方針〟について、イギリス・アメリカ・ロシア各国の承諾を得た。十月二十七日、日本政府は、保護権を確立する最上の時機が到来したと、保護権確立の実行手順を閣議に於て決定した。第二次日韓協約締結のための全権が、林権助公使へ委任され、韓国皇帝への勅使として伊藤博文特派大使の派遣が決まり、同時に長谷川好道司令官に対して、林公使に必要な援助を与える様命令が出された。

ここで、明治三十八年（一九〇五年）十一月十七日に調印された第二次日韓協約を、十一月十八日、林全権公使が桂外務大臣に報告した「日韓協約調印事情報告ノ件」と「十二月八日附伊藤特派大使復命書」を基に、精査する事にする。

十一月十五日午後三時、伊藤特派大使は、韓国皇帝を謁見した。伊藤大使は、東亜の将来のために、韓国と日本国との結合を一層強固にする事は極めて緊要であると、韓国の外交を、韓国政府の委任を受けて、日本政府が自ら代わって行う事に同意を与える様奏上した。これに対して、皇帝は条約案を閲読した上で、外交委任の如き形式は、アフリカ諸国の列国に対する隷属的関係と同じであると述べた。伊藤大使は「（略）貴国人民ノ幼稚ナル固ヨリ外交ノ事ニ暗ク世界ノ大勢ヲ知ルノ道理ナシ果シテ然ラハ唯夕之ヲシテ徒ニ日本ニ反対セシメントスルニ過キス昨今儒生輩ヲ煽動シテ上疏献白ヲ為シ秘密ニ反対運動ヲ為サシメツツアリトノ事ハ疾ク我軍隊ノ探知シタル所ナリ」と高圧的な発言をした。皇帝は、頗る狼狽した様子で「否否決シテ左様ナル意味ニアラス（略）」と返答したが、結局外部大臣に対し、林公使との交渉によって妥協の途を探る様指示を下す事になった。

十一月十七日午前十一時、林公使は韓国政府の閣僚を招き、韓国に対する保護権確立を規定した日韓協約案について隔意なく意見を交換したが、いずれも自ら進んで調印に賛成の発言をする者もなく、殊に参政韓圭卨は激しく反対した。結局、閣僚各自の意見を陛下に奏上して陛下の聖断を仰ぐ事で一致し、林公使が、閣僚と一緒に宮中へ参内する事になったのが、午後三時であった。林公使は、荻原・塩川等の諸官を連れて各大臣と共に参内したが、陛下は、病気を理由に林公使とは引見しなかったが、各大臣は直ちに御前に召されて二時間余りにわたって熟議した。午後七時、各大臣は御前を退出し、韓参政は林公使に対して、各大臣の一致した意見として本協約案の拒否を奏上したが、陛下はこの奏上を受け入れずに、更に協議を凝らすべしとの勅命が下ったので、一両日の猶予の後、再び協議する事にしたいと述べた。

午後八時前に、陛下は宮内府大臣李載克を伊藤大使の許に遣わし、協約案の協議確定を暫らく猶予する旨伝えた。これに対し、伊藤大使は、交渉を遷延すれば、韓国の内閣が或いは総辞職の挙に出て、その交渉する当事者を失う虞があり、又あくまで協議を拒み新協約の成立を阻止する動きもあり、交渉の遷延は得策ではないと、直ちに宮中に参上すると奉答した、一方、宮中にいる林公使からは、大使に助力の求めがあった。午後八時、伊藤大使は宮中に参上した。当時京城市内は不穏な状況にあり、伊藤大使は、万一の場合直ちに日本陸軍・官憲に命令を下す事態に備えて、長谷川韓国駐劄軍司令官及び佐藤憲兵隊長を同行させた。

宮中に於て、韓参政は「我陛下ハ貴方ノ提案ニ対シ妥協ヲ遂ケヨト再三御沙汰アリタルニ拘ハラス予ハ之レヲ拒ミタリ而シテ林公使ハ勅命ヲ奏セサルハ不忠ニ非スヤト詰責セラルルニ付予モ亦誠ニ其不忠ナルヲ知ル故ニ断然職ヲ退キ斧鉞ノ誅ヲ乞ハントス（略）」と伊藤大使に語った。これに対して伊藤大使は「（略）勅命を奉セス不忠ナルカ故ニ身退クトノ御申訳ナルモ是レ政府大臣の職責ヲ負フモノノ為スヘキ事ニ非ラス（略）首相タル韓参政ハ各大臣各自ノ意見ヲ徴シ若シ不同意ヲ唱フル大臣アラハ其如何ナル理由ニ基クカヲ一応承知シタシ」と韓参政の責任ある行動を催促した。韓参政は、先ず朴斉純外相に向かって協約案に対する賛否を求めた。朴外相は協約案に対して断然不同意を表明し、外交上の妥協を遂げる事は敢えてしないが、若し命令が下ればしかたがないと述べた。これに対して伊藤大使は、朴外相の言葉じりをとらえて、朴外相の意見を協約案に反対とは見做さず、陛下の命令が下れば調印するものと判定するとした。韓参政は、次に閔泳綺度相に意見を求めた。これに対して閔度相は、協約案を否認すると返答し、又伊藤大使は、この返答を絶対的に反対する意見と見做すと発言した。この様な型式の問答によって、李夏栄法相、李完用学相、李根沢軍相、李址鎔内相、権重顕農相等の賛否が確認された。

一連の確認行為を終えたところで、伊藤大使は、韓参政に対して〝各大臣の中で日韓協約案に絶対的に不同意を主張しているのは、貴大臣と閔度相だけであり、多数決により本問題は可決されたものと認め、貴首相には、御裁可を乞い調印を実行する責任がある。然るに、貴殿は本案を拒否し、終いに日本と絶交しようとする意志を示されている。天皇陛下の使命を奏じてこの任務に当たる我は、諸君に愚弄されて黙する者ではない〟と発言した。これに対して韓参政は、日本を排斥し日本と絶交せんとする等は思いも寄らぬ事であり、韓国の独立は、第一に日本の力を頼り、又日本を差し置く韓国には、独立保全の途は無い事を熱心に主張した。更に韓参政は、陛下の聖旨に背き閣僚と意見を異にした事により、謹んで大罪を受ける自分の心境を推察してほしいと語ると、すすり泣きした。続いて、伊藤大使は、李載克宮相に向かって、閣僚の中で韓参政と閔度相を除き他は総て異議なし、特に朴外相は陛下の命令があればこれに服従するとの事、ただ二三の大臣に修正希望があり、この顚末を陛下に上奏せよと述べた。この時、韓参政は会議の席を立って別室に退いた。

伊藤大使は、李載克宮相の奏上に際し、李夏栄法相・李完用学相・権重顕農相等の主張する字句の修正添削を行い、修正協約案を作成した。又、修正協約案を携えた李宮相の要請によって、閣僚の中の一人が内殿へ同道する事になり、李址鎔内相が同道の上奏上した。再び、修正協約案の前文に「韓国ノ富強ノ実ヲ認ムル時ニ至ル迄」の語句を加える事となり、李址鎔内相・李載克宮相により修正協約案を上表すると、陛下は特に満足の意を示された。特命全権公使林権助と外部大臣朴斉純との間で日韓協約が調印されたのは、十一月十八日午前一時であった。

以上、「日韓協約調印事情報告ノ件」と「十一月八日附伊藤特派大使復命書」によって、日韓協約の調印に至る迄の過程を精査したが、ここで合点できない事柄に遭遇した。

まず、韓国政府の首相である韓圭卨が、会議の席を立ち、別室に退いた後の様子が不明になっている事である。別室に退いてからの韓参政の行動を辿ってみると、「(略)午後十一時半頃ニ至リ本使ハ別紙第五号新協約ニ当事者双方ノ記名スルヲ確認シ尚別室ニ於テ参政韓圭卨ノ激昂ヲ慰メ其ノ他種種感情ノ融和ニ努メタル（略）」と、伊藤特派大使復命書に記述がある。更に「（略）別室ニ在テ協約案ノ浄書ニ取掛リタリ即チ日本文ハ塩川・前間両通訳官韓文ハ内閣主事二人担当浄写ス（此時大使ハ別室ニ韓参政ヲ見テ慰諭スル所アリ（略）」と伊藤特派大使復命書（第四号、日韓新協約調印始末）にも見える。即ち、午後十一時半頃、日韓双方が新協約に記名する頃には、韓参政は別室にいた事が明らかになっている。この事実は大変重要な事を示している。韓参政が別室に退いた後、間もなく開始された協約案の修正添削は、首相である韓参政を除外した上で実行され、更に、所管大臣である朴外相も不参加の上で進められた。朴外相が参画していない事は、修正協約案を陛下に上表したのは、李載克宮相と李址鎔内相であった事が、伊藤特派大使復命書で明らかになっている。即ち、協約案の修正添削について、韓国政府は、首相である韓参政と条約締結の所管大臣である朴外相を外して協約案の修正に臨まざるを得なかったのである。協約案の修正交渉を主導したのは、伊藤大使であった。これは、林公使が十一月十八日に、桂外務大臣に提出した報告の中でも明らかにされている。協約案の前文に、「韓国ノ富強ノ実ヲ認ムルトキニ至ル迄」の文字を新たに挿入したのは、「先方ノ顔ヲ立ツル主義ニテ大使ノ意見ニ依リテ前述ノ文字ヲ挿入シタリ」とあり、又、第三条の中の「統監ハ」の下に「専ラ外交ニ関スル事項ヲ管理スル為」の文字を加えたのは

「結局伊藤大使ノ注意ニテ」と、伊藤大使が主導した事実を記している（日韓協約案文中修正箇所ニ関シ報告ノ件）。

修正協約案が、韓国側と日本国側との間で合意に達したのは午後十一時半頃であったが、これは、伊藤特派大使復命書の中の「午後十一時半頃ニ至リ本使ハ別紙第五号新協約ニ当事者双方ノ記名スルヲ確認シ」でその事実を確認できる。復命書はこの記述に続き「尚別室ニ於テ参政韓圭卨ノ激昂ヲ慰メ其ノ他種種感情ノ融和ニ努メタル」と記している。これは、大罪を受ける覚悟で日韓協約の成立阻止を目指した韓参政が、別室で伊藤大使から日韓協約が署名された事を聞き、激怒して泣き叫び、伊藤大使が慰めている状態を表わしている。従って、韓参政は、日韓協約案について各大臣の賛否を問答型式によって確認した後、しかも伊藤大使主導による修正協約案の作成開始直前に、日本軍又は憲兵隊によって別室に監禁されたに違いない。伊藤大使は「韓国ノ内閣ハ或ハ総辞職ノ挙ニ出テ為ニ我カ対談ヲ遂クヘキ当事者ヲ失フノ虞アル（伊藤特派大使復命書）」との懸念を抱いていた事が明白なっていることから、この懸念が韓参政の監禁を決行させたのであろう。別室にいた韓参政について、林公使は「宮中ニテノ論議中韓参政ハ精神衰弱症ニ陥リテ別席ニ移リ」と、桂外務大臣へ報告している（日韓協約調印事情報告ノ件）。又、桂外務大臣も林公使と同じ見解を共有していた事が、十一月二十七日付「日韓協約調印ニ付韓国側ヲ強圧セリトノ捏造記事取消方訓令ノ件」で明らかになっている。しかし、韓参政が精神衰弱に陥ったとする報告は、韓参政の監禁をカムフラージュする以外の何物でもなかった。

京城に、二十余年間居住した米国人「ハルバート」は、韓参政の監禁について次の様に記している。

ロシアとの戦争が終るや否や、日本は韓国に対して威圧を強化し始め、一方に偏した条約を、韓国に調印させる手段を執った。あの時、私は、韓国皇帝からアメリカ合衆国への覚書を委託された。日本人は、私が覚書を持ってワシントンへ向かった事を知って、彼等は速やかに協約の調印を行う必要に迫られた。会議に於ける韓国人は強情で、国民の特権を譲渡する協約への署名を拒絶した。それ故に、日本人は会議の延期を変更し、総理大臣は別の部屋に連れていかれた。ここで彼は、調印する様強要された。〝拒否する〞が、彼の憤慨した答であった。〝私は、いっそ死んだ方がましだ〞彼は、この部屋に閉じこめられ、会議は更に続けられた。韓国人達は、彼の居る所を探した。日本人の応答は、喉元に突き付けられた強迫の手であった。そして、総理大臣の首が、間違いなく刎ねられたと韓国国民は思っている〔一九〇七年七月二十二日、ニューヨーク「ヘラルド」〕。

日韓協約の調印について、新たな疑惑が明るみになってきた。日韓両国は、午後十一時半頃に協約に署名した事が「伊藤特派大使復命書」に記されているが、一方で、協約の調印を終えたのは午前一時と記した「伊藤特派大使復命書（第四号、日韓新協約調印始末）」との間にある時刻のずれである。即ち、署名した時刻と調印終了時刻との間に、一時間半もあるのは何故であろうか。

この疑惑に対する答えらしき物が、林公使が桂外務大臣に提出した次の報告の中にあった。「（略）外部大臣ハ条約各項ヲ議了シタル後其署名ヲナスニ先チ印章ヲ持チ来ル様外部ニ数回電話ヲ掛ケタルモ印章ノ保管者タル秘書課長不在ノ為メ印章ハ二時間余後レテ初メテ保管者ニヨリ宮中ニ持チ来ラレタリ」（十一月二十八日、日韓協約調印情況ニ関スル新聞報道ニ関連シ実状報告ノ件）。この報告から、日韓協約の署名時刻と調印終了時刻との間に大幅なずれがあるのは、印章を宮中に持ち込むのに二時間余りかかった事が考えられるが、この説明では疑惑は解消できない。何故なら、条約締結を所管する外部大臣が、印章（官印）を宮廷より二時間近くも離れた場所に保管することは、相手国に対する礼を失する怠慢な行為であり、常識としてはあり得ない事だ。

十一月二十四日、永滝上海総理事は、桂外務大臣に対して「日韓協約調印事情ニ関スル新聞記事ニ付報告ノ件」と題して、「チャイナ、ガゼット」紙に掲載された記事を次の様に報告した。「（略）

伊藤侯爵ハ林公使ノ請ニヨリ長谷川大将ト共ニ日本兵及巡査ノ一隊ヲ率ヒ宮中ニ赴キタルモ尚ホ成功ノ望ナク遂ニ憲兵隊ヲ外務大臣官邸ニ派シ翌十八日午前一時外交官補沼野ハ其官印ヲ奪ヒ宮中ニ帰リ粉擾ノ末（略）」。

又、十一月二十六日、井上ドイツ公使は桂外務大臣に対して、ベルリン「ロカール、アンツァイゲル」新聞に掲載された記事を、次の様に報告した。「（略）伊藤侯ハ林公使長谷川大将ト共ニ日本兵一大部隊ヲ随ヘテ参内シ韓帝ヲシテ同侯等ニ於テ予メ調製シ置キタル新協約案ニ記名セシメタリ而シテ韓国諸大臣ハ自国ノ独立ヲ奪去スル所ノ文書ニ国璽ヲ鈐スルコトヲ避ケムカ為王城ヨリ弄逃セシニ日本兵ノ為ニ追躡引致セラレ強テ鈐璽セシメラレタリ（略）」〔日本ハ韓帝及諸大臣ヲ強圧シテ日韓協約ニ調印セシメタリトノ新聞報道ニ関スル件〕。

両新聞の報道によって、日韓協約の調印には、長谷川駐劄軍司令官の率いる日本軍と憲兵隊の介入があった事実が、明白になった。林公使も「（略）伊藤大使及各大臣ノ身辺ヲ警護セル日韓両国ノ憲兵及巡査数名ノ外ニ更ニ小部隊ノ兵士ヲ宮城外ノ道路両側ニ配列シタリ〔十一月二十八日、日韓協約調印情況ニ関スル新聞報道ニ関連シ実状報告ノ件〕と記している。従って、日韓協約の署名時刻と調印終了時刻との間の一時間半ものずれの原因は、次の様に説明できる。日本軍と憲兵隊の威嚇の中で、朴斉純外相は署名せざるを得なかったが、調印には反対であったため、官印を用意させなかった。そのために、日本兵と憲兵隊によって外相は強引に外務大臣官邸に連行され、同行した外交官補沼野によって官印が奪われ、その後宮延に於て、朴外相は印章（官印）の押印を強用されることになったと。

日韓協約の調印完了が、韓国国内に伝わると、重臣達は一勢に皇帝に対して協約破棄、協約に賛成した大臣の処分等を求めて上疏した。もと参政で待従武官長閔泳煥は、刀を抜いて自刎し、もと議政府議政趙秉世・経筵官宋秉璿・参判洪万植・学部主事李相哲・軍人全奉学は、毒をあおぎ自害して国の運命に殉じた。又、現任大臣等を国賊視する傾向も生じて、朴斉純外相に対し鉄砲を差し向ける官兵が現れた。朴外相は、林公使に対して、死を以て条約反対の上疏を成した者は、忠臣の美名を授かるにも拘らず、自分達条約調印者は、殺害に会い国賊の悪名をきせられる不幸に遭っていると語ったが、この発言は、条約反対を貫いたにも拘らず、日本兵等に依って力ずくで調印させられた事を、口惜しく思う心情を正に表わしている〔十二月六日、日韓協約反対ノ不穏韓国軍人ニ対スル措置ニ関スル件〕。

朴外相の行動について、マッケンジーは「朝鮮の悲劇」の中で次の様に記している。「十二月六日、彼が王宮に参内しようとした時、一人の軍人が、銃撃して彼を暗殺しようとした。彼は、きびすを返して日本領事館へと急いだ。そして林氏のいる所へ押し入って、短刀を引き抜いた。彼は叫んだ。〝私をこの様にしてしまったのはお前だ。お前が私を売国奴にしてしまったのだ〟。彼は自分の咽喉をかき切ろうとしたが、林氏が彼を制止し、彼は治療のため病院へと送られた」。

日韓協約の調印について、韓国在住のアメリカ人で〝コリアンレビュー〟の編集人であるハルバートが、韓国皇帝の署名入り大統領宛公式抗議文を、ルート国務長官に引き渡したが、十二月十三日付「イヴニング・スター」紙はその模様を次の様に報道した。

韓国皇帝からの特別使者であるハルバートは、韓国からの電報を受け取ったが、その中で皇帝は、日韓協約は武力によって為し遂げられたが故に、法律上無効であると言明している。皇帝は、又、現在の形式での協約には、決して証明をせず、十一月十七日の悪逆を引き起こした動乱が、再び起こるだろうと言明している。韓国皇帝からの電報に関して、ハルバートは語った。〝これは、信頼を裏切った日本国の行為に対する、韓国政府の真の態度を表わす物で、韓国から受け取った最初の本物の訴えである。数週間の間、皇帝は事実上、禁固状態にあった。そして、日本国は、友好的な協約が締結されたとの偽りの声明を発表した。これが、今、真実ではない事が証明される。協約は、強迫され、剣の先端をつきつけられた上で締結されたが、皇帝はついに、日本国の非常線を突き破り、情報を外部の世界に伝える事に成功した。

アメリカへの私の派遣は、もはや秘密ではないが、皇帝は、日本側への不信を表わす行為を予期して、私を通しルーズベルト大統領に抗議する事により、機先を制しようとした事を付け加えておく。私の訪問の目的は推測され、ソウルでの調印が早められたために、私がワシントンに到着したその日に事が起きてしまった（略）〟。〔十二月十三日、駐仏韓国公使閔泳瓚及米人「ハルバート」ノ動静ニ関スル件〕。

この時点で、第一次・第二次日韓協約について検証を終えるが、検証の結果を次の様に要約する事にする。

第二次日韓協約交渉に当たって、韓国の首相である韓圭卨参政は、協約案交渉を阻止するために、内閣総辞職の構えを見せていた。これに対して、伊藤特派大使は、交渉相手を失う懸念から韓参政を軍隊又は憲兵隊を使って別室に監禁したが、この時点で、内閣の機能は実質的に停止状態となった。内閣の機能が停止する中、伊藤特派大使と林全権公使は皇帝との調整に当たり、所管大臣である朴斉純外相を外して、李址鎔内相を李載克宮相に同伴させたが、交渉は伊藤大使主導の下で進められた。李址鎔内相は、日韓議定書締結時の韓国側当事者であり、しかも日本側からの買収資金を手にした大臣であった。即ち、韓国側は、内閣として体をなさない状況の下で、日本側と交渉せざるを得なかったのである。協約の調印に当たっては、長谷川韓国駐剳軍司令官が率いる部隊と佐藤憲兵隊長率いる憲兵隊が介入し、官印を奪うなど、日本軍・憲兵隊の威嚇する中で調印が行われた。

締結された第二次日韓協約は「韓国の外国に対する交渉は、日本政府が監理指揮する」「日本国政府は、その代表者として、韓国皇帝の下に一名の統監を置き、統監は専ら外交に関する事項を管理する」との協約によって、韓国が日本国に従う国家関係が定められた。

顧みると、日本国による韓国の保護国化の第一歩は、明治三十七年（一九〇四年）に締結された日韓議定書であったが、議定書の締結は、締結反対の急先鋒であった李容翊度支相を、日本軍によって拉致・軟禁した上で実現した。第二次日韓協約の締結も又、韓参政を日本軍或いは憲兵隊によって監禁し、朴外相に対して、軍刀の下での調印を強要し実現した。更に、日本国は日韓議定書の締結に当たって、拉致・軟禁の事実を陰蔽する証拠湮滅を行い、「日韓議定書調印事情報告ノ件」等では、偽装報告をしたが、第二次日韓協約の締結に於ても、同じ様な恥ずべき行動を採った。林公使が報告した「日韓協約調印事情報告ノ件」「日韓協約調印情況ニ関スル新聞報道ニ関連シ実状報告ノ件」、伊藤特派大使による「伊藤特派大使復命書」並びに、桂外務大臣の発した訓令「日韓協約調印ニ付韓国側ヲ強圧セリトノ捏造記事取消方訓令ノ件」には、事実の陰蔽と偽装が存在する。即ち、日韓議定書の締結によって、日本国の歴史に刻まれた陰蔽・偽装工作が、再び第二次日韓協約の締結時に於ても模倣・踏襲されたのである。これらの国搦みの陰蔽・偽装工作は、日本民族の後世に対して、取り返しがつかない、大きな禍根を遺す歴史的背徳行為であった。

五　皇帝譲位と密使派遣

明治三十八年（一九〇五年）十二月二十一日、日本国は、勅令により「韓国統監府及理事庁官制」を発布した。統監府に置かれた統監は天皇に直款し、外交に関しては外務大臣を経て内閣総理大臣に、その他政務に関しては、総理大臣を経て共に上奏し裁可を受けると定められ、統監には伊藤博文が任命された。

第二次日韓協約締結以降の韓国の情勢について、米国人「ハルバート」は次の様に公表している。

一九〇五年十一月十七日の不正な条約締結以来、韓国に於ける日本国の侵略は、残忍・残酷そして破壊的となって行った。日本人は徴税制度の改善を要求した。日本人が行った事は、従来の税務官吏と収税官を免職し、彼等の代わりに、若者と未経験な人を当て、地区を三倍に拡大したことであった。結果は、旧制度よりはるかに腐敗した状態となった。日本人は、教育問題を改善すると主張した。日本人はあちこちに学校を設立して、韓国語の放棄と日本語による代用を強制した。私は、韓国語の保存維持のために、韓国語を使用した一連の教科書編集に、一万五千ドルを費やした。

日本人は、財政制度の改善を要求した。彼等は、新しい通貨を導入して、通貨を二種類から三種類にしたが、財政は、以前より更に混乱させる事になった。日本国の代表者は、韓国の財政を改善するために、新ニッケル通貨を造らせたが、この新通貨は、旧通貨の大体二枚分の値と等しくなっている。昨年六月一日に、旧通貨は償還されると発表されて、投機筋は総ての旧通貨を買占めたが、償還日が来た時、日本人は一度に大量の旧通貨を償還する事はできないと表明した。彼等は、二ヵ月間の遅延を強いられた。その間商人等は損害を被り、皇帝は金融の逼迫を救うために、三十万円の個人小切手を裏書したが、小切手を振り出した日本の銀行はその支払いを拒否した。日本の民間銀行である第一銀行は、百万ドルの正貨の裏付けで、一千万ドルの通貨発行を許されているが、問題が生じた場合に、この貨幣は米国の南北戦争時の南部同盟支持者の貨幣と同様に、価値の無い物となってしまう。この様にして、日本人は、韓国の財政を改変していった。日本人は、軍事的必要性の口実の下に、韓国の広大な土地を、その値の八分の一で略奪した。日本人は農家の土地に対して、正当な権利を与えないだけではなく、軍事的必要性から財産の没収を行い、その後日本人商人等に分け与えている。日本人は、武力によって漁場を占有し、塩田労働者と渡し場を支配する等、韓国人から彼等の生活手段を奪っている。韓国人は、自国のあらゆる資源開発から除外されてしまった。

日本人は、欧米資本と企業の韓国への進出を妨げるために、あらゆる企てを行った。韓国人は、通常の賃銀よりはるかに低い賃銀で、日本人のために働かざるを得なかった。日本人は、韓国人に対し日本からの借款を強制し、大半の金は、韓国内の日本人の立場を強化するために、使用されている。

日本国による統治は大変堕落し、山賊行為は前時代よりも更に多く、今や当たり前となり、アヘン販売・賭博等、日本国内では禁止されている商売も、日本人による統制の下で行われている〔明治四十年（一九〇七年）七月二十二日付ニューヨーク「ヘラルド」新聞〕。

伊藤統監は、明治四十年三月下旬、帰任後の韓国国内の情況について次の様に述べている。「政府攻撃の声は大いに高まり、殆んど四面楚歌の情況を呈している。自強会・教育会・青年会若しくは西友会その他二・三韓字新聞及び英国人ベッセルの主宰する大韓毎日新聞もまた、一斉に論調を同じくして、表面上は政府攻撃を標榜するものの、その実排日行動をしている。一例を挙げると、国債報償会という名義の下に、国民を煽動して各所に集め、或いは、演説・討論・印刷の形態をとってさかんに国債償還の必要を説き、暗に排日思想を挑発する行動を執っている。大勢も同様の状況となっている。現内閣と主義綱領を同じくする一進会の如きすら意気漸く消沈し、殆んどそれまでの勢力を挽回する策もない様だ」〔六月四日、韓国内閣更迭事情通報ノ件〕。

明治四十年（一九〇七年）五月十六日、林董外務大臣は、在蘭国佐藤公使宛に次の訓令を発した。多年にわたって韓国に在留した米国人「ハルバート」が、今月八日、家族を引きまとめて京城を出発し、シベリア鉄道を利用して帰国の途中オランダに立ち寄り、開催される第二回平和会議で、韓国のために何か行動するとの風説がある。因って、到着次第ハルバートの行動を注意の上報告する様要請する。

五月十九日、伊藤韓国統監は、林外務大臣宛に次の極秘電報を送った。昨年以来、韓国皇帝が外国に向かって行う陰謀は常に絶えないが、専ら露仏を信頼して、自国の独立を回復しようと企てている。今度開催される平和会議に、皇帝は、米国人「ハルバート」を巨額の金を附与して派遣するため、露仏領事を通して本国政府への斡旋を求めたが、フランスはこれを拒否したが、ロシアは受け入れた模様。故にハルバートは、専らロシアの斡旋の下に目的を達すべく、総ての資料を収集・持参の上、シベリア鉄道を使用して欧州へ向かったとフランス総領事からの密告を伝えた〔韓帝密使「ハルバート」ヲ「ハーグ」平和会議ニ派遣ニ関スル件〕。

五月二十日、林外務大臣は、再び在蘭国佐藤公使に対して、ハルバートが貴地へ到着した際には厳重に注意する様訓令した。

六月三十日、「クウリエイ・ド・ラ・コンフェランス」紙は、韓国前副総理大臣外二名が二十七日付けで、平和会議委員に書面を送付したと、報道した。更に新聞には、右三人が平和会議委員として、韓国皇帝より派遣された者である事が記載され、続いて、日本が韓国皇帝の意に反し兵力を用い、且つ韓国の法規慣習を蹂躙し、韓国の外交権を奪取した結果、同人等が韓国皇帝派遣の委員であるにも拘らず平和会議に参加する事ができないことは、遺憾だと掲載された〔ハーグ到着ノ韓人三名ガ平和会議各国委員ニ送付セリト称セラルル文書ニ関スル件〕。又、この報告は、外務大臣から伊藤統監へ転電された。尚、三名とは李相卨・李儁・李瑋鍾であった。

七月二日、ハルバートが、シベリア鉄道でパリに到着した。ハルバートは、日本の侵略に反対して、ハーグでの嘆願のために韓国皇帝より密かに派遣されたとの噂を否定した。しかし、日本人がヨーロッパ人と韓国人を除外して、国家のあらゆる資源を独占しようとしている時に、ヨーロッパの列強は、韓国問題に対して、現在無関心を示しているが、いつの日か悔いる日が来るだろうと力説した〔韓帝密使「ハルバート」パリニ於テ日本非難ノ件〕。尚、当報告は外務大臣から伊藤統監へ転電された。

七月二日、在ハーグ都築大使は、韓帝密使のハーグに於ける行動を内偵し、林外務大臣へ報告した。又、外務大臣はその内容を、伊藤統監に転電した。

七月三日、伊藤統監は、林外務大臣に対して、ハーグで運動中の三名の韓人の背後では、ハルバートが指揮していると信じているが、果たしてこれは間違いないことか、又、三名の韓人は韓国皇帝の勅命によって運動しているのか、確かめて報告する様要請した。更に、伊藤統監は、右の運動が勅命に基づくものであれば、日本政府は韓国に対して、局面を一変する行動を執る好時機にあるとし、即ち、陰謀が確実な場合は、税権・兵権・裁判権を日本国の手中に収める好機会であるとの所見を提議すると訓令した〔「ハーグ」ニ於ケル韓帝密使ノ姓名資格等問合並対韓措置ニ関スル件〕。

七月三日、林外務大臣は、在ハーグ都築大使宛に、伊藤統監よりの要請を取り調べの上返答する様に訓令した。

七月三日、都築大使は、林外務大臣に対して、〝彼等は出発前に皇帝に会い、皇帝から信任状を受け取ったと主張している〟と回訓し、伊藤統監への連絡を依頼した〔ハーグ到着ノ韓人ト「ハルバート」及韓帝トノ関係ニ付報告ノ件〕。

七月四日、林外務大臣は、在仏国栗野大使に対し、パリに滞在中のハルバートの挙動に注意し電報せよと訓令し、同時に在米国青木大使に対しても、ハルバートは多分、米国へ行く事になろうが、その節は、同人の挙動に注意し電報せよと訓令した〔韓帝密使「ハルバート」の挙動注意方ノ件〕。

七月七日、伊藤統監は、西園寺公望総理大臣に対し、次の対韓政策に関する重要な提議を行った。〝平和会議への委員派遣の件を暴露し、本官は皇帝に対して、その責任は全て陛下一人にあると言明し、併せて、その行為は日本国に対し公然と敵意を表わす協約違反である故、日本は韓国に対し宣戦する権利のある事を告げた。これに対して皇帝は、関与していないと弁明したが、本官は、ハーグに於て陛下の派遣した委員が委任状を所持している事を公言し、且つ新聞では、日本の韓国に対する行動を悪意的に批難した以上は、彼等が陛下より派遣されたことが、世界の熟知する所となった。この際、日本政府としても、執るべき手段方法（例として、この先一歩を進める条約を締結し、統監に内政上の或権利を譲与させる如き）を協議し、廟議による決定を行う事を要請する。又、譲位の如きは、本官が深く注意し、韓人の軽挙によって事を過りその責任を日本に帰せる如きは、固より許さない所であり、この点については御安心されたし〟と述べた〔密使ハーグ派遣ニ関シ韓帝へ厳重警告並対韓政策ニ関スル廟議決定方稟請ノ件〕。

七月七日・九日の両日、在ハーグ都築大使は、林外務大臣に対して、韓帝密使のハーグに於ける行動を報告し、伊藤統監へも転電された〔ハーグニ於ケル韓帝密使ノ行動ニ関スル件〕〔韓帝密使ノ日本攻撃演説ニ関シ報告ノ件〕。

七月十一日、ハルバートは、韓国人を陰で操っているとの噂や考えを否定すると共に、韓国人が他日行った発言内容を、事実上保証すると発言した。彼は、昨夜ハーグを出発すると発表した。又、この報告は、外務大臣より伊藤統監へ転電された〔韓帝密使米人「ハルバート」ノ「ハーグ」ニ於ケル言動ニ関スル件〕。

七月十二日、西園寺総理大臣は、伊藤統監の提議について、元老諸公及び閣僚とも熟議の末に、次の方針を決定し、本日、天皇の裁可を受けた。

帝国政府ハ現下ノ機会ヲ逸セス韓国内政ニ関スル全権ヲ掌握セムコトヲ希望ス其ノ実行ニ付テハ実施ノ情況ヲ参酌スルノ必要アルニ依リ之ヲ統監ニ一任スルコト。若シ前記ノ希望ヲ完全ニ達スルコト能ハサル事情アルニ於テハ少クトモ内閣大臣以下重要官憲ノ任命ハ統監ノ同意ヲ以テ之ヲ行ヒ且統監ノ推薦ニ係ル本邦人ヲ内閣大臣以下重要官憲ニ任命スヘキコト。前記ノ主旨ニ基キ我地位ヲ確立スルノ方法ハ韓国皇帝ノ勅諚ニ依ラス両国政府間ノ協約ヲ以テスルコト。

同時に、韓国皇帝の処遇について、廟議は次の様に決定した。

韓皇ヲシテ皇太子ニ譲位セシムルコト将来ノ禍根ヲ杜絶セシムルニハ斯ノ手段ニ出ルモ止ムヲ得サルヘシ但シ本件ノ実行ハ韓国政府ヲシテ実行セシムルヲ得策ト為スヘシ。

又、廟議は、韓国皇帝の位を、日本皇帝に譲位する件を協議したが、山県有朋と寺内正毅は〝今日ハ否〟と返答し、他の元老達は〝否〟であった〔韓帝ノ密使派遣ニ関連シ廟儀決定ノ対韓処理方針通報ノ件〕。

七月十三日、外務大臣の韓国への出張の件が上奏され、裁可を受けた。林外務大臣一行は、七月十五日東京を出発し、十八日夕方、京城に到着した〔外務大臣韓国出張ノ儀御裁可ノ件〕。

七月十五日、在ハーグ都築大使は、ハルバートが反日運動をするために、間もなく米国へ向かう様子だと、林外務大臣へ報告した。又、この報告は、七月十八日に珍田捨巳次官より伊藤統監へ連絡された〔「ハルバート」及他ノ密使等ノ退去先ノ件〕。

七月十八日、日本国の対韓政策に関して、次の新聞論調が、井上ドイツ大使より林外務大臣へ報告された。

ハーグに於ける平和会議に、自国の代表を派遣した事は、韓国皇帝にとって致命的となった様だ。

伊藤統監に抵抗を示す皇帝は、宮廷に閉じこめられ、そして、日本国外務大臣が突然ソウルへ出発した事は、あたかも運命的な時間が迫ったかの印象を強くさせる。韓国は、独立国家たる形態を停止し、日本国の一部になったと早くから言われている。これは、皇帝が全く欣然と署名しなかった一九〇五年十一月十七日の条約に起因するが、皇帝の退位を求める以外の何物でもない。日本国は、韓国の外交のみならず、国内行政をも管理下に置いてしまった。だから、全ての事が問題となっている。皇帝は、帝王の地位と己の命も失うか、或いは、将来生きるのに十分な子金を持って去って行くかであろう。新聞は次の様に論評する。日本外務大臣の韓国への派遣が、日本国民に大きな喜びをもたらす事になるのは、派遣がハーグに於ける直近の出来事と関連し、その上、日本政府が皇帝自身の恐れる状態を、ソウルに作ろうとしている事実に求める事ができよう。ハーグに於ける韓国代表は、一九〇四年の条約によって、自国の独立が保証されていると言明している間に、一九〇五年十一月十七日にソウルで署名された条約により、韓国が、日本国に隷属する国となった事を忘れてしまった様だ。そして、力の無い韓国は、非常に強大な日本国に対して、何か行動を起こすという事は、殆んど期待できなくなった〔韓帝ノ密使ニ関連スル日本ノ対韓政策ニ関スル独国新聞論調報告ノ件— Vossische Zeitung —〕。

七月十九日、韓国皇帝の譲位が実行されて、詔勅が発布された。

ここで、伊藤統監が、西園寺総理大臣に報告した「七月十九日、韓帝譲位ノ経緯及右詔勅発布ニ関スル件」「七月二十二日、韓帝譲位後ニ於ケル同国内ノ情勢並対韓政策ニ関シ稟申ノ件」等を基にして、皇帝譲位が実行された前後の経緯を検証する事にする。

七月十六日（夜）、李完用総理大臣が参内し、時局の困難を皇帝に訴えて、譲位がやむを得ない状況である事を奏上したが、賛同を得る事はできなかった〔韓帝譲位ノ経緯及右詔勅発布ニ関スル件〕。

七月十七日（夜）、各大臣一同が参内し、再び譲位の件を奏上したが、陛下の激怒に触れ何も得る所がなく退いた〔韓帝譲位ノ経緯及右詔勅発布ニ関スル件〕。

七月十八日（夕方）、林外務大臣一行が京城に到着した〔七月十三日、外務大臣韓国出張ノ儀御裁可ノ件〕。

七月十八日（午後五時）、伊藤統監が参内すると、陛下は、ハーグ密使の件を一応弁疏した上で、内閣総理大臣等の要請する譲位の件を質問した。これに対して伊藤は、韓国皇室に関する重大なる件について、陛下の臣僚ではない私が、その是非の回答を敢えてし、或いはこれに干与すべき筋合いにないと、断じて辞退した。なお又、本件に関して、韓国大臣等から何等相談を受けた事は、無い旨を附け加えた〔韓帝譲位ノ経緯及右詔勅発布ニ関スル件〕。

七月十八日（夜）、各大臣一同が参内し、譲位する事を陛下に奉上すると、陛下は、朕は既に最後の決心をしたが、その処決を明日に延期すると述べた。これに対して各大臣は、林外務大臣が既に京城に到着し、時局は頗る切迫していると主張し、遂に元老大臣を召集して、その意見を採用する事になる〔韓帝譲位ノ経緯及右詔勅発布ニ関スル件〕。

七月十八日朝以来、京城市中は不穏なきざしを呈していたが、夜九時頃より、多数の韓人が京城の中央にある鐘路に集合し、隊を成して王城前に押し寄せ騒擾を極めたが、同夜十一時頃より漸く解散した〔九月三日、韓帝譲位ノ際ノ京城暴動報告〕。

七月十九日（午前一時）、九人の元老による会談の結果を受け、陛下は譲位に同意し、午前三時、詔勅が発布された。詔勅は、朝、官報号外を以て発表された〔韓帝譲位ノ経緯及右詔勅発布ニ関スル件〕。

人心はいよいよ激しく狂奔疾呼し、人々は皇居の外に雲集した。日本人警官は群衆を駆逐しようとしたが、人民は瓦礫を乱投し、数名が負傷した。日本兵は発砲してこれを撃退した。また数千の人民が鐘路に集まって、激昂して演説し、日本の交番所を破壊し、日本人十余名が負傷した〔朝鮮独立運動の血史一〕。

七月十九日（午後四時五十分頃）、韓国侍衛隊第三大隊の兵士約四十名が二隊に分かれ、一隊は鐘路巡査派出所に向けて発砲し、遂に同所に乱入して建物等を破壊し、他の一隊は、前方の道路に於て警戒中の警察官を射撃し、警察官その他に死傷者が出た〔九月三日、韓帝譲位ノ際ノ京城暴動報告〕。

七月十九日（午後七時十五分）、勅使法部大臣趙重応が、次の勅旨を伊藤統監に伝えた。尚、林外務大臣と鍋島外務総長もこの場に同席した。

譲位ノコトハ朕カ衷心ニ出ツ敢テ他ノ勧告又ハ脅迫ニ出ツルモノニアラス朕ハ十年前ヨリ皇太子ヲシテ政治ノコトハ行ハシメムトノ意アリシモ時機到達セサリシ為メ荏苒今日ニ及ヘリ然ルニ今日ハ即チ其ノ時機ニ達セリト思考セルヲ以テ朕ハ任意位ヲ皇太子ニ譲レリ（略）或ハ暴動ヲ企ツルモノナキヲ保セス統監ニ依頼シ此等ノ者ヲ制止シ或ハ時宜ニ依リ鎮圧スルコトヲ委任ス〔韓帝ヨリ統監ヘ譲位並治安維持ニ関シ勅旨伝達ノ件「第六八号」〕。

七月十九日、伊藤統監は、西園寺総理大臣に対して、第六八号にある韓帝からの委任により、京城内の秩序維持のためその処置を長谷川好道司令官に命令したと報告した〔京城内秩序維持ノ為長谷川司令官ニ命令ノ件〕。

七月十九日（夜十一時頃）、軍部法部両大臣が宮中を脱して、辛うじて統監官邸に到着し、急報を伝えた。急報とは、侍衛隊（近衛兵）が、十九日夜半を期して宮中に乱入し、宮中にいる各国務大臣を殺害する計画が発覚した事であった。併せて、両大臣は、第六八号に基づく日本軍による各大臣の保護を要請した。長谷川司令官は直ちに日本軍に対し王宮の各要所へ進む様命令し、日本軍は、十九日夜十一時五十八分、それぞれ配置についた〔七月二十日、韓帝譲位ニ依ル韓国軍隊ノ動揺及我軍ノ措置ノ件〕。

七月二十日（朝八時）、旧帝の譲位式が行われた。（午後四時半）、新皇帝は、主要な文武官及び領事団による謁見を要請した〔韓帝譲位式挙行並新帝謁見ノ件〕。

七月二十日（午後）、総理大臣李完用の邸宅が暴民によって焼き払われたが、李完用は当時議政府に居たため無事であった〔総理大臣李完用ノ邸宅ニ暴民放火ノ件〕。

七月二十日、林外務大臣は、在米国青木大使に対して、韓帝譲位の顚末は伊藤統監による電報の通りであるとその要約を訓令し、同時に本電を、在英大使を通じて、仏独伊白蘭大公使へ転電する様指示した〔韓帝譲位顚末通報ノ件〕。

七月二十一日（午後五時半）、李総理大臣・趙法部大臣・李学部大臣の三人が参内したが、朴泳孝等の妨害に遭って、新旧皇帝への謁見は許されなかった。九時半頃、漸く諸案件を奏請した。陰謀を企てつつあった宮内大臣朴泳孝及び侍従院卿李道宰の免官及び逮捕する件は、裁可を得たが、旧帝に、太上皇帝の称号を付与する件は、強い反対に遭った〔七月二十二日、韓国先帝ノ陰謀排除ノ為韓国閣臣ノ執リタル措置ニ関スル件〕。

七月二十二日（午前五時）、遂に旧帝は、太上皇帝の〝上〟の字を除く太皇帝の称号を付与する事に同意し、直ちに、新帝はその旨の詔勅を発した。尚、裁断が下された朴泳孝・李道宰は免官の上、逮捕された〔韓国先帝ノ陰謀排除ノ為韓国閣臣ノ執リタル措置ニ関スル件〕。

以上、皇帝譲位の経緯を時系列に列挙してみると、幾つかの不可解な事柄が、明瞭になってきた。七月十九日午後七時十五分に、法部大臣趙重応が伊藤統監に勅旨を伝えているが、この勅旨の中に〝皇帝は、十年前から皇太子に政治を行わせると考えていたが、丁度その時機が到来した〟とある。しかし、伊藤統監は、〝七月十七日、各大臣が参内し、再び譲位の件を奏上すると、陛下は激怒した〟と西園寺総理大臣に報告したとあるので、明らかに、二つの記述は矛盾している。従って、勅旨の内容には信憑性が無いのである。当然、勅旨の後半部にある、暴動の鎮圧を統監に委任するとする記述も、信憑性が無いと言える。即ち、七月十九日に、伊藤統監が珍田外務次官宛に発した「韓帝ヨリ統監ヘ譲位並治安維持ニ関シ勅旨伝達ノ件―第六八号―」は、信頼性に欠ける事が明白になった。

第六八号の伝達が信用できない事によって、この伝達を前提とした伊藤統監の西園寺総理大臣への報告である、七月十九日付「京城内秩序維持ノ為長谷川司令官ニ命令ノ件」の信憑性にも疑いが出てきた。この十九日付、伊藤統監の軍隊派遣命令に疑問が生じた事は、重要な意味を持っている。

更に、七月二十日付「韓帝譲位ニ依ル韓国軍隊ノ動揺及我軍ノ措置ノ件」の記述に、腑に落ちない箇所がある。軍部法部両大臣が、十九日夜十一時頃、〝侍衛隊（近衛兵）が、十九日夜半を期して宮中に乱入し、宮中にいる各国務大臣を殺害する計画を立てている〟との急報を伝えているが、この急報にある、〝十九日夜半〟は、〝十八日夜半〟の偽装ではないだろうか。侍衛隊が宮中に乱入して、各大臣を殺害するとの企みは、あくまで皇帝譲位を阻止する者達の計画であったが、その肝心の譲位は、十九日午前一時、既に皇帝は譲位に同意し、午前三時には詔勅が発布されていた。従って、〝十九日夜半〟の記述には、作為の跡がある。又、軍部法部両大臣は、急報を伝えた後、日本軍による各大臣の保護を求めているが、原文では「往電第六八号韓帝ノ御委任ニ依リ我兵力ヲ以テ前記各大臣ノ保護ヲ請求セリ」と記している。即ち、信憑性が無いことが明確となった〝第六八号〟を根拠に、日本軍による保護を求める記述となっているが、ここにも、作為の跡がある。従って、急報の中にある、〝十九日夜半〟は、〝十八日夜半〟の偽装であり、長谷川司令官が、日本軍に対して王宮の各要所への進入を命令し、日本兵がそれぞれ配置についたのは、七月十八日午後十一時五十八分が真実に違いない。

伊藤統監が西園寺総理大臣に報告した「韓帝譲位ノ経緯及右詔勅発布ニ関スル件」の中に、次の記述がある。七月十八日午後五時、伊藤統監が陛下に謁見した際、陛下が譲位の件を質問したので、皇室に関する重大な件に関して、陛下の臣下でもない自分がこれに返答し、或いは干与すべき筋合いにないと断じて辞退し、又譲位について、韓国大臣等より何等相談を受けた事は無い旨を付け加えたとある。しかし、七月六日、李総理大臣が、伊藤統監を訪ねて密使派遣後の善後策を相談した際に、「事茲ニ至リテハ国家ト国民トヲ保持セハ足レリ皇帝身上ノ事ニ至リテハ顧ルニ遑ナシ」との李総理大臣の発言に対して、伊藤は「蓋シ譲位ヲ意味スルモノニ似タリ之ニ対シ本官ハ尚熟慮スヘシト答ヘ置ケリ」と記している〔七月七日、密使「ハーグ」派遣ニ関シ韓帝ヘ厳重警告並対韓政策ニ関スル廟議決定方稟請ノ件〕。

従って、伊藤統監は、譲位について、李総理大臣との間で相談したにも拘らず、その事実を隠していた事になる。これは、韓帝密使のハーグ派遣によって、日本国の韓国への侵略行為が国際会議で明らかにされたために、列国の批判を回避するための陰蔽工作であった。陰蔽工作をしたのは、伊藤統監だけではなかった。林外務大臣は、七月二十日、欧米各国駐在日本大使に対して、韓国皇帝譲位の顛末を伊藤統監の電報に従って訓令したが、その中で、日本国は韓国大臣等より何等相談を受けた事は無いと、相談した事実を陰蔽したのであった〔韓帝譲位顛末通報ノ件〕。

皇帝譲位の経緯には、まだ不可解な事が隠されている。韓国皇帝が譲位に同意し、詔勅が発布された後は、新旧両帝が並立することになったが、譲位後の状況について、林外務大臣は、西園寺首相へ次の様に報告している。元来、先帝は閣臣の勧告によって、その本心ではない譲位を行った故に、陰険な手段を以て、君主権を回復しようとし、一方に於て閣臣は新帝を擁して政府を維持しようとして、君位争奪の内乱の状態にある。先帝は、多年にわたる威光に依って多大の勢力を持つが、新帝を維持する内閣・大臣には、日本の後援以外、他には信頼できる基盤が無い。故に、日本の支援がない時、現内閣は崩壊せざるを得ず、その際韓国は無政府状態に陥るが、日本はこれを見過ごす事はできずに兵力を以て干渉する必要が出てくる。従って、日本の支援によって支えられている内閣を保護して新帝を擁立させる事は、日本の勢力拡大につながる上策である〔七月二十二日、韓帝譲位後ニ於ケル同国内ノ情勢並対韓政策ニ関シ稟申ノ件〕。

林外務大臣は、上記報告の中で、〝先帝が閣臣の勧告によって、その本心ではない譲位を行った〟としているが、これに対して、伊藤統監は〝譲位に陛下の同意を得て、疑問全く一決し〟と「韓帝譲位ノ経緯及右詔勅発布ニ関スル件」の中で述べている。又、林外務大臣は、先帝と君位争奪をしている新帝を維持する内閣には、日本の後援以外に信頼できる基盤がないとしているが、この内閣は、六月四日の内閣更迭時に、伊藤統監の推薦によって成立した李完用内閣のことである。従って、伊藤統監の推薦がなければ、新帝を維持する内閣は成立しなかった訳であり、〝疑問全く一決し〟とする伊藤の報告とは矛盾している。

七月六日、李総理大臣が伊藤統監を訪ねて、譲位について相談した事は、既に述べたが、譲位の詔勅発布の翌日、李総理大臣の邸宅が暴民に襲われて焼き払われる事件が起きた。この事件について、「九月三日、韓帝譲位ノ際ノ京城暴動報告」は次の様に記している。「(略)尚ホ先帝ヲ日本ニ誘致スルノ風説アルニ付之ヲ防止セン為京城南大門及西大門ノ二停車場ヲ焼キ鉄道ヲ破壊スルニ如カスト唱ヘ、李総理大臣ノ邸ヲ襲ヒ火ヲ放チ其ノ邸宅ヲ焼キタリ(略)」。即ち、先帝を日本に誘致する風説が立ち、この誘致を防止するために、鉄道を破壊しなければならぬと、李総理大臣邸を襲い焼き払ったというのである。驚く事に、先帝を日本に誘致する件は風説ではなく、事実であった。七月二十四日付け長谷川司令官より陸軍大臣宛の報告電報に「旧ニ報告セシ先帝ヲ日本ニ送ルコトハ第二期ニ譲リ不取敢両帝ヲ隔離シ置クコトニ変更セラレタリ(略)」とある〔七月二十四日、陰謀嫌疑ノ韓国宮内大臣朴泳孝等就縛ニ関スル韓国駐剳軍司令官報告移牒ノ件〕。先帝を日本に送る事、即ち、先帝を日本国内に軟禁する計画が、極秘の内に進行していたのであった。伊藤統監は、韓国皇帝の譲位実現のために、様々な策謀を練っていた事が明らかになった。

以上述べた理由から、命令を受けた長谷川司令官は、日本軍を王宮の各要所に配置し、七月十八日午後十一時五十八分、配置についた日本軍は、皇帝の譲位実現のために武力による脅迫をしたと明言する事は、許されると思う。「九月三日、韓帝譲位ノ際ノ京城暴動報告」は、韓国人の間で皇帝譲位は、日本の圧迫によってなされたと言われていると記している。

七月二十四日、林外務大臣は、韓国の内政に関する全権を掌握する件について伊藤統監と協議し、統監の意見を総理大臣へ報告した。

(一)、韓国皇帝陛下ノ詔勅ハ予メ統監ニ諮詢スルコト。
(二)、韓国政府ハ施政改善ニ関シ統監ノ指導ヲ受クルコト。
(三)、韓国政府ノ法令ノ制定及重要ナル行政上ノ処分ハ予メ統監ノ承認ヲ経ルコト。
(四)、韓国ノ司法事務ハ普通行政事務ト之ヲ区別スルコト。
(五)、韓国官吏ノ任免ハ統監ノ同意ヲ以テ之ヲ行フコト。
(六)、韓国政府ハ統監ノ推薦スル日本人ヲ韓国官吏ニ任命スルコト。
(七)、韓国政府ハ統監ノ同意ナクシテ外国人ヲ傭聘セサルコト。
(八)、明治三十七年八月廿二日調印日韓協約第一項ハ之ヲ廃止スルコト。

同日、伊藤統監は、正式に日本の対韓要求を李総理大臣に提出した。協約について協議が開始されると、林外務大臣は、韓国政府内には有力な反対説があり、場合によっては極端な手段を執る場合もありうると西園寺首相へ報告すると共に、約六千人の韓国兵が何時蜂起するかもしれず、その秩序維持のために軍隊の派遣を要請した（日本ノ対韓要求ニ関シ統監ノ意見報告ノ件、韓国秩序維持ノ為軍隊派遣方稟申ノ件）。

七月二十四日、伊藤統監が提出した日本の対韓要求は、第一条を削除した上で、伊藤統監と李総理大臣との間で記名調印された。これが第三次日韓協約である。又、協約調印と同時に、非公表の覚書が、伊藤統監と李総理大臣との間で調印され、覚書は、協約に基づき次の事項を漸次実施するとした。

㈠、日韓両国人による裁判所を新設する。大審院（一箇所）、院長及び検事総長は日本人とする。控訴院（三箇所）、院長及び検事長は日本人とする。地方裁判所（八箇所）、所長及び検事正は日本人とする。区裁判所（百十三箇所）、判事の内一名書記の内一名を日本人とする。

㈡、監獄を新設する。

監獄（九箇所）、典獄（所長）は日本人とする。

㈢、軍隊を整理する。

陸軍一大隊を残して、その他は解隊する。教育ある士官は、韓国軍に留まる者を除き他は日本軍隊に附属させる。

㈣、韓国に傭聘される顧問又は参与官は全て解傭する。

㈤、中央政府及び地方庁の韓国官吏に日本人を任命する。

〔七月二十五日、日韓協約規定実行ニ関スル覚書調印報告ノ件〕。


以上で、皇帝譲位が実行された経緯について検証を終えるが、検証の結果を次の様に要約する事にする。

日本国は、皇帝譲位と第三次日韓協約の締結に当たって、多くの過ちを犯した。伊藤統監は、皇帝による密使派遣を暴露して皇帝の責任を追究し、併せて日本国は宣戦する権利を持つと、皇帝を脅した。日本政府は、伊藤統監の提議を受けて韓国の全権力掌握を決定し、その実行を統監に一任し、同時に皇帝の位を皇太子に譲位させる事を決定した。伊藤統監は、自らの推薦によって首相に就任した李完用との間で、皇帝譲位について相談したにも拘らず、繰り返しその事実を否定した。

伊藤は、日本軍の王宮への派遣について、その実行日と派遣理由を偽装した。伊藤は、日本軍の王宮への派遣が七月十八日夜半であったにも拘らず七月十九日夜半と偽装し、又皇帝譲位実現のために日本軍を派遣したにも拘らず、王宮内の国務大臣保護のために、日本軍を派遣したと偽った。これらの偽装は、日本軍による脅迫によって譲位が実現した事を陰蔽するためであった。伊藤統監は、日本国の韓国への侵略行為が、明るみにされぬ様、又列国の批判を回避するために、様々な策謀を実行した。伊藤統監が西園寺総理大臣へ報告した「韓帝譲位ノ経緯及右詔勅発布ニ関スル件」には、偽装と陰蔽が数箇所にわたって存在する。又、林外務大臣が西園寺総理大臣へ報告した「韓帝ヨリ統監へ譲位並治安維持ニ関シ勅旨伝達ノ件」、「韓帝譲位ニ依ル韓国軍隊ノ動揺及我軍ノ措置ノ件」、同じく在米英仏独伊等の日本大使を通じて各国に通報した「韓帝譲位顛末通報ノ件」にも、数箇所にわたって偽装と陰蔽が存在する。

韓国皇帝の譲位公布の五日後、伊藤統監は、李総理大臣との間で第三次日韓協約に記名調印し、覚書にも調印したが、これによって、西園寺内閣が七月十二日に廟議決定した〝日本国による韓国内政に関する全権の掌握〟が、実現される事になった。韓国の施政・行政・司法・軍部は、全て統監の指揮下に入り、韓国は全く日本国の植民地となった。

振り返ると、日本国による韓国の植民地化の契機は、日露戦争であった。日本政府は、日露交渉の決裂を控えて、対韓国に対する方針を閣議決定したが、其の方針は、日清戦争の際に、韓国との間で締結した攻守同盟と同じ、若しくはこれに代わる保護的協約を締結する事であった。この閣議決定に基づいて締結された日韓議定書は、調印反対の急先鋒であった李容翊度支相を、日本軍が拉致・軟禁した上で締結された。又、拉致・軟禁の事実を陰蔽するために、証拠湮滅を行い、外務大臣宛報告書「日韓議定書調印事情報告ノ件」等には、報告の偽装が行われた。日韓議定書の締結によって、韓国は日本国に従う国家に変じ、同時に日露戦争遂行のための軍事基地となっていった。更に日本国は、侵略の意図を緩めず、韓国に対する保護権確立の方針を閣議決定し、その方針に従って列強の賛意を得るべく行動した。英国との第二回同盟協約、米国との桂・タフト覚書、ロシアとのポーツマス講和条約等の成立によって、日本国は、韓国に対する保護権確立の方針を、列強に首尾よく認めさせる事に成功した。日本国は、直ちに保護権確立を実行に移すために、第二次日韓協約の交渉を開始したが、この協約も威圧的な日韓関係の中で成立した。協約は、日本軍・憲兵隊が韓圭卨首相を監禁し、朴斉純外相に対して、軍刀の下での調印を強用して締結された。又、締結の経緯を報告した「日韓協約調印事情報告ノ件」、「伊藤特派大使復命書」等には、陰蔽と偽装工作が存在する。第二次日韓協約の締結によって、韓国の外国に対する交渉は、日本政府が監理指揮し、政府代表として統監が皇帝の下に置かれることになった。その後に実行された皇帝譲位と第三次日韓協約の締結も又、日本軍の支援の下、用意周到な策謀によって遂行され、その真実は、偽装工作によって陰蔽されたのであった。

この様な経緯を経て、韓国の植民地化が達成されたのだが、現代に生きる我々は、以下の事を歴史から学ぶ必要がある。

韓国の植民地化が、日本国の綱領となったのは、明治二十三年（一八九〇年）、山県首相が第一議会に於て示した〝主権線利益線の保護〟なる政策に、求める事ができる。即ち、日本国の主権は、利益線である韓国を保護する事によって達成されるとの政策が、歴代藩閥内閣によって、国家の綱領として踏襲されてきた事である。日清戦争の際に、日韓両国は攻守同盟に調印したが、そもそも盟約は、日本側の策謀によって成立した政権との間の見せかけの盟約であった。この盟約を起点に進められた韓国の植民地化は、日本軍の支援の下、威圧的外交と様々な策謀・陰蔽・偽装工作によって遂行され、しかも、以後の日本国は、策謀・陰蔽・偽装工作等が隠匿された歴史をそのまま受容し、その隠匿された歴史が、歴代政府によってそのまま、後世の国民に教育されたのであった。

六　満州と日露協約

日本は、ポーツマス条約に基づき、ロシアから譲渡された遼東租借権、長春・旅順間の鉄道その他の権益に関して清国の承認をとりつけた。又、清国は、外国人の居住及び貿易のために、満州に於ける次の都市の開放を約束した。

盛京省―鳳凰城、遼陽、新民屯、鉄嶺、通江子、法庫門。
吉林省―長春、吉林、哈爾賓、寧古塔、琿春、三姓。
黒龍江省―斉斉哈爾、海拉爾、愛琿、満州里。

清国は、更に、安東県奉天間に敷設した軍用鉄道を、日本国政府が、各国商工業の貨物運搬用に改めて引き続き経営する事を承諾した〔満州ニ関スル日清条約及附属協定、明治三十八年（一九〇五年）十二月二十二日調印〕。

この様にして、日本国は満州進出の基盤を築いたのであるが、以後の日本国による満州経営は独占的傾向が強く、清国並びに英米両国の反発を招く事になった。

日本人は、営口・大東溝等に於て人民所有地を強買し、鴨緑江一帯に於ては、未だ合弁会社設立に関する協議を開始していないにも拘らず、あまねく材木工場を設立し、森林採伐に従事する清国人に対して強制的に証票を発行した。又、復州の塩場に於ては、強制的に塩を運び出し塩税を納付しなかった。更に、昌図の軍政官は、昌図城及び小塔子等に於て車両税を徴収し、安東県沙河鎮に於ては人頭税を徴収、営口にあっては清国人に対して裁判権を執行した〔明治三十九年（一九〇六年）三月一日、満州ニ於ケル日本ノ不法行為ニ対スル清国ノ内田公使宛抗議〕。

又、英国は、自国の船舶が大東溝の輸出入貿易に従事する事を拒絶され、その結果、英国の砂糖貿易並びに芝罘における絹業は重大なる損害を蒙り、同時に、牛荘に於ける関税の徴収は、日本側に移ったと、満州に於ける日本官憲の妨害に抗議した〔三月十九日、満州ニ於ケル英国人ノ通商及海運ニ対スル日本官憲ノ妨害ニ関スル件〕。

米国も、排他的なロシアを満州より駆逐した日本が、直ちに代わってその排他的政策を行う事は遺憾だとし、戦争が終結した今日、軍事的占領状態が故に、他国の領事・商人の満州への参入を認めない事は容認できないとして、米国大統領の不満を伝えた〔四月十日、満州ニ於ケル日本ノ排他的政策ニ対シ米国大統領不満ノ件〕。

これに対して、日本は、五月二十二日、伊藤統監・山県枢密院議長・西園寺総理大臣・大山元師等が出席して、満州問題に関する協議会を開催しその善後策を協議した。その結果、日本国が、満州の門戸を閉鎖し独り同地方の利益を独占していると非難されるのは、満州からの撤兵期限（来年四月）迄は依然として戦時状態にあるとの誤解に起因しているとして、関東総督の機関を平時組織に改めて軍政署を順次廃止し、領事のある所は、直ちにこれを廃止する事を決定した〔満州問題協議会〕。

六月七日、日本政府は、勅令により南満州鉄道株式会社を設立し、満州地方に於て鉄道運送業を行う事を公布した。南満州鉄道株式会社の設立については、既に日露講和条約公布直後の閣議に於て、日清両国政府は、長春旅順口間鉄道と各支線並びに、安東県奉天間及び奉天新民庁間鉄道を共同事業とし、日本の法律の下に一つの会社を組織・運営する方針を決定している〔明治三十八年十月二十七日、満州ニ関スル事項ニ付清国ト条約締結ノ件〕。

明治三十九年（一九〇六年）八月一日、日本政府は、関東都督府に関する勅令を公布した。勅令に依ると、都督は関東州を管轄の上、南満州に於ける鉄道線路の保護・取り締まりを掌り、南満州鉄道株式会社を監督するものとし、都督には陸軍大中将を当て部下軍隊を統率する事とした。又、都督は、外務大臣の監督を受けて政務を遂行し、併せて清国地方官との交渉事務を掌理し、都督府には民政部と陸軍部を置くとした〔関東都督府官制ノ要旨通知ノ件〕。
設立された南満州鉄道株式会社に次の定款が定められたが、株式会社とは名目だけであった。

第一条、本会社ハ南満州鉄道株式会社ト称シ明治三十九年勅令第百四十二号ニ依リ日本帝国政府ノ命令ヲ遵奉シテ設立スルモノトス。

第四条、本会社ノ目的ハ左ノ如シ。

一、満州ニ於テ左ニ掲クル鉄道ノ運輸業ヲ営ムコト㈠大連長春鉄道㈡南関嶺旅順間鉄道㈢大房身柳樹屯間鉄道㈣大石橋営口間鉄道㈤煙台煙台炭坑間鉄道㈥蘇家屯撫順間鉄道㈦奉天安東県間鉄道。

二、鉄道ノ便益ノ為左ノ附帯事業ヲ営ムコト㈠鉱業殊ニ撫順及煙台ノ炭坑採掘㈡水運業㈢電気業㈣主要ナル鉄道貨物ノ委託販売業㈤倉庫業㈥鉄道附属地ニ於ケル土地及家屋ノ経営㈦其ノ他政府ノ許可ヲ得タル営業。

第二十三条、日本帝国政府ハ左ノ財産ヲ出資シ本会社ハ其ノ財産価格壱億円ニ対シ五拾万株ヲ与フルモノトス㈠既成ノ鉄道㈡右鉄道ニ附属セル一切ノ財産但シ租借地内ノ財産ニシテ政府ノ指定スルモノハ之ヲ除ク㈢撫順及煙台ノ炭坑。

第三十七条、総裁副総裁ノ任期ハ五箇年トシ勅裁ヲ経テ政府之ヲ任命スルモノトス理事ハ其ノ任期ヲ四箇年トシ五十株以上ヲ有スル株主中ヨリ政府之ヲ任命スルモノトス〔八月二十四日、南満州鉄道会社ノ件〕。

九月一日、南満州鉄道株式会社は、株式の募集に着手した。当該会社の資本金は二億円であったが、その内一億円は日本政府の現物出資とし、残り一億円を株式募集で調達し、とりあえず二千万円だけ募集に踏み切った。募集に先立ち、八月二十四日、林董外務大臣は、在清国林権助公使に対して、元来、南満州鉄道株式会社は、日清両国の共同事業たる事を標傍してきた経緯から、会社設立の主旨を清国政府に通知し、株式募集に応ずるか否かを確認する様訓令した〔南満州鉄道会社ノ件〕。

これに対して、清国政府は、株式募集の締切日になっても返答しなかったが、その後、奉天将軍趙爾巽は、新聞紙上で南満州鉄道株式会社の組織は条約違反であると、日本政府に対して強硬に抗議した。南満州鉄道なるものは、日清条約第二条「日本国政府ハ清露両国間ニ締結セラレタル租借地並鉄道敷地ニ関スル原条約ニ照シ努メテ遵守スヘキコトヲ承諾ス将来何等案件ノ生シタル場合ニハ随時清国政府ト協議ノ上之ヲ定ムヘシ」との条約に違反するとした。従って、会社の設立が日本政府の命令に基づくこと、鉄道及び附属財産を日本政府の出資としたこと、会社の総裁が日本政府より任命されるとの定款は、日清条約に違反する故、承認できないとした〔十一月十九日、南満州鉄道会社ニ関シ清国政府ヨリ抗議提出並奉天将軍ノ対日態度ニ関スル件〕。

明治四十年（一九〇七年）一月二十四日、ロシア公使が林外務大臣を訪ね、ロシア皇帝は、満州に於けるロシア軍に対し、直ちに現在の占領地域より撤退すべく勅命を発し、ロシア軍は本年四月の撤兵期限を待たず、即時満州より撤退するとの公文を手交した〔露軍ノ満州即時撤退ニ関スル勅令ニ付事情探査方訓令ノ件〕。

二月四日、在ロシア本野一郎公使は、「イズウォルスキー」ロシア外務大臣を訪ねた。ロシア外務大臣は、本野公使に対して、日本と将来永久に信実和睦の関係を築く基礎確立のため、満州撤兵繰り上げの件は、平和政策遂行の一端であると述べた。更にロシア外務大臣は、ロシアの将来の長計は、日本との和親を固くし、一方で英国との関係を正常化し、依って世界の平和を維持し専ら国力の休養に力を尽くし、ロシア外交政策の中心をその本領である欧州に移す事であると述べた〔二月六日、日露和親ノ基礎及方針ニ関シ露外相ト意見交換ノ件〕。

二月二十日、ロシア外務大臣は、在ロシア本野公使に対して、日露協約草案を提出したが、本野公使は草案について、次の様な意見を林外務大臣へ上申した。第一に、極東に於て平和を永遠に維持するためには、互いに、領土保全を保証するだけでは十分ではなく、ロシアが清国の領土保全に危害を加えて、特に豪古方面より清国を侵犯する意図を少しも持たない事が必要となる。従って、ロシアが豪古に対して如何なる意志を持っているか質問し、なるべくは、豪古方面の領土保全に関しロシアの正式の保証を請求する事が必要になる。第二に、ポーツマス条約に於て、日本国がロシアと合意した同条約第二条の規定は、決して将来、韓国に独立を与えるものではない。韓国に静穏な状態を確立するには、同国を日本国に併合する以外にはない。従って、将来の韓国併合を想定して、ロシアにこれを承諾させる事が必要となる〔二月二十一日、露国外相ヨリ提出ノ日露協約案報告並意見上申ノ件〕。

三月三日、元老会議は、ロシア政府提出の日露協約案に対して日本政府対案を決定した。対案の第三条に、日本国は「（略）以北ノ満州ニ於テ何等鉄道又ハ電信ニ関スル権利ノ譲与ヲ求メス又同地域ニ於テ露西亜国政府ノ支持スル該権利譲与ノ請求ヲ直接間接共ニ妨礙セサルコトヲ約ス」とし、同じくロシアは「以南ノ満州ニ於テ」日本国と同じ事を約束するとした。又、対案の第四条に「露西亜国ハ日本国ト韓国トノ間ニ於テ一千九百四年及一千九百五年ノ日韓条約及協約ニ基キ存在スル政事上利害共通ノ関係ヲ承認シ該関係今後ノ発展ニ対シ之ヲ妨礙シ又ハ之ニ干渉セサルコトヲ約ス（略）」とした〔元老会議決定〕。

三月十一日、本野公使は、ロシア外務大臣に面会し、日露協約案に対する日本政府対案を通告した。同大臣は、日本政府対案第四条にある〝今後ノ発展〟なる語句について、正確に如何なる意義を表現しているのか質問した。本野公使は、同大臣と以前に行った会談で、右語句の趣意を了解した筈なのに、今度再び質問したのは、その意義の中に韓国併合をも含む事を公然と宣言して、他日、その報償として豪古問題に関する日本の譲歩を請求するとの意があるものと解釈し、林外務大臣に報告した〔三月十六日、日露協約ニ関スル交渉ノ進行状況通報ノ件〕。

四月十六日、日本政府は、他日韓国を併合した際、ロシア政府がこの併合を承認する確実なる成算があるのか、在ロシア本野公使に対して報告を求める事を閣議決定した〔日露協約ノ露国対案ニ関スル在露本野公使宛訓令案〕。

四月十九日、本野公使は、韓国併合に関する保証の件について、次の様に林外務大臣へ報告した。〝今日迄本官とロシア外務大臣との会談に於ては、イズウォルスキー氏は、明らかに異存なき事を断言すると同時に、もし斯様な保証を与える場合は、日本より豪古に関し相当の保証を得る事が必要となると言った〟〔韓国併合及豪古ニ関スル保證ニ対スル露外相ノ意向報告ノ件〕。

五月四日、林外務大臣は、豪古問題に関する本野公使宛訓令について、伊藤統監へ意見を求めた。〝韓国に関する日本国の提案は、ロシアに対し新たに実質上の譲歩を求めるものではなく、ポーツマス条約第二条の予想する当然の論結に関して、何等両国間に誤解の原因がない様にとの趣意に依るものである。これに対して、豪古及び清国西部の辺境に至る範囲を提議してきたロシアは、全く主旨の異なる実質上の譲歩を日本国に求めている。固より日本国は、同地方に於てロシアの平和的活動を妨礙する意志はなく、又実際に自国の利害に関係ない問題に干渉して、ロシアの感触を害するが如き行動を執る理由はない。又、日本国は、日英協約の規定によって、清国の独立及び領土保全並びに同国に於ける機会均等主義を確実にする義務を負っており、豪古及び清国西部の辺境に関するロシアの提議は、あたかもこの義務に対する例外を設ける事になり、同意は難しい。しかし、斯様な障害はあるが、日本政府は、ロシアが希望する信実和睦に応えるために修正案の提出を決定した。従って、本野公使は、ロシア外務大臣にこれを説明し同大臣の再考を促す必要がある。又、韓国併合に関する保証の件についてては、ロシアがこれに対して過大な報償を予期する状況にあるので、今後一切併合問題に言及する事は避けなければならない〔日露協約案中豪古問題ニ関スル本野公使宛訓令案ニ付伊藤統監ノ意見問合ノ件〕。

これに対して伊藤統監は、所謂、清国西部辺境を日露協約案から除外する事に同意し、又外豪古に関しては、地理上の関係より、ロシアの特殊利益を認めざるを得ないと、林外務大臣へ返答した〔五月五日、日露協約案中豪古問題ニ関スル本野公使宛訓令案ニ付意見開陳ノ件〕。ただ、伊藤統監は、後日、西園寺首相に対して、韓国問題を放置して間接的な利害関係にある豪古問題に重きを置く協約交渉に対して、慎重に行う様忠告した〔六月十一日、韓国問題ノ解決ガ日露協商ノ眼目ナル旨意見開陳ノ件〕。

その後、数回に渡るロシア外務大臣と本野公使との交渉を経て、七月三日、日露協約案は次の通り合意に達した。㈠韓国満州豪古に関する条項は、ことごとく秘密条項内に入れる。㈡豪古に関しては、日本国の保証を外豪古だけに止める。㈢満州分界線については、七月四日、書面を以て回答する〔七月四日、日露協約案ニ関シ露国外相ト会談ノ結果報告及請訓ノ件〕。

七月三十日、本野公使は、ロシア外務大臣との間で、第一回日露協約及び附属文書に調印した。秘密協約は次の三条を協定した。

第一条、日本国ハ（略）本協約追加約款ニ定メタル分界線以北ノ満州ニ於テ自国ノ為又ハ自国臣民若ハ其ノ他ノ為何等鉄道又ハ電信ニ関スル権利ノ譲与ヲ求メス又同地域ニ於テ露西亜国政府ノ扶持スル該権利譲与ノ請求ヲ直接間接共ニ妨礙セサルコトヲ約ス露西亜国ハ亦同一ノ平和的旨意ニ基キ前記分界線以南ノ満州ニ於テ（略）……日本国と同じ事を約束する。

第二条、露西亜国ハ日本国ト韓国トノ間ニ於テ現行諸条約及協約ニ基キ存在スル政事上利害共通ノ関係ヲ承認シ該関係ノ益々発展ヲ来スニ方リ之ヲ妨礙シ又ハ之ニ干渉セサルコトヲ約ス（略）。

第三条、日本帝国政府ハ外豪古ニ於ケル露西亜国ノ特殊利益ヲ承認シ該利益ヲ損傷スヘキ何等ノ干渉ヲ為ササルコトヲ約ス。

追加約款（略）。〔日露協約及附属文書調印済ノ件〕。

日露協約の締結によって、日本国は、南満州に於ける鉄道と電信に関する権利並びに、他に扶持する権利の確保に成功したが、この協約の締結は、以後、日本国の満州に於ける排他的政策の遂行に当たって、大変好都合であった。日本国は、既に勅令によって、南満州鉄道株式会社を設立しているが、日露協約の締結は、南満州鉄道株式会社の独占的拡張を促すための地理的枠組みを作るものであった。秘密協約の第二条に「現行諸条約及協約」とあるが、日本政府対案の段階では「一千九百四年及び一千九百五年ノ日韓条約及び協約」であった。日本政府対案がこの様に変更されたのは、七月二十四日に調印された第三次日韓協約が原因であった。即ち「現行諸条約及協約」と規定する事によって、日韓議定書・第一次日韓協約・第二次日韓協約の他に第三次日韓協約をも、ロシア政府に認めさせる事になったのである。又、日露協約の交渉中に、日本側は、後に強行する事になる韓国併合を前以てロシア政府に認めさせるべく行動していた事実が明らかになったが、この行動は、第二次日韓協約の締結に当たって、前以て、英国・米国・ロシア各国より承諾を得ていた行動と全く同じであった。

第八章　歴史検証
—国民の倫理の行方—

一　国家的観念の養成

日露戦争の開戦に当たって、内村鑑三・幸徳秋水等の様に、非戦論・反戦論を唱える者もいたが、世論の大勢は圧倒的に開戦論に傾いていった。内村鑑三は、明治三十六年（一九〇三年）九月二十七日付万朝報に、次のように記している。「忠君と云い愛国と云えば、必ず外国と戦うことのように教えられて来た今日の日本人に向かって、開戦を勧めるほど容易いことはない。これは国民の歓心を買うに定まって居る事であるから、何人も争ってなさんと欲することである」。明治三十七年（一九〇四年）二月、戦争が始まると、当時の新聞は、社会主義新聞「平民新聞」を例外として、こぞって戦争を支持した。小学校に於ては、生徒が自ら節約した金銭及び物品を、軍隊に献納する行為があとを絶たなかった。二月二十日、久保田譲文部大臣は、出征又は応召した軍人の子女に対し、小学校は勿論その他の学校に於ても事情の許す限りその授業料を減免し、又は学用品を給与する等の処置によって、軍人の後顧の患をなくすべしと訓令を発した。

戦局は五月に入って大きく進展し、第一軍は満州に於て九連城及び鳳凰城を占領し、海軍は旅順港口第三回閉塞を決行、第二軍は遼東半島に上陸して普蘭店を占領し、旅順との交通機関を切断した。

閉戦以来の日本軍の連捷により、この勝利は国民教育の賜物であるとの意見が広がった。第三回旅順港口閉塞に於て驍名を顕した有馬良橘中佐は、帝国教育会教育倶楽部に於て〝我が兵は確かに精神的教育に於ても、又物質的教育に於ても、ロシア兵に優るものなり、これ吾が軍の連戦連勝する所以の一大原因なり、教育家は将来益々熱心に国民を教育せんことを望む〟と述べた〔教育時論、六百九十一号〕。

河村竹三郎は「軍国と教育」と題して、「（略）戦争其の者の勝敗如何は、直接教育の盛衰の如何に関せざるものの如くなるも、教育のある軍隊と、然らざるものとは、同日に語る可らず、抑帝国五十万の軍隊を分析せんか、明治初年学制領布の際に初声を揚げたるものは、十三年改正教育令に依り、教育せられたる今日の後備軍にあらずや、十八年の教育令に依り、順良・信愛・威重の三気質訓錬を主眼とせる軍隊的教育に依り、養成せられたるものは、今日の予備軍にあらずや、又明治二十三年十月教育勅語の御趣旨に依り、『一旦緩急あれば義勇公に奉すべし』との訓育を受けたるものは、之れ今日の現役兵にあらずや、然らば我が帝国の軍隊は、明治文化の華を以て、飾られたるの勇士にあらざるか、（略）連戦連捷の因りて来る、元より我が軍隊の精英勇悍によると雖も、又以て直接間接の教育が、如何に大なるかを知るに足らん（略）」と述べている〔教育時論、六百九十四号〕。

久保田譲文部大臣は、七月二十五日、東京高等商業学校講堂に於て、次のように演説した。「（略）それから忠君愛国の精神である、是は言葉を換へて言へば日本魂と申すかも知らぬ、或は武士道と云ふかも知らぬ、我輩は之を忠君愛国の精神と申すのである、是は我帝国千古伝来の固有の精神であって、即ち是が万国に秀でて居るものであると存ずるのである、我国民は平生は個人としても亦国民としても他の国民と同じく多少の弱点も欠点も無いではない、併ながら苟も君の為めである、国の為めである、いざと云ふ場合になるとまるで別人の様になるのである、人生の最も難しとする所の生命を棄てて顧みず、進むことを知って退くことを知らぬと云ふやうなことは即ち彼の南山の陸戦、旅順の閉塞の如き実に其例である、我が帝国の国民の忠君愛国の精神の発現したものである、今回の連戦連勝と云ふことは種々な原因もあろうが、本大臣は其精神が主要なる原素と云って宣しからうと思ふのである（略）〔教育時論、六百九十五号〕。

久津見息忠も「戦勝と教育の刷新」と題して、次の様に述べている。「（略）日本軍の強きは、軍略戦術の巧妙優秀なるに因ること論を俟たざるべきも、而かも其兵士の忠勇無比なるは、啻に軍隊教育の然らしめたる所なるのみならず、其素地を養へる普通教育の力亦与りて功あるや敢て疑ひを容るるを許さず。乃ち今日の戦勝は其功の一半教育にありと謂ふことを得べきに似たり。教育の力も亦甚だ大ひなりと謂ふべし（略）」〔教育時論、七百号〕。

又、時事新報・東京朝日・中央新聞も、日本軍の連勝は、教育の力が大きく影響している事を報道したが、時事新報は「戦時と教育」と題して、次の様に記している。「（略）欧州の強大国に対しても、敢て遜色なきのみか、むしろ彼に一歩抜くの地位に在るを證したるは、陛下の御稜威と軍人の忠勇とに由ること勿論なりと雖も、抑々我将士の教育が、敵国に比して遥に優等なる事実こそ其大原因なりと認めざるを得ず（略）」〔教育時論、六百九十四号〕。

日露戦争終結後、金子堅太郎は、東京高等師範学校々友会に於て「戦勝の真因」と題して、次の演説を行った。「（略）明治二十三年には、古今に通じてあやまらず、又中外に施して悖らざる教育の勅語を下されたのであります。よって時の文部大臣芳川顕正子、謹みて、之れが謄本を作り、全国各学校に頒布し、北は千島の末、南は筑紫台湾の果に至るまで、今では如何なる山間の土、仮陬の地と雖も、大祭祝日の折は云はずもがな、朝な夕なの訓にも、この勅語の本旨に基いて、懇々、児童を訓育したが為めに、忠君愛国・義勇奉公等の美風は、物心覚へそむる幼心の時より既に涵養せられ、長ずるに及びて益々堅く、遂に今回の大成功をなすの素因をなしたものであります（略）〔教育時論、七百四十四号〕。

日露戦争の勝利を顧みた所で、本書の主題である、条件反射論の人間の歴史への適用を始める事にする。

パヴロフは、〝動物は、外界に正確に適応していなければ遅かれ早かれ生存できなくなる。動物が食物へ向かって走る代わりに脇へ避け、火から逃げる代わりに、向かって突進するといった事が起これば、結局のところ身を滅ぼすだけである。動物の外界に対するあらゆる応答活動は、生存を守るような反応でなければならない〟との大自然の法則を基礎に条件反射論を確立したが、条件反射形成のための基本的条件として、次の条件を挙げている。

㈠以前に無関係であった要因の作用と、一定の無条件反射を引き起こす無条件要因とが時間的に一致して作用すること。

㈡条件反射の形成に当たって、無関要因は、無条件刺激の作用よりいくらか先行しなければばならない。

㈢条件反射形成のために、大脳半球は活動状態になければならず、同時に動物に何か別の活動を引き起こさせる他の外からの刺激を与えない様にする。又、パヴロフは条件刺激について、生体の外部と内部の無数の変動がその対象となるとしている。

これらの基本的条件を人間の歴史、ここでは日露戦争に適用する事にする。

日露戦争に応召した日本兵は、出生が明治十六年（一八八三年）十一月迄の男子が対象となったが、対象者の一部は、教育勅語体制下の小学校教育を体験している。従って、体験した小学校教育を精査する事にする。

明治二十三年（一八九〇年）十月三十日、教育勅語が発布され、翌年には、小学校祝日大祭日儀式規定が公布された。これにより、紀元節・天長節等の祝祭日には、学校長・教員・生徒一同が式場に於て、両陛下の御真影に対し拝礼し、万歳を奉祝した後、学校長（又は教員）は教育勅語奉読と祝日大祭日に相応する訓話を行い、忠君愛国の志気を養う様務めなければならないと定められた。

式場に於て生徒が、両陛下の真影に拝礼し、学校長（又は教員）による教育勅語奉読と祝日大祭日向けの訓話を聴聞する行為に、パヴロフの条件反射論を適用することにする。

パヴロフは、条件反射要因を次の様に説明している。生体をとりまく、周囲の環境からの直接有益な影響や障害を与える影響について、絶え間なく信号するものを条件反射要因とし、この要因は、環境が無限と言って良い程多様に変動する事を反映して、極度に細分された要素であることもあれば、個々の要素の大小様々な複合である場合もある。これからの活動が可能となるのは、神経系が、生体のために複雑な環境から個々の要素を区別する機能と、これらの要素を複合体に結合・融合する機能を持ち合わせているからである。

この説明を、生徒が両陛下の真影に拝礼し、教育勅語奉読・訓話を聴聞する行為に適用すると、生徒の視覚機能と聴覚機能を通して入手された二つの要素、陛下の真影と教育勅語の語彙が、生体のために複合体に結合される。即ち、真影「天皇」と教育勅語の中から抽出される「忠」「国体」の各々の言葉が複合体として融合され、「天皇・忠」「天皇・国体」なる条件反射要因が組成される。ここで、教育勅語の中から「忠」と「国体」の言葉が抽出される理由は、小学校祝日大祭日儀式規定に定められた「忠君愛国」の志気を養う様務めなければならぬ、との規定に準拠している。

「天皇・忠」「天皇・国体」なる条件反射要因が組成されたところで、条件反射形成のための基本的条件を満足しているか、点検することにする。

第一の基本的条件にある無関要因には、「天皇・忠」「天皇・国体」なる条件反射要因並びに、教育勅語の中の「義務」「孝」「博愛」等の言葉に反応する作用を当てることにする。一定の無条件反射を引き起こす無条件要因については、次の様に考察した。人間は社会的動物であるため、社会と共存する事ができるか否かの反射を備えている。従って〝社会と共存する無条件刺激の作用〟を、無条件要因として設定する。以上で無関要因と無条件要因が設定され二つの要因は時間的に一致して作用する故、第一の基本的条件を満足している。

第二の基本的条件である、無関要因は無条件刺激の作用よりいくらか先行しなければならない、との条件に基づき点検するが、生徒が真影に拝礼し、続いて校長又は教員の教育勅語奉読・訓話を聴聞する行為は、この条件を遵守しているのは明らかだ。即ち、「天皇・忠」「天皇・国体」「義勇」「孝」「博愛」等の条件反射要因に反応した後、無条件要因である〝社会と共存する無条件刺激の作用〟が働くからである。

最後に新しく条件反射が形成される時、大脳半球は活動状態にあると同時に、他の活動から解放されていなければならない、との条件に基づき点検を行う。学校教育を受ける生徒の大脳半球の状態を考慮すれば、この条件を遵守しているのは明白である。

以上で、条件反射形成のための全ての条件について、点検を完了した。かくして、生徒が、両陛下の真影に拝礼し、校長又は教員の教育勅語奉読・訓話を聴聞する行為を反復する結果、パヴロフの条件反射が成立する。条件反射成立の結果、生徒の大脳半球皮質に「天皇・忠」「天皇・国体」「義勇」「孝」「博愛」等の道徳規範が、深く刻み込まれる事になる。

生徒は、祝日大祭日の他、修身の時間にも道徳規範を訓育された。修身については、明治二十四年（一八九一年）十一月に公布された小学校教則大綱に「修身ハ教育ニ関スル勅語ノ旨趣ニ基キ児童ノ良心ヲ啓培シテ（略）尋常小学校ニ於テハ孝悌・友愛・仁慈・信実・礼敬・義勇・恭倹等実践ノ方法ヲ授ケ殊ニ尊王愛国ノ志気ヲ養ハンコトヲ務メ（略）」と定められている。明治二十五年（一八九二年）七月発行の検定教科書で全国に普及した「尋常小学修身書」（国光社発行）巻三に、次の様な記述がある。

第三十九課

われら臣民の、忠義の心にあつくして、ひたすらに、御国の栄をいのることは、たれも、みな、おなじかるべき所なれども、兵士となりては、ことに、よく、軍隊のおきてをまもり、わが軍人のほまれを、世界万国にまで、かがやかさんことを心がくべし、我等の先祖には遠き外国へまでも、威名をかがやかしたる人すくなからず。

第四十課

豊臣秀吉は、常に、我が国の武威を、海外にかがやかさむことを思ひ、使を、明、および、朝鮮につかはして、その入朝をさとしたるに、したがはざりしかば、文禄元年、自、肥前の名護屋といふところに、陣をかまへ、浮田秀家を、大将とし、加藤清正、小西行長の二人を、先鋒とし、海をわたりて、朝鮮の国に攻め入らしめたり。わが軍つよくして、向ふところ、敵するものなく、直に、その都をおとしいれ、八道をうちしたがへたり。明の国にては、これをきき、大におどろきて、兵をいだし、朝鮮をたすけけれども、わが国、皆、うちやぶりて、直に、明にせめ入らんとしたれば、明主は、大におそれて、和睦をねがひたり。よりて、諸将は、慶長元年に、凱旋したり。

生徒は、修身の時間に、この様な修身教科書に基づいて教育を受けたのであった。従って、教育勅語体制下の小学校教育を終えた日本兵は、教育勅語の中の「義勇」即ち、『一旦緩急あれば義勇公に奉すべし』との道徳規範が、大脳半球に深く刻みこまれたのであった。

検証の結果、久保田譲文部大臣・金子堅太郎・河村竹三郎・久津見息忠・時事新報・東京朝日・中央新聞等が指摘した通りに、国民に対する教育が、日露戦争勝因の一つであった事が、条件反射論によって証明することができた。

再び叙述の焦点を、歴史回顧に移すことにする。明治三十七年（一九〇四年）七月二十五日、久保田文部大臣は、東京高等商業学校で開催された文部省の夏期講習会に於て、次の演説をした。「（略）近日天皇陛下より教育の奨励に関する特別なる有難き御沙汰を蒙ったことであります。付きましては一層奮励をして教育の結果を十分に収めたいと云ふことを本大臣は切に諸君に希望いたします（略）。」更に久保田文部大臣は「（略）就中国家的観念と云ふことを養成するには今日は実に好時期であると思ふ、勿論従来此の如きことは諸君は十分に注意をせられて居ることではありますが、今日は殊に注意すべき時期であると思ふ（略）」と述べた〔教育時論、六百九十五号〕。

十月十八日、久保田文部大臣は、戦後教育関係者の心得として、次の文部省訓令を発した。「（略）今ヤ皇軍連戦連捷ノ結果開戦ノ目的ヲ達シ平和克服ヲ告クルニ当リ大詔渙発将来ノ嚮フ所ヲ明ニセラル我国民タル者能ク聖意ノ在ル所ヲ体シ国家富強ノ根源ヲ培養シ社会文明ノ進歩ヲ企画スルニアラスンハ安ソ能ク国連ノ発展ニ応スルヲ得ン然リ而シテ国本ノ培養文化ノ発達ハ教育ニ待ツ所頗大ナルモノアリ戦後教育ノ経営ハ実ニ国家ノ急務ト謂フヘシ（略）」〔明治以降教育制度発達史〕。

十二月三日、戦時講話会が東京府教育会によって開催され、以後、各地に於ても順次開催された。講話会は、開戦の由来、戦争の目的、日露の国勢、時局に対する国民の覚悟及び義務と個人の善行義挙等を講話し、忠君愛国の志気を鼓舞する事を目的とするものであった。

明治三十八年(一九〇五年)二月、文部省は「戦時地方に於ける教育上の経営」と題する通達を、地方教育関係者に発した。国家が戦争という空前の事態に直面し、ややもすれば教育の発達が阻害される虞があり、教育関係者は奮励努力し、時局を利用して教育の効果を挙げよとの通達であった。この通達は、〝学校に於ける施設及行動〟〝応召学校職員及出征軍人の子弟に対する待遇〟〝補習教育に関する施設〟〝戦時通俗講話会及幻燈会〟〝戦時紀念に関する施設〟等に分けて説明している。

学校に於ける施設及行動

開戦以来随時軍隊艦隊に賜りたる勅語令旨の奉読式を挙行して開戦の由来目的及軍隊艦隊の勇敢壮烈なる動作を知らしめ或は赤十字社・愛国婦人会等の由来目的を説明して人道の何ものたるかを解せしめ或は戦地図・統計表の調製戦役に関する新聞記事の掲示に依りて戦局の発展を指示し或は死傷軍人の略歴・肖像・信書・遺稿その他の紀念品を蒐集してその勲功を称揚し或は砲台・軍艦・軍器・戦闘等の絵画を掲示して戦争の実況を想像せしめ或は国際的関係特に東洋の形勢等を説明して軍国に処する国民の心得及将来の覚悟を知らしむる等手段方法を尽し教育に関する勅語に連関せしめ以て忠君・愛国・義勇・奉公・博愛・忍耐・克己等の情意を養成

し（略）〔教育時論、七百十七号〕。

補習教育に関する施設

児童の就学及出席の督励勧誘を為すと同時に補習教育等の施設をなし以て教育の効果を完うせんことを努むるもの少なからす或は実業補修学校の設備拡張を為し昼間労働に従事する青年に対し夜間教授をなすものあり或は壮丁の為に特に夜学を開きて予備教育をなすものあり此の種の施設が時局に際し益々多きを加ふるに至れるは喜ふへきことなり（略）〔教育時論、七百十八号〕。

補修教育の重要性については、既に牧野啓吾が、その学説を「教育時論」七百五号、七百六号、七百七号に発表していた。

牧野は、明治三十六年（一九〇三年）十二月、香川県に於て実行された、義務教育と補修教育との関係を調査した結果を採り上げ、〝補修教育を受けた者と受けなかった者との間に、成績上著しく優劣の差があること、補習教育は義務教育の足りない部分を補い、もしくは、義務教育の効果を永く継続させる上で、最も顕著な効果を示すこと、義務教育は補習教育を伴わなければ、到底その目的の全部を完成する事はできないこと、要言すれば、補習教育は決して一日も疎かにできない〟とした。更に、〝補習教育は智力向上だけではなく、道徳的教養に於ても一層重要であり、しかも小学校に於ける道徳的教養は万全のものとは言えず、補習教育を国民教育の要にする必要がある。具体的な方法として、学校を昼間は、幼児哺育の場とし、夜間は、青年・壮年者に対する補習教育の場とする事が、戦後教育に急務であり、又学校と社会とを連絡するに甚だ有益なる方法である〟と発表した。

明治三十八年（一九〇五年）八月五日、第五回全国連合教育会が開催され、「補修教育の普及発達を図るに於て簡易にして有効なる方法如何」とする文部省諮問案が論議された。この会議に於て、十数年補習教育を研究している山本滝之助が、次の様に発表した。

近年、小学校教育はやや完成の域に進み、まことに慶賀にたえないが、所謂、補習教育の施設については、今日なお見るべきものがない。これは、小学校教育に障害があるからであり、障害とは「若連中」又は「若い衆」などと称する青年団体の存在である。

小学校教育とこれら団体との関係について考えると、学令児童が常に多く接触するのが、これら団体の青年であり、従って、団体の行動は児童に影響を及ぼすことも小さくない。更に、児童は学校を出ると自らが団体の一員となり、若し団体によって不潔不良の者にされれば、学校に於ける教育も全くその効果を抹殺され、教師のなす所は砂上の楼閣になってしまう。従って、学校卒業の効果を確実にするためには、必ずや、これら団体の改良に着手せざるを得ない。以上は、主として小学校の関係より述べたが、そもそも「若連中」の問題は、その関連する所決して小さくなく、この団体の動向は直ちに国力に影響する。言うまでもなく、国民の多数は農民であり、農民は国家経済の基礎をなし、物質的精神的に国家興隆の原動力をなしている。従って、その農家の働き手たる青年を組織した所の団体即ち「若連中」は、国家社会に於て重要な位置を占めている。

以上の理由から「若連中」改善策は、すこぶる重要な事であり、中でも小学校教育及び補習教育の点からみると、一日も疎かにできない。又、今日の時局は、正しく「若連中」啓発の好機であり、戦後経営の上から考えても、これら団体の改善を図る事は、戦後の風紀を保つ上で最も急務である。今、改善策として着手しているものは、次の通りとなっている。夜学会開設、町村文庫設置、講話会、運動会等開会、雑誌発行、青年会の建設、連合青年会開会、共同作業、農事講習会開設、共有林保管、植樹、火災消防、共同貯蓄、会員互助等。〔教育時論、七百三十二号、七百三十三号〕。

第五回全国連合教育会に提出の文部省諮問案「補修教育の普及発達を図るに於て簡易にして有効なる方法如何」について、同会は、全会一致で「若連中」と称する青年団体に向かって指導奨励を行う事が、最も簡易・有効なる方策と認め、その旨を答申した。青年団体の指導については、文部省の他に、町村自治の関係上内務省が、又農事改良を図る上で農商務省も指導を行う事になる〔教育時論、七百三十三号〕。

岡山県では、「若連中」改善に関して、県下の青年団の組織改善に着手し、その際、岡山県青年団組織要項なるものを掲げた。

第一条　本団ハ郡市（町村）青年ノ教化、心身ノ修養練磨風俗ノ改善、実業ノ改良及勤倹貯蓄、軍人遺族家族ノ救護、ソノ他一般公共的事業ニ尽力スルヲ以テ目的トス。

第三条　本団ハ第一条ノ目的ヲ達スル為メ左ノ事業ヲ実行スルモノトス。㈠夜学・講習・其他ノ方法ニ依リテ学術技芸ノ補習社会的智識ノ修養及実業上ノ研究且団員中兵役ニ服スルモノハ軍事ニ関スル予修ヲナスコト。㈡公徳及私徳ノ涵養発達ヲ期スルコト（略）。

第四条　本団員タルヘキモノハ左ノ二種トス。郡市（町村）内ニ居住スル十四歳以上三十歳以下ノ男子ニシテ学籍ニアラサルモノヲ通常団員トス（略）〔教育時論、七百三十六号〕。

広島県に於ては、青年子弟のために夜学補修教育を奨励した結果、明治三十八年五月末調査によると、夜学会々数五百五十四箇所、会員数一万八千四百九十九人となり、昨年に比べて、会数で三百九十四箇所、会員数で一万二千八百八十一人の増加となった。会場は各地小学校々舎を利用し、寺院あるいは民家を借り受けるものもあった。学科は主として修身国語算術を課し、地方の必要に適応する実業科又は国民教科を加え、女子のためには裁縫唱歌を課した〔教育時論、七百四十二号〕。「若連中」と称する青年団体の改善経過について、久保田文部大臣は、明治三十八年（一九〇五年）十二月二日に開会された帝国教育会総会で、〝近年、教育の普及に伴い、これら団体中、新たに規約を改訂して、その行動を改めんとするものもあり、又は有志の青年等別に青年会を組織するものもあって、地方の風儀改善・農事の改良を図る動きがあるのは、極めて喜ぶべきことだ。この如くにして、全国各地に於て青年の風儀行動が著しく改善するならば、将来国民の品位を高め、社会文明の進歩を助け国家富強の基礎を強固にする資となるであろう〟と述べた〔教育時論、七百四十五号〕。

文部省は、地方長官に対して、各種青年団体を奨励し、同時に「若連中」等の青年団体について、その弊習を排除し有益なる活動をさせるべく指導する様、通達を発した。同時に、従来施設された青年団体に関して、その効果著しきものは報告する様連絡した〔教育時論、七百四十九号〕。又、日露戦役の中、各地方で開催された通俗講談会幻燈会等は、教育上多大の利益を与えた故、今後ともこの種の施設を継続し、益々拡張普及させる様にとの通達も発した〔教育時論、七百五十二号〕。

青年団は、志気興奮の様相に依り歓迎され各町村に続々と設立された。広島県では青年団数六百五、団員数三万四千七百十八（明治三十八年七月調査）、京都府では青年団数七百十八、団員数三万五千八百四十九（明治三十八年十月調査）、岡山県では青年団数二百九十五、団員数五万千二百十六（明治三十八年十二月調査）となり、全国に広がった。又広島県沿隅郡では、三十ヵ町村内の二百余りの「若連中」が改造統一されて、郡青年会が成立された。

明治四十年（一九〇七年）一月五日、教育時論（七百八十二号）は、〝日露戦役が遺したる修身教材の永久保存に就いて教育者諸君に望む〟と中島力造の次の所見を掲載した。

〝この戦争は、我が国民が如何に義勇奉公の精神に富めるかを示すと同時に、その他幾多の美事善行を世に現した。これらの美事善行の中には、将来の教育者が採って、永久に修身教育の材料とするに値するものも少なくない。しかし、個人的美事善行は、歳月を経て段々と国民の記憶から消えて、全く忘却される事になるため、今日より永久保存の方法を図らなければならない。従って、戦役に当たって、その戦死者の事蹟について、戦死の状況等は勿論のこと、その平生の品行等を、父母兄弟姉妹その他友人等から収集し、保存して置く必要がある。即ち、忠君愛国の精神を養成する教材として、又日常の道徳を奨励する教材としても、これ等の材料は頗る有益なものである〟。

文部省は、中島力造の発表に先立ち、既に全国の府県郡市町村に対して、日露戦役に関する美談の調査・収集を命じていたが、その調査基準は次の通りであった。家庭に於ける道義として、父兄子弟親族の中に出従者（又は応召者）がある場合、彼等は互いに相扶け、出従者には後顧の憂を感じさせなかった美談等。国民の道義としては、戦役中の応召出征に際し忠君愛国の至誠を発揮し、勇んで軍務に従い、戦に臨んでは健闘奮戦し、国民の務を全うした者に関する美談等であった〔教育時論、七百八十二号〕。

又、明治四十年（一九〇七年）三月、寺内正毅陸軍大臣は、日露戦役に於て獲得した兵器数万点を、全国二万四千有余の学校に、永く戦捷の記念にすべきと、兵器寄贈趣旨書と共にその武器を配送した〔教育時論、七百九十号〕。

五月十一日、帝国教育会・東京府教育会・東京市教育会の三教育会主催による全国教育家大集会が、東京高等工業学校で開催された。大集会に於て、牧野伸顕文部大臣は、次の様に訓示した。

（略）明治三十七年七月即ち大戦争の開始後六ヵ月に於て下し給へる教育に関する御沙汰なり畏れ多くも天皇陛下には東京帝国大学卒業式に行幸ありて軍国多事の時と雖も教育のことは忽にする勿れ局に在るもの能く励精せよと御沙汰あらせられたり（略）余は此御沙汰は教育勅語と共に永久教育家たるものの念頭より離すべからざるを勧告するものなり教育勅語は教育の内

容に就て仰出されたるものにして戦時中の御沙汰は其全体に就て仰出されたるなり（略）〔教育時論、七百九十六号〕。

五月二十三日、文部省に於て、師範学校長会が開催された。同会では、牧野文部大臣の訓示の他、文部省諮問案「小学校児童をして卒業の後永く教育に関する勅語の旨趣を奉体実践せしむべき適当の方法如何」とする問題が審議され、次のことが可決された。

第一、小学校在学中に教育勅語の旨趣を十分に会得させ、且つ勅語の主旨に基づく良き習慣を訓練する事を必要とする。その方法は現に一般小学校で行われているものを一層切実有効に実行する他、次の方法によって足りない所を補う。㈠教育勅語の暗誦に熟達させる。㈡教育勅語（各徳目）につき、その趣旨を発揮する歌詞歌曲を選定し、これを教授させる。㈢修身教育及び一切の訓戒・訓話等は成るべく教育勅語の語句に帰着させる。

第二、教育勅語の趣旨による教育が、学校内でのみ行われ、家庭及び社会に於てはほとんど顧みられなかった観がある故、小学校卒業者が家庭に於ても、学校と同様に教育勅語の趣旨を奉体実践する様に指導する事は、目下の急務である。又、次に列記するものを採用する時は、相当の効果があるのは疑いない。㈠青年会・処女会・母の会・戸主会等を組織して時々之を開催し、毎回必ず教育勅語の趣旨について訓話すること。㈡補修学校又は青年夜学会等の補習教育機関の普及を奨励し、教育勅語に基づく小学校教育の効果を一層確実にして、生涯を通じて抜く事ができない道徳的基礎をこの青年期に於て与えること。㈢社会人・家庭用勅語読本の類を編纂し、これを一般家庭の読み物として普及する様誘導すること。㈣学校内の諸儀式・展覧会・運動会等に広く卒業者の列席又は参会を求め、教育勅語の趣旨を復習する機会を与えること。㈤適当な方法を以て、卒業者の善行を表彰して教育勅語の趣旨の奉体実践を奨励すること。

〔教育時論、七百九十八号〕。

文部省は、全国師範学校長会から受けた答申を適当と認め、九月末、各地方庁に対して之を実施する様通達を発した〔教育時論、八百九号〕。

この様にして、日本政府は、日露戦役で連戦連勝中、又終戦後が、国家的観念を強固にするには好機であるとの判断にたち、国民の倫理・教育上の施策を実行したのであった。

二　社会主義・労働運動

明治三十八年（一九〇五年）九月五日、日本国は、日露戦争に関する講和条約に調印したが、国内では交渉の開始当初から多くの批判と反対が表明されて、反対運動が展開された。九月五日に日比谷公園で開催された講話条約反対の〝国民大会〟は、その規模・形態と結果に於て著しく突出し、これを契機に暴動が東京全域に広がり、内相官邸・国民新聞社・警察署・派出所等が襲撃・焼き打ちにあった。国民は、講和条約締結による償金獲得によって、自らの耐乏生活も大きく改善するものと期待したが、全権団による償金要求の破棄を知り、その不満を爆発させたのが、「日比谷焼き打ち事件」であった。

吉野作造は、日比谷焼き打ち事件の歴史的意義について、「民衆的示威運動を論ず」と題して「三十八年九月の騒動は、アレは全然自発的という事は出来ぬけれども、とも角も或る一定の要求というものが人民の間に在って、それがうっ結して今にも爆発しそうになって居った所へ、之に点火するものがあって起ったのであるからして、随分非難すべき乱暴も行われたけれども、之に一種の意味はあったように思われる（略）」と述べている（中央公論、大正三年四月）。

九月六日午後十一時には、戒厳令が施行され、同時に言論取り締まりに緊急勅令第二百六号が発布された。勅令の第一条にある「皇室の尊厳を冒瀆し、政体を変壊し、もしくは朝憲を紊乱せんとする事項、または暴動を教唆し、犯罪を煽動するの虞れある事項」を記載した新聞・雑誌は、発行が停止された。この勅令第二百六号について、九月十五日発刊の教育時論（七百三十五号）は『民心阻喪』と題して、次の社説を発表した。『（略）物先づ腐れて虫此に生じ、人心阻喪して百禍此に胚胎す。今や眠中人類社会あって、国家あるを認めずといふ主義を鼓吹する者あり、又戦争を絶対に否認する主義を唱導する者あり、無政府党（アナルヒスト）あり、虚無党（ニヒリスト）あり、社会共産党（ソシヤルデモクラート）あり、此等最も忌はしき徒党の、阻喪せる人心に媚び、其の誘惑をなすなきを保すべからず。然り政府当局者も、亦其のこれあらんことを虞れ、今回発布せられたる、勅令第二百六号第一条を以て、「皇室の尊厳を冒瀆し、政体を変壊し、若は朝憲を紊乱せんとする事項」を、新聞雑誌に記載することを禁じたり（略）』。従って、日比谷焼き打ち事件の暴動について、政府は、社会主義者・無政府主義者等による教唆のある事を虞れていたことが窺える。

明治三十八年末の統計に依ると、全国で、自ら社会主義者であると標榜する者は二万五千人以上で、東京市は最も多く、概数で一万四千人に上った。職業別に見ると、労働者三千二百人、学生七千五百人、政客五十八人、軍人百八十八人、宗教家六十八人、司法官十八人、医師四十五人、その他二百余人であった〔教育時論、七百五十号〕。

当時、社会主義運動の内部では、幸徳秋水・大杉栄・荒畑寒村等の「直接行動派」と、片山潜・西川光次郎・田添鉄二等の「議会政策派」の対立が激しかった。明治三十九年（一九〇六年）二月二十四日、日本平民党と日本社会党が合同して日本社会党が結成されたが、その党則第一条は「本党は国法の範囲内において社会主義を主張す」との穏和な方針を掲げ、指導者として片山潜・堺利彦・西川光次郎・田添鉄二等を選出し、幸徳秋水は創立に参加していなかった。

四月二十八日、牧野伸顕文相は、地方長官会議に於て次の様に訓示した。

（略）近頃青年者が贅沢に流れ学資以外多額の金子を費消し或は空理に走り哲学めきたる事に心を傾け早く既に悲観的人生観をなすものあり此の如きは健全なる気力を備へて秩序的に発達したるもののなすべき事に非ず而して此因は孰れにありとするも此の事実ある以上は之を排除するは我々の責任なりと信ず（略）〔教育時論、七百五十八号〕。

続いて、六月九日、牧野文相は、学生の思想・風紀取り締まりを次のように訓令した。

学生・生徒の本分は、常に健全なる思想を有し、確実なる目的を持し、刻苦精励、他日の大成を期するに在るは、もとより言を俟たず。（略）また頃者極端なる社会主義を鼓吹するもの往々各所に出没し種々の手段により、教員・生徒等を誑惑せんとする者ありと聞く。もしそれかくのごとくして建国の大本を藐視し、社会の秩序を紊乱するがごとき危険の思想、教育界に伝播し、我が教育の根底を動かすに至ることあらば、国家将来のため最も寒心すべきなり。事に教育に当る者、宜しく留意・戒心して、矯激の僻見を斥け、流毒を未然に防ぐの用意なかるべからず（略）（明治三十九年六月九日、官報）。

明治四十年（一九〇七年）二月、足尾銅山暴動事件が勃発した。この暴動は、苛酷な労働条件に対する労働者の不満が爆発したもので、日露戦争後に頻発した労働争議・暴動のピークを形成するものであった。

事件は、二月四日、坑夫約三百人が、坑内見張所数箇所などを、石やダイナマイトで破壊した事により始まった。そのきっかけは、職員と鉱夫とが賃金のことで口論したことだといわれる。暴動が起こると、労働至誠会員は熱心に奔走してその鎮撫に努めた。二月五日、簀橋坑外と本山坑内内で小暴動が起き、簀橋では、朝、坑夫約二百名が就業せず火薬庫付近で火をたいて示威を試みた後、坑口見張所を破壊し、電話線を切断した。本山でも、坑夫約百五十名が坑内外の見張所を襲撃し、破壊した。

この日現地に到着した西川光次郎は、「来てみれば騒擾案外小なり」との感想を抱きつつも、鉱夫の不平の根が広く深いことを見抜き、小騒擾では止まらないであろう事を洞察した（平民新聞、二月八日）。警察は、栃木県警務課長水野某を先頭に百余名が乗り込み警戒に当たった。

この日、出京中の所長南挺三が帰山し、懐柔策として速刻賃上げすることに決定し、これを頭役に通告させた。会社側のこの動きに対応して鉱夫側は、かねてからの要求を二十四箇条にまとめ、その請願書を各坑場に提出する手筈をととのえた。労働至誠会の指導者たちは、請願書の提出によって要求は貫徹され、事態は拾収解決されるとみていた。

二月六日早朝、本山坑内外に大暴動が勃発した。入坑した坑夫達は、坑内の見張所を破壊し、その後、ダイナマイト爆発を合図に、倉庫・坑場・撰鉱事務所等を破壊した。五、六百名余りになった一団は、南所長宅を襲撃し、夜になると混乱は一層激しくなり、全山は全く無政府状態となった。二月七日、高崎第十五連隊より派遣された三個中隊約三百名が足尾に到着し、全山に戒厳令がしかれた。鉱夫等は軍隊に対し、一切抵抗はしなかった。尚、この日午前三時、西川光次郎も勾引され、午後四時には、東京の平民新聞社が家宅捜査を受けた。

以上の状況をみると、労働至誠会は、直接には暴動に関与していなかったが、間接的には影響を与えたと言えるだろう。この労働至誠会は、片山潜等の影響を受け、社会主義者との連繫を保った組織であった。従って、組合らしい組合のなかった当時において足尾銅山に至誠会が組織され、しかも、社会主義の影響を受けつつ労働運動が展開された事は、労働運動史上、画期的なことであった。又、暴動の直後に開かれた日本社会党第二回大会は、「我が党は足尾労働者の騒擾に対し遂に軍隊を動かして之を鎮圧するに至りしを遺憾とし之を以て甚しき政府の失態なりと認む」と決議した。更に、この大会では、議会政策を有力な運動方法の一つであるとする「議会政策派」に対し、幸徳秋水の痛烈な批判が行われた。

一方、政府は、足尾銅山暴動事件、続いて社会党大会に於ける幸徳の「直接行動論」が相当数の支持を得たのを見て、治安警察法八条二項を発動し、「安寧秩序ヲ保持スル為必要ナル場合」に当たるとして、日本社会党の存続を禁じたのである〔足尾銅山暴動事件に関する記述は「日本政治裁判史録」に依る〕。

社会主義の思想教育界への伝播について、牧野文部大臣は、〝危険なる思想の矯正に関しては、一片の訓令のみでは、その目的を達成することはできず、本大臣は、昨年の訓令発布以来、地方長官を督励し、各学校に取り締まりの方法を実行させ、又文部省視学官にその実況を視察させて、鋭意これに努めている〃と、三月十九日、第二十三議会で発言した（教育時論、七百九十二号）。

明治四十一年（一九〇八年）六月十八日、山口義三が一年余りの刑期を終えて、仙台監獄を出獄した。山口は、「貧富の戦争」「新兵諸君に与ふ」等を日刊平民新聞に掲載又は執筆したことによって新聞紙条例違反に問われ、服役していた。山口の歓迎会が、石川三四郎の提唱により、六月二十二日午後一時から、神田の錦輝館で開かれた。歓迎会は、七十名余りの参会者を得て、和やかに進行した。講談・さつま琵琶・剣舞等の余興も終りに近づいた時、会場内の一団が突然赤旗を振り、「無政府党万歳」を高唱し、「革命の歌」を歌い始めた。大杉・荒畑等による「議会政策派」に対する示威が始められたのである。司会の石川三四郎は、一旦これを制止したが、効なしとみるやすぐ閉会を宣した。「議会政策派」に対する示威に成功して意気の上がった大杉等の一団は、赤旗をひるがえして錦輝館の門を出ようとした。大杉が「無政府」の赤旗を持ち、やや遅れた荒畑が「無政府共産」の赤旗を持っていた。ところが、門のところで待ち受けていた警官数名は、大杉に対し、「旗を巻け」と命じた。赤旗を立てて歩くことは、治安警察法十六条にいう「安寧秩序ヲ紊」すものとみたのである。大杉の供述によれば、警官はいきなり大杉の持っていた赤旗を取り上げようとした（判決文中の証拠説明第一参照）。警官は、荒畑からもいきなり赤旗を取り上げようとした（判決文中の証拠説明第十一参照）。これに対して、大杉・荒畑等は赤旗を取られまいとして抵抗した。この様にして、大杉等の一団と警官との間に、赤旗をめぐる争奪戦が始まった。結局、堺利彦・山川均・大杉栄・荒畑勝三等十名の男子、及び小暮れい・菅野スガ等四名の女性が、治安警察法違反・官吏抗拒罪で逮捕された。

赤旗事件が起きて間もない七月四日、西園寺内閣は突如として総辞職し、七月十四日第二次桂内閣が成立した。

総辞職の原因は、財政のゆきづまりともいわれるが、赤旗事件、そしてそれから派生した不敬事件が原因ともいわれる。即ち、西園寺内閣は、成立当初は日本社会党の結党を認めるなど、第一次桂内閣とは違ったリベラルな線を出していた。もっとも「裁判責め」といわれた程の社会主義者の言論の弾圧の実態は、その取り締まりが決して緩やかなものとばかりは言い切れない面をもっていたが、従前の弾圧一本槍に比べれば、緩やかなものと感じられたのである。元老山県有朋はこの傾向を快く思わず、明治天皇に対して、西園寺内閣の社会主義取り締まりの手ぬるい事を「ざん訴」していた。原敬日記によれば、山県は、新刑法が不敬罪等に対し緩やかなのは、西園寺内閣の忠君の念が乏しいためだ、とまで述べて西園寺内閣を攻撃したという。そのため明治天皇は、社会党取り締まりについて特別な関心を持ち始めた。丁度その折に起こったのが赤旗事件であり、不敬事件であった。ここに至って西園寺内閣は窮地にたち、ついに政権を投げ出さざるを得なくなったのだ、というのである。原敬日記には、この様な動きを示唆する記述が随所にある。〔赤旗事件に関する記述は「日本政治裁判史録」に依る〕。

三　戊申詔書・教育勅語

明治四十一年（一九〇八年）十月十三日、戊申詔書が下賜された。十月十五日、小松原英太郎文部大臣は、地方官会議に出席し、詔書に関して次の訓示を行った。

今回優渥なる詔勅を発せられ、今日の世局に対して、一般臣民の心得べき要義を示したまふ、克く聖旨を奉体し、各自をして其の本分を殫さしめんと欲せば、此の際一層教育者を督励して、国民教育の任務を完うせんことを努めしめざるべからず、惟ふに国運の伸暢に伴ひ、外益々友義を惇し、内益々国本の培養を図るは帝国の国是にして、国民たるものは挙国一致、此の国是の貫徹に努力せざるべからず、蓋し忠孝を重じ、信義を尚び、勤倹事に従ひ、忠実業に服し、華を去りて実に就くは、我日本民族固有の特性にして、実に国民の性格たり（略）〔教育時論、八百四十七号〕。

明治四十二年（一九〇九年）五月八日、第七回全国連合教育会が開催され、小松原文部大臣は、〝補習教育の奨励〟について次の様に演説した。〝小学教育を一層有効なものにするには、補習教育の機関を完備して、卒業後の青年子弟に対する訓育を遺憾なきようにする必要がある。けだし、小学卒業の後より兵役年令に達する迄は、生理上より又心理上より、最も大切な時期である故、彼等を補習教育につかせて、精神の散漫・悪習慣の感染を予防する事は、智徳を修練して人格を向上させ、実務に従事するための準備を整える点で、その意義は極めて大きなものがある。近時、この種の目的を以て開催される補習学校・青年会・夜学会の類が、次第に増加する傾向にあるのは頗る喜ぶべき現象にて、欣喜に堪えない。尚、諸君の尽力によって、各種の補習教育機関を益々各地方に普及させる事は、本官の切望する処なり〟。

小松原文部大臣による演説の後、全国連合教育会は、文部省諮門案〝小学校及中等学校に於て一層教育勅語の御旨趣を貫徹し生徒をして躬行実践の精神を養成せしむるの方法如何〟について審議した。その結果、全国連合教育会は、㈠修身科に於て授けるものは、総べて教育勅語の趣旨に基づくものであることを知らしめ、一切の訓戒訓話等は、なるべく教育勅語の語句に帰結させる。㈡義務教育を終える迄に、教育勅語の趣旨を全幅理解させ、臣民たる者の根本的道徳を樹立させる。㈢

義務教育を終える迄に、教育勅語の語句を暗誦させ、中等学校では更にその熟達を図る等、十五項目を可決した。〔教育時論、八百六十八号〕。

又、小松原文部大臣は、六月十五日、府県郡視学を集めて、〝視学の任務である学事視察に当たっては、教育勅語の趣旨を貫徹の後、児童が忠良なる臣民となることを期待し、校長及び教員が、平素教育上如何なる注意をし、如何なる施設を工夫しているか、常に学校訓育の精神を発揮しているか、注意せよ〟と訓示した〔教育時論、八百七十一号〕。

小松原文部大臣は、〝小学校卒業後の青年の指導方法〟について、全国連合教育会に続き帝国議会に於ても、次の様に発表した。〝小学校を終えた後は、補習教育を最も奨励していきたいと考えている。実業補習教育を益々奨励していきたい。小学校の義務教育を終え、若しくは高等小学校の教育を終えて社会に立って実業を営み、国民たるの義務を尽くす一人前の人間となるについては、尚教養を加えて訓練を加える必要がある。それには第一に、実業補習教育と云うものを普及させたいと考える。又青年団体の如きものも奨励を加えて、益々全国各町村に普及する様にしたいと考えている〟〔教育時論、八百九十六号〕。

補習教育の近況が文部省から発表された。明治四十二年度の調査によると、実業補習学校の総数は五千五百八校となり、前年度に比べて八百二十八校増加した。その内訳は、工業補習学校百九十

四校、農業補習学校四千百三十二校、商業補習学校百七十九校、水産補習学校百五校、二種以上併置学校八百九十八校となった〔教育時論、八百九十七号〕。

文部大臣は、明治四十三年（一九一〇年）三月三十日を以て、補習教育上の功績が著しく大きい八十二の青年団体を表賞した。尚、表賞された六青年団体には、各々金五十円が交付され、七十六青年団体には、各々金三十五円が交付された〔教育時論、八百九十九号〕。

今や、日本国に青年団体を設立していない地方は無くなり、その活動は多岐にわたった。風紀維持・勤倹行動の奨励・夜学の組織・補習の設備その他各種公益事業等で、中でも最も著しいのは風紀維持であり、次いで夜学及び補習の設備であった。青年会の組織を見ると、町内の子弟で尋常小学校若しくは高等小学校を卒業した者は、悉く青年会に入る事となり、十三四歳若しくは十五六歳以上の男子は悉く対象となった。従って、夜学補習等の方法により既修の学業の効果を向上させるだけでなく、訓育効果によって青年の風儀を正すことになった。会長は、町村小学校の校長教員等が多く、或いは町村の重鎮が選出され、夜学補習等教育訓育には、校長教員等が当たった〔教育時論、九百号〕。

四月二十六日、三府一道三十四県の青年会代表者約四千名が参加して、全国青年大会が開催された。大会では、教育勅語並びに戊申詔書の趣旨を奉体すべきこと、忠君愛国の精神を養うべきこと、団体を重んじ祖先を尊ぶべきこと、等からなる〝青年団規十二則〟を決議した〔教育時論、九百二号〕。

五月七日より、全国小学校教員会議が開催され、小松原文部大臣が次の様に演説した。

（略）惟ふに小学校の教育は国民の智徳を進め国家の基礎を鞏ふする所以にして、邦家の昌隆国運の発展其基づく所皆一に国民教育に非ざるはなし、故に小学校の教育完備の域に達し、国民を挙げて忠良の臣民たるに至らば、国体の精華を発揚し帝国の富強を致さんこと必ずや疑を容れざる所なり、国民教育に従事するものの責任実に重且つ大なりと謂つべし、（略）常に教育勅語並に戊申詔書の御趣旨を奉体実践して教育の成績を挙げんことを期せざるべからず（略）。

文部大臣の演説の後、小学校教育会議は、〝靖国神社例祭日を小学校訓育に影響させるには、如何なる方法に依るべきか〟との文部省諮問案を審議し、次の通り議決した。㈠靖国神社例祭日を「大祭日とすること」。㈡当日学校に於ては靖国神社の由来を説き、児童に敬虔の意を表させる。㈢当日児童に靖国神社を参拝させ又は遥拝させる。㈣当日殉死者に関係のある記念品陳列会を挙行すること。〔教育時論、九百四号〕。

五月三十一日、幸徳秋水等の無政府・社会主義者が、刑法七十三条（天皇・太皇太后・皇太后・皇后・皇太子又ハ皇太孫ニ対シ危害ヲ加ヘ又ハ加ヘントシタル者ハ死刑ニ処ス）にあたるとして起訴され、翌六月一日に、幸徳秋水は湯河原で逮捕された〔日本政治裁判史録・明治（後）〕。

十月五日発刊の教育時論、九百十七号は、〝悪思潮と教育〟と題して「社会主義といひ、又自然主義といふ、共に我が教育の大敵なり、此の主義にして世に行はれんか、社会の秩序は破壊せられ、道徳の基礎は崩壊せん、これ道徳教育及び国民教育を以て任となす教育家の、最も恐懼すべき大事にあらずや（略）」と社説を掲載した。更に社説は「加之彼の社会主義者流は、政府筋の圧迫と社会の嫌悪とを蒙り茲に愈々自棄自暴心を嵩め、遂に無政府主義者となり、あらぬ暴挙を密々計画せしやにて、近来各地に於て、其の徒陸続検挙せられ、目下厳重なる吟味を受けつつある由（略）かかる悪思潮が流行し、かつ険悪な徴候に対して、社会国家のため、又道徳のために、教育者たる者、奮励努力してこれと戦わなければならない。（略）社会の成員中、癌腫結核菌に等しき、社会主義無政府主義に感染せしものあらば、速かに外科的手術を以て之を剔去し、病毒蔓延の虞なからしむべし、然らずんば、社会其の者の破滅とならん。聞く法律家又は民間政治家の間に於いては、彼れ被検者等の第一審を了せば、則ち直ちに之を極刑に処すべしと主張するものありと、これ所謂外科的手術にして、吾等の同意を躊躇せざる所なり」と主張した。

明治四十四年（一九一一年）一月十八日、大審院は、幸徳秋水・菅野スガ他二十二名に対して、刑法七十三条の罪の成立を認めて、死刑を宣告した〔日本政治裁判史録・明治（後）〕。

一月二十五日、桂太郎総理大臣は、衆議院予算委員会で、大逆事件について次の様に答弁した。〝有史以来未曾有の危険思想が、大和民族中に侵染せるは驚くべき事にして、上陛下に対し下国民に対し恐懼に堪えず、国防上若くは国土保存上諸般の施設を為すも、国民思想腐敗せば凡て水泡に帰すべし、故に吾人は同僚と共に深く此点に注意し、悪思想の蔓延を防止するに努める。尚、就任当時より、社会の一部にかかる危険思想あるを探知して警戒させるが、未発に防ぎ得たるは天佑という外なし、政府は今後も予防策を講ずる〟。

更に、小松原文部大臣も、衆議院予算委員会で次の様に答弁した。〝国民の思想を健全に発達させるのは、文部大臣の任務である。つねづね之に留意し、学生及び一般青年の思想の向かう所を察し、之が健全なる発達をする様、一日と雖も怠ける事はない。第一に一般国民に教育勅語の主旨を了解させることが、至要である。今回の事件発生以来、学校教員に対して訓示を発し、教授要目を改正し、教育勅語の精神普及に努力している〟。〔教育時論、九百二十九号〕

死刑を宣告された菅野スガは、獄中手記で次の様に記している。「今回の事件は無政府主義者の陰謀といふよりも、寧ろ検事の手によって作られた陰謀といふ方が適当である。（略）此事件は無政府主義者の陰謀也、何某は無政府主義者也、若しくは何某は無政府主義者の友人也、故に何某は此陰謀に加担せりといふ、誤った、無法極まる三段論法から出発して検挙に着手し、功名・手柄を争って一人でも多くの被告を出そうと苦心・惨澹の結果終に、詐欺・ペテン・強迫、甚だしきに至っては昔の拷問にも比しいウツツ責同様の悪辣極まる手段をとって、無政府主義者ならぬ世界一般の人達でも、少しく新知識ある者が、政府に不満でもある場合には、平気で口にして居る様な只一場の座談を嗅ぎ出し、夫をさもさも深い意味でもあるかの如く総て此事件に結びつけて了ったのである。（略）」〔大逆事件記録・第一巻〕。

三月十五日、貴族院に於て、道徳教育振興建議案が提出され、〝我が国民道徳の大本たる、忠孝の観念に動揺を来すが如きことあらば、国家の深憂実に之に如くものあらざるなり。（略）以て教育勅語及び戊申詔書の精神の貫徹に努め、永遠に国運発展の基礎を鞏固にせむことを望む〟と建議した〔教育時論、九百三十四号〕。

四月二十二日、小松原文部大臣は、地方長官会議に於て、〝国民道徳と教育〟等について訓示を行った。

〝道徳教育の効果を上げるためには、国民道徳の要目について、生徒を教戒感化する場合、必ず学校と家庭はその方針を一途にする必要がある。㈠三大節の祝日には、なるべく生徒の父兄をも参列させ、勅語奉読の後に、忠孝の大義に関し、或いは義勇奉公の趣旨に基づき、又国憲を重んじ、国法に遵う等の教育勅語に掲げられた各徳目について、講演講話を行う。その上で、一般父兄は、教育勅語の趣旨を領会してこれを奉体し、学校に於ける道徳教育と、家庭に於ける教訓と相悖ることがなくなる。㈡各市町村に於て、有志の設立する諸会又は青年会等を開会する場合、なるべく学校職員を出席させて、地方の有力者と共に教育勅語の趣旨について講話講演を行い、一般に勅語を貫徹させる様努める。㈢祖先崇敬の精神を涵養することは、国民道徳の根本を扶植する点で肝要であり、故に神社を崇敬し祖先の祭祀を重んずる事は、教育上最も意を用いなければならない〟〔教育時論、九百三十八号〕。

五月二十七日、即ち海軍記念日に、小松原文部大臣は、全国五十四箇の青年団を、補習教育の施設に大きく貢献したとして表彰した〔教育時論、九百四十一号〕。文部省は、府県費によって設立された実業補習学校が、昨年度は五千五百校であったが、本年度（明治四十四年）は約六千に達する予定と発表した〔教育時論、九百四十三号〕。又、全国の青年団体は、全国連合教育会による〝青年団体「若連中」の改善〟決議（明治三十八年）を契機に、益々増加し大小団体を合わせると一万に上った〔教育時論、九百四十九号〕。

以上で〝国民の倫理の行方〟に関して検証を終えるが、検証結果を次の様に要約する。日露戦争で連勝の際中、更に終戦後、日本政府は、国民の国家的観念を強固にするには好時期であるとの判断に立ち、国民の倫理・教育上の施策を続々と実行した。施策の中心に置かれたのが「忠孝」並びに「義勇」等の徳目を掲げる教育勅語であった。又政府は、国家的観念の育成に障害となる社会主義等欧米思想の伝播を防止するためにも教育勅語による訓育を押し進めた。教育勅語による訓育は小学校教育で行われ、以後補習学校・青年団活動等を通して、反復かつ組織的に実行されたためその訓育は絶大なる効果を生み、以降の日本国の歴史、日本人の意識・行動に、順次大きく反映されることになった。正に、政府が執った国民の倫理・教育上の施策は、戦争の勝利の中〝鉄は熱いうちに打て〟の諺その通りを行くものであった。

第九章　歴史回顧と検証

一　大正政変

明治四十四年（一九一一年）八月、第二次西園寺内閣が成立したが、国家財政は既に極度に悪化し、内閣は行財政整理に務めなければならなかった。従って、「帝国国防方針」に基づく陸海軍増強については、臨時制度整理局設置後の各省の組織統廃合実施によって削減された人件費をもって、増強に当てようとした。これに対して陸軍は、十九師団の他に更に二個師団の増設を要求し始めていた。そもそも、二個師団増設問題は、天皇の裁可を経て、明治四十年四月に策定された「帝国国防方針」により、平時二十五個師団（当時十七個師団）、戦時五十個師団という軍備拡張計画に起因していた。この計画の第一期分として四個師団新設の予定が、財政事情の悪化によって二個師団は実現したが、残りの朝鮮常駐二個師団の創設は、政府によって延期されて来た。しかし、植民地の民族運動とりわけ中国における辛亥革命の成功（一九一一年）は、極東の植民地支配のために、残りの二個師団増設の必要性を促す事になった。増設を強硬に主張した陸軍はその理由として、韓国併合による国防範囲の拡大、辛亥革命後の中国の政治的統一への対応、シベリヤ鉄道の複線化によるロシアの軍事輸送力増強への対処を挙げている。

大正元年（一九一二年）十一月二十二日、陸軍大臣上原勇作は、二個師団増設案を閣議に提案したが、十一月三十日否決されてしまった。しかしこの案は、陸軍の長老山県有朋達の支持があったので、上原陸軍大臣は十二月二日、総理大臣を経由せず単独で天皇に帷幄上奏し、辞表を提出した。西園寺総理大臣は、後任陸軍大臣の斡旋を山県等に要請したが断られ、十二月五日、第二次西園寺内閣は総辞職に追い込まれた。

しかし、藩閥官僚を背景に有する西園寺内閣の総辞職は、「増師反対」と「閥族打破」との主張を結合させて、全国に「閥族打破、憲政擁護」運動をまき起こすことになった。政友会は、総辞職の経緯を各支部へ打電した。各支部は直ちに「増師反対」「反閥族」「行政整理」などの決議をし、国民党各支部・新聞社等が、時局懇談会や演説会・市民大会・県民大会等を開いた。十三日には、都下の新聞雑誌記者や弁護士等によって「憲政作振会」が組織され、更に翌十四日には、時局対策有志懇談会が開かれた。政友会からは、尾崎行雄・岡崎邦輔等三十数名、国民党からは、犬養毅はじめ数名が参加し、運動の指導部となる「憲政擁護会」が結成された。この会の発端を開いたものは、福沢諭吉によって創立されたクラブ（交詢社）に集まっていた、慶応義塾出身の実業家や新聞人・政友会等の代議士などであった。この懇談会において、「閥族打破」「政党主義の発揮」「憲政擁護」の三項目が決議された。

次の首相候補者を選ぶ元老会議が、十二月六日に開催されたが、長州閥と薩摩閥、また山県と桂とではそれぞれ思惑が違い、それに「閥族打破、憲政擁護」運動の盛り上りも加わり、一層難航した。十二月二十一日、やっと第三次桂内閣が成立した。この間にも、「憲政擁護会」の運動は広く深く展開され、全国各地の会場は、常に満員の状態であった。十九日、東京の歌舞伎座で、第一回憲政擁護大会が開催された。この護憲運動の高まりの中、十二月二十四日、第三十回通常議会が召集された。桂太郎首相は、この難局に対処すべく新党結成を考え、大正二年（一九一三年）一月二十日に新政党の組織計画を発表し、同時に一月二十一日再開予定の議会の十五日間停会を命じた。この新党（立憲同志会）計画によって国民党を分裂させ、政友会の不信任案をも抑えようとしたが、かえって政友会を反政府の動きに結集させてしまい、久しく続いた桂と政友会との「情意投合」も終りをつげることとなった。

二月五日に再開された衆議院では、議員三百八十一名中二百三十四名の署名する内閣不信任案が、政友会・国民党両党から提出され、提案理由の説明に立った尾崎行雄（政友会）の「玉座を以て胸壁となし、詔勅を以て弾丸に代えて政敵を倒さんとする」桂攻撃の演説があり、再び詔勅による五日間の停会となった。数万の民衆が、この日は議会をとりまいた。二月七日、桂首相は、新政党である立憲同志会の宣言書を発表した。

二月十日、事態を憂えた山本権兵衛海軍大将や衆院議長の大岡育造らが、真剣に桂首相に辞職を進言した。護憲派代議士は胸に白バラをつけて、決意を示して登院した。数万の民衆が議会を包囲すると、警視総監川上親晴は群衆を追い払うことを命じ、騎馬巡査・騎馬憲兵は民衆の中に突っ込み、これをけちらした。こうした中で桂首相は、解散を考えていたが、ついに総辞職を決意し三たび停会を行った。この間の経緯を知らない院外の群衆の数は増え、騒擾化し、暴徒となった群衆は「国民」「やまと」「読売」「報知」など政府系とされている新聞社を襲撃し、交番などに放火し、東京の街は夜に入っても収拾がつかなかった。

二月十一日、桂内閣は、五十三日間という歴代内閣中最短命で瓦解し、同日、次期内閣首班は政友会の協力を条件に、薩摩出身の海軍大将山本権兵衛に決まった。ところが、翌大正三年一月、いわゆるシーメンス事件という海軍疑獄事件が明るみに出て、山本内閣は屋台骨を揺さぶられることになった。山本内閣は、議会の内外で次第に窮地に追い込まれ、ついに三月二十四日総辞職した。後継内閣は二転三転した末に、四月十六日、大隈重信内閣（第二次）が成立した〔大正政変の記述は「日本政治裁判史録」に依る〕。

二　二十一箇条の要求

㈠経緯の検証

大正三年（一九一四年）、オーストリア皇太子が、親露的な隣国セルビア人によって暗殺された事により、両国の間に戦争が勃発し、たちまちドイツとロシアの戦争に拡大した。更にフランスとイギリスもロシア側について参戦したため、第一次世界大戦へと拡大し、史上空前の大戦となった。

八月五日、駐日英国大使が加藤高明外務大臣と会談し、イギリスがドイツとの戦争を開始したと、本国政府の訓令を通告した。通告の内容は、直ちに上奏されると共に、大山・井上・松方・山県各元老と各大臣・軍に通知された〔在本邦英国大使ヨリ英独開戦ニ関シ非公式通告ノ件〕。

八月七日、英国は、支那近海に於けるドイツ仮装巡洋艦の捜索及び破壊のために、日本海軍の出動を要請した。これに対し日本政府は、日英同盟協約の規定に基づき英国の要請を受け入れ、ドイツに対し開戦する事を決定し、八月八日、上奏した〔対独開戦廟議内定ニ関スル件〕。

八月十三日、加藤外務大臣は、日本の対独宣戦布告の中で、戦域局限に関して言及しない事について、英国政府の同意を得るよう井上英国大使に訓令した。これに対して英国政府は、日本政府より戦域局限について保障を得る事を条件に、宣戦布告の中で言及しない事に同意した〔日本ノ対独宣戦布告中ニテ戦域局限ニ関スル声明ヲ為サザルコトニ英国政府ノ同意取付ケ方訓令ノ件〕。

八月十五日、日本政府は、次の対独最後通牒文を閣議決定し、天皇の裁可を受けた。「日本及支那海洋方面ヨリ独逸国艦艇ノ即時ニ退去スルコト退去スルコト能ハサルモノハ直チニ其武装ヲ解除スルコト」「独逸帝国政府ハ膠州湾租借地全部ヲ支那国ニ還附スルノ目的ヲ以テ以上一千九百十四年九月十五日ヲ限リ無償無条件ニテ日本帝国官憲ニ交附スルコト」「日本帝国政府ニ於テ叙上ノ勧告ニ対シ一千九百十四年八月二十三日正午迄ニ無条件ニ応諾ノ旨独逸帝国政府ヨリノ回答ヲ受領セサルニ於テハ帝国政府ハ其ノ必要ト認ムル行動ヲ取ルヘキコトヲ声明ス〔対独最後通牒文〕。

又、同日、加藤外務大臣は、中国・米国・ロシア各駐日大使に対して、何等領土侵略という隠れた目的を有しない事を言明した〔米国大使ニ対独最後通牒発送済通告其目的説明及他国領土侵略ノ意志無キ旨言明ノ件。他〕。

八月十七日、加藤外務大臣は、日本の軍事行動地域局限問題について、駐日英国大使と会談した。

英国大使は「中国領土内ニ於ケル軍事行動地域ニ関スル英国政府ノ見解」の来電写しを示しながら、ドイツには五十キロメートルに限って、その軍隊が中国領内を通過できる権利がある故、この区域内だけならば日本も同様の事をしても差し支えないと述べた。これに対して、加藤外務大臣は、日本軍を膠州湾租借地から五十キロメートルの所に上陸させる事は、あたかも敵前上陸に似ていて賛成できない。右地域外に日本軍を上陸させ、しかも通過させる事について中国政府の承認を得る事は可能だと思うが、果たして中国が中立国としての権利を、十分に行使できるかは予想し難い。従って、この点について本日、陸海軍大臣とも相談すると述べた〔日本ノ軍事行動地域局限声明問題及日英露仏陸海軍協同動作問題ニ関スル件〕。

八月十九日、加藤外務大臣は、駐日英国大使との会談に於て、日本の軍事行動の範囲について具体的に言明する事はせずに、一般的な言明だけで十分であり、総理大臣の声明も同じ意味であると了承を求めた〔日本ノ軍事行動局限ニ関スル大隈首相ノ声明ニ付外務大臣ヨリ説明及英国大使ヨリ独国ノ膠州湾ヲ中国ニ還附ノ可能性ニ付協議ノ件〕。

加藤外務大臣は、八月二十日、駐日英国大使と会談した。会談の中で英国大使は、膠州湾攻撃には三つの方法があるが、いずれの方法にするか、本国政府に報告する積もりであると次の三案を示した。第一、両国軍カ支那領土ヲ通行スルニ付両国共同シテ支那政府ノ同意ヲ求ムルコト。第二、日英両国兵ハ何レモ膠州湾ノ周囲五十キロメートルノ地域内ニ上陸スルコト。第三、日本兵ハ膠州湾ノ周囲五十キロメートルノ地域外ノ北方ヨリ英国兵ハ右五十キロメートルノ地域内ヨリ上陸スルコト。これに対して、加藤外務大臣は、第三案のごとく、英国兵が右地域内に上陸できるのは、日本兵が膠州湾を包囲した後に始めて行われるべきだと述べた〔中国ニ対シ日英共同警告ヲ為ス案ニ付会談シ加藤外相ヨリ右警告ハ最早不要ト思考スル旨談話ノ件〕。

中国は、八月六日、既に欧州各国の戦争に対して局外中立を宣言していたが、加藤外務大臣は、中国の中立問題と交戦地域限定に関して、日置益中国公使に次の様に訓令した。ドイツがベルギーの中立を侵した結果、イギリス・フランス両国も亦ベルギーに出兵した例を鑑みると、山東地方に於てドイツの中立違反がある以上、日本にも亦同地方に出兵できる理由がある。従って、ドイツ側の抗議に対抗する理由は十分ある故、中国政府はこの点に懸念することなく、この際、山東省内の黄河以南の地を除外地域として承諾することが、中国にとっても得策である。但し、日本が実際に使用するのはその極めて一小部分に過ぎないが、今より何地方と確言する事はできない。〃以上ハ当方ノ希望ナレトモ貴官ノ裁量ニヨリ先ツ山東省ノ一部ヲ使用スルコトニ付キ主義上支那ヲシテ同意セシメ置キ次キニ地域ノ区画ヲ申出ダスコトトセラルルモ差支ナシ右ノ含ヲ以テ支那当局トノ間ニ可然懇談ヲ遂ゲラレ結果電報アリ度（略）尚我軍ノ山東省ニ上陸ヲ初ムルハ九月二日頃トナルへキ予定ニ付右ハ貴官限リ極内密ニ御含ノ上本件交渉至急纏メラルルヤウ御尽力アリタシ〟〔八月二十一日、中国ノ中立問題ト山東出兵トニ関連スル交戦地域限定ニ関スル我意向伝達ノ件〕。

八月二十三日、井上英国大使は、英国外務大臣との会見結果を、加藤外務大臣に次の様に報告した。中立を宣言している中国に関しては、列国の間に何等中立保障の条約が無いため、中国政府の承諾があれば、日本軍が膠州湾攻撃に当たって五十キロメートルの区域外の一地点より上陸しても、英国政府は何等異議がない旨の内諾であった〔日本軍膠州湾上陸ノ為五十粁以外ノ地点ヨリ上陸スルモ英国政府ハ異議ナシトノ英国外相ノ内話報告ノ件〕。同日、対独宣戦布告が発布された。

八月二十五日、日置中国公使は中立除外地域の公布について、孫宝琦外交総長と会談した。日置公使は、加藤外務大臣の訓令に従って〝帝国政府ハ黄河以南ヲ以テ除外区域トセラレンコトヲ望ム〟と述べたところ、孫総長は〝右ハ余リニ広大ナルヲ以テ万一斯ル布令ヲ発スル時ハ支那人民ハ日本軍隊ハ山東全部ヲ占領セントスルモノト思惟シ一般ニ騒擾ヲ来スノ虞アリ到底斯ル希望ニ応スルヲ得ス〟と主張し、中国政府による除外地域の公布は殆んど望みなくなった。更に孫総長は、日本軍が膠州湾を占領した際に食糧等の運搬のために日本軍が鉄道を使用する事には、抵抗等をする考えは毛頭なく、交戦地域はなるべく濰県以東の地に局限する様希望すると述べた〔八月二十七日、中立除外地域公布ノ困難及中国側ノ好意的中立ニ関シ孫外交総長ト会談ノ件〕。

八月二十七日、日本海軍は、山東省膠州湾租借地全沿岸の封鎖を宣言し、封鎖地域内に在る全ての船舶に対し、二十四時間以内に当該地域からの退去を要求した〔封鎖宣言ヲ友邦中立国諸政府へ通告方依頼ノ件〕。

八月二十九日、加藤外務大臣は、中国側の希望通りに交戦地域を局限する事は断じて承知できないが、日本軍の行動区域を黄河以南とする当初の案に反対ならば〝濰県ト諸城県トヲ連接シ南北ノ海岸ニ達スル一線以東トシテ差支ナシ〟と日置中国公使へ訓令した〔交戦地域局限ニ反対ノ旨中国政府ニ申入方訓令ノ件〕。

八月三十一日、日置公使は、中国側に、日本軍の使用する地域は濰県諸城県以東と定めており、中国政府の同意有る無しに拘らず、既定の計画について今更変更は難しいと通告した〔交戦区域ニ関シ日本政府ノ意向ヲ中国側へ通告並山東鉄道守備ノ中国軍撤退要請ノ件〕。

九月二日、日本陸軍が、第一・第二艦隊掩護の下に、山東省龍口に上陸した。五日、歩兵一連隊を基幹とする支隊が、龍口を出発し萊州・平度を経て、即墨に向かって前進した。十八日、膠州湾の東外側にある労山湾に、第二次輸送部隊が上陸した。二十五日、陸軍主力が、即墨附近に終結を終え、二十八日、孤山より浮山にわたる一帯の高地にあるドイツ前進陣地を攻撃し、これを占領した。戦闘後、青島攻略に派遣された英国の中国駐屯軍が、日本陸軍の指揮下に編入された。陸軍は攻囲陣地を編成し、青島要塞に対する攻撃を準備した。十月二十九日、青島要塞への総攻撃が開始された。十一月七日、第一線諸部隊が要塞へ突撃し、午前六時三十分頃、イルチス山一帯の高地を占領して要塞中央部を突破し、午前七時頃、遂にドイツ軍は、白旗を揚げて全線降服の意を表した〔陸軍五十年史〕。

一方、日本政府は、日本軍が青島攻略作戦を展開する中、中国側との間で、中国領土内に於ける日本軍の行動範囲について交渉を続けていた。

九月三日、中国外交部は、ドイツが膠州湾一帯で軍事行動を取り、日英連合軍も亦龍口及び膠州湾萊州附近一帯で軍事行動を取ったため、龍口萊州及び膠州湾附近の各地域を中立除外地域である事を言明した。又、日置中国公使は、中国側が認めている日本軍の軍事行動区域は、濰県以東であると加藤外務大臣に報告した〔膠州湾地区ノ日英独ノ行動ニ関シ中国側ヨリ中立除外地域声明ノ照合ニ接シタル件〕。

九月七日、中国政府は〝日支両国政府協議の結果、濰河々口のやや西より濰県城東を経て諸城県に至るまでの西界線と、龍口より全家口やや東北の琵琶河までの東界線との間の地域を、中立地帯より除外する〟と芝罘呉観察使へ訓令した〔九月十日、交戦地域ニ関シ北京政府ヨリ芝罘呉観察使へノ訓令報告ノ件〕。

日本軍の軍事行動区域として中国側が認めた区域は、濰県以東であったが、間もなく破られる事になった。

九月十三日、陸軍参謀本部福田雅太郎少将は、外務省小池張造局長に対して、山東鉄道の全管理権を日本側が握るために、濰県と済南との間を実力を以て占領すべき事を、陸軍として提議した〔山東鉄道管理ニ関スル陸軍側意見通報ノ件〕。

九月二十二日、加藤外務大臣は、日置中国公使に対して「日本ガ山東鉄道ヲ管理経営スルコトノ妥当ナル理由ニ付訓令ノ件」と題して、極秘電報を発した。山東鉄道は、膠州湾租借条約によって、ドイツ政府が得た権利に基づき敷設されたもので、事実上同租借地と一体となったドイツ青島経営の最主要機関の一つである。対ドイツ軍事行動開始の結果、同条約の包容する事項に関する最終処分の決定は、戦争終了時に譲るとしても、差し当たり山東鉄道には対処する必要がある。同鉄道は、日独開戦後に於ても武器軍需品を青島に輸送する等、ドイツ側戦闘力増加に使用されており、この際同鉄道及びその附属設備の管理は、日本側が行う事とする。山東鉄道の濰県以東は交戦地域に属し、同鉄道守備中国兵は全部濰県以東から撤退したが、濰県・済南間はやや事情が異なる。日本政府は、山東鉄道全線及びその附属設備を管理経営することにしたので、貴官は、至急中国側に内話しその結果を報告する様にとの訓令であった。

九月二十三日、加藤外務大臣は、日本軍の濰県以西への軍事行動について、日置中国公使へ訓令した。兵力約一大隊が、二十八日より鉄道を利用して濰県及びその以西に向かって出発し、順次各停車場に少数の兵員を配置しつつ前進し、結局済南まで進んで鉄道線路を押収する手筈となっている。ついては、前日の訓令の通り中国側と交渉しその結果を報告せよ、と訓令した（山東鉄道管理経営ノ為ノ日本軍ノ濰県以西ヘノ軍事行動ニ付通報及訓令ノ件）。

又、長谷川好道参謀総長は、現地軍の独立第十八師団長に対して「山東鉄道ノ管理・経営及警備ニ就テハ九月二十三日外務大臣ヨリ支那政府ニ通告ス而シテ其回答ノ如何ヲ問ハス之ヲ実施セラル方針ナリ」「濰県ヨリ以西ニ於ケル警備ハ九月二十八日ヨリ著手セシムヘシ」と指示した（九月二十四日、山東鉄道ノ警備ニ関シ現地軍ニ与ヘタル指示及注意通報ノ件）。

九月二十四日、日置中国公使は、加藤外務大臣に対して〝折角、中国側を押さえ付けて中立除外区域を制定したのに、万一、濰県以西に兵を進めることがあれば、忽ち中国側の反感を招き、激しい世論を喚起し、結果として青島攻撃に不利に働き、しいては、戦争終結の際に極めて不利益な立場に陥る〟と申言した（山東鉄道押収管理経営ノ為濰県以西派兵ハ日中関係ニ面白カラズトノ意見開陳ノ件）。

これに対して、加藤外務大臣は日置公使の意見を採り入れ、二十八日を以て濰県以西の鉄道線路押収に着手する件は、暫くその実行を見合わせ、その前に先ず中国側の同意を得るべく懇談する様指示した。ただ、加藤外務大臣は、若し中国側が強硬に反対を唱える事があっても、日本政府は、到底当初の決定を翻すことはできない事を付言した〔九月二十六日、山東鉄道押収管理経営ニ関シ日軍ノ西方進出ハ暫ク見合セ右ニ付予メ中国側ノ同意ヲ取付クル様交渉方訓令ノ件〕。

九月二十六日午後七時、曹汝霖外交次長が急拠、日置中国公使を訪ねて次の抗議を行った。「濰県ヨリノ急電ニ依レハ昨二十五日午後日本士官一名兵十名許ヲ率ヒ濰県ニ着シ更ニ約四百名ノ日本兵ノ来着ヲ待チ直ニ同地鉄道停車場ヲ占領シ同時ニ支那人夫一名ヲ殺シ独逸国人四名ヲ捕虜トシタル趣ナルカ（略）速ニ濰県ヨリ其兵力ヲ撤退セラルル様致シタシ（略）」〔九月二十七日、日本軍ノ濰県停車場占領ニ関シ中国側ヨリ抗議ノ件〕。

九月二十七日、中国側の抗議の報を受けた加藤外務大臣は、通信不便のため、電報はまだ陸軍側に届いていないが、直ちに出先司令官へ電令したと日置中国公使へ回答した。更に加藤大臣は、濰県以西の鉄道押収の件は、急いで決行する必要があるため、直ちに中国政府と交渉し、場合によっては、直接袁世凱総統に謁見して日本側の主張を貫徹するよう訓令した〔濰県以西ノ山東鉄道押収ヲ差控ヘシメタルニ付同鉄道ノ管理経営ニ関シ至急中国政府ト交渉方訓令ノ件〕。

九月二十八日、日置中国公使は、訓令の趣旨を申し入れるために孫外交総長と会談した。申し入れに対して、孫総長はあくまで同意しなかったが、明日政府の会議に附託すると語り、濰県に駐屯する日本軍をこれ以上西進させない様懇請した。又、山東鉄道の管理形態について次の様に論弁した。山東鉄道は、元来特殊合同経営に係る私立会社であるだけでなく、東清・南清両鉄道の如くその所属国が行政権を有する鉄道附属地などはなく、又両鉄道の如く鉄道守備権を認めた事もなく、専ら中国地方官憲が巡警によって保護する関係にあり、租借地の延長又はドイツ国の公的財産と見做すことはできない〔日本ノ山東鉄道管理経営及濰県以西軍事行動ニ関シテ孫宝琦外交総長不同意ノ旨返答ノ件〕。

九月三十日、加藤外務大臣は、濰県占領に対する中国側の抗議に対して、日置中国公使に訓令した。山東鉄道と膠州湾租借地とは同体のものであり、従って当該鉄道及びその敷地を断じて中立のものと認めることはできない。日本政府は、決して中国の中立を侵し、敢えて交戦地域を拡張せんとするものではなく、中立と認める事ができない鉄道を敵の手より回収せんとするに外ならない〔濰県占領ニ対スル中国側抗議ニ関シ山東鉄道ト膠州湾租借地トハ同体ナリトノ論拠ヨリ駁論方訓令ノ件〕。同日、加藤外務大臣は「濰県ニ於ケル我軍隊ハ来ル十月三日（土曜）ヲ以テ濰県以西ニ向ヒ鉄道押収ニ着手スル筈ナルニ付右御含アリタシ」と訓令した〔日軍濰県以西ノ山東鉄道押収着手ノ件〕。

十月二日、曹外交次長は、山東鉄道問題に関して袁総統と面談した。袁総統は、濰県を占拠中の日本兵が今にも西進しようとする一方、濰県駐屯中国軍の将卒一同が、日本の中立侵害に対し益々激昂し何時勃発するかもしれぬ状況を鑑み、曹次長に対して、日本側と協議する様命じた。曹次長は、日本側に、濰県を占拠中の日本兵は、三日ないし五日間前進を見合わせ、その間に、平和的手段によって日本の希望を達成する方法を、秘密に協定する事を申し入れた〔十月三日、日本軍西進延期方及ビ交戦期間中山東鉄道ノ中国管理方ニ付曹汝霖申出ノ件〕。

十月四日、加藤外務大臣は、曹外交次長の提案について、日本の計画は今更中国の要求のために変更する事はできないと返答した。又、加藤大臣は、日本軍一中隊約百名が昨三日に前進を開始し、濰県の西約七里の朱理店に達した所、同所の鉄道が破壊されていたため部隊は徒歩で青州へ向かい、四日夜明けには到着の予定と日置中国公使に伝えた〔日本軍西進延期ニ関スル曹汝霖私案ニ同意シ難キ件〕。

十月六日夜十一時、日本軍三十名は手押車に乗って済南に到着し、済南の三停車場を一切占拠した。これに対して中国政府は、日本軍の西進により中国の中立は破壊されたと、日本政府に抗議した〔十月九日、日本軍山東鉄道管理経営ニ関シ中国側抗議ノ件〕。

この様にして、日本側は、日英共同軍が青島攻略作戦を遂行する中、山東鉄道（膠済鉄道線）を占領したのであった。日本政府が山東鉄道の押収に踏み切ったのは、次の理由に依るものであった。日本政府はドイツとの開戦に当たり〝ドイツ政府は膠州湾租借地全部を中国に還附する目的のために、無償無条件で日本側に交附する事〟を最後通牒として通告したが、これは中国への還附を、代償なしに実行するものではなかった。日本政府は、膠州湾租借地の還附後に於ても同地の実権を握る事が絶対に必要であるとして、そのために山東鉄道の管理経営を、日本軍の下に置いたのである。

青島の陥落後間も無い十二月三日、加藤外務大臣は、日置中国公使に対して〝対支政策に関する件〟と題して、二十一箇条の要求を訓令した。その内容は、第一号「第一条……支那国政府ハ独逸国カ山東省ニ関シ条約其他ニ依リ支那国ニ対シテ有スル一切ノ権利利益譲与等ノ処分ニ付日本国政府カ独逸国政府ト協定スヘキ一切ノ事項ヲ承認スヘキコトヲ約ス」等の山東問題に関するものと、「両締約国ハ旅順大連租借期限並南満州及安奉両鉄道各期限ヲ何レモ更ニ九十九年ツツ延長スヘキコトヲ約ス」等の、南満州及び東部内蒙古地方に於ける日本国の権利明確化に関する要求であった。

大正四年（一九一五年）一月八日、加藤外務大臣は、日置中国公使に対して、二十一箇条の要求に関し袁総統と交渉を開始する様訓令した。又、同日、加藤大臣は井上英国大使に対して、日中交渉の開始に当たり、商議内容を英国外務大臣に伝達する様訓令した〔中国ト交渉開始方訓令ノ件、日中交渉開始ニ関シ商議内容ヲ英国外務大臣ニ内密伝達方訓令ノ件〕。

一月十八日、日置中国公使は、袁総統に謁見して二十一箇条の要求を提議し、趣旨を詳細に説明した。翌日、坂西利八郎大佐が袁総統に内謁した際、袁総統は〝日本国ハ平等ノ友邦トシテ支那ヲ遇スヘキ筈ナルニ何故ニ常ニ豚狗ノ如ク奴隷ノ如ク取扱ハントスルカ〟と、日本国の要求に対して頗る憤慨した語気で語った〔一月二十日、我提案ニ関シ袁大総統憤慨ノ口吻ヲ坂西大佐ニ洩ラシ曹汝霖亦慷慨ノ件〕。

北京の漢英字新聞はいずれも日中交渉に関して論難し、二十九日民視報は殆んど一頁半を使って、日本を攻撃する論評を掲載した。一月三十一日亜細亜日報は、「可驚可駭之要求内容」と題し「（略）現在発表セラレタルモノノミニテモ既ニ我国ノ利権ト主権トヲ剥奪シテ自立ノ余地ナカラシム之ヲ国家ト称スルヲ得ルヤ国民亡国ノ奴トナルヲ甘ンスルヤ（略）」と報道した〔二月一日、北京ノ漢英字新聞ノ日中交渉ニ関スル論難ニ付報告並中国側取締ニ関シ警告ノ件〕。

二月五日、第二回会議に於て中国側は、日本国の要求全体にわたって陳述し、第二号甲案（第二条、三条）は南満州と東部内蒙古に関する要求で構成されているが、東部内蒙古はこれを除外し、別に協議することを提案した。これに対して加藤外務大臣は、東部内蒙古は地理上南満州と分離できない一地域を形成し、歴史・行政・経済上並びに交通上密接なる関係が有り、分離できないと訓令した〔二月六日、第二回会議ニ於テ我提案全体ニ亘リ陳述セラレタル中国側大体ノ意見報告ノ件。

二月七日、東部内蒙古ト南満州トノ関係ハ密接不可分離ナル件〕。

対中国との交渉は難航し、日本国にとって最も重要なる条項に対し、中国側は承諾の意を表する見込みは殆んどなかった。加藤外務大臣は、日本政府の当初の目的を達成するために、中国に対して威圧的手段を執る必要を認め、その方法を考慮中であった。三月六日、加藤大臣は日置中国公使に対して、南満州駐屯一個師団及び山東半島守備一個師団は、十六七日頃同時に本国を出発するが、これは何れも交替のためであるが、交渉上威圧の目的に利用する様訓令した〔三月五日、中国ヲシテ我提案ヲ承諾セシムル為ノ威圧手段ニ付考慮中ナル旨内示ノ件。三月六日、南満州東ヘノ派兵ヲ対中国交渉上威圧ノ目的ニ利用方訓令ノ件〕。

三月十二日、曹次長が日置中国公使を訪ね〝日本国は、その軍隊を山東満州方面へ出動するとの事だが、これは交替のためとは承知しているが、何分にも目下、日中交渉の際中であり、軍隊出動の報が伝われば誤解が発生・伝播し、結局民心の動揺を来す〟と憂慮の念を伝えた〔三月十三日、曹次長来訪ノ上日本軍ノ山東満州出動ニ関シ中国側ノ苦慮陳述ノ件〕。

三月十二日の新中国報は「国民ニ詔ク」と題し、「日支ノ交渉ハ絶大ノ険浪ヲ発現セリ曰ハク日本ハ武力ヲ以テ其目的ヲ達セントスト我国民ハ聴ケヨ此度ノ日支交渉ハ支那存亡ノ関係国民生死ノ岐路ナリ日本ハ処心積慮我国ヲ待ツニ朝鮮ヲ以テス試ミニ問フ我カ錦繍ノ山河我カ総秀ノ人民ハ甘シテ高麗ノ衆生タルヤ否日本果シテ武力ヲ以テ来レハ我ハ唯タ一死抵抗アルノミ（略）」と報道した。

三月十四日の国権報も「中日交渉最後ノ研究」と題し、「伝説ニヨレハ日本ハ武力ヲ以テ最後ノ解決ヲ為サントスト日本ノ陸海軍精鋭ヲ以テセハ一時我国ヲ圧スルニ足ルモノアランモ而カモ我ニモ亦背城借一、心アリ況ンヤ国土ノ広、人民ノ衆ヲ以テス果シテ我ヲ第二ノ朝鮮タラシメ得ルヤ否（略）我国ニシテ堅持二三年セハ日本能ク堪ヘ得ルヤ歴世我カ文化ヲ受ケナカラ今ヤ徳ニ報ユルニ怨ヲ以テセントスル日本以テ如何トスル」と報道した。

又、三月十日、十一日の亜細亜日報も「日本ハ果シテ武力ヲ以テ外交後援ト為スカ」と題し、「最近日本ハ頻リニ出兵説ヲ伝フ日本人ノ意ヲ推スニ支那ハ一度示威運動ニ会ヘハ恐懼シテ唯命是聴ク可シトスルモノニ似タリ（略）何ソ日本ヲ怕ルルニ足ラン我国人ハ袂ヲ投シテ起テヨ云々」と報道した。

この間、北京各新聞には、各方面の反日請願電報が掲載された。例えば「留日学生帰国者ノ上海ニテ煽動発企セル中華民国請願ノ上書、黒龍江在北京学界ノ東三省父老ニ告クルノ一書、日本留学生北京派遣代表者劉文島等ノ稟請書、上海ナル進歩党交通部ノ檄文等」が掲載され、何れも慷慨悲憤亡国を絶叫して日本を非難するものであった。その他内外各団体による日本の要求を拒絶する電報が、連日紙上に掲載された〔三月十七日、中国新聞論調続報ノ件〕。

日中交渉の内容が、新聞に掲載されて以来、上海に於ては頻りに報復として、日貨排斥運動を行うべしとの説が言われていたが、官憲の注意もあって大事に至らなかった。しかし、三月十八日、張園に於て国民大会が開催され排日的決議がされて以来、日貨排斥運動は激烈となった。単に「ボイコット」に関する引札貼紙のみならず、日本品取り扱いの中国商人及び日本商店に勤務する中国人に対し、種々脅迫状が寄せられ、日本品の広告看板は破壊され、又日本商店に対し暴行を加えるものもあった。日本雑貨同業組合は、日本商人からの仕入れを中止し、日本よりの積み出しも停止した。又、運送業界に於ても、上海より他地への日本品積送を中止した〔三月二十三日、上海日本商品売行減退ノ状況及其原因等ニ付報告ノ件〕。

三月二十五日、中国政府は、排日の気勢が激しくなってきたため、排日運動禁止に関する大総統中令を各地方官に下した。

三月二十八日から二十九日にかけて、福建省の興化に学生団及び農民等を中心とする排日運動が起きた。演説会開催の後煽動された人民が、日本売薬広告看板を破壊して河中に投じ、又中国人店舗に侵入して日本貨物に対し封印を行った〔四月二日、福建ノ興化ニ学生団及農会員等ノ排日運動発生ニ付報告ノ件〕。

四月に入って、上海に於ける日貨排斥運動は当局の厳重な取り締まりによって頗る鎮静化し、日本商店に対する営業妨害、又暴行を加えるものもなくなり、檄文の散布もまた減少した〔四月三日、上海ノ日貨排斥運動ガ当局ノ取締ニヨリ漸次鎮静ニ復セル旨報告ノ件〕。

四月十五日、第二十三回日中交渉が開催され、東部内蒙古問題が討議された。この問題は、既に数回論議を重ねてきたが、東部内蒙古は南満州と同様に取り扱うべきとする日本側の主張に対して、中国側は頑として耳を傾けなかった。これに対して加藤外務大臣は、やむを得ない場合には、東部内蒙古に関して必ずしも南満州と同じ条件を要求する訳ではないが、租税を担保とする借款及び鉄道敷設のための借款は先ず日本と協議する事、日本人の居住往来及び農工商業に従事し土地を暫祖永祖する事等が許されるならば、その他は譲歩しても良いと訓令した〔四月十六日、東部内蒙古問題ニ付訓示並第五号譲歩ニ付中国側ノ誤解ヲ招カザル様注意方ノ件〕。

四月二十二日、加藤外務大臣は、日本政府が最後譲歩案を閣議決定した事、並びにその内容を日置中国公使に訓令した。五月一日、日置公使は、外交部に於て陸宗輿総長と会見し、日本国の最後譲歩案に対する中国側の回答を受領したが、その内容は頗る不満足を表明するものであった〔我最後修正案ニ対スル中国側ノ回答受領及其内容不満足ナル旨報告ノ件〕。

四月二十九日の北京日報は、「主戦」と題して「此度日本ハ要求ヲ提出シ武力ヲ用ヰテ解決セントセリ（略）我国ハ戦フモ亡ヒ戦ハサルモ亡フトセハ戦フハ尚ホ一縷ノ希望アリ此故ニ戦ヲ主張スルナリ」と報道した〔五月十一日、対中国要求ニ関スル中国新聞論調報告ノ件〕。

五月六日、日本国は、御前会議に於て中国政府に交付すべき最後通牒を、総理大臣・各省大臣・山県大山両公並びに松方侯列席の下、次の通り決定した。日本政府は、本交渉の決裂による時局の紛糾を避けるために、日本政府の提出した修正案中の第五号の各項に付き、已に両国政府代表者間で協定した福建省に関する公文を除く他の項目は、本交渉と引き離し、後日改めて協議することを承諾する。第一号・二号・三号・四号の各条項は修正案記載通りとする。以上の勧告に対し、五月九日午後六時迄に、中国政府より満足なる回答を受領できない時は、日本政府は必要と認める手段を執る事を併せて声明する〔中国政府ニ交付スベキ最後通牒全文電送ノ件〕。

同日、岡市之助陸軍大臣は、加藤外務大臣に対して、満州に駐留する第十三第十七師団独立守備隊及び朝鮮に在る第九師団に対して応急準備の命令を下した事を伝達した。又、海軍省秋山真之局長も外務省坂田重次郎局長に対して、鹿島・三笠・常盤等の艦艇が、中国沿岸に向かうべく命令が下された事を伝達した〔朝鮮及満州駐屯部隊応急準備令伝達ノ件、支那沿岸ニ於ケル艦船ノ件〕。

五月七日午後三時、日置中国公使は外交部に於て陸総長と会見し、日本政府の命令により最後通牒を提出した〔最後通牒手交及陸総長ノ挨拶振並印象ニ付報告ノ件〕。これに対して中国側は、五月九日、陸総長が日置中国公使を訪ね、最後通牒を受諾する旨の正式回答を行った〔陸外交総長ヨリ最後通牒ニ対スル正式回答書受領ノ件〕。

最後通牒について、北京の各新聞は、五月七日を〝国恥〟として永く記念すべきであると報道した。北京救国儲金団が設立され、五月十日商務総会内で開かれた儲金団会議に於て、設立者の一人である馮麟沛参政が演説をした。新聞各紙はその内容を〝民国四年五月七日ヲ最大国恥ノ第一日ナリト云ヒ日本ノ要求ヲ一々指摘シテ其横暴ヲ叫ヒ之レ日韓議定書ノ変象ナリトテ排日心ヲ鼓吹シテ救国儲金ヲ強ヒ〟と掲載した。

五月十一日、北京救国儲金団は、旧宮城の一部を開放した中央公園で大会を開き、予め宣言のチラシを散布して各方面の多数の人を招集し、巡査は園門を警戒し日本人の入園を拒絶した。演説に立った人は何れも日本の横暴を攻撃して悲憤慷慨を極め、日貨排斥を鼓吹し愛国儲金を主張した。

京師商務総会は、五月八日付で全国各商会に次の檄文を打電した。「日本ハ欧州多故ヲ利用シ朝鮮併呑同一ノ条件承認ヲ迫リ五月七日武力最後通牒ヲ為セリ之レ我ノ生命財産ヲ強奪シ我国家ヲ滅シテ其貪欲ニ供セントスルモノナリ（略）五月七日ノ恥此生此世我子我孫誓ッテ一刻モ相忘レサルヘシ請フ四萬々人ハ本年五月七日ヨリ誓ッテ全力ヲ奮ヒ以テ国家ヲ助クヘシ特ニ茲ニ哀電ス願クハ全体ノ商民ニ普告シテ永ク此志ヲ存シ国恥ヲ忘ルル勿レ」。〔五月十二日、最後通牒ト北京新聞論調其他ノ状況報告ノ件〕。

五月十三日、漢口市街に暴動が起き、暴徒が日本商店を襲撃し又日本人に投石をして危害を加えた。漢口の暴動以後、重慶・上海・福州方面に日貨排斥が起こり、揚子江一帯その他にも伝播しつつあった〔五月十四日、漢口ニ発生ノ暴動ニ関シ報告ノ件。五月二十一日、漢口重慶上海福州等ノ日貨排斥運動禁遏ニ関シ中国政府ニ警告方訓令ノ件〕。

(二)対中国政策の模倣性

日本国が中国に突き付けた〝二十一箇条の要求〟が受諾される迄の経緯を辿ると、中国側はその批判の中で、度々、日本国による朝鮮併合について言及している。例えば四月二十七八日の天民報に「高麗ノ滅亡ヲ論ス」と題して、「高麗滅亡ノ故ハ要スルニ種々ノ原因アリ決シテ偶然ノ事ニ非ス日露戦後滅亡ノ局已ニ定マリ「ポーツマウス」条約成ッテ滅亡ノ事実已ニ演成セラル（略）嗚呼彼ノ高麗ヲ滅ス仇敵ハ今又其手段ヲ我ニ試ミントス我カ神州ノ国民急起之ヲ図レヨ」とする新聞記事がある。三月八日の新中国報も「国民夫レ毅カシテ外ニ対セヨ」と題し、「日本ハ悍然世界ノ評議ヲ顧ミス我ヲ朝鮮ニセントス（略）」と掲載している。同じく新中国報は十二日にも「国民ニ詔ク」と題し、「此度ノ日支交渉ハ支那存亡ノ関係国民生死ノ岐路ナリ日本ハ処心積慮我国ヲ待ツニ朝鮮ヲ以テス（略）」と報道した。その他、多くの新聞が朝鮮併合を報道した。三月十四日付国権報は「中日交渉最後ノ研究」と題し、「我ヲ第二ノ朝鮮タラシメ得ルヤ否（略）と掲載し、三月六日付、大自由報も「中日交渉ノ険象」と題し、「日本ハ維新以来清韓保全ヲ唱道シナカラ朝鮮前ニ亡ヒテ列国ノ顧ミルナシ（略）」と掲載している。

中国が最後通牒を受諾した翌日には、北京「ガゼット」が〝南満州に於ては併合前の韓国と同様の事態を確立する事になり、又東部内蒙古に於ても新たな利権を獲得した結果、この先、南満州と全く同じ事態を作る事になり、長城以北の両地域は最早併合の運命に陥ったものと言わなければならない〟との社説を報道した〔五月十日、北京「ガゼット」社説要領報告の件〕。

二十一箇条の要求を非難するに当たり、朝鮮併合を取り上げたのは新聞界だけではなかった。排日運動の核となった救国儲金団が掲げる檄文には、冒頭に必ず朝鮮併合を痛憤する内容が盛られていた。又、五月七日の〝国恥〟を記念して、全国の各商会宛に打電された電報にも〝日本ハ欧州多故ヲ利用シ朝鮮併呑同一ノ条件承認ヲ迫リ〟とある。

又、日本の対中国政策を朝鮮併合に準えてその論旨を主張したのは、中国々民だけではなかった。大正三年（一九一四年）八月二十二日付大阪毎日新聞は、対ドイツ最後通牒の回答期限を二十三日に控えて、「日支間新協定近く議定書調印されん」と題して次の様に報道した。

〝ドイツ政府が、日本国の要求を拒絶するか又は回答しない場合は、直ちに最後の行動を執らなければならないが、中国とは是非とも協定して置かねばならない重大案件がある。大隈首相及び加藤外相は日置中国公使に新議定書案を携えて北京に赴任させた。日置中国公使はその途中で寺内朝鮮総督及び福島関東都督と会談し、八月二十日北京に着任後、直ちに袁総統に信任状を捧呈の上中国側との間で協定を結ぶ予定という〟。

更に大阪毎日新聞は「日支協約如何、日置公使も亦好運の人」と題して、次の様に報道した。

〝支那がドイツの味方にならず、日本を頼ってその中立を維持し、又その平和と秩序とを確保しようとすれば、これに必要な日支協約の成立は当然の事となる。日本が如何なる協約を結ぶのかは知る所ではないが、幾分かこれに似た前例を挙げると、第一は、日清戦争当時、大鳥駐韓公使と金韓国外相との間で結んだ「日韓暫定合同条款」であり、第二は同年八月二十六日、同当局者の締結した「日韓同盟条約」であり、第三は、日露戦争当時、林駐韓公使と李韓国外相が締結した「日韓議定書」である。更に、明治三十七年（一九〇四年）八月二十二日締結の「日韓協約」により、日本は、韓国保護の実を挙げる発端を啓いた事は、尚記憶に新しい所である。

日支両国の関係は、南満州以外、当年の日韓関係と同視すべきでないものがあるのは勿論であるが、支那は完全な中立を維持することができず、又ドイツの作戦根拠地を掃蕩することもできず、寧ろその侵害を蒙る立場となっている。顧みると、この立場は、日清戦争当時における韓国、日露戦争当時における韓国及び清国と相似たるものがない訳ではない。その関係は実に複雑であるが、日本政府は必ずや是等の複雑なる関係の中、日本に対して又ドイツ以外の列国に対して、都合よき協約の締結を支那政府に同意させるであろう〟

大阪毎日新聞と同様に、大正三年（一九一四年）八月二十一日付大阪朝日新聞も亦「日支新議定書」と題して報道した。大阪朝日新聞は、日支新議定書の内容として「⑴大日本帝国政府は支那共和国の独立及領土保全を確実に保障する事。⑵第三国の侵害により支那共和国の安寧或は領土保全に危険ある場合は大日本帝国政府は速に臨機必要の処置を執るべき事。⑶支那共和国政府は右大日本帝国の行動を妨ぐることなく相当の便宜を与ふる事。⑷大日本帝国政府は前項の目的を達する為軍略上必要の地点を臨機収用することを得る事。（略）」と掲載した。正にこれは、明治三十七年（一九〇四年）二月二十三日に日本韓国間で調印された、日韓議定書第三条・第四条の韓国を支那共和国に振り替えたものであった。

又、在間島鈴木総領事代理は、韓国併合が中国人の排日思想を生み出す原因となっているとして、加藤外務大臣に次の提言をしている。

「最近数年間ニ於テ最モ支那人心ヲ刺激シタルモノヲ日韓合邦トス日露戦役ノ結果日本ガ満州ニ

於テ優越権ヲ領有スルニ至リタル以来帝国ノ発展ニ対シ支那国ハ常ニ不安ノ念ヲ抱キ事毎ニ猜疑ノ観察ヲナシツツアリシカ愈韓国ヲ併合スルニ至リ頗ル其ノ人心ヲ刺激シ益帝国ノ発展ヲ警戒シ遂ニ抜クベカラザル排日本的思想ノ一大原因ヲ作リシハ疑ヲ容レザル所ニシテ近時日貨排斥又ハ救国儲金ノ檄文ニハ冒頭ニ必ズ先ツ韓国併合ヲ痛憤スルヲ見ルモ明カナリトス。

日韓合併ハ帝国ノ発展上当然ノ結果ニシテ支那官民ノ感想ノ如キ素ヨリ顧ミル問題ニアラザルモ彼等ヲシテ排日的観念ヲ抱カシムル大原因ヲナシタルヤ論ナキ所トス」〔大正四年七月三十一日、中国人ノ排日思想ト日中親善ノ方途ニ付建言ノ件〕。

この様に、二十一箇条の要求が受諾されるまでの経緯を検証してみると、中国人による日本国批判には必ずと言って良い程、韓国併合が取り上げられている。これは、中国国民が、日本の対中国政策と韓国が併合に至る迄の歴史を重ねながら、日本国批判を行っているからである。又、日本外交官の中にも、韓国併合が排日思想の一大原因であると主張する人がいた。一方、大阪毎日新聞と大阪朝日新聞の対中国政策の報道を見ると、日韓議定書等、既に実行済みの対朝鮮政策を根拠にした内容となっているが、これは根拠にしたと言うより、実行済みの対朝鮮植民地政策を模倣したと言うべきだろう。従って、新聞を頭に、当時の日本国民の意識には、植民地主義を肯定する考えが既にかなり浸透していたことが窺える。

次の周自斉農商総長による日本国批判も、韓国併合に至る歴史を視点としている。

「日本ノ朝鮮併合ハ支那人疑惧ノ根原ナリ聞ク所ニ拠レハ日本ハ朝鮮併合ノ結果今日迄何等実質的利益ナク反テ年々三千余万ノ国幣ヲ靡シツツアリ此多大ノ犠牲ヲ払フモ大局維持ノ為ニハ已ムヲ得サル次第ナリト然レトモ我邦人中之ヲ聞テ首肯スルモノ果シテ誰人カアル我邦人ハ日本カ朝鮮ノ独立ヲ擁護スルト称シナカラ幾モナク之ヲ併呑セルノ事実ヲ目撃セリ若シ日本カ義ニ依リテ朝鮮ノ独立ヲ擁護スルノ真意アラハ何故国王ヲ廃セシヤ統監ヲ置キ総テ実権ヲ日本ノ手ニ収メタル以上国王ノ名義ヲ有スルモ何ノ害アラン日本ハ日本ノ都合アリシナランモ支那人ノ目ヨリ見レハ朝鮮独立ノ擁護云々ハ之ヲ併呑スルノ前提ニ過キサリシト思ヘリ何レ満州モ同様ノ運命ニ逢着スルナラントハ四億万ノ多数カ想像セル処ナリ果セル哉今回旅大租借期限ノ延長、満州開放、鉄道管理期限ノ延長等モ要求セラレタリ同時ニ東蒙迄モ包含サレタリ満州ハ是迄日本カ幾多ノ犠牲ヲ払ヒシ地ナレハ右ノ如キ要求アリシトテ別段驚クニ及サルモ東蒙迄モ其勢力圏内ニ引込マレテハ如何ニ神経遅鈍ナル我邦人トテモ一驚ヲ喫セサルヲ得ス日本ハ今ヤ其勢力範囲ヲ満州ヨリ山東及東蒙古ニ延長拡大シ北京即四百余州ノ首脳タルヘキ首善ノ地区ハ殆ント其三面ヲ日本ノ為ニ包囲サレタル形勢トナレリ支那ノ人士タルモノ従来ノ歴史ニ顧ミ日本ノ野心ヲ疑ハサラント欲スルモ豈ニ得ヘケンヤ（略）」〔大正四年七月五日、日本ノ中国政策ヲ批判シタル周農商総長ノ談話報告ノ件〕。

㈢倫理と条件反射

大正五年（一九一六年）三月末から四月末にかけて、大正デモクラシーの理論的支柱である吉野作造が、朝鮮及び満州を視察した。朝鮮視察の主たる目的は、明治四十三年（一九一〇年）に日本国によって併合された朝鮮に於て、日本の統治に対する朝鮮人の批評を聴くためであった。吉野は、視察結果を〝満韓を視察して〟と題して、中央公論大正五年六月号に発表した。

「権利の保障というようなことについては、内地人も朝鮮人も平等である。この点は実に公平である。けれどもその保障せらるる権利その物に至っては、決して両者平等ではないと言って不平を言う者もある。むろん朝鮮人はいわゆる亡国の民である。表向は彼等の希望によって我国に併合したのであるけれども、事実上は日本から併呑されたのである。したがって日本人が何かにつけて一段朝鮮人の上に居るということは事実已むを得ない。しかしながら日本人が一段上に居るということは、朝鮮人を軽蔑してもいい、圧迫してもいいということではない。この点に於て在留日本人の大多数の考は、殆んど例外なく、その当を失して居りはしないか。弱者として朝鮮人を労ってやるという態度に出ずるが如きものは極めて少いのである（略）」。又、吉野は次の様にも記している。

「朝鮮に於ける日本人は、官民共に朝鮮人を軽蔑し、甚だしきは公開の席上などで、相当の地位にある朝鮮人の言う事を、側に居る微々たる日本の一小官吏などが、朝鮮人の言う事は何が信用が出来るものかという態度で、言下にこれを否定し、非常な侮蔑を与うるというようなことが珍しくない。一々例を挙げれば際限がないが、こんなことで自然と朝鮮人の反感を買うことは非常に多いと思う（略）」。要するに朝鮮人は大体に於て、現今の日本統治に非常な不平を抱いているとしている。

更に吉野は、朝鮮人が果たして日本国に同化して日本人となり切って了うことが可能かという問題について、次の様に記している。「独立固有の文明を有する民族に対して、同化は果たして可能なりやという事は、少くとも、最近に至り政治学上の一大疑問となった。殊に民族的観念の横溢を極むる現代に於て、異民族の同化混淆は、よし可能であるとしてもそは非常に困難な事業である。かりに同化政策で幾分の効果を収めたる国ありとすれば、そは必ずや非常に永い年数を費したに相違ない。しかもかくの如きは、働きかけた方の民族が、受身の民族に比して、これを率いて行くだけの高尚なる品格と優等なる才能とを十分に備えて居る場合に限る現象である。異民族に接触せる経験も浅く、殊にややもすれば他の民族を劣等視して徒らに彼等の反抗心を挑発するのみを能とする狭量なる民族が、短日月の間に他の民族を同化するなどと言うことは、殆んど言うべくして行うべからざる事である。予は勿論、朝鮮民族が同化して全然日本民族と一になると言う事を必ずしもまるで不可能なりと軽々に断定する者ではないが、今の日本人の状態ではよほど困難であると言うことだけはこれを認めざるを得ない。少くとも同化の為の各般の努力をば全然これを官憲に任して、人民は毫もこれと歩調を合せず事毎に朝鮮人を蔑視し虐待して居るようでは、とうてい同化の実を挙ぐることは出来ない。官憲も亦鮮民の同化を政府のみの仕事と思うて民間の態度を傍観して居るようではこれも駄目だ（略）」。

吉野作造は、この発表の中で、併合された朝鮮に於て日本人は、朝鮮人を軽蔑する行動を取っていると述べているが、当時の日本人にとっては、手厳しい内容であったであろう。しかし、現在に生きる我々にとっては、歴史検証を行う上で大変有意義且つ重要な視点が提起されている。その理由を述べる前に、中国に於ても、日本人が中国人を軽蔑する傾向があった事を取り上げて置く。

鈴木間島総領事代理は、加藤外務大臣に対して、日本人の中国人に対する態度について、次の様に建言した。「支那在住日本人ハ一般ニ支那人ヲ軽侮スルノ傾向ヲ有ス就中在支陸軍々人ヲ以テ最モ甚タシトス、軍人ハ士気ヲ旺盛ナラシメ元気ヲ有セザルベカラザルハ素ヨリ当然ナリト雖トモ彼等ハ多クハ之ヲ誤解シ支那人ヲ軽侮シ之ヲ威嚇スルヲ以テ恰カモ国威ヲ輝カスカ如キ観念ヲ有シ而シテ一朝支那人ト紛擾ヲ惹起スルカ如キコトアルトキハ理否ヲ問ハズ事実ヲ誇大附会シ其主張ヲ貫徹セントスルハ一般ノ傾向トス故ニ支那人ヨリ敬遠セラルルハ自然ノ勢トス」（大正四年七月三十一日、中国人ノ排日思想ト日中親善ノ方途ニ付建言ノ件」）。

吉野作造と鈴木総領事代理が指摘した、日本人による朝鮮人並びに中国人に対する軽蔑行為は、大変嘆かわしき事であるが、これは偶発的に生じたものではない様だ。筆者は、軽蔑行為の源泉は、日本国の教育政策にあったと考えている。従って、教育勅語体制下にあった当時の小学校教育を精査する事にする。

明治二十三年（一八九〇年）十月三十日、教育勅語が発布され、翌年には小学校祝日大祭日儀式規定が公布された。これにより、紀元節・天長節等の祝祭日には、学校長・教員・生徒一同が式場に於て、両陛下の真影に拝礼し、万歳を奉祝した後、学校長若しくは教員が、教育勅語奉読と祝日大祭日に相応する訓話を行い、忠君愛国の志気を養うよう務めなければならぬ、と定められた。

式場に於て、生徒が両陛下の真影に拝礼し、学校長（又は教員）による教育勅語奉読と祝日大祭日に相応する訓話を聴聞する行為に、パヴロフの条件反射論を適用する事にする。

生徒の視覚機能と聴覚機能を通して入手された二つの要素、即ち陛下の真影と教育勅語の語彙が、生体によって複合体に結合される。真影「天皇」と、教育勅語の中から抽出された「忠」「国体」の各々の言葉が複合体として融合され、「天皇・忠」「天皇・国体」なる条件反射要因が組成される。ここで、教育勅語の中から「忠」と「国体」の言葉が抽出される理由は、小学校祝日大祭日儀式規定に定められた「忠君愛国」の志気を養うよう務めなければならないとの規定に準拠している。パ

ヴロフは、条件反射形成のための基本的条件として、次の条件を挙げている。

(1)以前に無関係であった要因の作用と、一定の無条件反射を引き起こす無条件要因とが時間的に一致して作用する事。

(2)条件反射の形成に当たって、無関要因は、無条件刺激の作用よりいくらか先行しなければならない。

(3)条件反射形成のために、大脳半球は活動状態になければならず、同時に動物に何か別の活動を引き起こさせる他の外からの刺激を与えない様にする。

次に、「天皇・忠」「天皇・国体」なる条件反射要因を使って、条件反射形成のための基本的条件を満足しているか点検することにする。

基本的条件(1)にある無関要因には、「天皇・忠」「天皇・国体」なる条件反射要因並びに、教育勅語の中の「義勇」「孝」「博愛」などの言葉に反応する作用を、当てることにする。一定の無条件反射を引き起こす無条件要因については、次の様に考察した。人間は、社会的動物であるため、社会と共存する事ができるか否かの反射を備えている。従って、社会と共存する無条件刺激の作用を、無条件要因として設定する。以上で無関要因と無条件要因が設定されたが、二つの要因は時間的に一致して作用する故、基本的条件(1)を満足している。

次に、無関要因は無条件刺激の作用よりいくらか先行しなければならない、とする基本的条件(2)に基づき点検することにする。生徒が真影に拝礼し、続いて校長又は教員の教育勅語奉読・訓話を聴聞する行為は、この条件を遵守しているのは明らかだ。即ち、「天皇・忠」「天皇・国体」「義勇」「孝」「博愛」等の条件反射要因に反応した後、無条件要因である〝社会と共存する無条件刺激の作用〟が働くからである。

最後に、条件反射形成のためには、大脳半球は活動状態になければならず、同時に別の活動を引き起こさせる他の外からの刺激を与えない様にする、との条件に基づき点検を行う。学校教育を受ける生徒の大脳半球の状態を考慮すれば、これらの条件を満足している事は明白である。以上で、条件反射形成のための全ての条件について、満足している事を確認した。

かくして、生徒が、両陛下の真影に拝礼し、校長又は教員の教育勅語奉読・訓話を聴聞する行為を反復する結果、パヴロフの条件反射が成立する。条件反射成立の結果、生徒の大脳半球皮質に「天皇・忠」「天皇・国体」「義勇」「孝」「博愛」等の道徳規範が深く刻み込まれる事になった。

生徒は、小学校祝日大祭日儀式規定の定める祝日大祭日の他、修身の時間にも、道徳規範を訓育された。修身については、明治二十四年（一八九一年）十一月に公布された小学校教則大綱に「修身ハ教育ニ関スル勅語ノ旨趣ニ基キ」訓育する事が明文化されている。検定に合格した高等小学校用の修身教科書である修身教典（明治三十三年九月発行）は、冒頭に教育勅語を記載し、以下三十二課にわたって徳目を説明しているが、次にその中の一つを記す事にする。

第十課　加藤清正公（武勇）

賤が嶽七本槍の一人として、征韓の役の先鋒として、武勇かくれなき英雄を、加藤主計頭清正公とす。

公は、三歳にして父を失ひ、母と共に、太閤に養はれ、十五歳のとき、元服を加へ、それより、戦功を立てらるること、しばしばなりき。

賤が嶽の役、公、青篠竹を以て、背標となさんことを太閤に請はれしに、太閤は、「武勇に秀でたるものならでは、許されず」と、いはれければ、公は、大に感奮して、敵を撃ち、またたくひまに、首十一級をえて、かへられき。この日の戦には、公の功、第一なりきとぞ。

太閤が、朝鮮を征せられし時、公、小西行長と共に、先鋒となり、至るところ、敵兵を敗り、つひに、二王子を虜にし、益、北に進み入られければ、敵軍、大におそれき。

かくて、敵は、公を欺きて、王子をかへさしめんと欲し、「わが軍四十万、今、既に、王都を復し、貴国の大将等を虜にしたり」と、告げけるに、公は、少しも驚かるることなく、「貴国の大兵、来らば来れ。われ、ただちに、之をみなごろしにし、進みて、貴国の君をとりこにし、日本の臣妾となして、凱旋せんのみ」とこたへて、いよいよ、その軍を進めければ、敵軍、大に、その武勇におそれ、公を呼びて、鬼上官と称したりきとぞ〔修身教典、高等小学校用巻二、普通舎発行〕。

又、国定修身教科書（第一期、明治三十六年）も教育勅語を記載した後、次の様に記している。

第八課　仁と勇

加藤清正は仁と勇とをかねたる大将なり。秀吉の朝鮮征伐のとき、清正、さき手の大将として、朝鮮に攻め入りたり。会寧府の城にあるもの、二人の王子をしばりて、清正に降参せしとき、清正はその縄をときて、あつく、これをいたはれり。明国のもの、清正の武勇をききて、大いに、おそれ、使をつかはして、清正に説きけるは、「明国の皇帝、四十万の大兵をいだして、すでに、日本軍をほろぼしたれば、汝も、二人の王子を送りかへして、国に帰れ。しからずば、汝が軍をうち破らん」と。しかるに、清正は「汝が国の大軍きたらんには、われ、これをみなごろしにし、かの二王子のごとく、汝が国の皇帝をもとらへん」と、すこしもおそれず、答へたりとぞ〔高等小学修身書、第一学年、児童用〕。

両方の修身教科書共に、教材として歴史上の人物である加藤清正を取り上げて、教育勅語の徳目を説明しているが、この説明の中で注目しなければならない箇所は、朝鮮と明国（中国）の取り扱い方である。

即ち、学校教育に於て、「武勇」「仁と勇」という徳目の趣旨を生徒達に教えるために加藤清正を取り上げ、同時に朝鮮と明国（中国）を敵国として設定した結果、否応なしに、生徒達に朝鮮と明国（中国）が日本国の敵である事を教えることになる。この論理をパヴロフの条件反射論を以て説明すると次の様になる。

環境が生体に与える影響は無限と言って良い程多様に変動するため、生体の神経系は、その受けた様々な要素を区別する機能と、これらの要素を複合体に結合・融合する機能を持ち、区別・組成されたものが条件反射要因である。この説明を上記の事例に適用すると、修身教典の場合は、「教育勅語・武勇・加藤清正・朝鮮・明国・敵」が条件反射要因となり、高等小学修身書の場合は、

「教育勅語・仁と勇・加藤清正・朝鮮・明国・敵」が条件反射要因となる。ここで重要な事は、教育勅語、武勇、加藤清正、朝鮮、明国、敵なる要素が各々別々に処理されるのではなく、「教育勅語・武勇・加藤清正・朝鮮・明国・敵」と結合・融合された一つの条件反射要因を組成する事であり、高等小学校修身書の場合も「教育勅語・仁と勇・加藤清正・朝鮮・明国・敵」と一つに組成される事である。

パヴロフは、条件反射が成立するために、三つの基本的条件を挙げている。第一は、以前に無関係であった要因の作用と、一定の無条件反射を引き起こす無条件要因とが時間的に一致して作用すること。第二は、条件反射の形成に当たって、無関要因は無条件刺激の作用より、いくらか先行しなければならない事である。第三は、条件反射の形成が行われる時、大脳半球は活動状態にあり、且つ他の活動から解放されていなければならない事である。第一の基本的条件の中の無条件要因については、次の様に考察した。人間は社会的動物であるため、社会と共存する事ができるか否かの反射を備えている。よって〝社会と共存する無条件刺激の作用〟を無条件要因として設定する。

次に、組成された条件反射要因を使って、第一の基本的条件を満足しているか点検することにする。修身を学ぶ生徒が、条件反射要因「教育勅語・武勇・加藤清正・朝鮮・明国・敵」に反応する作用は、〝社会と共存する無条件刺激の作用〟と時間的に一致している。従って、第一の基本的条件を満足している。「教育勅語・仁と勇・加藤清正・朝鮮・明国・敵」の場合も同じである。続いて、無関要因は、無条件刺激の作用よりいくらか先行しなければならない、との第二の条件に基づき点検を行う。修身を学ぶ生徒が、「教育勅語・武勇・加藤清正・朝鮮・明国・敵」なる条件反射要因に反応した後、〝社会と共存する無条件刺激の作用〟が働く故、第二の基本的条件を満足している。「教育勅語・仁と勇・加藤清正・朝鮮・明国・敵」の場合も同じである。最後に、条件反射の形成が行われる時、大脳半球は活動状態にあり、且つ他の活動から解放されていなければならないとの条件であるが、学校教育を受ける生徒の大脳半球の状態は、この条件を遵守している事が明白である。

かくして、教育勅語体制下の小学校教育に於て、生徒が、修身教科書を使用して「武勇」「仁と勇」の徳目を学ぶ行為を反復する結果、条件反射が成立する。しかも条件反射の成立には教員の介在があり、教員は「小学校長及教員、職務及服務規則」によって、教育勅語を法律命令に従って教える事を義務づけられていたため、教育勅語の強力なる伝達者となっていた。従って、教員の介在によって成立した条件反射は、最大限頑固となり、生徒の大脳半球皮質には、「教育勅語・武勇・加藤清正・朝鮮・明国・敵」が深く強固に刻み込まれ、「教育勅語・仁と勇・加藤清正・朝鮮・明国・敵」についても同じであった。

この様な教育勅語体制下の小学校教育を終えた殆んど全ての日本人は、その大脳半球皮質に「天皇・忠」「天皇・国体」「義勇」「孝」「博愛」等の道徳規範を強固に扶植されると共に、朝鮮・中国が日本国の敵である事を植え付けられたのである。この結果、これらの道徳規範を訓育された多くの日本人は、天皇に忠義を尽くし、天皇の統治する国家を崇める傍ら、朝鮮人及び中国人を敵として見下し、劣等視し、軽蔑する偏見を保持する事になってしまった。

以上の精査の結果、吉野作造と鈴木間島総領事代理の指摘した〝日本人は、朝鮮人並びに中国人を軽蔑している〟との警告の正しさが、条件反射論に依って証明されたと同時に、排日運動の根幹には日本人による朝鮮人並びに中国人に対する偏見が存在することを解明できたのである。

三　三・一運動

第一次世界大戦が終わり、講和会議がパリで開催される中、朝鮮では独立運動が起こった。以下、独立運動の足跡を「三・一運動日次報告」（現代史資料二五、朝鮮一）に依り辿ることにする。

大正八年（一九一九年）二月二十八日、天道教徒及びキリスト教徒等による次の独立宣言書が発見された。

我等ハ茲ニ我朝鮮国ノ独立タルコト及朝鮮人ノ自由民タルコトヲ宣言ス。此ヲ以テ世界万邦ニ告グ人道平等ノ大義ヲ克明シ、此ヲ以テ子孫万代ニ誥ヘ民族自存ノ正権ヲ永有セシム。半万年歴史ノ権威ニ伏リテ此ヲ宣言シ、二千万民衆ノ誠忠ヲ合シテ此ヲ佈明シ、民族ノ恒久一ノ如キ自由発展ノ為メニ此ヲ主張シ、人類的良心ノ発露ニ基因シタル世界改造ノ大機運ニ順応幷進センガ為此ヲ提起スルモノナリ。天下何物ト雖モ此ヲ沮止抑制シ得ズ。旧時代ノ遺物タル侵略主義・強権主義ノ犠牲トナリテ有史以来累千年初メテ異民族箝制ノ痛苦ヲ嘗メテヨリ茲ニ十年ヲ過ギタリ。我生存権ノ剥喪シタル凡ソ幾何ゾ、心霊上発展ノ障礙タル凡ソ幾何ゾ、民族的尊栄ノ毀損タル凡ソ幾何ゾ、（略）」（三・一運動日次報告（朝鮮総督府警務局発）、三月一日、独立宣言書発見ノ件」）。

朝鮮独立宣言書の発見以来、厳重な捜査が続行され、三月一日の午後五時半頃迄に、宣言書に署名した者三十三名中、二十九名が逮捕された。一日午後二時半頃、学生三、四千名が京城鍾路通に集合し、群衆これに附和して数組に分かれて行動した。一団は徳寿宮大漢門前で韓国独立万歳を高唱して一時門内に侵入した後、同門前広場に於て「独立演説」を為し、一団は京城郵便局前に於て

「独立万歳」を叫び、一団は昌徳宮門前に至り「独立万歳」を唱え、一団は朝鮮歩兵隊前に至り、同営内に進入しようとして阻止された。又、大漢門前の一団より分岐した一団は、米国総領事館に至り万歳を唱え、他の一団約三千名は総督府に向かおうとして本町通に於て阻止されたが、形勢が重大となる兆しがあったため、歩兵三個中隊騎兵一小隊が市内主要の地に配置された。午後七時頃には、学生等の示威運動は表面上鎮静化された。地方に於ては、予め宣言書が各地に配布され、同時に運動の開始を期して、京畿・黄海・平安南・平安北・咸南の五道でも、京城と殆んど同時に示威運動が開始された〔三・一運動日次報告（朝鮮総督府警務局発）、三月一日、独立運動ニ関スル件（第二報）〕。

　三月三日午後二時頃、開城（京畿道）にあるキリスト教附属好寿敦女学校の生徒三十五名が、三々五々隊を為し「讃美歌」及び「独立歌」を歌い万歳を高唱する等、示威運動を為して警察署に向かった。又、約一千名の群衆が警察署に押し掛けてきた。群衆が門前で阻止される中、生徒達の説諭が続けられたが応じないために校長による説得もなされた。しかし、生徒達は、本日の行為は深く覚悟した上の行為であり、既に昨日退学届を提出しており、学校とは何等関係がないと弁明した。容易に承服しなかった生徒達も、ついに署長及び郡守の懇諭により漸く学校に帰還した。又、午後五時三十分頃より、十五、六歳以下の少年隊を先頭に三、四十名の者が示威運動に加わり、万歳を唱え各戸に掲揚している国旗を破棄し、日没後には更に二千名以上の一団が警察官派出所に投石して、窓硝子を破壊したが、十二時頃になり漸く解散した〔三・一運動日次報告（朝鮮総督府警務局発）、三月四日、独立運動ニ関スル件（第五報）〕。

三月四日午前十時頃、成川（平安南道）邑内の各官・公衙を始め一般に対し、独立宣言書を配布する者達が出現した。間もなく棍棒・鎌・斧等を携帯した約二百名の暴民が憲兵分隊に来襲し、窓硝子その他の器具を破壊する等危険な状態に陥り、やむなく行った発砲によって死傷者二十余名が出た。退散後も、不穏な動きがあるため、同十時半平壌より憲兵下士以下八名が自動車で急行し、午後二時には歩兵将校以下二十名が現場に急行した。

三月三日午前六時頃、遂安（黄海道）に於て、天道教徒の一団約百五十名が憲兵分隊に押し寄せたため、説諭を加え解散させた。同日午前十一時頃より午後七時迄に、三回にわたり同教徒の一団約五十ないし百五十名が来襲し、喊声を挙げて分隊構内に殺到後、分隊及び郡庁の引き渡しを迫り暴行を演じた。危険急迫し鎮圧の途なきに至り遂に銃器を使用し、暴徒九名を倒し、十八名に重傷を負わせ撃退した〔三・一運動日次報告（朝鮮総督府警務局発）、三月四日、独立運動ニ関スル件（第五報）〕。

三月一日より開始された独立運動は、殆んど全国に波及し、十一日迄に報告された運動又は騒擾の顕著なる場所は、京城その他数十箇所に及んだ。示威運動又は騒擾に参加した人員は、多い時は数千名に上り、憲兵隊警察署を襲い、甚だしきは数名の憲兵同補助員を殺害する等の行動に出たため、各地に兵力を分遣し憲兵警察官を援助して暴民を鎮圧した。続々と主謀者を逮捕しつつあるが、尚各地に蔓延する兆しが見受けられる。今回の騒擾の真因は不明であるが、民族自決問題に関連し一部鮮人の独立を首唱する行為に基因する様に見えるが、その主謀者と認められる天道教徒、キリスト教徒等の裏面には、在外排日鮮人は勿論朝鮮在住の外国宣教師が潜在しているとの疑いは、ぬぐいきれない〔三・一運動日次報告（朝鮮軍司令官）、三月十四日、朝鮮内騒擾ニ関スル件〕。

三月十八日午後二時、江華島市場（京畿道）に於て、天道教及びキリスト教を主とする約一万の群衆が、独立万歳を高唱し旧韓国旗を振りかざしつつ運動を開始した。又、一面三千の群衆は江華郡庁に押し寄せ郡守に対し、独立万歳を高唱せよと迫り、或いは警察署に押し寄せ拘束中の被告人二人の放還を求める等、形勢は益々険悪となった。仁川警察署より応援の巡査十名と共に警戒中、群衆は益々その数を増加して約二万に達したが、暴行には至らなかった。

三月十八日午後三時、安東郡安東（慶尚北道）に於てキリスト教徒を中心とする約百名の群衆が独立運動を開始したため、首謀者十四名を逮捕し一時鎮定させた。午後六時再び約六千名の群衆が運動を開始し、警察官に暴行を加え如何に懇諭するも益々反抗するため、やむなく抜剣し、首謀者二名を逮捕し一時解散させた。その際、暴民に負傷者が出た。十九日午前一時頃、再び約二千の暴民が安東邑内に於て独立運動を開始したため解散に努めたが、頑強に抵抗するだけでなく、郡庁・地方法院・安東支庁及び警察署に投石し尚放火しようとしたため、やむなく抜剣、発砲して解散させたが、暴民に負傷者数名を出した〔三・一運動日次報告（朝鮮総督府警務局発）、三月十九日、独立運動ニ関スル件（第二十報）〕。

三月二十日午後二時頃より、咸安郡郡北（慶尚南道）に於て、約三千の暴民が同地の警察官駐在所及び郵便所を襲ったため、警戒のために来援中の馬山重砲兵隊の准士官以下十七名は、警察官と共に空砲を発射し威嚇したが容易に解散せず、益々暴行に及んだ。やむなく実弾を発射して解散させたが、その際、巡査一名兵卒三名の負傷者を出し、暴民に死者十六名（内女一名）負傷者三名を出した〔三・一運動日次報告（朝鮮総督府警務局発）、三月二十一日、独立運動ニ関スル件（第二十二報）〕。

朝鮮の暴動は、今尚終熄に至らず、内地より第二・第四・第十一・第十七師団より合計歩兵六大隊、補助憲兵約四百を増派し、鎮圧に従事させることになった。今回の騒擾の原因について、日本側は、朝鮮人が多少差別的待遇に不満を抱く中、民族自決問題を導火線に在朝鮮宣教師の煽動に依るものとの認識を持っていた〔三・一運動日次報告（朝鮮軍司令官）、四月八日、次官より奈良中将へ電報（暗号）〕。

三月一日より朝鮮各地に頻発した暴動により、四月十九日迄の間に死亡した朝鮮人は三百三十二名、傷者七百三十五名、官憲側死者は八名、傷者七十六名に達した〔三・一運動日次報告（朝鮮総督）、九十四、電信第二号〕。尚、朝鮮臨時政府が発表した数字によると、三月一日から五月末迄の間に死亡した朝鮮人は七千五百九名、負傷者一万五千九百六十一名となっている〔朝鮮独立運動の血史〕。

所で、朝鮮の暴動について吉野作造は、大正八年（一九一九年）四月号の「中央公論」の中で〝対外的良心の発揮〟と題して次の様に述べている。

予輩のここに絶叫せざるを得ざる点は、国民の対外的良心の著しく麻痺して居る事である。今度の暴動が起ってから、いわゆる識者階級のこれに関する評論はいろいろの新聞雑誌等に現われた。しかれども、その殆んどすべてが、他を責むるに急にして、自ら反省するの余裕が無い。あれだけの暴動があっても、なお少しも覚醒の色を示さないのは、いかに良心の麻痺の深甚なるかを想像すべきである。かくては、帝国の将来にとって至重至要なるこの問題の解決も、とうてい期せらるる見込はない。

一言にして言えば、今度の朝鮮暴動の問題に就ても、国民のどの部分にも〝自己の反省〟が無い。凡そ自己に対して反対の運動の起った時、これを根本的に解決するの第一歩は、自己の反省でなければならない。たとい自分に過ち無しとの確信あるも、少くとも他から誤解せられたと言う事実に就ては、なんらか自ら反省するだけのものはある。誤解せらるべきなんらの欠点も無かった、かくても鮮人が我に反抗すると言うなら、併合の事実そのもの、同化政策そのものに就て、更に深く考うべき点は無いだろうか。いずれにしても、朝鮮全土に亘って排日思想のび漫して居る事は疑いもなき事実である。

吉野作造は、自己反省の必要性を説いた後、朝鮮問題に関連して次の二点を強調している。

第一は、日本の朝鮮統治が鮮民の心理に事実上いかなる影響を与えたかを究めずしては、問題の解決はできないと言う点である。日本の統治が善かったか悪かったか、又これに対して朝鮮人がいかなる考えを持つべき筈であるかと言うような事は、暫く問題外に置いていい。ただこれを、朝鮮人がどう見たかを検するのが必要である。鮮民がかく考える事に道理ありや否やをしばらく第二に置いて、事実鮮民が日本の統治をどう考えて居るかを、鮮民の立場から考えることが必要だと言うのである。不幸にして、形式政治家はこの観察を怠るを常とする。彼等は言う、これだけの世話をしてやれば鮮民に文句は無い筈だと。無い筈だとの妄断は、一転して彼等は日本の統治を謳歌して居ると言う迷信となる。

第二に、暴動の起因が第三者の煽動に在りと考えている間も亦、吾人はとうてい根本的解決に達する事ができない。外国宣教師が事実どれだけ朝鮮の暴動に関係あるかは、先入の偏見を去って冷静に事実そのものを明白にする必要がある。彼我共に納得し得べき明白なる事実に基づくのでなければ、人を責むるも何の効も奏しない。

更に吉野作造は、暴動を起こした朝鮮統治には改革が必要であると、四つの要求を行った〔黎明講演集第六輯「朝鮮問題号」〝朝鮮統治の改革に関する最小限度の要求〟〕。

第一は、朝鮮人に対する差別的待遇である。朝鮮人はいろいろの点に於て、差別的待遇を受けているが、最も遺憾に思うのは、朝鮮人が自分の能力をこれから発展しようとするに当たって、内地人と均等の機会を与えられていない事である。即ち教育に於て不平等の待遇を受けている事である。吉野は、その意味を明らかにするために、二三の例を挙げている。

朝鮮には、朝鮮人のための学校が少なく、朝鮮全体に於ける小学校の数は、日本で一番小さい県よりも少ないだろう。又、中学校は殆んど無いと言って宜しい。学校数が非常に少ないのみならず、程度が非常に低く、小学校四年と中学校四年の両方を習得した卒業生は、丁度日本の高等小学校卒業生と同じである。

又、朝鮮には、学校教育の普及を図るために、学齢児童が十人以上いるならば、父兄が金を出し合って学校組合を造ることができ、学校組合を造れば、総督府からは少なくとも年額六百円の補助が出る。しかしこの特典は日本人に対しては認められるが、朝鮮人に対しては認められない。

次に、吉野作造は、朝鮮人と日本人とを一緒に教育する事を当局に申し入れた所、日本人と朝鮮人とでは学校の程度が違い、即ち法律で程度の違いが定められているため、一緒にする事ができないと回答のあった事を記している。又、拒否するもう一つの理由として、朝鮮人と日本人とを一緒に教育する事は、日本人の子弟が朝鮮人の教師に教わるという場合が生ずるためにできないとしている。朝鮮人の教師では大和魂は這入らないと言うのである。

吉野作造は、朝鮮人に対する差別的待遇として、教育の他に官吏の待遇にも言及している。

官吏として多くの朝鮮人を使っているが、朝鮮人なるの故を以て、これを決して高い地位の官吏にはしないという、一つの不文法がある。もっとも一つの懐柔策という様な意味で道長官とか郡守に朝鮮人を使っている。しかし、そうゆう意味の官吏は、本当に朝鮮人を教育して、或いは朝鮮人の有能な者を抜擢して、任命された官吏ではない。その様な者は勘定に入れないで、本当に仕事をさせるという意味で抜擢した朝鮮人で、高等官になっている者があるかというと、十人か十五六人しかいない。判事の中に少しいるだけで、最近まで、検事には朝鮮人を絶対に使わなかった。又、朝鮮人が官吏になれたとしても、同じ程度の官吏で、日本人と朝鮮人との間の俸給は大変に違う。主張旅費なども違う。同じ程度の者で、朝鮮人は日本人の俸給の三分の一位しか貰えない。諸手当を除いた本俸だけでも、朝鮮人より日本人の方が遥かに高くなっている。

以上の様に、朝鮮人に対する差別的待遇の撤廃を、吉野作造は要求しているが、教育に於ける不平等な待遇、官吏の差別的待遇は共に日本の国家政策そのものである。従って、日本国そのものが朝鮮人に対して差別政策を実行していた事になる。

吉野作造は、朝鮮統治改革の第二として、軍人による朝鮮統治の撤廃を主張している。又、第三の要求として、不徹底なる同化政策を棄てよと主張し、最後に、朝鮮人に言論の自由を与えよと主張して、四つの要求を終えている。

朝鮮に暴動が起きた頃の首相は原敬であるが、その原首相宛に筆者不明なるも、「朝鮮騒擾の原因」と題する意見書が遺っている。

第二、差別待遇

朝鮮ニ於ケル帝国官民ノ鮮人ニ対スル態度ハ概シテ甚感服シ難シ憲兵巡査等カ鮮人ヲ殴打シ蹴

ルカ如キハ珍シカラサルノミナラス同等ノ官吏タル日鮮人ノ間ニ俸給額ニ於テ差異アルカ如キ亦鮮人ノ快トセサル所ニシテ技能ニ於テ差違ナキ以上俸給等ノ待遇ニ於テ差別ヲ設ケサルヲ可トス現ニ朝鮮銀行ニ於テ其行員タル日鮮人間ニ俸給上ノ差別ヲ設ケサル為メ同銀行ハ今回ノ騒擾ニ依リ何等影響ヲ受ケサリシ由是等ハ差別待遇ノ不可ナルコト並ニ事情ノ許ス限リ之ヲ廃止スルノ良策ナルコトヲ証明スルモノト謂フヘシ将又一般日本人特ニ下級日本人カ朝鮮人ニ対シ常ニ「ヨボ」ナル侮蔑的代名詞ヲ用ヰ鮮人ニ対シテハ上下ノ区別ナク呼ヒ懸クルニ「ヨボ」ヲ以テスルカ如キハ甚タ心ナキ仕打ニシテ朝鮮服ヲ着用スル場合ニハ貴族紳士モ尚ホ時トシテ日本料亭ニ入リ難キコトアリト云フ又宴会席上ニ於テ日鮮人共ニ会合スル場合ニハ日本人相互談笑シテ鮮人ト談話ヲ為ササルカ如キ又ハ何等事アレハ独リ憲兵巡査ノミナラス一般人民モ鮮人ヲ殴打スルカ如キハ別段世間ノ意ニ介セラレサルカ如キ風アリ如此一般ニ朝鮮人ヲ待遇スルニ同等ノ人種ヲ以テセサルノ風ハ滔々トシテ上下ニ靡漫シ其根柢頗ル深キモノアルヲ以テ之ヲ矯正セントセハ大ナル決心ヲ要スルコト勿論ナリ彼ノ四月十五日水原ノ附近タル堤巌里ニ於ケル惨事（同日午後四時過我守備隊ノ隊長タル某中尉兵士ニ命令シテ耶蘇教徒天道教徒タル村民二十余名ヲ同村耶蘇教会堂ニ召集シ其耶蘇教徒タルノ理由ヲ訊シタル際外部ヨリ発砲シテ堂内ノ教徒数人並ニ逃レントスル者ヲ射殺シタル後教会堂ニ火ヲ放チ残余ノ教徒全部ヲ焚殺シタル上

更ニ同字各所ニ放火シテ二十余戸即チ殆ト同字全部ヲ焼キタリ）ノ如キモ蓋シ我官民平素ノ心得モ亦与ツテ力アリト謂フヘシ而シテ鮮人ノ我官民ヨリ受クル枉屈侮辱冤罪ニ付テハ之ヲ上級官憲ニ訴フルモ採用セラレサルヲ常トスルカ如シ従而鮮人トシテハ益々其不満ヲ重ヌルノ結果ニ至ルコト亦不得已ナリ。大正八年五月十七日稿（現代史資料二六、朝鮮二「三・一運動に関する論策」）。

朝鮮に暴動が勃発した主たる原因の一つに、吉野作造が四つの要求の中で指摘した〝朝鮮人に対する差別的待遇〟が挙げられるが、原首相宛の意見書も同じ様に指摘している。更に原首相宛意見書は、暴動発生の原因として日本人が「ヨボ」なる侮蔑的代名詞を用いて朝鮮人と接する等、多くの日本人が朝鮮人を軽蔑する行動をとった事を挙げている。この朝鮮人を軽蔑する行動については、既に「二十一箇条の要求（倫理と条件反射）」の章で取り上げたが、吉野作造も同様に指摘している。吉野は、〝朝鮮に於ける日本人は、官民共に朝鮮人を軽蔑し、甚だしきは公開の席上などで、相当の地位にある朝鮮人の言う事を側に居る微々たる日本の一小官吏などが、朝鮮人の言う事は何が信用できるものかという態度で、言下にこれを否定し、非常な侮蔑を与えるという様なことが珍しくない。一々例を挙げれば際限がない〟と述べている。同じく、東京朝日新聞も〝現在我国民の弊は、鮮人を見ること継子の如く、劣等国民の如し。鮮民に対するに深溝を穿ち、兎角にこれを疎外せんとするの風あり」（大正八年四月十六日、朝鮮の統治）と報道している。

以上、朝鮮で勃発した暴動の発生原因を精査してみると、多くの日本人が朝鮮人に対して抱いていた蔑視感が、暴動発生原因の一つである事が明確になった。しかし、この蔑視感の存在を指摘した吉野作造を初め原首相宛意見書、東京朝日新聞は、何故多くの日本人が〝朝鮮人に対して蔑視感〟を抱く様になったのかを解明していない。この点について筆者は、既に「二十一箇条の要求（倫理と条件反射）」の章で、教育勅語体制下の教育が、日本人が蔑視感を抱く様になった理由であることを解明したが、要約すると次の様になる。

教育勅語体制下の小学校教育を終えた殆んど全ての日本人は、その大脳半球皮質に「天皇・忠」「天皇・国体」「義勇」「孝」「博愛」等の道徳規範を強固に扶植されると共に、〝修身〟の科目を通して、朝鮮・中国が日本国の敵である事を植え付けられたのである。その結果、これらの道徳規範を訓育された多くの日本人は、天皇に忠義を尽し、天皇の統治する国家を崇める傍ら、朝鮮人と中国人を敵として見下し、劣等視し、軽蔑する偏見を保持する事になったのである。

四　五・四運動

大正八年（一九一九年）一月十八日、第一次世界大戦の終結に伴う講和会議がパリで開催され、日本国の主席全権として西園寺公望が、全権として牧野伸顕等が出席した。日本国の要求は、山東半島に於けるドイツの利権と赤道以北のドイツ領諸島を、無条件で譲りうけることであった。しかし、山東問題の解決は難航した。

四月二十一日、日本政府は、山東半島に関する要求が通らない時は、国際連盟規約の調印を見合わせるよう訓令した。

四月三十日、山東問題に関する第三回首相会議が開催され、ウイルソン米大統領、ロイド・ジョージ英首相、クレマンソー仏首相、日本側から牧野、珍田両全権が出席した。この会議に於て、山東問題は、日本側の要求通り最終的に決着し、講和条約の中に次の条約文が挿入された。尚、大正四年日支条約及び大正七年の日支公文取極の解釈について、ステートメントが発表された〔山東問題第三回首相会議ニ於テ我要求通リ最終決定ヲ見タル件〕。

山東省ニ関スル特別条項

第一条　独逸ハ山東省ニ関シ、一八九八年三月六日支那ト締結セル条約並其他両国間ノ一切ノ協定ニ依リ獲得セル一切ノ権利権限、或ハ特権（詳言スレバ膠州租借地、鉄道、鉱山、海底電線ニ関スルモノ）ヲ日本ノ為抛棄スルモノトス。

膠済鉄道及ヒ其ノ支線並一切ノ附属物、機械装置、工場、固定資材、鉱山、鉱山開発ノ為ノ造営物及ヒ材料ハ之ニ関スル権利、特権ト共ニ日本ニ帰属スベキモノトス。

第二条　膠州租借地ニ於テ独逸国所属ノ動産不動産ニ関スル権利並該地域ニ関シ独逸国ガ直接若クハ間接ニ工事若クハ設備ヲ施行シ又ハ費用ヲ支出シタルニ依リ同国ガ要求シ得ル一切ノ権利ハ日本ニ帰属スベキモノトス。

五月一日、中国の国民外交協会は、英米仏伊四大国委員宛てに次の電報を発した。

独逸カ山東省ニ在ッテ獲得セル権利ハ吾等ハ再ヒ直接支那ニ還附サレンコトヲ要求ス支那ハ歴史的神聖ノ山東省ヨリ独逸人ヲ逐出シテ日本人ノ侵占ニ任ストセハ支那ハ抑モ何故ニ協約国ニ加入スルヤ此度ノ平和会議ハ畢竟スルニ是レ公理ノ為ニ来ルカ抑モ又強権ノ為ニ来ルカ此度ノ

大戦ハ既ニ公道ノ為ナリトセハ世界ハ又何ソ能ク日本カ支那固有ノ権利ヲ覇占スルニ任センヤ凡ソ支那ヲ侵害センカ為訂立セル密約ハ我等ハ承認スル能ハス（略）若シ和平条約カ日本カ山東省ニ権利ヲ有スルヲ許スカ如クハ我等ハ決シテ承認セス若シ強力ヲ以テ我国四万万人ヲ圧迫セハ誓ッテ全力ヲ以テ抵抗セン並ニ諸ヲ世界ノ輿論ニ訴ヘン。

五月三日、国民外交協会の有力者である熊希齢・王寵恵・荘緼寛・林長民等三十余名は、会議を開催して次の四項目を決議した。㈠五月七日中央公園に於て国民大会を開催する旨を各省各団体に分電し、同日大会を挙行する。㈡二十一箇条、及び英仏伊等による日本国との山東半島の処分に関する密約に対して、不承認を声明する。㈢もし講和会議に於て、中国の主張が受け入れられない時は、政府に対して全権団の撤収を要請する。㈣英米仏伊各公使館に向かい、国民の意見を言明する。

五月三日夜十一時、北京大学法科の大講堂に学生団が会合し、四日に示威運動を行う事を決議した。その後、学生団は各学校との連絡を行い、その他一切の準備を整えた。

五月四日午後二時頃より、学生服その他私服の中国青年合わせて約千名が、何れも「青島ヲ我ニ返セ」と記した小旗を携えて天安門前広場に集合した。追々その数を増し、北京中国両大学・高等師範・法政専門各学校の生徒も参加し、終にその数は二千名に達した。午後三時、学生団は大国旗二旗を先頭に、「北京学会遊街大会」と書いた旗を押し出し、その他「中国ノ危急存亡」「日貨抵制」「売国奴」「国賊曹汝霖章宗祥陸宗輿」等の文字を記した大小の旗を手に手に携え前進した。尚、当日学生団は、北京学生界への通告として次の印刷物を配布した。

今ヤ日本ハ平和会議ニテ青島ノ併呑ト山東一切ノ権利管理ヲ要求シテ成功セリ彼等ノ外交ハ大成功セリ我等ノ外交ハ大失敗ナリ山東ノ大勢一去セハ是レ乃チ支那ノ領土ハ破壊サレ支那ハ亡ブナリ故ニ我等学界ハ今日隊ヲ組ミ各公使館ニ到リ各国ノ出テテ公理ヲ維持センコトヲ要求スルナリ望ムラクハ全国ノ工商各界一律ニ起ッテ国民大会ヲ開キ外ハ主権ヲ争ヒ内ハ国賊ヲ除カンコトヲ支那ノ存亡ハ就チ此一挙ニ在リ今ヤ全国同胞ト共ニ二ヶ条ノ信条ヲ立テン（略）国ハ亡ブ同胞ヨ起テ。

学生団は、北京市内の示威行進に当たり、公使館区域の通過を拒絶されたため、兵部街より東に折れて長安街を過ぎ、哈達門大街を北に折れた趙家楼の曹汝霖私邸を目指した。国賊とされていた曹汝霖は交通総長の要職にあったが、日本側が二十一箇条の要求を突き付けた際の中国側の交渉相手であった。学生団は曹汝霖邸に着くと、門を開いて乱入し、火を放って邸宅の大半を焼棄し、その他一切の家作器物を破壊したが、曹氏及び家族一同は僅かに逃れることができた。しかし、丁度曹邸に来ていた駐日公使章宗祥は、襲撃に遭って負傷した。章宗祥は、大正七年の日支公文取極を、政府の批准及び国会の賛成なしに日本側と交換したため、国賊とされていた。

五月五日、各学校は逮捕された学生の釈放を要求して同盟罷校をし、又国民外交協会の王寵恵・林長民等は呉警察総監に対し、逮捕学生の保釈を願い出た。六日、大総統は、政府公報号外に大総統令を発し、示威行進に参加した学生の行動に対しては何等言及せず、専らその責任を警察に帰した。又、国賊として非難されていた曹交通総長が責任をとって辞表を提出した〔五月八日、パリ講和会議ニ於ケル山東問題処理ニ憤激ノ北京学生ノ暴動及其後ノ状況ニ関シ詳報ノ件〕。

五月七日、天津では、北京学生団の飛檄に同調して、中学以上の各学校の代表者が北洋大学に会し、学生連合会の設立を決議した。学生連合会は、省議会・商務会・教育会等に代表を派遣して学生の行動に声援を求め、又天津で国民大会を開催する件について賛助を求め、事務所を同大学内に置く事を決めた。

五月十一日、天津学生代表者は、北京各学校代表者二十七名と会談し、青島直接還付、日貨排斥、曹等いわゆる国賊の排除、軍閥の打破、北京学生暴動問題に関して辞職した蔡前総長復職運動等を決議した。

五月十二日、天津学生連合会は、市内の公園内で死亡学生郭の追悼会を開催し、中学校以上の学校約十校、学生数にして約三千人が参加したが、これは追悼会とは名ばかりで、示威運動をする大会であった。学生は何れも教員に引率せられ、隊伍の先頭には校旗を押し立て、白布の腕章を付け、殺亡国賊・還我青島・抵制日貨その他排日的標語を記した小旗を携えていた。学生等は会場への往復に際し、随所で路傍演説を行ったが、演説の要旨は〝日本ハ青島ヲ奪ヒ支那ヲ奪ハントスルモノナリ日本ハ吾人ノ仇敵ナレバ日本倒ササルヘカラス、商人ハ日貨ヲ売ルヘカラス、吾人ハ日貨ヲ買ハサルヘシ、今日ノ運動ハ死ヲ以テ青島ヲ奪回セントスルヲ公衆ニ告クルモノナリ〟云々の趣旨であった。

上海では、山東問題に関連して諸新聞が種々の評論を試み、学生団体等と相携えて排日的行動に出た。六日頃より新聞に掲載の外、国民大会を開催して排日を決議し、檄文を飛ばし伝単を散布した。市民に対しては、日本紙幣の使用、日本船への載貨、日本商店への出入りを禁止し、これに違反した者は殴打又は価格に十倍の罰金を課すと脅迫したため、日本関係中国商人の間に大きな恐怖感が広がった。日を追って脅迫的行動が烈しくなり、日本品を取り扱う中国商人には日に数通の脅迫状が投げこまれ、店頭では日本商品取り扱い停止が強制され、日本商の広告板を破壊するものも現れた〔五月十二日、青島直接還附要求及日貨排斥運動ノ天津ニ於ケル状況報告ノ件。五月十六日、上海ニ於ケル排日及排日貨ノ状況報告及其対策ニ付意見稟申ノ件〕。

五月十八日、蕪湖に於て、中国人学生及び暴徒数千人が、日本人及び日本商店に殺到し暴行を加える事件が起きた。この事件に依り在留日本人が創傷を受け、丸三洋行は破壊奪掠に遭い、又日清汽船会社の社宅には多数の暴徒が乱入して器物を破壊し、日本人数名の軽傷者を出した〔五月二十二日、蕪湖在留邦人ノ中国学生及暴徒ニ依ル被害ニ関シ外交部ニ覚書交付ニ付報告ノ件〕。

五月二十五日、排日運動を極力制止すべく大総統令が公布された。中国の排日運動は、その後揚子江流域及び南支沿岸地方に於て、益々気勢を高める事になった。表面は、依然学生団体が中心であったが、裏面に於ては、一部政治的な動きも出て、当初は専ら山東問題等を目標とし日本の態度を非難するに止まっていたものが、昨今になって、曹汝霖等の厳罰要求、北方軍閥の攻撃等漸く内政的色彩を帯びて、今や民族自決主義の名の下に過激派的な危険思想に変遷してきた。現に上海では六月五日頃より、居留地の内外に亘り無頼の徒を混ぜた学生大集団が横行し、白旗を携え日貨排斥を絶叫すると共に中国人商店を脅迫して閉店に追い込み、各種工場のゼネストを煽動して、欧米人経営に迄迫害を加えようとしている。暴動の経路は過激化しつつあり、居留地当局に於ては警察力以外義勇隊等の出動によって極力取り締まりに任じているが、効を奏せず、結局戒厳令実施以外に方法が無い情勢となった〔六月十一日、中国ノ排日運動ハ漸ク内政的及排外的トナリ更ニ過激派的トナリツツアル状況通報ノ件」)。

六月二十八日、パリで開催された対独講和条約調印式後、中国全権団は、山東問題の再考を条件に調印する事を申し出ていたが、これが拒絶されたと、条約全体の調印拒否を発表した。

五月四日に実行された示威運動の中、北京学生団が掲げたスローガンを見ると、「中国ノ危急存亡」「日貨抵制」「売国奴」「国賊曹汝霖章宗祥陸宗輿」と専ら山東問題の処理について、日本非難と中国側責任者の弾劾を示すものとなっている。その後の北京各学校代表者と、天津学生代表者との間で合意した決議内容を見ると、山東問題の他に〝軍閥の打破〟を方針として打ち出している。

当時中国は、袁世凱亡き後の北洋軍閥が、安徽派・直隷派等に分裂し、日本政府は安徽派の段祺瑞の内閣に巨額な借款を与えて、政治・経済・軍事にわたる日本の影響力の拡大につとめていた。これに対して、南方各軍閥は、段祺瑞への武器供給に対して直ちに中止を要請していた。

五・四運動について、吉野作造は次の様に述べている。

（略）差当っての狂暴なる排日運動に対しては、我々はどこまでも慎重なる態度を取って、軽々しく無謀の挙に出でてはならない。聞くところによれば、一部の人の間には、開戦を賭してもあくまで支那を膺懲すべしという説もあるとのことであるが、これは断じて賛成が出来ない。今日の時勢も許すまい。政府と国民とがまるで没交渉な彼の国に向って、宣戦を布告するのは、言わば政府をして内外両面の敵に苦しめられるという窮境に陥らしむるだけのことである。しからば支那の政府を援けて、民間暴動の鎮定に成功せしめたら宜かろうという説もあろうが、これも大いに考えものだ。支那がもし普通の国情であるなら、むろんこれが宜い。それでも、先方の要求を待って始めて手を出すべきは言うを俟たない。けれども今日の場合には、それでもいけない。何故なれば、暴動鎮圧の為に政府を援けるということは、この一時的暴動よりも、なお深い長い根抵を有する南北の争いに就いて、北方の勢力を増大するという結果を生ずるからである。日本の官僚軍閥は、支那の官僚軍閥と結託したことに因って、どれだけ東洋の風雲を険悪にならしめたかは、第三革命以来十二分に経験を積んだ（略）（東方時論、大正八年七月号「支那の排日的騒擾と根本的解決策」）。

吉野作造は、北京諸大学の教授学生等と交流があったが、日本国民と中国国民との関係が、近年険悪になって来たのは、次の要因によると駱啓栄の見解を紹介している。

㈠日本軍閥派が中国軍閥派を圧迫及び誘引している。

(二)日本の新聞が中国人を謾罵し、因って中国人の対日反感を誘起し、相互仇恨の念を強めている。
(三)日本政府が、許多の浪人と不良軍人とを中国国内に派遣して中国人を欺瞞し、因って中国人の排日的感情を引き起こしている（略）（解放、大正八年八月号「日支国民的親善確立の曙光。」

駱啓栄の見解が的を得たものであったのか確かめるために、当時の状況を振り返る事にする。大正四年（一九一五年）十二月十一日、中国の参政院は袁世凱を皇帝に推戴し、翌十二日袁は帝位を受ける意志を表明した。これに対し、雲南省都督の唐継堯らが昆明で帝政反対、雲南独立を宣言し、四川・貴州・広東への進撃を開始した。日本の大陸浪人たちもいきりたった。大正五年（一九一六年）一月十二日、反袁運動に積極的に便乗しない大隈重信内閣の姿勢を責めて、大隈首相の自動車に爆弾入り缶詰が投げつけられた。三月七日、閣議は中国の南軍を交戦団体と認め、民間有志の排袁運動を黙認するとの方針を決定した。四月十一日、浙江省が、十三日には江西省が各々独立を宣言し、十八日には湖南平江が独立した。更に、江蘇蘇州の独立が報道された。六月六日、袁世凱総統が逝去した。

八月十三日、鄭家屯駐在の日本軍が奉天軍と衝突して、日本軍死者九名を出す衝突事件が起きた。八月二十三日付東京朝日新聞は、〝支那の顧問聘傭（東三省にも）〟と題して次の様に報道した。〝支那政府は我が青木宣純中将を軍事顧問に招聘することを望み、我が政府も亦之に同意し、青木中将の支那政府軍事顧問就任が決定された〟。更に〝鄭家屯事件の問責は、事態が重大であるためここに併論する事は望まないが、少なくとも今回の事件に鑑みて、東三省特に盛京吉林二省に、我が政府の推せんに係る軍事・財政及び警務の三顧問を聘傭することを、一条件とする必要がある〟と報道した。

八月二十三日付大阪毎日新聞も、〝青木中将の顧問〟と題して次の様に報道した。〝我が青木宣純が支那政府の軍事顧問として招聘されることになり、日支両国のために喜ぶべきことである。従来我が軍人の、顧問として教官として支那に招聘されたものは少なくない。現に袁世凱の時代より総統府の顧問となった坂西利八郎大佐、張奉天督軍の顧問となった菊地武夫少佐・町野中佐、武漢（湖北省）の鋳方・大原・児島諸佐官、南京（江蘇省）の阪田・天野両佐官等がいる〟。

大正六年（一九一七年）五月三十日、湖北・山東・奉天が独立を宣言した。八月十四日、支那政府（段祺瑞）は、ドイツ・オーストリアに対して宣戦を布告した。八月二十九日、広東軍政府が樹立され、孫文が元帥になり、十月五日には南北軍が湖南に於て衝突し、銃火を交えた。十一月四日、広東の非常国会は、寺内正毅総理大臣・本野一郎外務大臣に対し、兵器借款の結果は、支那国民討戮の用に向けられて戦禍を延長させ、直接支那の安寧を破壊すると反対の意を伝えた。

大正七年（一九一八年）三月十九日、林権助中国公使は総統府に馮大総統を訪問し、南北和議について交渉を開始する様日本政府の意向を伝えた。所が、大正八年一月一日「対中国兵器供給問題及参戦借款ニ関スル件」（日本外交文書）によると、日本政府は南北和議を進める一方で、支那中央政府等に兵器を引き渡す契約を進めていたのである。以下にその詳細を記すことにする。

㈠配当先（中央政府）、陸軍省ニテ供給ヲ承諾セル月日（七月十九日）、泰平組合ト支那陸軍部トノ契約月日（七月三一日）、契約品中ノ未渡品（三八式歩兵銃五五〇〇〇、三八式機関銃一一八他）、引渡完了予定（大正八年四月）。

㈡配当先（甘粛）、陸軍省ニテ供給ヲ承諾セル月日（九月二十日）、泰平組合ト支那陸軍部トノ契約月日（十一月二六日）、契約品中ノ未渡品（三八式歩兵銃二〇〇、三八式騎銃三〇〇他）、引渡完了予定（大正八年二月）。

㈢配当先（湖北）、陸軍省ニテ供給ヲ承諾セル月日（第一回七月十九日、第二回九月二十日）、泰平組合ト支那陸軍部トノ契約月日（八月二十日、十月十五日）、契約品中ノ未渡品（六七山

砲二〇、三八式銃実包二〇〇〇〇〇〇）、引渡完了予定（大正八年二月）。

㈣配当先（山東）、陸軍省ニテ供給ヲ承諾セル月日（九月四日）、泰平組合ト支那陸軍部トノ契約月日（十一月十八日）、契約品中ノ未渡品（三八式歩兵銃六〇〇〇、同実包一〇〇〇〇〇〇）、引渡完了予定（大正八年二月）。

㈤配当先（黒竜江）、陸軍省ニテ供給ヲ承諾セル月日（七月三日）、泰平組合ト支那陸軍部トノ契約月日（八月二十日）、契約品中ノ未渡品（三八式野砲弾薬車二四）、引渡完了予定（大正八年一月）。

㈥配当先（浙江）、陸軍省ニテ供給ヲ承諾セル月日（五月十八日）、泰平組合ト支那陸軍部トノ契約月日（十月八日）、契約品中ノ未渡品（三八式銃実包三〇〇〇〇〇）、引渡完了予定（大正八年一月）。

㈦配当先（江蘇）、陸軍省ニテ供給ヲ承諾セル月日（第一回九月二十日、第二回十月十八日）、泰平組合ト支那陸軍部トノ契約月日（十一月二七日）、契約品中ノ未渡品（三八式歩兵銃七〇〇〇、同実包一四〇〇〇〇〇）、引渡完了予定（大正八年二月）。

以上の記録によると、支那向けの兵器供給は、先ず陸軍省が配当先への供給を承諾し、その後泰平組合が支那陸軍部（中央政府）と契約を行って実行されていた。泰平組合とは、陸軍の武器売却及び払い下げのために認可された組合である。しかし、前記の既契約について、その配当先を見ると、中央政府の他に湖北・山東・江蘇等の地方省名が記載されている。この件について備考には、該政府の命により組合の実施すべきものを内聞のまま記入したと記されている。即ち、日本政府は、泰平組合を隠れみのに、支那中央政府への兵器供給の他に、地方軍閥への兵器供給を実行していたのであった。尚、支那政府はドイツ・オーストリアに対して宣戦を布告していたが、そのための参戦借款は、前記の既契約には含まれていないと注記されている。

以上の回顧の結果、日本政府は、各軍閥に対して兵器供給と軍事顧問（又は顧問）を派遣して中国の安寧を破壊し内乱を助長していた事が、明確になった。従って、吉野作造が取り上げた駱啓栄の見解は的を得ている事が確かとなった。

駱啓栄の見解の中に〝中国軍閥派を圧迫〟、〝中国人を謾罵〟、〝中国人を欺瞞〟との表現があるが、これらには共通点がある。それは、日本側に中国人を見下し、劣等視し、蔑視する姿勢のある事である。吉野作造も、日本人には支那人を不当に劣等視する傾向のある事を指摘している〔東方時論、大正八年七月号「支那ノ排日的騒擾ト根本的解決策」〕。又、既に記述した事であるが、鈴木間島総領事代理は「支那在住日本人ハ一般ニ支那人ヲ軽侮スルノ傾向ヲ有ス」と加藤外務大臣に建言している〔大正四年七月三十一日、中国人ノ排日思想ト日中親善ノ方途ニ付建言ノ件〕。日本人が何故中国人を劣等視する事になったのかについて、筆者は、既に「二十一箇条の要求（倫理と条件反射）」の章で解明したが改めて要約すると次の様になる。

教育勅語体制下の小学校教育を終えた殆んど全ての日本人は、その大脳半球皮質に「天皇・忠」「天皇・国体」「義勇」「孝」「博愛」等の道徳規範を強固に扶植されると共に、中国・朝鮮が日本国の敵である事を植え付けられた。その結果、これら道徳規範を訓育された多くの日本人は、天皇に忠義を尽くし、天皇の統治する国家を崇める傍ら、中国人並びに朝鮮人を敵として見下し、劣等視し、軽蔑する偏見を保持する事になってしまった。従って、五・四運動は、直接的には、山東半島問題に対する日本国非難と曹汝霖等中国側責任者の弾劾を求めるものであったが、その運動の根底には、〝多くの日本人には中国人を劣等視する偏見がある〟との根源的障害が伏在していたために、以後の両国関係に深刻な影響を与えるのは必至であった。

五　大正デモクラシーと思想統制

第一次世界大戦の勃発は、日本の経済不況と財政危機を一気に吹きとばした。ヨーロッパ列強に代わって、日本商品はアジア市場に急速に進出し、貿易は大幅な輸出超過となった。世界的な船舶不足のために、海運業・造船業は空前の好況となり、いわゆる船成金が続々と生まれた。鉄鋼業では八幡製鉄所の拡張、満鉄の鞍山製鉄所の設立のほか、民間会社の設立が相次いだ。薬品・染料・肥料等の分野では、ドイツからの輸入がとだえたため、化学工業が勃興した。又、電気機械の国産化も進んだ。工業の躍進によって、工業生産額は農業生産額を追いこし、全産業総生産額の半分以上を占める様になり、工場労働者数は百万人をこえ、特に重化学工業の発展を反映して男子労働者の増加が著しかった。

大正五年（一九一六年）十月、第二次大隈内閣が総辞職し、代わって寺内正毅が超然内閣を組織したが、寺内首相は朝鮮総督時代、権威主義的な武断派総督として知られていた。寺内首相は、地方官会議（大正六年五月二十八日）で、言論政策について次の様に訓示している。

近時言論界の風潮は太しく放漫に流れ好んで危激の言論を弄し卑猥の記事を掲げて国民の思想を誘惑し廷て国体の本義を誤り皇室の尊厳を汚し淳朴の風俗を壊らしむるの虞なきを保せず言論の自由は素より之を尊重すべしと雖も苟くも国体を破壊し秩序を紊乱し人心を蠱惑するが如きの記事論説は厳重に之が防範の道を講ぜざるべからず。

この訓示には、取り締まり指向が異常に強かった寺内内閣の反動的姿勢が如実に示されている。大正六、七年の新聞界では、寺内内閣による激しい言論抑圧政策が吹き荒れた。

大正七年(一九一八年)八月三日、富山県中新川郡西水橋町で漁師の女房達が米屋に押しかけ米の移送を中止させた事件を皮切りにして、いわゆる米騒動が起きた。騒動は全国に波及し、各地で米穀商が襲われ、値下げ安売りの強要からやがて焼き打ち事件が続出し、警察力では間に合わず軍隊も出動するという未曽有の騒ぎとなった。

寺内内閣は、一方で米の廉売措置を講じると同時に、他方で力で米騒動を取り締まった。政府は、米騒動が次々に各地へ広がっていくのは、新聞の刺激的な事件報道が原因だとして、再三にわたって発売禁止処分を発動した。そして、米騒動が北陸から東海、近畿、中国、四国、八月十三日には東京に波及するに及んで、ついに米騒動関係の一切の報道を禁止した。

しかし、寺内内閣の言論抑圧に対して、新聞界ではかねてからうっ積していた不満が、この米騒動関係記事の差し止めによって一挙に爆発した。八月十七日には大阪で近畿新聞通信記者大会が開かれ、寺内内閣の言論圧迫を弾劾し、その退陣を要求して気勢をあげた。各地でも相次いで同様の大会が開かれた。九月二十一日、寺内内閣は米騒動の失政等が理由で退陣し、代わって原敬内閣が登場した。

十二月二十三日、吉野作造・福田徳三郎等の知識人によって黎明会の発会式が行われた。以後黎明会は、普通選挙の実施、治安警察法第十七条撤廃、言論の自由、軍国主義的アジア政策の修正等を毎月の講演会を通して国民を啓蒙し、大正デモクラシー運動の昂揚に大きな役割を果たした。

普通選挙実現への要求が高まり、大正八年（一九一九年）二月には東京・京都・神戸等で、普通選挙要求の国民大会が開かれた。学生も参加し、市民や労働者を中心として選挙権を拡大するための運動が全国的に展開された。原内閣はこの運動の方向を逸らすため、選挙権の条件を納税額十円から三円に引き下げ、大選挙区制を小選挙区制に改める法案を出して野党の法案に対抗し、ついに成立させた。原内閣の反デモクラシー姿勢に対して、知識人・学生・労働者等による共闘は一段と強固になり、普通選挙の実施、婦人・学生の政治参加への要求にとどまらず、言論の自由、労働者の団結権承認等が、学生と労働者の共通スローガンとなった。

この時期は、労働組合の結成・闘争が盛んに行われた時期でもあった。大正八年（一九一九年）八月、東京砲兵工廠で有志による組合が結成され、賃上げ・八時間労働制を要求して交渉が続き、スト闘争が展開された。七月末から八月初旬にかけて、東京朝日新聞社を始め十六の新聞社印刷工が、八時間労働制等を要求して四日間のストが実施され、九月一日には足尾銅山で大日本鉱山労働同盟会の発会式が行われた。

普通選挙要求の高まりは、大正九年（一九二〇年）一月末には、友愛会（日本労働総同盟友愛会の前身）等四十三団体による「全国普通選挙連合会」となり、更に二月には「普選期成・治警撤廃関東労働連盟」を結成、二月十一日には、数万人の普選大示威行進が行われた。婦人運動も活発となり、三月には「新婦人協会」が設立され、婦人参政権の要求など婦人の地位を高める運動が進められた。五月二日、上野公園で第一回のメーデーが開かれ、スローガンとして「八時間労働制の実施」「悪法治安警察法第十七条撤廃」「失業防止」「最低賃金法の制定」と共に「シベリア派遣軍の即時撤兵」が決議され、五千人の労働者が参加した。又、この前後から小作争議が頻発し、日本農民組合が結成された。

以上の様に大正デモクラシーが展開される中、反動主義が静かに牙を研いでいた。

大正七年（一九一八年）五月五日、第一回全校青年団連合大会が、内務文部両省主催の下で全国各府県青年団代表及び各郡市青年団代表が参加して開かれた。青年団の当時の動向を把握するために、大正四年（一九一五年）九月に一木喜徳郎内務大臣と高田早苗文部大臣が、地方長官に発した第一回共同訓令を顧みる事にする。

両大臣の訓令は、青年団の目的として「青年団体は青年修養の機関たり、基本旨とする所は青年をして健全なる国民、善良なる公民たるの素養を得しむるにあり、従って団体委員をして忠孝の本義を体し、品性の向上を図り、体力を増進し、実際生活に適切なる智能を研き、剛健勤勉克く国家の進運を扶持するの精神と、素質とを要請せしむる（略）」事を挙げている。又、内務文部両次官の指示として、青年団体に加入する者は、市町村に於て義務教育を終了した者若しくは之と同年令以上の者で、その最高年令は二十歳とした。従来の青年団では、壮年者即ち二十歳以上の者も少なくなかった。従って、上限年令を二十歳としたことによって、在郷軍人会とは判然と区別されると共に、青年団員は将来、在郷軍人会員となるという秩序も整うことになった。又、両次官は青年団員の指導者について次の様に指示した。青年団体の指導者には小学校長、又は市町村長その他名望ある者の中から選び、協力指導の任務には、市町村吏員・学校職員・警察官・在郷軍人・神職・僧侶等の中から適当と認める者に当たらせるとした。尚、大正四年（一九一五年）当時の全国青年団体の総数は二万八千三百七十五、団員数三百万人であった。明治四十四年（一九一一年）の全国青年団体総数は一万であったので、団体数・団員数は短期間で大幅に増加したことになる〔教育時論、一千九十六号〕。

大正七年（一九一八年）五月三日、水野錬太郎内務・岡田良平文部両大臣は〝国家活力の源泉たる青年は益々国体の精華を尊重し、身心を研磨して、将来加わる実務の負担に堪える力を養てよ〟

と第二回共同訓令を発した。五月二日、臨時教育会議は総会で「高等普通教育改善に関する答申案」を可決し、国体の観念を鞏固にする必要性を次の如く答申した。「高等普通教育に於ては教育に関する勅語の聖旨を十分に体得せしめ殊に国体の観念を鞏固にし廉恥を重んじ節義を尊ぶの精神を涵養し剛健質実真に国家の中堅たるべき人物を陶冶するに主力を注ぐの必要ありと認む」〔教育時論、一千九十一号〕。

五月十八日、岡田文部大臣は、地方長官会議に於て国民道徳について〝小学校を始め中学程度の諸学校に於ては徳性の涵養に主力を傾注し、教育に関する勅語の聖旨を了解させるだけでなく、十分にこれを体得徹底させる事を要す〟と訓示した〔教育時論、一千百九十二号〕。

十月二十四日、原内閣成立後の第一回臨時教育会議総会が開かれ、平田東助・久保田譲正副総裁を初め委員二十九名と、文部省より中橋徳五郎文部大臣・南弘次官等が出席した。総会に、平沼騏一郎・早川千吉郎・北条時敬三氏によって〝民心の帰嚮統一に関する建議案〟が提出され、建議案の主旨について早川氏が次の様に語った。

近時教育界の進展は、甚だ大なるものであるが、国民思潮の統一が今以て解決されぬのは、抑々の大本を忘れたもので、遺憾この上もないことである。そこで此の至難にして、至重なる案件を教育会議の力で、完全に解決したいといふのである。近時見る所を以てすれば、総べて物質的にのみ傾き、人心の乱調を来たして不健全の徴が甚だ著しい、之では国家経綸の大本たる教育に就いて当局の苦心も経営も其の効なく、精神界の暗黒は、目前に迫まって居るのである。私共は此処に動かざる国民思想の礎を固めたいと思ふ、総べての階級を通じて、統一ある精神の帝国を築きたいと思ふ。魂のない文明は悲惨である、固より日本精神の中枢として、日星の如く明かなる教育勅語は、厳として存するのであるが、この勅語の聖旨にさへ背馳するものが多い。私は叫びたい、一世の大思想家出でよと。併しこの望みの容易に達すべからざる以上は官民一致して、教育界と手を携へ、諸有る混濁思想を駆逐するの外はない。而してその実行方法としては、第一敬神の念を厚くする事、第二日本固有の美風を維持するに必要な施設をなす事、第三社会の階級的紛争を、官民一致の力を以て解決する事等を挙げるのである。而して社会の階級的紛争の中には労働問題の解決等も含んで居る。かくて誤れる一部の民主思想、その他の輸入思想等を、苦もなく排斥して、雄大にして光輝ある思想の基礎を、築き得たいといふのである。決して法文の末節を以て、人心を劃一に律しようといふのではない、只心の宣伝に依って之を行ひたいといふのである。

これに対して「教育時論」は〝所謂民心統一に就て〟と題し、臨時教育会議が〝民心統一〟を大に呼号し、〝民心統一〟の自覚を国民全般に覚醒する様、その声を高く揚げる事を悦ぶものであると発表した。更に「教育時論」は、次の様に述べている。学校教育に於ては、国民上下がその徳を一にすべき教育、即ち教育勅語の聖旨をますます普及徹底させることに努め、殊に、早川氏が言う、官民一致して教育界と手を携えるとの意味で、各種の道徳的団体、中でも青年団等も一層この事に尽瘁する様にしたいものである。〔教育時論、一千二百八号〕。

その後、臨時教育会議は〝民心の帰嚮統一に関する建議案〟を、小松原英太郎元文相を委員長とする主査委員会の下で検討した。

十二月十三日、臨時教育会議主査委員会は、平田・久保田正副総裁、小松原委員長以下各委員と文部当局が出席の上、建議案を〝教育の効果を全からしむべき一般施設に関する建議案〟と改題し、次の如く決議した。

〔略〕欧洲動乱の影響に依り我思想界に生じたる幾多の謬見は愈々其の傾向を大ならしめんとす誠に憂慮に堪へざるなり苟も時弊を救はんと欲せば人心の帰嚮を一にし其の適従する所を定むるより急なるはなし而して其の帰嚮する所は建国以降扶植培養せる本邦固有の文化を基址と

し時勢の進運に伴ひ益々之が発達大成を期するにあり今其の要目を挙ぐれば、国体の本義を明徴にし之れを中外に顕彰するが如き我国固有の淳風美俗を維持し法律制度の之れに副はざるものを改正するが如き各国文化の長を採ると共に徒に之が模倣に安んぜず大いに独創的精神を振作せしむるが如き即ち是れなり（略）〔教育時論、一千二百十三号〕。

大正八年（一九一九年）一月十七日、臨時教育会議総会は〝教育の効果を全からしむべき一般施設に関する建議案〟を、原案に多少の字句修正を行って可決した。その後建議は原首相に提出された。尚、臨時教育会議は、建議と共に建議理由書を原首相に提出しているので、その内容を見る事にする。

〝国体の本義を明徴にしこれを中外に顕彰する〟については、その根基精髄を明確に理解させる必要があるとして、次の様に説明している。例えば、我国の建立は一に君徳に因由するの事実、古来より王道を治国の大訓となして今日に至る事実、神聖忠孝を以て国を建て武をとうとび民命を重んじた事実、皇室と臣民との関係は自然の結合に成り、義は則ち君臣にしてまるで父子のごとく建国より今日迄一日も動揺しない事実、臣民の祖先が赤誠を以て皇室に仕え子々孫々その意を継承して今日に至り、忠孝一本の良俗の成せる事実等については最も深く留意させるべきである。この本義を一般国民に徹底して、国民が国体を尊崇する念を強固にする事が出来れば、一時的な思想変調のために大義を謬るが如きは断じてあり得ない。又、国体尊重の念を強固にするには、更に敬神崇祖の美風を維持し益々これを普及させる必要がある。〔教育時論、一千二百十六号、一千二百十八号〕。

〝教育の効果を全からしむべき一般施設に関する建議〟が原内閣に提出されてから、文部大臣による社会主義思想等に関する発言が一段と目立ってきた。「教育時論」大正八年七月五日号（一千二百三十二号）は、〝危険思想防止策〟と題して中橋徳五郎文部大臣の発表を掲載している。

欧州大戦のもたらせる世界的民主主義は、多年官僚政府に圧迫せられたる我思想界にも甚大の衝動を与へ、勃然として新思想の擡頭を見るに至れり。是れ一面甚だ欣ばしき傾向たると同時に又最も警戒すべき現象と謂はざるべからず、即ち穏健なる民主主義の普及は国民文化の向上に就ても望ましき次第にして、殊に我国の如く立憲思想の幼稚なる国民に取りては最も必要事なるを失はずと雖も、その程度を過ごして之が為め極端なる社会主義的思想を誘起し、国家を挙げて過激思潮に赴かしむるが如きことありては是れ国家的自殺にして為政者の最も戒慎すべき点なりとす。（略）要するに過激的新思想は黒死病と等しく其伝染性猛烈にして蔓延する場合には如何に防止するも致し方なきことなれば、黒死病流行に際し国民各自が健全にして若し万一感染することあるも之を撃退する丈けの抵抗性を養ひ置くの切要なるが如く、該危険思想に対しても亦穏健純良なる新思想を養ひ置き善良なる思想を以て是等悪思想を駆逐するを以て最善の方策なりと思惟す。

大正九年（一九二〇年）一月十五日、中橋文部大臣は、地方長官並びに直轄学校長に対して次の訓令を発した。

（略）近来著しく発展した結果、一般国民の生活が動もすれば浮華驕奢の弊に流れる傾があるが、此際国民は深く覚醒して質素剛健の気風を養ふことが最も必要である。加之極端な思想が海外から流入して来る恐がある、苟も之に惑はされてその帰嚮を誤る様なことがあっては国家の為由々しき大事である。国民は深く茲に留意し健全な思想を涵養し愈々我が国体の精華を発揮する様に心懸けねばならぬ（略）。

一月十六日、床次竹二郎内相並びに中橋徳五郎文相は、全国青年団に対して、剛健の風を養いその使命の重きに副わんことを期待すると訓示した。同時に、青年団の組織を自治的としその統率者は、団員の中より推挙する事を本則とすると共同訓令（第三回）を発した。〔教育時論、一千二百五十二号〕。

十月八日、政友会は思想問題調査に関する特別委員会を開き、文部省側より、学生・生徒・児童の思想傾向に関し意見を聴取した。

十月十一日、全国師範校長会議が開催され、会議に於て中橋文部大臣が次の様に演説した。

（略）現今我国の思想界に就いて考へて見まするに、我国体の精華は極めて悠久なる歴史を貫いて輝いて居りますから、区々たる外来の思想に依って決して曇りを生ずる様なものでないと信じて居りますけれども、近年世界各国を通じて時代の思想が急劇に変動致しまして、各種の社会問題が起り或は政治運動となり或は経済運動となって居りますので、我国に於ても今日は教育上最も考慮を要する大切な時機であると考へます、此の際外来の思想中国家国民に悪影響を及ぼすが如きものは飽くまでも之を防止すると同時に、国情に合致する思想は之を援引善導致しまして、尊厳無比なる我国体を擁護し、益々国運の発展を図らなければならぬのであります（略）。

又、校長会議は〝師範学校生徒の思想善導に関し最も適切なる方案如何〟とする文部省提出諮問案を審議した。〔教育時論、一千二百七十九号〕。

内務省社会局は、明治神宮の落成を好機に、明治天皇の御遺徳を全国青年に徹底させるため、十月二十三日の神嘗祭に各町村青年会代表者二千余名を召集し、参拝させることにした。

十月三十日は教育勅語発布三十年の記念日に当たり、南文部次官は次の通牒を地方長官に発した。

当日は各学校に於て休業の上記念式を挙行し、学校長教員をして特に教育勅語の精神を一層深く学生々徒児童に徹底せしむるに適切なる訓話をなさしめられ度、尚貴管下に於ける青年団処女会員等は各記念式に参列せしめ、又は土地の情況に依っては是等の団体をして単独に記念式を施行せしむる等適当なる方法を講ぜられる様に致度し。〔教育時論、一千二百七十八号〕。

十一月二十四日、床次内務大臣・中橋文部大臣の両名は、全国の青年団に対し、次の共同訓令（第四回）を発した。

全国青年団代参者の明治神宮を参拝するに方り畏くも東宮殿下には特に青年団員に対し優渥なる令旨を賜ひ青年の嚮ふ所を示させらる盛意深遠洵に感激に堪へず（略）〔教育時論、一千二百八十三号〕。

以上の様に、大正デモクラシーは、臨時教育会議の原内閣への提議を契機に、思想統制の下に管理されていく事になる。以下にその思想統制について要約する事にする。

まず、臨時教育会議が提出した〝教育の効果を全からしむべき一般施設に関する建議〟と同時に提出された建議理由書の中の、〝国体の本義を明徴にする〟について吟味することにする。〝我国の建立は一に君徳に因由する〟は、教育勅語の中の〝我カ皇祖皇宗ヲ肇ムルコト宏遠ニ徳ヲ樹ツルコト深厚ナリ〟と全く同じ内容を示している。次に〝神聖忠孝を以て国を建て武をとうとび民命を重んずる〟は、教育勅語の中の〝我カ臣民克ク忠ニ克ク孝ニ〟と〝一旦緩急アレハ義勇公ニ奉シ〟の二つの倫理を同時に表現している。又〝臣民の祖先が赤誠を以て皇室に仕え子々孫々その意を継承して今日に至り、忠孝一本の良俗の成せるもの〟は、教育勅語の中の〝天壌無窮ノ皇運ヲ扶翼スヘシ〟と〝我カ臣民克ク忠ニ克ク孝ニ〟の二つの倫理を一緒に表現している。従って〝国体の本義を明徴にする〟とは、教育勅語の主旨を明確にする事と置き換えることができる。

又、臨時教育会議主査委員会は、〝欧洲動乱の影響に依り我思想界に生じたる幾多の謬見は愈々その傾向を大ならしめんとす誠に憂慮に堪へざるなり〟と警告を示しているが、これは労働者の基本的権利である団結権・ストライキ権の確立、婦人・学生の政治参加、言論の自由等を目指す運動と、その運動を支える社会主義思想等への懸念を表したものとなっている。これに符合する様に、中橋文部大臣は〝危険思想防止策〟と題する所信の中で、〝極端なる社会主義的思想を誘起し、国家を挙げて過激思潮に赴かしむるが如きことありては是れ国家的自殺にして為政者の最も戒慎すべき点なりとす〟と発表した。更に、中橋文部大臣は〝過激的新思潮は黒死病と等しく其伝染性猛烈にして〟と、人類の英智が生み出した社会主義思想をペストに喩えて、これを駆逐すると発表したが、これは西洋思想を魔女扱いする、偏見に満ちた高慢な独善主義に他ならない。その上で中橋文部大臣は、外来の思想の中で、国家国民に悪影響を及ぼす虞のあるものは飽くまでこれを排除すると同時に、我が国古来固有の思想を涵養し、即ち〝国体擁護〟を前面に押し出して国運の発展を図かるとしている。

臨時教育会議は、建議の中で人心の帰嚮する先は〝国体の本義〟であるとしているが、〝国体の本義〟とは教育勅語の主旨と同じである。従って中橋文部大臣は、人心の帰嚮する先を一つにするために、大正デモクラシーを思想的に支えた自由主義・社会主義等を排除して、〝国体擁護〟即ち教育勅語を日本国民の統一した精神とする思想統制を押し進めたと言える。

中橋文部大臣が押し進めた思想統制としてもう一つ述べなければならない事がある。それは、床次内務大臣と共同で発した全国の青年団に対する共同訓令（第四回）である。訓令は、全国の青年団代参者が明治神宮を参拝するに当たり、東宮殿下より青年団員に対し、青年の嚮う所を示す令旨を賜ったとしている。当時の青年団員は、ほぼ全てが小学校に於て教育勅語体制下の教育を受け、青年団に入団後も、補習教育を通じて教育勅語の趣旨を学んでいる。従って、青年団員が、東宮殿下より〝青年の嚮う所を示す令旨〟を賜った事によって、全国の青年団員は〝擁護すべき国体〟の中核には天皇を据える事になるのは、火を見るよりも明らかな事であった。正にこの狙いは、臨時教育会議が原首相に提出した建議及び建議理由書の目論むものであった。提出された建議理由書には〝国体尊重の念を強固にするには、更に敬神崇祖の美風を維持し益々これを普及させる必要がある〟とあるが、この提議はやがて昭和時代を迎え〝我が国は現御神にましまます天皇の統治し給う神国である〟との観念に引き継がれて、全ての国民はこの観念を扶植される事になるのである。

六　続大正デモクラシーと思想統制

大正九年（一九二〇年）三月十五日、株式市場の暴落は、戦後恐慌の襲来を告げる事になった。増田銀行の破綻等恐慌の進行は、そのしわよせが労働者への圧迫・抑圧となって現れ、大正十年四月七日、足尾銅山はついに全山にわたってストライキに突入した。〈足尾の紛争正に白熱化し馘首復職に大示威開始〉〈社会主義者の入山物々しき警戒〉と十一日付東京朝日新聞は報道した。七月七日、川崎造船所に於ては、会社側が争議の中心となった幹部職工一同を首にしたため、職工一万三千人がサボタージュ戦術を執り、その後事務所を占拠し会社役員を締め出す事になった。同日、三菱造船所に於ても、サボタージュ中の職工二千余名が宣伝隊を組織し、労働歌を高唱しつつ守警本部の正面に押し寄せた。本部前で先頭に立った職工二、三名が検束されたため、職工団が喊声を上げて本部へ殺到し、遂に職工数名と巡査十数名との間で大格闘になった。

神戸市に於ける川崎三菱両造船その他の労働争議が益々悪化の傾向を帯びてきたため、内務省は兵庫県当局と協議の結果、七月十四日朝、一切の示威運動を厳禁にし、主謀者と認められる者を続々と拘束し始めた。又、十四日未明には、姫路第十三師団より一個大隊が出動し、川崎三菱両造船所内の要所を堅めた。川崎造船所の争議は、七月二十九日遂に流血の惨事となり、三十日付東京日日新聞は〈警官隊抜剣で突撃し川崎職工の傷者無数〉〈一万余の罷業団造船所に殺到し投石戦に始まり遂に流血の乱闘〉と報道した。警察側の検挙振りも辛辣で三十日朝迄に友愛会支部を襲って、賀川豊彦を始めとする幹部の他二百五十余名を検挙した。巡査が抜剣した事について、床次内相は、抜剣は当然だ、公安を紊る者は容赦せぬと取り締まる方針を公にした。

一方、大正デモクラシーの中心課題である普通選挙要求運動はいよいよ佳境を迎え、大正十一年（一九二二年）二月五日、芝公園に於て普選断行国民大会が開催された。国民大会は〝第四十五回帝国議会に於て、普通選挙法案を可決すべし〟と宣言した。二月二十三日、普通選挙法案が議会に上程されたが、議会散会後の七時頃から、憲政会本部を中心として日比谷一帯各所で凄惨な光景が展開された。この日憲政会本部には民衆が続々と詰め寄せ、午前午後を通じて請願書の交付を請求する者は実に十二万人に達した。その多くは議院に出頭して請願書を提出したが、午後六時の締切り迄に、各代義士・野党本部に手渡されたものを合わせると四万人に上った。憲政会本部に居残った民衆は約八千人であったが、夕刻まで演説会を開いていた。議会が散会になると、七時二十分、憲政会本部前に群がる民衆に〝議会は唯今散会になりました〟と報告されたので民衆は表と裏の両門から雪崩の様に退出し始めた時、両門口で警戒に当たっていた警官隊が流れ出る民衆を人を選ばず殴るやら蹴るやら言語に絶した乱暴を浴びせ、片っ端から約六十名を検束した。又、警官隊は、憲政会本部の屋内に逃げこんだ民衆を追跡して乱打したため大格闘となり、その後本部の階下は警官隊によって占拠される状態となった。二十四日付東京朝日新聞は〈警官隊の大暴状に凄惨を極めた帝都の夜〉〈逃げる民衆を追い詰めて片端から乱打す〉〈田中代議士も無体の検束〉と報道した。二十五日開会の貴族院本会議に於て、憲政会の追求を受けた床次内相は〝二十三日当日、屋外での多数による運動はこれを禁止して居り、警察官が制止したにも拘らず多数を率いて行動した故にやむ得ない事であった〟と答弁した。又、田中代議士逮捕理由については、治安警察法違反の現行犯であるとした。普通選挙法案は数日にわたって論議されることになったが、初日は議長の常習的偏頗によって議場は大混乱し、二日目は議場混乱のため本問題は審議されなかった。結局、多数党という唯一の武器を濫用する原内閣及び政友会によって二月二十七日、普選法案は否決された。

普通選挙阻止の動きに加えて、思想取り締まりが日一日と強化されていった。大正十年（一九二一年）二月十九日付東京朝日新聞は、〈京浜間に潜在する鮮人の秘密結社〉〈危険な本拠は横浜と淀橋〉〈三千人の行動監視〉と報道した。更に九月十日付読売新聞は、〈東宮御帰朝に際しての暁民会と怪鮮人の大陰謀発覚さる〉〈第二の幸徳事件と目され極秘に取調中〉と報道した。暁民会とは、高津正道等が中心となって結成した暁民共産党の事であった。事件の概要は次の通りである。

八月三十一日、警視庁は暁民会を襲い、高津正道・高瀬清等を警視庁に引致し、厳重なる取り調べの結果、高津・高瀬等三名を浮浪罪として拘留しそのまま留置したが、残りの五名はひとまず帰宅させた。一方、警視庁は雑誌社会主義を発行している高取のぶ子を引致して種々訊問した結果、高取のぶ子の自白に従って、既に拘留中の立教大学生小野謙次郎が、ドイツの社会党スパルタカス団の宣言なるものを翻訳して全国の社会主義者並びに労働団体学生青年団等へ、配布した事が判明した。大陰謀が企まれていた事を知った警視庁は刑事を八方に派遣し、市内で朝鮮人二名を逮捕すると共に福岡県で三名の社会主義者を検挙し、他府県でも二名の同主義者を逮捕した。大陰謀の内容については、警視庁が極秘にしているため知り得ない事だが、先月二十九日の朝、日本橋区小伝馬の朝鮮人参商李李東方へ、爆弾三十余個入りのみかん箱を預けて行った出来事を、新聞は挙げている。尚、高津正道・高瀬清等の罪状は、大正十一年（一九二二年）一月三十日、東京地方裁判所によって、出版法違反及び治安警察法違反とする予審決定が下された。

大正十年（一九二一年）十一月十三日午後六時より仙台歌舞伎座に於て、仙台赤化協会主催の社会問題講演会が開催され、東京から大杉栄・加藤一夫・岩佐作次郎等の社会主義者等が招かれた。大杉・加藤二人が、会場へ向かうべく中央ホテルから車を飛ばし、途中で夕飯を取ろうとした際、仙台署の刑事によって検束され、岩佐も旅館で検束される事件が起きた。

十二月一日、検事正代理金山検事を総指揮官とする五人の検事が、警視庁高等課と共同して、都下各所に散在する社会主義者の家宅捜査を開始した。社会主義者の元老堺利彦宅に向かった宮内予審判事等の一隊は午後三時半引き揚げ、阿部検事等の一隊は岩佐作太郎宅を襲って厳重な家宅捜査の後重要書類を押収して午後三時半前後に引き揚げ、山川均宅では午後一時頃家宅捜索を行い、午後五時に引き揚げた。十二月二日付読売新聞は〈昨日遂に堺・山川両氏の家宅捜索を行う〉〈不穏文書事件拡大す〉と報道した。

政府による過激思想対策として、既に閣議決定を終えた社会過激運動取締法案が貴族院に提出される事になった。法案の内容は大体次の通りであった〔大正十一年二月十八日付東京朝日新聞〕。


㈠無政府主義共産主義其の他に関し朝憲を紊乱するような事を宣伝したり又は宣伝せんとしたる者は七年以下の懲役又は禁錮の刑に処す。

㈡第一項の実行を勧誘したるものの罪も亦七年以下の懲役又は禁錮に処す。

㈢第一項の目的を以て結社集会又は多集運動をなした者は十年以下の懲役又は禁錮に処す。

㈣暴動、暴行、脅迫等の不法手段を以て社会の根本組織を変革することを宣伝した者は五年以下の懲役又は禁錮に処す。

この法案の中で問題となるのは、第一項の〝宣伝せんとしたる者〟の有する意味である。法学博士牧野英一は、この法文の意味について次の様に説明している。用語の同じ様な例が、大逆罪に関する刑法の規定の中にある。刑法第七十三条に「危害を加へ又は加へんとしたる者は死刑に処す」とあるが、この「加へんとしたる者」とは、事が未遂に終わったものを言うのではない。刑法論上犯罪の実行に属しないものをも広く指しているので、予備・陰謀は勿論、単にその事を決意するだけでも、その適用を受けることになる。従って、過激運動取締法案では、予備行為が宣伝そのものと同様に処罰されることになる。宣伝を予定して鉛筆一本を買い求めるのも罪となる。宣伝を予定して電車に乗るのも罪となり、友人を訪問するのも同じである。更に、予備・陰謀が無くても、単純に決意するだけでも罪となる。法案は、人が無政府主義・共産主義その他を論じようとするのを、絶対的に禁止しようとするのである〔二月二十六日付東京日日新聞〕。

法案が貴族院で審議される中、二十の新聞社が法案反対新聞同盟を結成するなど世論の抵抗を受けたが、三月二十四日、貴族院は社会過激運動取締法案を修正可決した。しかし衆議院では審議未了となった。

第十章　歴史検証

―関東大震災と朝鮮人虐殺―

大正十二年（一九二三年）九月一日午前十一時五十八分、相模湾北西部を震源とするマグニチュード七・九の大地震が発生した。地震と火災によって東京・横浜両市の大部分が廃墟と化したほか、被害は関東一円と山梨・静岡両県に及んだ。両国の陸軍被服廠跡の空地に避難した罹災者約四万人が、猛火で焼死したのをはじめ死者は十三万人以上を数え、全壊・流出・全焼家屋は五十七万戸以上に上った。地震と火災による悲惨な状況の下、〝朝鮮人が暴動を起こした、放火した〟といった流言がとびかい、関東全域で徹底的な〝朝鮮人狩り〟が行われた。又、亀戸署管内では軍隊によって十人の労働運動指導者が殺された。

震災による悲惨な状況下で、一体朝鮮人の身に何が起きたのか検証を試みる事にする。

九月一日午後一時十分、東京衛戍司令部は東京市街火災その他の異変に対する援助のために、近衛師団・第一師団に対して非常警備に関する命令を下した。

二日午前九時、政府は震災救護善後策に関し閣議を開き、緊急勅令の裁可を経て即刻公布し、戒厳令が荏原・豊多摩・北豊多摩・南足立・北葛飾の五郡に制定された。

三日付東京日日新聞は、震災の状況を〈不逞鮮人各所に放火し〉〈帝都に戒厳令を布く〉〈三百年の文化は一場のゆめ〉〈ハカ場と化した大東京〉〈鮮人いたる所めったぎりを働く〉と報道した。

三日、政府は、戒厳令の適用地域を東京府下全部と神奈川県全部に拡張する関東戒厳司令部条例を発布し、即日施行した。震災によって多大の不安に襲われた民衆は、殆んど同時に、流言蜚語によって戦慄すべき恐怖を体験し、大正大震火災誌（警視庁編、神奈川県警察部編）は、その状況を次の様に記している。

二日午後二時頃、「鮮人約二百名、神奈川県寺尾山方面の部落に於て、殺傷、掠奪、放火等を恣にし、漸次東京方面に襲来しつつあり」「鮮人約三千名、既に多摩川を渉りて洗足村及び中延附近に来襲し、今や住民と闘争中なり」。

二日午後二時五分頃、「横浜の大火は、概ね鮮人の放火に原因せり、彼等は団結して到る所に掠奪を行ひ、婦女を辱しめ、残存建物を焼毀せんとするなど、暴虐甚だしきを以て、全市の青年団、在郷軍人団等は、県警察部と協力して、之が防止に努力せり（横浜方面よりの避難者の流言）」「横浜方面より来襲せる鮮人の数は、約二千名にして、鉄砲、刀剣等を携帯し、既に六郷の鉄橋を渡れり」。

二日午後四時三十分、「鮮人二、三百名横浜方面より神奈川県の溝ノ口に入りて放火せる後、多摩川、二子の渡を越え、多摩河原に進撃中なり」「鮮人、目黒火薬庫を襲へり」。

二日午後五時三十分、「戸塚方面より多数民衆に追跡せられたる鮮人某は、大塚電車終点附近の井水に毒薬を投入せり」。

二日午後六時頃、「上野精養軒前の、井水の変色せるは毒薬の為なり、上野公園下の井水にも異常あり、上野博物館の池水も亦変色して金魚悉く死せり」。

これらの流言の発生について、大正大震火災誌（警視庁編）は次の様に説明している。震災当日の流言は、大地震の再来、大津波の襲来などを恐れる恐怖心に基づくものであったが、翌日になって鮮人暴動の流言蜚語がこれに代わると共に、時の経過に従って次第に拡大されていった。これにより一般民衆の耳目がそばだち、人心が頓に不安を感じたる結果、遂に鮮人に対する憎悪の念が極度となり、これと対抗せんが為に武器を執り自らを守る事になった。

又、鮮人に関する流言を信用した一般民衆が、憤激の余り暴力を用いて鮮人を迫害する状況が次第に悪化してきたため、九月二日、警視庁は朝鮮人を速やかに適当な場所に収容する事を決定した。かくて、九月五日迄に本庁及び市内各署に保護収容された鮮人の総数は、六千百十八名に達した。

一方、内務省警保局は、九月三日、次の様な警告を新聞社に発して言論統制を行った。

朝鮮人の妄動に関する風説は虚伝に亘る事極めて多く非常の災害に依り人心昂奮の際如斯虚説の伝播は徒に社会不安を増大するものなるを以て朝鮮人に関する記事は特に慎重に御考慮の上、一切記載せざる様御配慮相煩度尚今後如上の記事あるに於ては発売頒布を禁止せらるる趣に候条御注意相成度。

従って、この言論統制により、九月四日以降に大都市で発行された日刊紙には、朝鮮人に関する記事が無くなり、国民は、関東地域に居る朝鮮人達の身に何が起きているのか、事実を知る事ができなくなった。政府が朝鮮人問題に関する記事差し止めを解除したのは、十月二十日であった。依って、差し止め解除後の新聞報道の内容を見る事にする。

十月二十一日付東京日日新聞は、「本庄警察署構内は忽ち修羅場と化す八十六名の鮮人を刺殺」と題して次の様に報道した。

児玉郡本庄町では九月二日までは東京からの避難者救助に全力をそそいでゐたがその頃から流

言蜚語頻りにつたはり三日夕刻汽車で避難してきた鮮人労働者六名を乗客が自警団に引渡したのでにはかに殺気だち警察署に連行の途中殴打負傷させ警察では留置保護を加へると共に署長村磯重蔵氏は新聞記者在郷軍人分会員等と大道演説をなし極力善良鮮人の保護を説き人心の鎮撫につとめたが翌四日朝に至ると川口蕨両町や戸田南平柳村方面で自警団に捕へられた鮮人労働者約二百名を県外安全地域に護送すべく一旦浦和に集め貨物自動車四台で群馬県下へ出発させたがその内二台が先発したころから町内自警団の秩序は漸くみだれ手に手に日本刀棍棒手槍その他の兇器をもって殺気だち自動車を取りまき十余名の警官や消防役員在郷軍人会役員等が声をからして制止につとめたが同町宮本割烹店前にさしかかった際遂に喊声をあげさかんに瓦礫を投じ兇器をふるって肉薄して来たのでやむなく署に引きかへし鮮人を演武場に収容しようとすると殺到した数百名の一団は逃げまどふ鮮人を滅茶々々に虐殺し署構内は大修羅場と化しただ一人の鮮人が辛らうじて逃走した外は八十六人ことごとく虐殺された。

十月二十一日付東京日日新聞は、「横浜で殺された鮮人百五十名に上る、山口正憲等の流言が因で一週間銃声絶えず」と題して次の様に報道した。

横浜地方裁判所検事局の坂本検事は十八日戸部署にいたり九月二日の朝から同署管内保土ヶ谷久保山方面で行はれた青年会自警団等の殺人事件に関し詳細聴取し更に第一中学校に保護検束を加へた某等につき当時の模様を調べ次いで寿山手両署に赴き同様調査して吉益検事正と打ち合せの上警察憲兵隊等の応援を得て秘密裡に徹宵の大活動を開始したが当時の状況を記すと二日午前二時頃根岸町鷺山方面の残存家屋へ放火せんとして青年団に捕はれた五名の鮮人でなかには日本人もまじってゐた保土ヶ谷久保山辺でやられたのは多く戸塚辺の鉄道工事に雇はれてゐたもので二日正午ごろ例の山口正憲一派のものが「鮮人三百名が襲撃してくる」と流言をはなったため久保山やその附近に避難したものは自警団を組織し全部竹槍や日本刀を持って警戒し一方久保町愛友青年会を初め在郷軍人会員は第一中学校の銃剣を持ち出して戦争準備をととのへ保土ヶ谷の自警団と連絡をとって三十余名の鮮人を包囲攻撃し何れも重傷を負はせ内十名ほどは保土ヶ谷鉄道線路や久保山の山林内で死体となってうづめまたは池中に沈められた(略)。

十月二十一日付東京日日新聞は、「軍隊護送中の鮮人を殺害す」「船橋町の惨劇」と題して次の様に報道した。

船橋町に設立された本多代議士を社長とする北総鉄道会社では本年一月ごろから鮮人工夫約五百名を使用して内五十七名は駅前九日市に合宿してゐたが九月一日の震災以来東京方面からの流言蜚語盛んとなり危険に頻して来たので消防組頭大野外百余名は昼夜交替で右合宿所を監視し四日朝遂に一同を警察署に保護することとなって消防隊引率のもとに署前に至りし時東京から来た一老避難民が「娘のかたきだ殴らしてくれ」と一撃を加へたのが動機に警官の制止を聞かばこそ群衆は忽ち蹴る殴る突くの暴行を働き七名の重傷者と一名の死亡者を出し万才を高唱しながら四散し町内の空気がいやが上にも殺気立てる折りからその日の夕刻亀戸の警備隊から「二鮮人が列車に乗り込んだ形跡あり取押さへ方たのむ」との報に接し消防隊が駅内に張り込んでゐると夕刻に至り荷物車中に潜伏しておるを発見し直に取押さへんとしたところ逸早く逃亡したので町民総出となり警鐘を乱打するやらラッパを吹くやらさながら戦場の如き大騒ぎを演じ戦々競々たる折りしも鎌ヶ谷村西米野に滞在していた北総鉄道工夫三十八名（内女子一名子供一名）が習志野騎兵連隊に収容されんとして兵士十五名護送のもとに午前二時ごろ船橋町入り口の九日市避病舎前の村道に差しかかって来たので鮮人の行衛不明にぢれ気味であった船橋自警団初め八栄村自警団員等約百五十名は「それっ」とばかり用意の竹槍棍棒鳶口日本刀な

どを以て忽ち二三名を突き殺し残余のものが珠数繋ぎのまま大地に膝まづいてしきりに合掌して助命を乞ふのもきかず総掛かりで子供一人を残して全部を殺害し死骸を路傍に放棄したまま引揚げたが内二名は明方息を吹きかへして一名はなすび畑の中に横はり一名は避病舎裏手の井戸に這い付いて猿股に水をしめして渇を癒やしてゐるのを発見し再び竹槍で突き殺した死骸は六日午後まで警官監視のもとに晒されてあったが船橋五区の自警団から一区十名づつを招集し担架を以って同所から約十丁をへだった町の火葬場空地に運んで形ばかりの土葬に付し塔婆の代はりに竹槍が数本突き埋められて詣づるものとて一人もなく地下一尺も立てられてゐない生々しい地肌から盛んに異臭が鼻を突いて惨憺たる光景を見せてゐる（略）。

十月二十一日付読売新聞は、「戦場の如き江東、平沢氏と共に焼いた〇〇〇〇百個」古森亀戸署長談、と題して次の様に報道した。

震災当時最も東京市内で鮮人騒ぎの激しかったのは江東南葛方面で亀戸署の如きは平常管内二百三十六名の多数が居住しこれらは全部筋肉労働に従事し、猶同種の支那人が二百名近くも居る事とて非常の騒ぎで荒川放水路を境として東南から東京方面にかけて亀戸町字亀戸二三八元朝鮮全羅南道生れ日本大学生日本名北上春従事朴玄栄（二三）外十数名の主義者鮮人も居るのでまるで戦場のやうな騒ぎで二日から五日にかけて亀戸署の検束者七百二十名中四百名は鮮人であり、また彼の自警団員秋山藤次郎外四名南葛労働の平沢外九名の死体と共に焼棄した百名余の死体中には之等〇〇〇〇く、これは至る所で惨殺されてゐて路傍にすてられてゐたものを署員が体面と同情を兼ねて拾ひ集めたものだそうで一例を挙げると九月二日早朝大島町大島製鋼所の傍らの小名木川上流土手に三名の鮮人が手に手に小荷物を持って東京方面に避難しやうとしたのを砂町自警団員が発見し訊問中に大勢集まって憲兵巡査の制止も聞かず遂に打殺して了まったが所持品で日給八十銭を貰ってゐた柳上敬外二名と判った（略）。

主要新聞の記事を詳細に見ると、虐殺が最も多かった横浜方面、東京市内の出来事に関して報道が少ないことが分かる。大正大震火災誌（警視庁編）によると、日比谷警察署に於ては「九月二日の夕、鮮人暴行の流言始めて管内に伝はるや、人心の動揺甚しく、遂に自警団の組織となり、戎兇器を携へて鮮人を迫害するもの挙げて数ふ可からず（略）」とある。又、神田西神田警察署に於ても「九月二日午後七時頃より鮮人暴挙の流言行はるるや、民衆は自警団を組織して警戒の任に膺ると共に、戎兇器を携へて鮮人を迫害するに及び（略）」とあることから、別の角度から事件の全貌解明を進める事にする。

朝鮮人に対する残虐行為を調査するために日本に派遣された「朝鮮人委員会」は、官憲の行為並びに暴徒による残虐行為に依って非業の死を遂げた人数を英文で公表している。羽田並びにその附近に於ける死者千九百六十二人、隅田川附近に於ける死者四百四十八人、神奈川に於ける死者三百十人、埼玉県の警察官駐在所に於ける死者三百九十七人、東京亀戸警察署に於ける死者百八十六人、朝鮮道に於ける死者九十三人、東京上野警察署に於ける死者百四十七人、鶴見警察署に於ける死者百十二人、合計三千六百五十五人となっている〔日本政府震災朝鮮人関係文書〕。

又、〝朝鮮独立運動に関係する朝鮮人〟著による「日本国に於て行はれたる朝鮮人殺戮」〔原文英文〕は次の様に記している。

突発した震災の際数千の無辜の朝鮮人は挑発もなく理由もなく血に渇く日本人のために殺戮せられた。実に日本国の地震地帯は、朝鮮人の血を以て赤色に染まった。此の残酷な行為の証跡は残念にも事件発生の後直ぐにはこれを得る事ができなかった。それは日本政府が生存する朝鮮人の調査を禁じたが為であった。事件は闇に葬られようとされたが、その過酷な状況下で命を賭けて行動した数名の勇敢なる朝鮮人による調査結果をここに記すとある。

軍人によって射殺された其の数は、羽田に於て二千人、隅田川岸に於て四百人、品川に於て三百人、埼玉県停車場に於て四百人、警察官によって保護、監禁の後殺害された其の数は、亀戸警察署に於て二百人、上野警察署に於て百五十人、中仙道に於て百人、鶴見警察署に於て百人、地名不明分二十七人、合計三千六百七十七人であった。〔朝鮮総督府震災関係文書〕。

この「日本国に於て行はれたる朝鮮人殺戮」が公表される一ヵ月程前に、北京在住朝鮮人金健が「虐殺」と題する文書を作成し、各地朝鮮人に配布すると同時に英文を在北京各国公使にも渡していた。その文書には、羽田附近にて二千人が軍隊によって殺され、隅田川々辺では四百人が銃殺される等「日本国に於て行はれたる朝鮮人殺戮」なる文の死者数と全く同じ人数を記している。更に、隅田川岸にて虐殺された二百七十一人、上野警察署にて虐殺された六十七人については、虐殺現場で目撃した証人の氏名・住所をも記している。羽田附近に於ける虐殺については、大正十二年九月六日付国民新聞社号外に掲載されたこと、品川に於ける虐殺並びに中仙道に於ける虐殺については、大正十二年十月二十日付東京朝日新聞号外に掲載された事も記している。又、金健は披殺者総数を三千六百八十余人と公表している〔朝鮮総督府警務局関係文書〕。隅田川岸に於ける虐殺については、大東日報も〝九月七日日本の陸軍は韓人留学生三百六十名を捕え、隅田川の辺に於て機関銃を以て射殺し河中に投ぜり〟と報道した〔十一月三十日、在長春領事より朝鮮総督府警務局長宛報告〕。

「日本国に於て行はれたる朝鮮人殺戮」なる文は、虐殺された人数の他に惨状についても次の様に記している。

（略）最も残酷な殺人方法は自警団や市民団によりて敢行せられた。自警団は昼夜諸所に朝鮮人を捜し廻り之を逮捕すると直ぐ大声を挙げて「朝鮮人」「朝鮮」と呼ぶ。其際多数の市民は突進して来て其朝鮮人を包囲し電柱に縛って目を刳り取り鼻を殺ぎ腹を裁ち割り腸を露出させる。或る場合には鮮人の頸に長き索を結び付け之を自動車の後部に縛付けて之を運転したり又或時は鮮人の手を鎖を以て縛り裸体のまま市中を歩ませて命令に違反すれば棍棒を以て撲殺する。（略）或時は工場から朝鮮労働者—婦人も—を曳き出して殺害した後其死体を川に投込んだり朝鮮人を乗せた列車を襲撃して何の理由もなく殺戮したりした。

其当時日本在住外国人は西暦千九百二十三年九月一日から六日迄は朝鮮人の生命は一銭の価値をも有たなかったものだと云った。「ゼ・ノース・チヤイナ・デーリ・ニュース」の通信員は此の蛮行の目撃者の一人であるが同人は横浜本牧町で手足を縛られた六人の鮮人を暴徒が引摺って行くのを見たり又暴徒の内の一人が刀を以て六人の朝鮮人の顎を切断するのを見た。其時周囲に立って居た日本人等は鈍刀の数撃に会って顎が一個づつ地上に落ちるのを見て喜んで居たと云って居る。（略）警察官はかかる犯罪を阻止する為めに朝鮮人に何等かの機会を与えたであろうか。朝鮮人は最後迄抵抗して其の無実を訴えたけれども何等の反応もなく何人の救済をも得る事なく日本人の残酷な手に委ねられた。婦人や小児等は泣き叫んで慈悲を乞ふたが其かいもなく最後の呼吸は無情なる日本人の剣によりてし止められた。此虐殺は六昼夜継続した。此行動は正義と人道とを破壊して文明に永久拭ひ去るべからざる汚点を残したものである（略）〔朝鮮総督府震災関係文書〕。

この文には後半の部分に「死体数とその発見場所」と題して六十六の発見場所と各々の死体数（合計六千四百七十六人）が記載されている。その中に注目すべき記述があるのだが、〝以上の死体数とその発見場所は、中央公論編輯人吉野博士の確認したものである〟と。吉野作造は、〝朝鮮独立運動に関係する朝鮮人〟によって公表された日本人による朝鮮人虐殺数が、正確である事を認めていたのである。

当時、自警団・青年団・軍隊等による朝鮮人虐殺事件を追求したのは、政府の言論統制もあって非常に少なかった。政府の責任を追求した「東京朝日」「時事新報」「東洋経済新報」の他、個人では吉野作造、三宅雪嶺、内田魯庵等少数にとどまっていた。

この状況の中で、吉野作造は積極的に事件に取り組み、この事件は〝世界の舞台に顔向けのできぬ程の大恥辱である〟として、この際朝鮮人虐殺に対する国民的悔恨若しくは謝意を表するがために、なんらかの具体的方策を講ずる必要があり、この行為は国民として当然なる道徳的義務であるとした〔「中央公論」大正十二年十一月号、「朝鮮人虐殺事件に就て」〕。

更に吉野作造は、事件の真相究明に乗り出し、改造社が出した大正大震災誌に「圧迫と虐殺」（大正十三年九月三日附）と題して取り調べの結果を寄稿したが、内務省の検閲により公表を禁止された。以下、ねずまさし氏の筆写本による「圧迫と虐殺」に基づき事件の解明を進める事にする。吉野は次の様に述べている。

震災地の市民は、震災のために極度の不安に襲われつつある矢先に、戦慄すべき流言蜚語に脅かされた。そのために市民は全く節度を失い、各自武装的自警団を組織して恥辱的な行動を執る事になった。この流言蜚語が何等根拠を有しないことは勿論であるが、それが当時、如何にも真しやかに然かも迅速に伝えられ、一時的にもそれが全市民の確信となった事は、実に驚くべき奇怪な事だ。流言が伝播したのは大正十二年九月二日の正午頃からであるが、その出所については、今尚霧に包まれているが、当時の流言に対する官憲及び軍隊の処置が原因である事は認めざるを得ない。吉野はその根拠として、九月二日、埼玉県内務部長が郡町村長宛に発した〝不逞鮮人暴動に関する件〟

と題する通牒を上げている。

今回の震災に対し、東京に於て不逞鮮人の妄動有之、又其間過激思想を有する徒らに和し、以って彼等の目的を達せんとする趣及聞漸次其の毒手を振はんとするやの惧有之候に付ては、この際町村当局者は、在郷軍人分会消防隊青年団等と一致協力して、其の警戒に任じ、一朝有事の場合には、速かに適当の方策を講ずる様至急相当御手配相成度、右其筋の来牒により、此段及移牒候也。

吉野は、自分の見解を裏付けるもう一つの根拠として、十二月十五日の衆議院本会議で永井柳太郎代議士が政府に対して行った質問演説を取り上げている。これに依ると、九月一日、内務省（時の内相は水野錬太郎）は、船橋電信所を通じて、朝鮮総督府に鮮人取り締まりに関する電報を送り、更に山口県知事及び各海軍鎮守府にも、鮮人の不逞行為につき訓示をした電報を送っている。永井氏は、流言浮説が起きたのは、検挙を行いつつある自警団のみの罪ではなく、実に少数官吏が鮮人を恐怖するの内心より出たものであると断定している。尚、海軍省文書には、呉鎮守府が船橋電信所からの一般電報（一日夜十一時四十分発）を受領したのは、二日午前六時であり、その後呉鎮守府は、内務省警保局長より依頼された鮮人取り締まりに関する電報を、各地方官に打電したとの記録がある。

吉野は「圧迫と虐殺」の中で、虐殺された朝鮮人の人数（大正十二年十月末日現在）を、朝鮮罹災同胞慰問班の一員から聞いたものとして公表している。横浜方面（調査地区二十二）千百二十九人、東京附近（調査地区二十六）七百二十四人等で合計二千六百十三人となっている。

朝鮮罹災同胞慰問班の一員である金承学も死者数を公表しているが、屍体を発見できた者（調査地区二十二）千百六十七人、屍体を発見できなかった者（調査地区五十一）三千二百四十人となっている（大正十二年十一月二十八日作成）〔愛国同志援護会編「韓国独立運動史」〕。

吉野が公表した横浜方面の詳細と金承学が公表した〝屍体を発見できた者〟の詳細を照合すると、二十二地区の中、十七地区で地区名・人数共に合致したが、残りは不一致となった。従って、吉野が公表した人数は屍体を確認できた分と判定できる。結局、朝鮮人虐殺総数は、吉野発表分（二千六百十三人）と金承学発表分（屍体を発見できなかった三千二百四十人）と追加分の神奈川県（千五十二人）の合計である六千九百五人との判定を下す事ができよう。

尚、朝鮮総督府は、震災のために圧死、焼死、披殺された朝鮮人は行方不明も含めて、総計八百三十二名であると発表している〔〝関東地方震災時に於ける朝鮮人問題〟、朝鮮総督府震災関係文書〕。

吉野作造は、「中央公論」大正十二年十一月号で次の様に記している。〝一朝の流言蜚語に惑わされ、弟分である朝鮮人に対して民族的憎悪を以て暴虐なる行動を取ったのは、言語道断なる恥辱的な行為だ。内地人は、自らの誤った行動を深く反省し、我々の失態を悔い、過失を責める所がなければならず、これらを改める機会を設ける事が民族の良心の為に必要である〟と。そして、吉野は「圧迫と虐殺」の最終部分で、たとい下級官憲の裏書があったとはいえ、何故多数の国民が流言を妄信して非人道的な残虐行動を取ったのかという点に言及し、〝国民が直ちにこれを信じた事については、朝鮮統治の失敗とこれに伴う朝鮮人の不満の存在が、一種の潜在的確信となって国民心裡のどこかに地歩を占めていたのではなかろうか〟と最後を結んでいる。

第十一章　条件反射論による検証

吉野作造は、多くの国民が流言を妄信して虐殺を行ったのは、朝鮮統治の失敗と朝鮮人の不満の存在を確信する心情が、国民心裡の一部を占有していたためと説明しているが、この説明では虐殺行為の真相を解明する事はできない。筆者は本書の主題である、条件反射論を人間の歴史ここでは日本人による朝鮮人虐殺事件に適用することにより、解明を試みる事にする。

人間の歴史、即ち人間の行為に条件反射論を適用するに当たり、人間という集団の概念を採用することにする。これは、個人特有の行為を検証するのではなく、人間全体の行為・特質を検証するためであり、従って集団には多数の人間の存在が確認されねばならない。朝鮮人虐殺事件の場合には、自警団・青年団・軍隊等の集団が確認できる。自警団は、三千二百十五団体（東京、神奈川、埼玉、千葉、茨城、群馬、栃木）が警戒に当たり、その組織は、青年団員・在郷軍人・消防組員等によって構成された。軍隊としては、近衛師団・第一師団が配置された。自警団員、青年団員、軍人、在郷軍人、消防組員等（以下の記述は〝自警団員、青年団員、軍人等〟と簡略にする）は、何れも日本国民として義務教育を終えている。因って、これらの人達が受けた教育勅語体制下の小学校教育を精査する事にする。

明治二十三年（一八九〇年）十月三十日、教育勅語が発布され、翌年には小学校祝日大祭日儀式規定が公布された。これにより、紀元節・天長節等の祝祭日には、学校長・教員・生徒一同が式場に於て両陛下の真影に拝礼し、万歳を奉祝した後、学校長若しくは教員は、教育勅語奉読と祝日大祭日に相応する訓話を行い、忠君愛国の志気を養う様務めなければならぬと定められた。

式場に於て、生徒が、両陛下の真影に拝礼し、学校長（又は教員）による教育勅語奉読と祝日大祭日に相応する訓話を聴聞する行為に、パヴロフの条件反射論を適用する事にする。

生徒の視覚機能と聴覚機能を通して入手された二つの要素、即ち陛下の真影と教育勅語の語彙が、生体によって複合体として結合される。真影「天皇」と、教育勅語の中から抽出された「忠」「国体」の各々の言葉が複合体として融合され、「天皇・忠」「天皇・国体」なる条件反射要因が組成される。ここで、教育勅語の中から「忠」と「国体」の言葉が抽出される理由は、小学校祝日大祭日儀式規定に定められた「忠君愛国」の志気を養う様務めなければならぬ、との規定に準拠している。

パヴロフは、条件反射形成のための基本的条件として、次の条件を挙げている。

一、以前に無関係であった要因の作用と、一定の条件反射を引き起こす無条件要因とが時間的に一致して作用する事。
二、条件反射の形成に当たって、無関要因は、無条件刺激の作用よりいくらか先行しなければならない。
三、条件反射形成のために、大脳半球は活動状態になければならず、同時に動物に何か別の活動を引き起こさせる他の外からの刺激を与えない様にする。

次に、組成された「天皇・忠」「天皇・国体」なる条件反射要因を使って、条件反射形成のための基本的条件を満足しているか点検することにする。

第一の基本的条件にある無関要因には、「天皇・忠」「天皇・国体」なる条件反射要因並びに、教育勅語の中の「義勇」「孝」「博愛」等の言葉に反応する作用を、当てることにする。一定の無条件反射を引き起こす無条件要因につては、次の様に考察した。人間は、社会的動物であるため、社会と共存する事ができるか否かの反射を備えている。従って、社会と共存する無条件刺激の作用を、無条件要因として設定する。以上で無関要因と無条件要因が設定されたが、両要因は時間的に一致して作用する故、第一の基本的条件を満足している。

第二の基本的条件である、無関要因は無条件刺激の作用よりいくらか先行しなければならぬ、との条件に基づき点検を行うことにする。生徒が真影「天皇」に拝礼し、続いて校長又は教員の教育勅語奉読・訓話を聴聞する行為は、この条件を遵守しているのが明らかだ。即ち、「天皇・忠」「天皇・国体」「義勇」「孝」「博愛」等の条件反射要因に反応した後、無条件要因である〝社会と共存する無条件刺激の作用〟が働くからである。

最後に、新しく条件反射が形成される時、大脳半球は活動状態にあると同時に、他の活動から解放されていなければならないとの条件に基づき点検を行う。学校教育を受ける生徒の大脳半球の状態を考慮すれば、これらの条件を遵守しているのは明白である。以上で、条件反射形成のための全ての条件について、満足している事を確認した。

かくして、生徒が、両陛下の真影に拝礼し、校長又は教員の教育勅語奉読・訓話を聴聞する行為を反復する結果、パヴロフの条件反射が成立する。条件反射成立の結果、生徒の大脳半球皮質に「天皇・忠」「天皇・国体」「義勇」「孝」「博愛」等の道徳規範が深く刻み込まれる事になる。

生徒は、小学校祝日大祭日儀式規定の定める祝日大祭日の他、修身の時間にも道徳規範を訓育された。修身については、明治二十四年（一八九一年）十一月に公布された小学校教則大綱に、「修身ハ教育ニ関スル勅語ノ旨趣ニ基キ」訓育する事が明文化されている。明治四十三年（一九一〇年）に発行された第二期国定修身教科書である「尋常小学修身書」巻五を見ると、冒頭に教育勅語が記載され、以下二十八課にわたって徳目が記載されているが、次にその中の一つを記す事にする。

第六課　信義を重んぜよ

清正は又信義の心強き人なりき。秀吉の二度目の朝鮮征伐の時、浅野幸長蔚山の城にありしに、明国の大兵来り攻む。城中の兵少き上敵の攻むることはげしく、日にましあやふくなりしかば、幸長使を清正のもとにつかはして救をこはしむ。清正之をきき、「我本国を発せし時、幸長の父長政くれぐれも幸長の事を我に頼み、我もまた其の頼を引受けたり。今もし幸長のあやふきを見て救はずは、我何の面目ありてふたたび長政に会はんや」と直ちに部下の者をひきゐて蔚山の城に入り、幸長と力を合せてたてこもりたり。格言　義ヲ見テ為ザルハ勇ナキナリ。

国定修身教科書は、歴史上の人物である加藤清正を取り上げて、教育勅語の徳目である〝信義〟を説明しているが、この説明の中で注目しなければならない点は、朝鮮と明国（中国）の取り扱い方である。即ち、小学校教育で〝信義〟という徳目を生徒達に教えるために加藤清正を取り上げ、同時に朝鮮と明国（中国）を敵国として設定した結果、否応なしに生徒達に朝鮮と明国（中国）が日本国の敵である事を教える事になる。この論理を、パヴロフの条件反射論を以て説明すると次の様になる。

パヴロフは、条件反射が成立するために、三つの基本的条件を挙げている。第一は、以前に無関係であった要因の作用と、一定の無条件反射を引き起こす無条件要因とが時間的に一致して作用すること。第二は、条件反射の形成に当たって、無関要因は無条件刺激の作用よりいくらか先行しなければならない。第三は、条件反射の形成が行われる時、大脳半球は活動状態にあり、かつ他の活動から開放されていなければならない事である。

又、パヴロフは、条件反射要因について次の様に説明している。生体の神経系は、生体のために、環境から受ける様々な要素を区別する機能と、これらの要素を複合体に結合・融合する機能を持ち、区別・組成されたものが条件反射要因である。この説明を前述の国定修身教科書〝信義〟に適用すると、「教育勅語・信義・加藤清正・朝鮮・明国・敵」が条件反射要因となる。ここで重要な事は、教育勅語、信義、加藤清正、朝鮮、明国、敵等の要素が各々別々に処理されるのではなく、「教育勅語・信義・加藤清正・朝鮮・明国・敵」と結合・融合された一つの条件反射要因を組成する事である。

次に、組成された「教育勅語・信義・加藤清正・朝鮮・明国・敵」なる条件反射要因を使って、条件反射形成のための基本的条件を満足しているか点検することにする。

第一の基本的条件にある無関要因には、条件反射要因である「教育勅語・信義・加藤清正・朝鮮・明国・敵」に反応する作用を、当てることにする。一定の無条件反射を引き起こす無条件要因については、次の様に考察した。人間は、社会的動物であるため、社会と共存する事ができるか否かの反射を備えている。従って、社会と共存する無条件刺激の作用を、無条件要因として設定する。以上で無関要因と無条件要因が設定されたが、二つの要因は時間的に一致して作用する故、第一の基本的条件を満足している。

次に、無関要因は、無条件刺激の作用よりいくらか先行しなければならないとする、第二の基本的条件に基づき点検を行う。修身の時間に生徒は、「教育勅語・信義・加藤清正・朝鮮・明国・敵」なる条件反射要因に反応した後〝社会と共存する無条件刺激の作用〟が働く故、基本的条件を満足している。

最後に、条件反射の形成が行われる時、大脳半球は活動状態にあり、又他の活動から解放されていなければならない、との第三の基本的条件に基づき点検を行う。学校教育を受ける生徒の大脳半球の状態は、これらの条件を遵守している事が明白である。

かくして、教育勅語体制下の小学校教育に於て、生徒が修身教科書を使用して教育勅語にある〃信義〃を学ぶ行為を反復する結果、条件反射が成立する。しかも条件反射の成立には、教員の介在があり、教員は教育勅語を法律命令に従って教える事を義務づけられているために、強力なる伝達者となっていた。従って、教員の介在によって成立した条件反射は、最大限頑固となり、生徒の大脳半球皮質には、「教育勅語・信義・加藤清正・朝鮮・明国・敵」が深く強固に刻み込まれることになった。

従って、震災時の自警団員、青年団員、軍人等は、各々が小学校教育で、已の大脳半球皮質に「天皇・忠」「天皇・国体」「義勇」「孝」「博愛」等の道徳規範を強固に扶植されると共に、朝鮮・中国が日本国の敵である事を植え付けられたのである。この結果、自警団員、青年団員、軍人等は天皇に忠義を尽し、天皇の統治する国家を崇める傍ら、敵である朝鮮人及び中国人を見下し、劣等視し、軽蔑する偏見を保持する事になったのである。

所で、パヴロフは条件反射論の中で、条件刺激となる要因の性質について、〃多かれ少なかれ無関係な要因から容易に形成されるが、生体の外部及び内部の無数の変動が、条件刺激となることができる〃としている。当然、強い無条件刺激も条件刺激に転化できると、〃傷害刺激として、皮膚に与えられた電流刺激による皮膚の傷と火傷〃の例を挙げている。これは、勿論、防御反射の条件刺激である。生体はこれに対して、強い運動反応で答え、この刺激から離れようとし、あるいは又それを取り除こうとする。しかし、この刺激に対しても別の種類の条件反射を形成させることができる。危害を加える刺激が、食餌反射の条件刺激となるのである。皮膚に極めて強い電流が流されても、防御反射は跡形もなく、その代わり食餌反応が出現した。動物は向きを変えて、与えられた餌の方向に身体を伸ばし、舌なめずりをして大量の唾液を流した。

この実験で、動物に強い傷害刺激が加えられた時に見られる鋭敏で客観的な現象は存在しなかった。つまり反射の転換された犬では、傷害刺激があらかじめ食餌反応と結合されていない場合に、同じ刺激に対して必ず見せる脈拍、呼吸等の大小の著明なる変動を全く示さなかった。

しかし、この反射の改造も一定の条件に依存しており、一つの反射の無条件刺激を他の反射の条件刺激に転化できるのは、第一の反射が生理学的に第二のものより弱く、生物学的重要性が低い時にだけ可能となる。即ち、犬の皮膚を傷つけ、これを食餌反射の条件刺激とした前述の例は、皮膚の傷害に対する防御反射が食餌反射より弱かったため可能であったと考えて良い。我々は日常の観察から、犬が食物のために闘う時、双方の犬の皮膚がしばしば傷ついており、つまり食餌反射の方が防御反射より優勢である事を、既に良く知っている。

更に、パヴロフは条件刺激と無条件刺激の相互作用に関して、新たな実験を基に、〝強化に伴う特定の反射やあらゆる局外の反射を適用した時に見られる、消去されている条件反射の回復は一時的である〃としている。条件反射が食餌反射で局外反射が傷害反射である前述の実験例に適用すると、消去されている食餌反射の回復は一時的であり、その後は自発的な動きとなる。

ここで再び論点を、震災時に於ける自警団員、青年団員、軍人等の行動に移す事にする。

自警団員、青年団員、軍人等は、大地震と大火の発生によって生命を喪失する危機に直面し、それぞれ己の生命を守るために、持てる全ての身体能力・神経機能が全開する。即ち、抑制されていた大脳半球皮質の全ての細胞が、一斉に興奮状態（活動状態）に移行し、あらゆる反射が順次に作用する。震災の現場に於て、環境のごく僅かの変動、たとえば何かの小さな音、明るさの変化等の感知によって、「おや何だ」という探索反射が頻繁に作用する。パヴロフが指摘した、局外の無条件刺激が条件刺激となる条件反射も一時的に回復する。即ち、探索反射の無条件刺激である環境のごく僅かの変動が、〃社会と共存する事ができるか否かの反射〃の条件刺激となって、条件反射が一時的に回復する。パヴロフの指摘する、一つの反射の無条件刺激を、他の反射の条件刺激に転化する時は、第一の反射が生理学的に第二の反射より弱い時だけ可能となる、との条件を当てはめてみると、「おや何だ」という探索反射は〃社会と共存する事ができるか否かの反射〃より、生理学的に弱いことは明らかだ。従って、パヴロフの示した条件を満足している。

又、パヴロフは、条件反射が形成された時、その後訓練しなくても何ヵ月も何年も保持される強固なる結合がある事を指摘しているが、正に国家による教育は、その強固なる結合に相当する。

従って、震災時の自警団員、青年団員、軍人等の大脳皮質には、〝社会と共存する無条件刺激の作用〟を無条件要因とする条件反射が一時的に回復したことにより、小学校教育で深く刻み込まれた「天皇・忠」なる道徳規範等が再現することになる。同時に、敵である朝鮮人・中国人を見下し、軽蔑する偏見も再現する。

再現した「忠」なる概念は〝誠を致し心を尽すこと〟を意味するが、いたって封建性を象徴する概念である。封建社会に於て、身分が上・中・下と主従関係にある中の者が、上の者に対して「忠」をする、即ち誠を尽くす関係を逆に見ると、上の者の、中の者への命令・抑圧する関係と置き換える事ができ、中の者と下の者との主従関係についても同じ事が言える。即ち「忠」なる概念には、上方への精神作用の他に、下方への精神作用が内包されているのである。

又、「天皇へ忠」なる道徳規範等が、自警団員、青年団員、軍人等の大脳皮質に再現された事は、同時に「抑圧の排除」なる防御作用を働かせる事になる。この作用は、上からの圧迫感を自らの良心を媒介することなく、下へ向かって排除することにより自己保存の維持を図る作用である。

結局、震災時に於ける自警団員、青年団員、軍人等は、条件反射の一時的回復によって、大脳皮質に「天皇へ忠」なる道徳規範等が再現し、同時に、朝鮮人・中国人を軽蔑する偏見が再現したことによって、天皇へ忠義を尽くさなければならないとする道徳規範から受ける自己への圧迫を下へ向かって、即ち、朝鮮人並びに中国人に対して排除せざるを得なくなり、虐殺する行動を執ることになったのである。又、流言はこの時影響したものと思われる。

関東大震災で発生した朝鮮人虐殺事件（中国人も含む）に条件反射論を適用して判明した事は、日本国の小学校教育に於て訓育された「天皇へ忠」なる道徳規範並びに、朝鮮と中国が敵国であるとの教えが、残虐行為の誘因であったとする愕然とする結論である。

関東大震災で勃発した朝鮮人虐殺事件（中国人も含む）では、もう一つ残酷な出来事が起きた。それは、労働運動家及び社会主義者等が、軍隊・官憲及び自警団等のために、殺害された事実である。その中で最も顕著なものは、亀戸事件と大杉事件であった。九月四日、労働運動家平沢計七等十名が軍隊によって殺害され、九月十六日には、社会主義者大杉栄等が憲兵によって殺害された。吉野作造は、労働運動家及び社会主義者の行為について、何等民衆を煽動するなどの振舞いの無かった事、並びに彼等が誤解のために不当の圧迫を受けた事を「圧迫と虐殺」の中で記している。

震災時の官憲の行動を見ると、次の様な記録がある。九月二日、埼玉県内務部長は、郡町村長宛に、過激思想を有する者達が〝一朝、有事の場合には速やかに適当の方策を講ずる様至急相手御手配相成度く〃との通牒を発している。又、この通牒発信前に、内務省警保局長が各地方官に対して、鮮人の不逞行為について厳密なる取り締まりをする様、九月二日午前六時以降に電報を発している。

更に我々は、大正八年（一九一九年）に、臨時教育会議が、原首相宛に提出した〝教育の効果を全からしむべき一般施設に関する建議〃を思い出す必要がある。何故なら、この建議の提出以来、政府は、教育勅語の示す〝国体擁護〃を日本国民の統一した観念とするために、社会主義思想等を排除する反動政策を押し進めたからである。具体的には、第二の幸徳事件と称して、高津正道等の暁民会員の逮捕、講演会に出席した大杉栄、加藤一夫等社会主義者の検束、堺利彦、山川均等社会主義者の家宅捜索等を執行した。又、政府は、社会主義等の思想を論じようとする事を禁止するために、〝社会過激運動取締法案〃を貴族院に提出した。更に、第一次共産党事件では堺利彦ら共産党員を検挙した。朝鮮人虐殺事件の勃発後には、言論統制を施行し、吉野作造等の真相解明の動きを封じて、事実の隠蔽工作も行った。

以上の事実を総合すると、亀戸事件・大杉事件等の労働運動家、社会主義者の殺害は、政府側が〝国体擁護〃を日本国民の統一した観念とするために、朝鮮人虐殺事件の混乱を利用して、軍隊・憲兵に殺害を実行させたものであったと言える。

第十二章　歴史検証
―治安維持法と「国体」―

大正十三年（一九二四年）五月に実施された総選挙に於て、護憲三派連合は、四百六十四議席中二百八十六議席を占めて、絶対多数を占める勝利を収めた。この結果を受けて成立した第一次加藤高明内閣は、内には、軍備縮小を含む行財政整理と貴族院改革、外にはシベリア出兵以来の懸案である日ソ国交回復等一連の改革を断行したが、中でも最大の改革は、普通選挙制度の実現であった。普通選挙法が成立したのは、大正十四年三月二十九日であった。

普通選挙法の成立により、満二十五歳以上の男子は衆議院議員の選挙権を持つことになり、有権者数は一躍四倍に増えたのだが、普通選挙法は単独で成立したのではなく、治安維持法との抱き合わせの形で成立した。治安維持法は、共産主義運動と朝鮮独立運動を取り締まるためのものであった。

治安維持法案に対して、日本労働総同盟、日本農民組合など無産運動団体は積極的に全国的反対運動を展開したが、言論界はかつての様な一致した反対を示さず、議会内の自由主義的議員の反対も沈鎮静化し、最後迄反対したのは尾崎行雄等十八名にすぎなかった。新聞では、大正十四年（一九二五年）一月十七日付東京朝日の「護憲内閣の自殺」との批判が目度っていた。

制定された治安維持法は、第一条で次の様に定めている。「国体ヲ変革シ又ハ私有財産制度ヲ否認スルコトヲ目的トシテ結社ヲ組織シ又ハ情ヲ知リテ之ニ加入シタル者ハ十年以下ノ懲役又ハ禁錮ニ処ス前項ノ未遂罪ハ之ヲ罰ス」。これに対して、大正十一年（一九二二年）に政府が議会に提出し、貴族院で修正可決後、衆議院で審議未了となった社会過激運動取締法は次の通りであった。一、無政府主義共産主義其の他に関し朝憲を紊乱するような事を宣伝したり又は宣伝せんとしたる者は七年以下の懲役又ハ禁錮の刑に処す。二、第一項の実行を勧誘したるものの罪も亦七年以下の懲役又は禁固に処す。三、第一項の目的を以て結社集会又は多集運動をなした者は、十年以下の懲役又は禁錮に処す。

両法を比較すると、治安維持法には新たに「国体ヲ変革シ」なる条文が盛り込まれている事に気付くが、この条文が「国家ヲ変革シ」ではなく「国体」となっている事に注目する必要がある。「国体」なる概念が国民に提示されたのは、明治二十三年（一八九〇年）十月に発布された教育勅語であるが、遡及すると、江戸時代水戸藩で興隆した水戸学に於て使われていた。

文政八年（一八二五年）三月、金沢正志斎が著した「新論」の中に、「国体」と題して次の様な記述がある。

昔者、天祖（皇祖神）、肇めて鴻基（建国の基礎）を建てたまふや、位はすなはち天位、徳はすなはち天徳にして、以て天業を経綸し、細大のこと、一も天にあらざるものなし。徳を玉に比し、明を鏡に比し、威を剣に比して、天の仁を体し、天の明に則り、天の威を奮ひて、以て万邦に照臨したまへり。天下を以て皇孫に伝へたまふに迨んで、手づから三器（三種の神器）を授けて、以て天位の信となし、以て天徳に象りて、天工（天のしごと）に代り天職を治めしめ、然る後にこれを千万世に伝へたまふ。天胤の尊きこと、厳乎としてそれ犯すべからず。君臣の分定りて、大義以て明らかなり（日本思想大系五三、水戸学）。

即ち「新論」では、記紀神話に基づく日本国の建国の由来、及び〝天〟の思想に基づく国家観を「国体」としている。更に「新論」は、その「国体」が億兆の心を一にし、「忠は以て貴を貴び、孝は以て親を親しむ」ことによって成就されるとしている。教育勅語では、「我カ皇祖皇宗ヲ肇ムルコト宏遠ニ徳ヲ樹ツルコト深厚ナリ我カ臣民克ク忠ニ克ク孝ニ億兆心ヲ一ニシテ世々厥ノ美ヲ済セルハ此レ我ガ国体ノ精華ニシテ」とあることから「新論」とほぼ同じである。

従って、治安維持法の中に「国体」なる観念が取り入れられた事には、二つの重要な意味がある。第一に、治安維持法が、超法規性を有する「国体」なる観念によって裏打ちされたことにより、法律を遵守しなければならない国民は、精神の自由並びに思想の自由を奪われる事になった。第二に、「国体を変革」するとは〝尊王制を変革する〟、〝天皇制を変革する〟との内容を内包しており、従って、尊王論を除く全ての思想、宗教、学説、意見等が治安維持法の対象となった事である。

大正八年（一九一九年）、臨時教育会議は、原首相に対して〝教育の効果を全からしむるべき一般施設に関する建議〟を答申したが、建議は、海外からの思想流入によって日本の思想界に台頭してきた西欧化の影響を除くために、国民の「国体」を尊崇する念を強固にする必要性を説いている。正に、治安維持法の制定は、臨時教育会議による〝国体擁護〟の提言を法制面から実行したものであった。

治安維持法の施行によって、最初に犠牲者を出したのは、京都学連事件であった。この事件は、学生社会科学連合会に参加していた、京大生ら三十八名が、治安維持法違反で起訴され、昭和二年（一九二七年）四月、京都地方裁判所で有罪とされた事件である。学生社会科学連合会の前身である学生連合会が結成されたのは、大正十一年（一九二二年）十一月七日であった。学生連合会に結集したのは、東大・早大・明大・一高・三高・五高等、二十数校に達した。

高まりを見せ出した学生運動の波浪と、思想統制に本腰を入れはじめた政治権力とが、まず早稲田大学で衝突し、大正十二年五月十日の「早大軍事研究団事件」が起きた。陸軍次官や第一師団長を列席させて盛大に開かれようとした軍事研究団発会式は、文化同盟や雄弁会所属の学生たちの弥次と怒号によって粉砕された。しかし、猪俣津南雄・大山郁夫・佐野学らの教授は保守派の攻撃を受けることになり、これがやがて六月に起きた第一次共産党検挙事件へと発展して、共産主義運動はひとまず瓦解することになる。

だが、学生連合会は、その後着実にその勢力を伸ばしていた。大正十三年（一九二四年）九月十四日には、再び東大を会場として、全国代表者会議が開かれたが、既に四十九校に組織があり会員数は約千五百名を数えた。

大正十四年十二月一日早朝、京都府警察部特高課は、市内各署の係官を動員して、京大生・同志社大生らの下宿、自宅、寄宿舎等を捜索し、学生三十三名を検束し文書を押収した。その端緒となったのは、反軍事教育のビラであった。当時の中等学校以上には、現役将校が配属されて、軍事教練を行う方針が制度化されていた。しかし、大がかりな捜査態勢にも拘らず、公訴提起に持ち込むだけの証拠は収集されず、被検束者は同月七日迄に全員釈放された。そして、警察のとった強引な捜査方法に対しては、世論の厳しい批判が加えられた。

十二月事件で一杯血にまみれた特高課は、司法省方面と密接な連絡をとった上、翌十五年（一九二六年）一月十五日、大規模な巻きかえしに出た。学連の中心的な活動家が、全国的な連絡のもとに検挙され、又、河上丈太郎・河上肇・河野密・新明正道・松沢兼人・山本宣治らの教授や社会運動家も拘引されたり家宅捜索を受けた。河上肇は、一月十五日午前中に捜索を受け「賃労働と資本」等十二点を押収された。検挙はその後も約四ヵ月にわたって続き、結局、京大二十、東大四、同志社四、慶応、大阪外語各二、日大、神戸高商各一等、合計三十八名が起訴された。検挙開始の際の被疑事実は、出版法違反（皇室ノ尊厳ヲ冒瀆シ、政体ヲ変壊シ又ハ国憲ヲ紊乱セムトスル文書図画ヲ出版シタル罪）であったが、やがて起訴理由は治安維持法違反に拡げられた。すなわち、「国体ヲ変革シ又ハ私有財産制度ヲ否認スル」目的をもって、「其ノ目的タル事項ノ実行ニ関シ協議ヲ為シタ」罪で、その法定刑は七年以下の懲役または禁錮であった（同法二条）。

予審が終結したのは、大正十五年（一九二六年）九月十八日であったが、京都学連事件に関する新聞報道は、予審終結まで禁止されていた。事件の公判は、昭和二年（一九二七年）四月四日、京都地方裁判所で開廷され、同年五月三十日、裁判所は、被告人全員（病気欠席の沢田政雄除く）に有罪を言い渡し治安維持法二条違反の罪が確定した。

治安維持法が、その悪名高き傷痕を日本の歴史に残したのは、昭和三年（一九二八年）三月十五日の日本共産党大弾圧であった。昭和三年三月十五日午前五時を期して、全国一道三府二十七県において、労働農民党、全日本無産青年同盟、日本労働組合評議会、日本農民組合など共産党と密接な関係があると認められた団体の事務所と個人の家宅に対する一斉手入れが行われ、約千六百名が検挙され、百数十箇所が捜索を受け、党員名簿、テーゼ、檄、指令等一万点余が押収された。

この様な一斉検挙の端緒をなしたのは、スパイからの「聞込み」であったといわれている。「昭和三年四月鈴木内相持参」と記入してある「秘密結社日本共産党事件ノ概要」（現代史資料一六「社会主義運動三」伊東巳代治文書）は、次の様に記している。

大正十二年六月秘密結社日本共産党検挙ノ後更ラニ共産主義者等ニ依リテ第二次共産党ノ組織セラレタリトノ聞込アリ警察当局ニ在リテハ夙ニ之ガ発見ニ努メツツアリタルガ、昭和二年二月頃ニ至リテ警視庁並ニ大阪府当局ノ聞込ナリトシテ「大正十五年暮北方降雪極メテ深キ地方ニ在ル温泉場ニ於テ日本共産党ノ結党式挙行セラレタリ」トノ報告アリ爾来各庁府県当局ヲ督励シテ之ガ事実ノ発見ニ鋭意セシメツツアリタル所昨年五月漢口ニ開催セラレタル太平洋労働組合会議ニ密カニ出席セル本邦左翼労働組合員ノ帰朝後警視庁ニ於テ之ヲ取押ヘ其ノ取調ニ際シ偶然ノ事情ヨリ右ノ聞込ノ真実ナルコト並其ノ場所、集合人物等ニ関スル一層具体的ナル事実ヲ知ルコトヲ得タルヲ以テ引続キ捜査ノ歩ヲ進メタルニ其ノ後日本共産党ノ指令、テーゼ、方針書、檄等ヲ警視庁及大阪府ニ於テ入手シ報告シ来ルモノ次第ニ多キヲ加工殊ニ本年選挙当時ニ於テハ日本共産党名儀ヲ以テセル各種不穏宣伝印刷物等ヲ極メテ巧ナル方法ヲ以テ撤布スルモノ各地ニ簇出スル状況ニシテ此儘放置セムカ如何ナル事態ノ惹起セムカ計ルベカラザルモノアリタルヲ以テ（略）。

又、検事正塩野季彦とともに検挙の総指揮をした松阪広政次席検事も「三・一五、四・一六事件回顧」（現代史資料一六、社会主義運動三）の中で〝三・一五事件の捜査の端緒は何かと云うことになると、的確なる端緒と云うものはないのでありまするが、大体はスパイの報告、スパイから得た材料に帰するのであります〟と述べている。

当時、日本共産党は「日本問題に関する決議」（いわゆる「二十七年テーゼ」）にそって、党組織を改革再編成して工場細胞に組織の基礎をおき、昭和三年二月一日には、非合法中央機関誌「赤旗」を創刊した。各地方および各細胞でも新聞を発行し、宣伝・組織活動を強化していた。又、昭和三年二月二十日の総選挙に於て非合法下にあった共産党は、候補者を労働農民党から立候補させ、開票の結果、労働農民党は無産諸政党の中で最も多い十九万票余を獲得した。尚、無産諸政党の合計得票率は五パーセント、約四十九万票であった。

スパイからの情報を基礎に内偵を続けた警察・検察は、一網打尽、一斉検挙の方針をたてて行動した。その検挙は、次の三点において特色をもっていた。第一は、味方をも欺くほどの徹底的な秘密保持のもとに検挙が行われた。第二は、検察の指揮のもとに特高警察が検挙に従事したことである。第三に、検挙にあたって家宅捜索に重点を置いたことであった。共産党結社ないし加入の点についてスパイからの聞込み以外にこれといった証拠がないので、目ぼしい主な者に対してのみ令状をえて強制処分を行い、同時に家宅捜索によって文書等の証拠を押収する、との方針を立てざるをえなかった。そこで、検察側は、福本和夫・佐野文夫・渡辺政之輔等十五名の被疑者について(旧)刑訴法二百五十五条(いわゆる裁判上の捜査処分)に基づき、被疑者の勾引、捜索、差押などの強制処分を予審判事に請求した。その際の「被疑事実」は、「被疑者等ハ現時ノ我国家組織ヲ変革シ無産階級独裁ニヨル共産主義社会ノ実現ヲ目的トシ大正十五年末頃東京市内ニ於テ前示ノ目的ヲ有スル秘密結社日本共産党ヲ組織シ爾来同市其他ニ於テ秘密ニ会合ヲナシ各種ノ労働者農民団体ニ潜入シ党員ノ増加檄文ノ頒布等ヲ為シ以テ其主義ノ宣伝並ニ其実行ニ従事シタルモノナリ」というもので、五色温泉のことを伏せた曖昧な表現となっていた。

裁判所から勾引状が出されたのは十五名、捜索令状が出たのは九十三箇所であったが、実際に、一斉検挙によって検挙された者は千六百名、捜索場所は百数十箇所を数えた。

三・一五検挙が国民に知らされたのは、新聞報道が解禁された四月十一日であった。報道は国民に異常な衝撃を与えたが、政府はこの機を捉え「思想国難」のプロパガンダのもとに共産主義勢力をせん滅すべく着々と手をうった。

四月十日、政府はまず労働農民党、日本労働組合評議会、全日本無産青年同盟のいわゆる左翼三団体に対し、結社禁止命令を出した。

次いで四月二十八日、治安維持法改正案を第五十五回帝国議会に提出し、これが衆議院で審議未了となるや六月二十九日、殆んど同じ内容の改正を緊急勅令で実現した。その内容は、一、国体変革目的の結社に関し刑を重くし、その「組織者、役員その他の指導者」に対し死刑又は無期もしくは五年以上の懲役・禁錮に処することとし、「結社加入者」に対しても二年以上の有期懲役・禁錮に高め、かつ新たに「結社の目的遂行の為にする行為をした者」も、加入者と同様に処罰することとし、二、私有財産制度否認目的結社に関し、新たに「結社の目的遂行の為にする行為をした者」も罰することとし、組織者・加入者と同様に十年以下の懲役・禁錮とした。

政府は思想弾圧の手を大学にも延ばし、左傾教授の追放と社会科学研究会解散を大学に迫った。

その結果、昭和三年四月中に、京都大学では河上肇が、東京大学では大森義太郎が、九州大学では石浜知行、向坂逸郎、佐々弘雄が、それぞれ依頼退官を強いられて大学を去った。又、同月中に、東大の新人会、京大・東北大・九大の社会科学研究会、北大の読書会がそれぞれ大学当局によって解散させられた。

三・一五事件で起訴された者は四百七十二名であったが、東京地裁に係属した百五十五名分については予審終結が遅れ、とりわけ徳田球一、佐野学らの幹部グループの分について予審終結決定がなされたのは、検挙後二年余りを経た昭和五年（一九三〇年）四月八日であった。この様に予審終結が遅れたのは、三・一五検挙でとり逃した大物の検挙・取調が出揃い、日本共産党の全容を把握するまで終結をひきのばしたことにもよるが、これとからんで、徳田球一らが当初に採った黙秘戦術も影響していた。結局、治安維持法違反で百四十七名が公判に付され、四名が免訴、渡辺政之輔ら四名が死亡により公訴棄却となった。

東京地裁以外の十一地裁に係属した三百十七名分については、昭和三年（一九二八年）九月十六日までに予審終結決定がなされた。その結果、治安維持法違反で三百名が、治安維持法違反および出版法違反で四名が、治安維持法違反および放火罪で一名がそれぞれ公判に付され、十一名が免訴、一名が公訴棄却（死亡による）となった。

三・一五事件で検挙された者が、起訴される迄の警察・検察による取調は、暴虐の限りをつくす拷問であった。我々は、その一端を小林多喜二の小説「一九二八・三・一五」によって知ることができる。

（略）渡は裸にされると、いきなりものも云はないで、後から竹刀でたたきつけられた。力一杯になぐりつけるので、竹刀がビュ、ビュッとうなって、その度に先がしのり返った。彼はウン、ウンと身体の外面に力を出して、それに堪へた。それが三十分も続いた時、彼は床の上へ、火にかざしたするめのやうにひねくりかへってゐた。最後の一撃（？）がウムと身体にこたへた。彼は毒を食った犬のやうに手と足を硬直さして、空へのばした。ブルブルっと、けいれんした。そして次に彼は気を失ってゐた。（略）渡は、だが、今度のにはこたへた。それは畳屋の使ふ太い針を身体に刺す。一刺しされる度に、彼は強烈な電気に触れたやうに、自分の身体が句読点位にギュンと瞬間縮まる、と思った。彼は吊されてゐる身体をくねらし、くねらし、口をギュッとくひしばり、大声で叫んだ。「殺せ、殺せーえ、殺せーえ!!」それは竹刀、平手、鉄棒、細引でなぐられるよりひどく堪へた。（略）終ひに、警官は滅茶苦茶になぐったり、下に金の打ってある靴で蹴ったりした。それを一時間も続け様に続けた。渡の身体は芋俵のように好き勝手に転がされた。彼の顔は「お岩」になった。そして、三時間ブッ続けの拷問が終って、渡は監房の中へ豚の臓物のやうに放りこまれた。彼は次の朝まで、そのまま動けずにうなってゐた。（略）取調室の天井を渡ってゐる梁に滑車がついてゐて、それの両方にロープが下がってゐた。龍吉はその一端に両足を結びつけられると、逆さに吊し上げられた。それから「どうつき」のやうに床に頭をどしんどしんと打ちつけた。その度に堰口を破った滝のやうに、血が頭一杯にあふれる程下がった。彼の頭、顔は文字通り火の玉になった。眼は真赤にふくれ上がって、飛び出した。「助けてくれ！」彼が叫んだ。それが終ると、熱湯に手をつっこませた。龍吉は警察で非道い拷問をされた結果「殺された」幾人もの同志を知ってゐた。直接には自分の周囲に、それから新聞や雑誌で。それ等が惨めな死体になって引渡されるとき、警察では、その男が「自殺」したとか、きまってさう云った（略）〔小林多喜二集、筑摩現代文学大系三八〕。

特高警察の拷問を暴露した小林多喜二は、昭和八年（一九三三年）二月二十日検挙され、三時間半にわたる拷問により同日午後七時四十五分虐殺された。三十歳の命であった。

三・一五事件当時の司法大臣は原嘉道であったが、治安維持法改正緊急勅令の発布後、衆議院に於て次の様に発言した〔昭和四年二月二日開議、治安維持法改正緊急勅令承認に関する衆議院議事録〕。

（略）今茲に其要旨を申し上げますれば、抑々大日本帝国は万世一系の天皇之を統治せられまするを以て、万代不易の国体であることは申す迄もない所であります（拍手）此国体の変革を企てまするのは、即ち我が国家を滅亡せしめんとするに外ならないものであります（拍手）是れ帝国として最も恐るべき所のものでありまして、現行刑法が大逆罪叛逆罪に対し、殊に極刑を科して居りまするのも亦之が為であります、併ながら国体変革の計画は、単り此種直接の暴力的行為を手段とするもののみにては止まらないのでありまして、秘密結社の組織に依り、国民の思想を腐蝕悪化し、一兵に衂らざるも尚ほ国体の瓦解を惹起すべき手段に依るものもあるのであります、是は思想的内乱罪とも謂ふべきものでありまして、其恐るべきことは決して前者に譲らないのであります（拍手）而して此種の結社団体は、国際的革命を目的と致しまする国外団体と気脈を通じまして、其頤使に甘んじ、金甌無欠の我が国体の崩壊を策画するものであります（拍手）斯る団体の行動は実に恐るべき、又最も悪むべき売国奴的のものでありまして、其危険なることは刑法所定の外患罪に譲る所はありませぬ（拍手）是は即ち思想的外患罪と謂ふても宜しいのであります（略）。

更に、原司法大臣は〝政府は国体の変革を目的とする秘密結社である日本共産党について、未だ縛に付かぬ者等の行動を注視していた所、多数の党員の検挙後なるにも拘らず、依然として不逞の計画を遂行せんとして、党員以外の同主義者と相呼応して、益々国民の中に危険の思想を普及し、且その企画を実行せんとする状況顕然たるものがある〞と発言した。

政府は、更に思想弾圧を強化し、昭和四年（一九二九年）四月十六日、全国一道三府二十四県にわたって検挙を行い、約三百名の日本共産党員が検挙された。共産党弾圧は続き、昭和五年（一九三〇年）二月二十六日には、全国一道三府六県にわたって約千五百名が検挙された。同年五月二十日には、共産党の資金源をなしたシンパサイザーとして、平野義太郎（当時東京帝大助教授）、山田盛太郎（同）、三木清（当時法政大学教授）、小林良正（当時専修大学教授）らが検挙された。昭和七年（一九三二年）には、シンパに対する検挙も拡大し、六千五百名余りが検挙された。

結局、昭和三年から十年にかけて、治安維持法違反で検挙・起訴された者は、検挙数六万九千七百人、起訴人員四千百七十五人に上った（司法省調査）。

治安維持法は、「国体」なる観念即ち〝記紀神話及び天の思想に基づく国家観〞を擁護するために、その体制維持に不要な思想・学説・意見等の主張者を犯罪者に仕立て、拷問による取り調べと刑罰を科し、時には命を奪う、非道極まり無い悪法であった。〔京都学連事件、三・一五事件の記述は「日本政治裁判史録」（昭和・前）に依る〕。

第十三章　歴史検証
―山東出兵・張作霖爆殺―

中国では、孫文が他界の後も、民衆の反帝国主義・反軍閥闘争が高揚をみせていた。大正十五年（一九二六年）七月、蔣介石を総司令官とする国民党軍が〝北伐〟を開始した。北伐軍は、北洋軍閥軍を次々と撃破し、昭和二年（一九二七年）三月には南京を支配、四月には反共クーデターを上海に起こして共産党を弾圧し、南京に南京政府を樹立した。北伐軍の勢力が楊子江一帯に達すると、列強は武力干渉にのり出し、各地で流血事件が起きるようになった。

四月二十日、田中義一を首相とする政友会内閣が成立した。内閣の優先課題は、金融恐慌克服による経済立て直しと、北伐軍が日本側の中国支配の根拠地である華北、とりわけ満州におよぶ事態を食い止めることにあった。田中首相は、自ら外相を兼任し、日本軍部が後押しする張作霖を動かして、満蒙における諸懸案の解決をはかろうとした。田中首相は、中国政策を確立するための東方会議を開催し、七月七日、「対支政策綱領」を発表した。綱領は、まず第一に中国における権益を守るためには出兵をも辞さないとする〝現地保護〟政策を示し、第二に、満蒙については、日本が同地域の治安維持にあたり、さらにこれを中国本土より切り離して〝独立〟政権下におくとする満蒙分離政策であった。

田中内閣は、三回にわたって中国へ出兵命令を下したが、第一次山東出兵は昭和二年（一九二七年）五月二十八日、第二次山東出兵は昭和三年四月十九日であった。いずれも〝居留民保護〟の名目で行われたが、出兵の意図は北伐軍の北上阻止であった。第三次は五月九日に実行され、出兵の契機は、北伐軍が済南入城に際し居留民を殺傷した事が理由であった。日本軍は、一挙に済南城を攻撃し占領した。済南事件後も、北伐軍は済南を迂回して北上を続け、張作霖軍の敗北は明らかとなった。

五月十六日、田中内閣は閣議を開き、「満州治安維持のため南北両軍に交附すべき覚書について」閣議決定をした。閣議に提出されたのは「措置案（発表セザル案）」と「支那南北両軍に交附すべき覚書案（発表スベキ分）」の二種類であった。「措置案」は次の通りである。

一、最近ノ機会ニ北方ハ張作霖及南方は蔣介石等ニ外交機関ヲ通シテ別案覚書ヲ交付スルコト。

二、右覚書交付ニ当リテハ和平ニ対スル希望ヲ略説スルト同時ニ戦乱一旦京津方面ニ進展シタル以後ニ於テハ南北何レノ部隊タルヲ問ハス武装軍隊ノ満州ニ出入スルコトオ阻止スヘキ決心ナルコトヲ明瞭ニ説明スルコト。

三、右ノ外張作霖ニ対シテハ同時若ハ交付直後最近ノ機会ニ非公式ニ引退ヲ勧告スルモ若シ右勧告ニ応セサル場合ニハ更ニ対策ヲ構スルコト。〔満州治安維持のため南北両軍に交附すべき覚書について〕。

五月十六日、田中外務大臣は芳沢謙吉中国公使に対し、張作霖に面会して「支那南北両軍ニ交付スヘキ覚書」を交付し、日本政府の真意を説明する様訓令した。

五月十七日、芳沢中国公使は、張作霖を訪問して満州治安維持覚書を手交し、満州への撤退を勧告した。

五月十八日、田中内閣は閣議を開き、山海関に進入した南北両軍に対する武装解除の方針について、次の閣議決定を行った。

一、北方ノ勢力ヲ或ル程度ニ保有スルコトハ必要ナリ故ニ表面ハ南北両軍ニ対シ絶対ニ厳正公平ナルモ其実行上ニ付テハ出先軍司令官ノ手加減ト腹芸ヲ要ス。

又満州ニハ反張作霖気分相当濃厚ナルモノアリ従テ是等反動分子ニヨリ騒乱起リ治安ヲ破壊スルコトナシト限ラス之カ為ニモ奉天派ノ勢力保持ヲ必要トス夫故ニ北軍カ無難ニ引上クルコトハ望マシキコトナリ。

二、張作霖ノ下野ヲ強制スルノ意図ナシ併シ又強テ張作霖ヲ支援スルノ意図ナシ要ハ作霖ノ進退ハ自然ニ委シ北方勢力ハ維持セシムルニ在リ。〔関外進入の南北両軍に対する武装解除の方針について〕。

五月十八日、閣議決定を受けて関東軍司令官村岡長太郎は、直ちに関東軍の錦州出動を決定し、午後四時、第十四師団長宮地久寿馬及び混成第四十旅団長安田郷輔に出動準備を命令した。錦州は、京奉鉄道沿いに、天津と奉天（瀋陽）との中間地点のやや奉天寄りの位置にある。

五月十九日、関東軍司令官は、第十四師団長、混成第四十旅団長、独立守備隊司令官水町竹三及び奉天駐在特務機関秦真次を旅順にある関東軍司令部に招致し、次の命令を下した。

第十四師団長及び独立守備隊司令官への命令の要旨

一、第十四師団ハ五月二十日各駐屯地出発奉天ニ集結シ爾後京奉鉄道ニ依リ錦州附近ニ前進スヘシ。

将来師団ノ採ルヘキ処置ニ関シテハ別ニ示ス装甲列車一及無線電信一小隊ヲ奉天ニ於テ配属ス。
二、独立守備歩兵第二大隊長ハ独立守備歩兵三中隊、工兵第二十大隊第二中隊及装甲列車一ヲ指揮シ奉天、錦州間ノ鉄道ヲ守備シ第十四師団ノ輸送ヲ掩護スヘシ但鉄道輸送間ハ第十四師団長ノ区処ヲ受クヘシ。
三、第十四師団ノ南満州鉄道線上ニ於ケル輸送並京奉鉄道線上ノ輸送開始マテハ軍司令部ニ於テ其業務ヲ担任ス。
細部ニ関シテハ南満州鉄道株式会社嘱託将校ト連絡スヘシ。
四、混成第四十旅団ハ二十一日奉天ニ集結ス。
　混成第四十旅団長への命令の要旨
混成第四十旅団ハ五月十九日夕駐屯地出発奉天ニ移駐スヘシ。
奉天到着ト共ニ工兵第二十大隊第二中隊ヲ独立守備歩兵第二大隊長ノ指揮ニ入ラシムヘシ。
五月二十日、関東軍司令官は、参謀総長及び参謀次長よりの来電に依って、二十一日実行予定の錦州出動を二十二日に変更せざるを得なくなり、在奉天軍参謀長及び第十四師団長に命令を下した。

奉天軍参謀長は二十日午後十時、関東軍司令官の電令を受領したが、当時混成第四十旅団は既に奉天に到着し、第十四師団の主力たる錦州出動部隊は、その大部分が二十一日午前一時三十分迄に奉天に集中する状況になっていた。従って、同日午前一時、当該部隊の馬匹弾薬諸材料は列車内に残置し、人員のみ奉天日本兵営に宿営することになった。又、混成第四十旅団の第二次輸送部隊は、遼陽に下車し宿営した。

五月二十二日午後三時七分、関東軍司令部は旅順から奉天に移動した。関東軍司令官は、錦州出動に関して陸軍中央部と折衝を重ねたが、田中首相が対外関係を顧慮し、錦州出動に同意しないため、関東軍は遂に主力部隊を奉天附近に待機させる事になる。〔十八日から二十二日迄の記述は「昭和三年支那事変出兵史」に依る〕。

田中首相が、関東軍の錦州出動に同意を与えなかったのは、日本政府が交付した「支那南北両軍ニ交付スヘキ覚書」が原因であった。即ち、この覚書が明るみになった事により、五月二十日の米国紙が〝国務長官は日本の満州に対する特殊地位を否認した〟と報道した事が、その理由であった〔五月二十九日、満州治安維持覚書に関し満州に保護領設定などの意向は全くなき旨米国大使に説明について〕。

六月一日午後三時半、張作霖は、各国公使と公使館付陸軍武官等を大元帥府に参集して、北京引揚の決心を披露した〔張作霖外交団に北京撤退を言明について〕。

六月三日午前一時十五分、大元帥の制服を着用した張作霖は多数の閣員を随え、五百人の護衛に守られて正々堂々と退京した〔張作霖北京退去の状況について〕。

六月三日午前五時半、張作霖座乗の列車が天津を通過したと、在天津加藤総領事が田中外務大臣宛に報告した〔張作霖搭乗の列車天津通過等について〕。

六月四日午前五時三十分、張作霖座乗の列車が、南満州鉄道と京奉鉄道との交叉点に入った時、列車が爆破されて張作霖が爆死する事件が勃発した。この事件の真相は、田中内閣、これに続く浜口内閣共に国民に知らせず、満州某重大事件とよばれた。

　事件の真相が初めて公の場で明らかにされたのは、第二次大戦後の極東軍事裁判に於て証人台に立った元陸軍省兵務局長田中隆吉であった。田中隆吉は次の様に陳述した。


　張作霖の死は当時の関東軍高級参謀河本大佐の計画によって実行されたものである。この事件は軍司令官、当時の参謀長には何らの関係なし。当時の田中内閣の満州問題の積極的解決の方針に従って関東軍はその方針に呼応すべく北京、天津地方より退却する奉天軍―張軍を錦州西方の大遼河で武装解除する計画を持っていた。その目的は張を下野せしめ、張学良を満州の主権者として、そこに当時の南京政府から分離した新しき王道楽土をつくるという目的であった。然るにこの計画はのちに至って田中内閣より厳禁された。しかしなおこの希望を捨てなかった河本大佐は、これがため、六月三日、北京を出発した列車を南満鉄道と、京奉線の交叉点において爆破して、張作霖はその翌日死んだ。この爆破を行ったのは、当時朝鮮から奉天へきていた京城工兵第二十連隊の一部の将校並に下士官兵十数名。（略）〔東京裁判上〕。

ここで、改めて張作霖爆破事件の真相を究明する事にする。

事件の現場の状況について、六月五日、林久治郎奉天総領事は、中国側立ち合いの下で行われた調査結果を次の様に田中外務大臣に報告した。クロス地点（南満州鉄道と京奉鉄道）の橋下附近の線路上には、張作霖、呉俊陞及び儀峨が乗った貴賓車、次に食堂車及び寝台車の順序で三輛の残骸がある。その前方の東方数十間の地点には、上部が破壊された鉄鋼車が一輛ある。爆弾が命中したのは食堂車らしく、爆発と火災のため鉄骨を留めるのみとなり、貴賓車は屋根、窓硝子等が吹き飛ばされて床のみ残っている。寝台車は焼き尽くされてしまった。貴賓車中の後室にいた張作霖の「ボーイ」一名が惨死し、食堂車中にも二、三人の死骸があるが、まだその数は判明していない〔張作霖搭乗列車爆破事件に関し中国側と立会い現場調査の結果について〕。

六月二十一日、林奉天総領事は、田中外務大臣宛に「列車爆破事件調査報告書」を提出したが、その中で爆破原因について次の様に報告している。

被害の状況及び程度より推測すると、相当多量の爆薬が使用され電気仕掛によって爆発されたと思われる。又、爆薬は、展望車後部ないし食堂車前部附近の車内上部か、橋脚鉄桁と石崖との間のすきまに装置したものと認められる。尚、被害の焦点である展望車と食堂車との中間部分が、「クロス」地点の東端より僅か十五メートル程の地点に於て停車している事実、並びに被害車輌及び後続車輌が殆んど脱線していない事実から判断すると、陸橋下通過の際の列車の速力は緩慢であったと認められる。〔張作霖搭乗列車爆破事件の日本側報告書要領について〕。

林奉天総領事は、九月二十二日、田中首相が主催した特別委員会に於て、爆破に用いられた火薬の種類並びに装置個所について次の様に発言した。

松井（常三郎）予備中佐が爆煙を見て推定した処によれば、黄色薬にして約百ないし百五十キログラム位の数量を使用したものとみられる。又、爆薬は「鉄橋上」に仕掛けられた事は、一見して明らかであり、「鉄橋橋脚上部」と詳記する事にする。〔張作霖爆殺事件調査特別委員会第一回会議議事録〕。

林奉天総領事の報告を見ると、爆破事件を起こした犯人は、張作霖が乗車した列車の「クロス」

地点通過時刻と張作霖が坐乗した車輛を、正確に把握していた事が分かる。

河本大作大佐は、張作霖の乗る列車の時刻（北京発）を竹下義晴中佐より知らされ、更に山海関、錦州、新民府と京奉線の要所に出した偵察者からは、正確な通過地点を監視させ、的確に通過したか否かを報告させていた事を明らかにしている〔「文芸春秋」昭和二十九年十二月号、「私が張作霖を殺した」〕。

川越守二元中将もその手記で次の様に記している。北京の竹下中佐から張作霖列車の北京発の来電あり。山海関石野大尉より、第五夫人列車が通過した来電あり。天津司令部より張作霖列車の通過と町野顧問は天津に下車した旨来電あり。新民に派遣した二人の将校から警備用の電話の要領により新民─奉天間の電線を利用して、第五夫人の列車の通過状況を報告してくる。山海関よりも来電あり。張作霖列車が通過し、奉天着は四日午前五時乃至六時の見込み。列車には呉俊陞、儀峨少佐同乗している〔昭和三年支那事変出兵史「解題付録」〕。

河本大佐の行動を辿ると、次の記述が「昭和三年支那事変出兵史」にある。

五月十九日、関東軍司令官は、錦州附近出動部隊の京奉鉄道利用に関する研究立案を、河本大佐に命令し、その成案を〝錦州附近出動部隊の京奉鉄道利用要領〟として記している。

一、錦州附近出動部隊ハ七列車ヲ以テスル集団輸送ニ依リ二十一日朝ヨリ之ヲ開始シ第一列車ノ外ハ南満州鉄道車輌ヲ以テ充当ス其各列車ノ組成及搭乗部隊左ノ如シ

第一列車、午前七時五分奉天駅発京奉鉄道ノ第百四列車ヲ利用ス即チ同列車奉天駅ニ来ルヤ普通乗客ヲ下車セシメ之ニ独立守備歩兵第二大隊長ノ指揮スル独立守備歩兵三中隊、工兵一中隊並南満州鉄道職員及警備用軌道自動車ヲ乗車セシム。第二列車、装甲列車・無線器材車・修理列車ヨリ成リ別ニ歩兵第二連隊ノ一大隊ヲ乗車セシム。

二、本輸送ニ関スル対外交渉

京奉鉄道局代表者胡純讃ニ京奉鉄道利用ニ関スル照会状ヲ出シ各段長ニ依頼状ヲ手交ス。第一列車発車約一時間前ニ京奉鉄道皇姑屯事務段長ニ対シ本列車及続行臨時列車ニテ日本軍ヲ輸送スヘキコト及之ニ伴フ準備並輸送料金ノ後日支払ニ就キ承認センコトヲ要求ス。前記依頼ト同時ニ京奉鉄道当局ヨリ錦州ニ至ル各段長ニ対シ本輸送ニ対シ極力便宜ヲ与フヘク命令セシムヘク手配ヲナス。

即ち、「錦州附近出動部隊ノ京奉鉄道利用要領」が定められた事によって、河本大佐は、独立守備歩兵第二大隊中隊長東宮鉄男大尉並びに工兵第二十大隊附藤井貞寿中尉に対し、その任務を遂行

させる役割を担う事になったのである。又、河本大佐は、部隊の輸送に関して、京奉鉄道との交渉まとめ役も担うことになった。その後、錦州への出動は、田中首相の同意が得られないため中止となり、出動部隊は待機することになる。

次に、爆薬はいかなる方法で南満州鉄道と京奉鉄道とのクロス地点に装置され爆破されたかを究明する事にする。

爆破事件の発生当時、現場附近の警備を担当していた独立守備歩兵第二大隊中隊長東宮大尉は、六月四日次の様に語った。

三日午後支那側憲兵隊ヨリ我憲兵隊ニ対シ張作霖ノ列車通過ノ為皇姑屯ヨリ瀋陽駅間支那側憲兵五十名ヲ以テ警備スヘキニ付満鉄線路ヲ日本側ニテ警備アリタキ旨申出其ノ結果両鉄道「クロス」付近ノ我方警備ノ為守備隊ハ特ニ将校一下士以下四十六名及憲兵十二名ヲ「クロス」地点ヨリ約百五十メートル南方ノ分遣所ニ配置シ三日午前八時過ヨリ満鉄線ヲ警戒シ一方支那側ハ金憲兵中尉ノ指揮下ニ前記五十名ヲ皇姑屯瀋陽駅間ニ配置シ右京奉線路全部ノ警戒（京奉線ハ満鉄線ノ下ヲ通過シ居ル処右「クロス」地点即チ満鉄線ノ橋架ヲモ当日ハ特ニ支那憲兵ニテ警戒セリ）ニ任シ時々遊動的ニ警戒シ居タル模様（略）（六月四日、張作霖搭乗列車爆破事件調査に関し現場付近警備担当の守備隊長東宮大尉談による状況について〕。

東宮大尉の発表を吟味する前に、奉天の鉄道網を簡単に説明しておく事にする。奉天には、奉天駅・瀋陽駅・皇姑屯駅と三つの駅がある。京奉鉄道は、西から東へと走り、始発駅が北京、終点は瀋陽駅、瀋陽駅の手前に皇姑屯駅があり、皇姑屯駅と瀋陽駅の中間地点で南満州鉄道と交叉（クロス）している。一方、南満州鉄道は、南西方向から北東方向へ走り、始発駅が大連、奉天駅を通りクロス地点を通過して長春駅へ向かう。又、支線が奉天駅から皇姑屯駅迄と、奉天駅から京奉鉄道のクロス地点西側手前地点をつないでいる。

東宮大尉は、支那側より、張作霖の列車が通過のため皇姑屯より瀋陽駅間を支那側憲兵五十名で警戒する故、日本側は満鉄線路を警備する様申し出があり、話し合いの結果、支那側は、全憲兵中尉以下五十名が皇姑屯・瀋陽間に配置され、京奉線路全部を警戒していたと述べている。

しかし、この東宮大尉の発表は、関東軍の行動と照合してみると、つじつまが合わない事が分かる。関東軍の錦州出動部隊は、五月二十二日、錦州出動が中止になった事によって、奉天附近に待機していた。所が二十五日、関東軍は〝奉天警備計画〟を立案し、二十六日軍部関係者に命令を下した。独立守備隊に対しては次の様に命令した。

独立守備隊ヲシテ南満州鉄道本線以西ノ附属地及独立守備隊兵営ノ直接守備ニ任セシムルト共ニ装甲列車ヲシテ瀋陽駅及皇姑屯駅方面ニ威嚇運行セシメ附属地ノ守備及在留邦人ノ収容ヲ援助セシム〔昭和三年支那事変出兵史〕。

従って、軍司令部の命令を受けた独立守備隊は、装甲列車を使用して奉天駅から瀋陽駅の間を威嚇運行していた。当然、京奉鉄道のクロス地点西側手前から瀋陽駅の間では、警戒に当たっていた全憲兵中尉以下五十名の支那兵と遭遇し、衝突事件が発生する筈である。しかし、衝突事件は発生しなかった。従って支那憲兵が、京奉鉄道と南満州鉄道とのクロス地点にある満鉄線の鉄架を警戒していたとの東宮大尉の発表は、偽りである事が判明した。

シンプソン（張作霖政府顧問）も、日本側の発表は偽りだとして、〝支那側は、支那兵が現地より三百メートル以内に入ることを禁じられた〟とする事実を新聞に発表した〔八月十五日、シンプソンの奉天滞在中の所感要領について〕。

東宮大尉は、爆破事件の犯人像についても次の様に語っている。

（略）午前三時半頃右分遣所付近西方地点ニ三名ノ支那人挙動怪シキ者ヲ認メタルオ以テ我兵之ヲ誰何シタルニ逃亡セントセシヲ以テ内二名ヲ突殺シタルカ同支那人ノ懐中ニハ露西亜式ラシキ爆裂弾ト破レタル漢字ノ手紙アリ封筒ニハ付属地弥生町ノ住所ト東三省宣撫使凌印清ノ名前アリタリ（略）〔六月四日、張作霖搭乗列車爆破事件調査に関し現場付近警備担当の守備隊長東宮大尉談による状況について〕。

しかし、この発表は、支那憲兵がクロス地点の満鉄橋架を警戒していなかった事から、便衣隊（支那側）に濡衣を着せる策謀であった事が瞭然としている。

六月六日、陸軍次官は関東軍に対して、列車爆破事件について調査報告を要求した。これに対して関東軍は、守備隊長東宮大尉談と同じ内容の報告書を提出した〔昭和三年支那事変出兵史、解題付録「昭和三年陸支密大日記」〕。

六月十一日、陸軍省は、列車爆破事件について詳報を発表したが、これも守備隊長東宮大尉談と同じ内容であった。

以上の様な策謀の中で、河本大佐は、六月二日夜、工兵第二十大隊藤井中尉を同道してクロス地点の満鉄鉄橋下面に爆薬を装置し、午後十時頃旅館瀋陽館に戻った〔昭和三年支那事変出兵史、解題付録「川越守二元中将手記」〕。

尚、爆発時に、藤井工兵中尉が撮影した〝爆発時の情景〟と〝坐乗列車の炎上〟写真が遺っている〔昭和三年支那事変出兵史、解題付録〕。

ここで、爆破事件当時の究明をひとまず終えて、次に田中内閣が押し進めた張作霖退陣計画を検証する事にする。

五月十八日、田中内閣は、閣議に於て、「張作霖ノ下野ヲ強制スルノ意図ナシ併シ又強テ作霖ヲ支援スルノ意図ナシ要ハ作霖ノ進退ハ自然ニ委シ」と退陣を容認する決定を行った。

五月二十日、芳沢中国公使は、田中外務大臣に対し、于国翰が張作霖の使いとして来訪し、大元帥は日本政府の勧告に大体同意する意向であると報告した。同時に四つの疑問点が提示され、特に、目下奉天軍は南軍と交戦中であるが、若し南軍が日本の武装解除勧告に応じない時に奉天軍が退却を開始すれば、奉天軍は追撃を受けて壊乱状態に陥る虞のある事を挙げた。

更に、芳沢中国公使は、田中外務大臣が五月十九日に発信した「南軍に対する追撃見合せ勧告は回避すべき旨訓令」を取り上げて、建川美次武官の処にも参謀本部より同趣旨の訓電が到着していると述べた。〔張作霖使者を通じて関外退去を決定の旨通告ならびに南軍の追撃防止等の措置に関し問合せについて〕。

五月二十二日、芳沢中国公使は、田中外務大臣に対し、建川武官が張学良・楊宇霆と〝張作霖に対し和平勧告の件〟で十八日に会見し、その会見顛末が建川武官より参謀本部宛報告済みと察するが、参考迄に原田通訳官による会見要領を報告すると連絡した〔建川武官による張学良・楊宇霆に満州治安維持覚書交付の際の会見要領について〕。

七月七日、芳沢中国公使は、田中外務大臣に対して、建川武官との会談結果を次の様に報告した。関東軍司令官は参謀本部に対し、南方の政権力が急に満州に波及する事はできる限り避けるべきとの見地より、張学良一派の自重を希望すると同時に、関内に残る奉天軍が南方派と紛糾を起こすのを回避するために漸次これを撤退させる必要があり、又南軍が奉天派を関外に追撃する事は好ましくない故これを阻止する必要性を進言した。

これに対して参謀本部は賛意を示し、陸軍次官より、必要ならば建川武官から南軍側に追撃回避を申し入れるのも一策であるとの指令があり、先頃、関東軍司令官より右趣旨の依頼のあった事を、建川武官が語った。

この会談について芳沢中国公使は「本件ハ之迄本省ヨリ何等御来示ニ接セス建川ノ報告ニ依リ初メテ承知シタル次第ナルカ此ノ種国策ノ機微ナル点ニ関シ軍部限ニテ種々画策ヲ行フ事ノ妥当ナラサレハ申迄モ無ク此ノ点ニ関シ御一考ヲ煩ハスヲ得ハ好都合ト存ス」と田中外務大臣に対して再考

を促した〔国民革命軍による関外追撃阻止に関する建川武官との会談について〕。

七月十一日、田中外務大臣は、関東軍に宛てた訓電について、建川武官によって直ちに追撃回避の申し入れをさせるとの意味ではなく、諸般の情勢を考慮して申し入れをする必要があり、その際には、芳沢中国公使に電報し、公使を経て申し入れをさせる積もりであると回答した〔国民革命軍の関外追撃を阻止するため申入れを必要とする場合は公使経由にて実施について〕。

田中内閣が押し進めた張作霖退陣計画を検証の結果、退陣計画は、田中首相兼外相と軍部が呼応する形で推進されていた事が判明した。田中首相は、五月十八日の閣議で「関外進入の南北両軍に対する武装解除の方針について」閣議決定をしたが、その中の〝表面ハ南北両軍ニ対シ絶対ニ厳正公平ナルモ其実行上ニ付テハ出先軍事司令官ノ手加減ト腹芸ヲ要ス〟との方針は極めて重要な意味を持つ。即ち〝腹芸ヲ要ス〟との方針が、関東軍・河本大佐による張作霖爆殺計画を惹起させる事になったと思われる。

河本大佐は、張作霖の抹殺について、〝軍、国家に対して責任を持たしめず、一個人だけの責任で済ませるようにしなければ、それこそ虎視眈々の列国が、得たりと如何に突っ込んで来るか判からない。俺がやろう。〟と竹下義晴中佐に語っている〔文芸春秋、昭和二十九年十二月号「私が張作霖を殺した」〕。

田中首相と軍部が結託して張作霖退陣計画を推進した事は前に述べたが、その退陣計画を具体的に推進したのが、建川美次武官であった。その建川武官は河本大佐に対して、張作霖の北京出発日時等を連絡している〔昭和三年支那事変出兵史、解題付録「川越手記および竹下義晴中佐陳述」〕。従って、建川武官は参謀本部と共に、張作霖爆殺計画を進めていた事は明らかだ。

以上、張作霖爆殺事件を検証した結果、爆殺事件は、田中首相と軍部中枢の結託の下に、河本大佐が主導した国家がらみの犯罪であったと言う事ができる。従って、今や通説となっている、河本大佐が首謀者で軍部の中枢は関係なかったとする歴史認識は、誤りであると言えよう。

第十四章　歴史回顧と検証

一　浜口首相狙撃事件

昭和五年（一九三〇年）十一月十四日、浜口雄幸首相は、東京駅構内で凶弾を受けて重傷を負い翌年八月二十六日死去した。犯行の誘因となったのは、金解禁を基軸とする浜口内閣の緊縮政策と、ロンドン会議調印を推進した軍備縮小方針であった。一発の銃弾は、これらの施策にもひびを入れ、やがてクーデター含みの昭和の動乱の出発点となった。

日本国が金の自由輸出を禁止したのは、大正六年（一九一七年）九月十二日、寺内内閣の施政下であった。当時第一次大戦中の事態に即応するため、主要国の多くは金輸出を制限ないし禁止していたが、九月七日、アメリカが輸出禁止国に加わるに及び、日本国も直ちにこれにならった。日本国の貿易収支は、大正四年（一九一五年）以来巨額の出超を示していたので、輸出禁止措置によりさしあたり問題は生じなかった。しかし、大戦中に水脹れし、戦後も十分な整理を経なかった日本経済には脆弱な部分が多すぎた。その最たるものは、当時「財界の癌」といわれた震災手形の処理問題であった。

昭和二年（一九二七年）一月、若槻礼次郎内閣は、震災手形の整理に乗り出し、必要資金は公債発行で賄う方式を採用し、法案は三月末に貴衆両院を通過した。ところが、四月に入ると鈴木商店の倒産が表面化し、これと関係の深い台湾銀行が危機に陥って金融恐慌は一挙に拡大し、若槻内閣は総辞職に追いこまれた。後を受けた田中内閣は、三週間のモラトリアムと、日銀および台湾銀行に総額七億円にのぼる巨額の特別融資補償を与えるという非常措置をとって、未曽有の金融恐慌を沈静化させたが、昭和四年（一九二九年）七月、田中内閣は、いわゆる「満州某重大事件」の責任者処罰に関して宮中の信任を失って総辞職し、金解禁問題は浜口内閣に委ねられる事になった。

浜口内閣は、当時財界の与論となっていた金解禁を、英米両国銀行団に対する一億円のクレジット成立の機会をとらえて、昭和四年（一九二九年）十一月二十一日に公布した。しかし、その結果は惨胆たる不況の招来であった。物価は予想をこえて暴落し、証券市場も値崩れした。企業の倒産や減資が相次ぎ、賃下げ、人員整理が頻発した。労働争議の発生件数は毎年（昭和五年から七年迄）二千件を上回り、失業者は巷にあふれ、売られる娘たちや欠食児童の数が増加し、一部の富裕な人達を除けば、国民生活は窮乏し、そして破綻した。国民にとって不幸なことは、金解禁による一時的不況が、昭和四年十月に発生したニューヨーク株式大暴落に端を発した世界恐慌と重なった事であった。

一方、軍縮問題は、浜口内閣が成立した昭和四年（一九二九年）七月当時、ロンドンに於て、英米両国間の軍縮予備交渉が進行していた。十月、政府はロンドン軍縮会議参加を正式回答し、首席全権に若槻元首相を起用し、続いて十一月、日本側としての原則的要求（いわゆる三大原則、補助艦総括対米七割、特に大型巡洋艦対米七割、潜水艦七万八千トン）を閣議決定した。全権団は、この要求目標と英米代表団の厚い壁との間にはさまれて、苦悩の四ヵ月をロンドンの地に送ることになる。数回にわたる日米、日英個別交渉の後、日本全権団が到達した妥協案は、補助艦総括ほぼ七割と潜水艦十割（絶対量は五万二千七百トン）を確保するが、大型巡洋艦は対米六割に譲歩するというものであった。

昭和五年（一九三〇年）三月十五日、全権団は、前記妥協案を基礎として政府の決断を求めた。以後、海軍は、軍令部（加藤寛治部長、末次信正次長）を中心に強烈な反対運動を行った。しかし、浜口首相は、条約成立に殆んど不退転の決意を固めていたし、閣僚もこれを支持し、西園寺公望、牧野伸顕らの元老および宮中勢力も首相の味方であった。四月一日の回訓案は満場一致で閣議決定され、即日上奏裁可を経てロンドンへ発信された。こうして、軍縮会議は難関をこえて妥結に至ったのである。

しかし、海軍々令部は、極度に憤慨し、政府の態度は軍令部の権能を計画的に縮減させるものであるとして、統帥権干犯問題を引き起こした。即ち、加藤軍令部長は、天皇の統帥大権を楯に取り、世論に直接働きかける非常手段に出た。四月二日に帷幄上奏して回訓を批判し、同日記者会見を行い、妥結された艦量には同意できないと述べた。更に末次次長も、貴族院議員会合の席上であからさまな不満を述べて物議をかもした。

このような軍令部の動きは、すぐさま野党政友会の乗ずるところとなった。条約調印の翌日（四月二十三日）開会された第五十八帝国議会では、犬養毅等幹部党員は、政府が軍令部の意向に反する回訓決定をあえてした事を糺弾した。三週間にわたった特別議会は、軍縮問題に終始しつつ乱闘事件まで引き起こし国民の強い関心を集めたが、議会壇上では「統帥権干犯」「国防の危機」というセンセーショナルな辞句が飛交った。軍令部は政府に対し、統帥権の独立を将来保証せよと迫ると共に、軍事参議官会議の召集を要求した。

五月十九日、財部彪全権（海軍大臣）が東京駅に到着した際、厳重な警戒を突破して右翼数名が

「降将財部の醜骸を迎ふ！　売国全権財部を弔迎す！　国賊財部を抹殺す！　云々」のビラを撒布した。翌二十日には、軍令部参謀である一少佐が東海道線の車中で割腹自殺し、条約反対派を益々興奮にかりたて、「亡国条約を葬れ」「不逞逆賊」「国防無視」などの文字を連ねた怪文書が氾濫した。

六月十日、加藤軍令部長が辞職願いのため参内し、翌日これが受理され、谷口尚真大将が代わりに任命された。

九月下旬、海軍に続いて陸軍に於ても中堅将校、殊に参謀本部を中心として強硬な意見が巻き起こり、国家改造を目的とする〝桜会〟が橋本欣五郎中佐等によって結成された。

この間、浜口首相は毅然たる姿勢を持していた。七月には軍事参議官会議を乗り切り、最後の難関であった枢密院に対しても、平沼騏一郎副議長らの反対はあったが、これを抑えてロンドン条約の批准をすませた。

十一月十四日、浜口首相は、午前九時発の超特急つばめ号で西下することになっていた。乗車予定の第四ホームは、広田弘毅駐ソ大使出発の見送り人も多く、雑踏していた。午前八時五十五分、首相が六輌目の一等車に近づいた瞬間、群集の中にまぎれこんでいた羽織袴の男が、二メートル位の至近距離から腹部を狙撃した。首相は両手を握りしめ下腹を押さえて凶漢を睨みつけたが、秘書官等がかけよって抱きかかえ、駅長室隣の貴賓室にかつぎ込まれた。犯人佐郷屋留雄は、第二弾を発射しないうちにとり押さえられ、日比谷警察署へ連行された。

佐郷屋は、浜口内閣の緊縮財政政策に依る社会不安を見て、同内閣倒壊運動に加わっていたが、一方ロンドン条約に関して起こった統帥権干犯の世論に刺激されて、政教社のパンフレット「統帥権問題詳解」及び「売国的回訓案の暴露」等を読み、痛く憤激した結果この挙に出たものであった。〔浜口首相狙撃事件の記述は「日本政治裁判史録（昭和・前）」に依る〕。

二　三月事件

昭和三、四年頃から、陸軍少壮将校は、議会政治・政党政治に対して激しく反感を持つ様になり、国家を改造すべきとの行動論が、陸軍内に起こった。ロンドン条約に関し、統帥権干犯問題が起きてからは一層激烈になった。昭和六年（一九三一年）二月三日、第五十九帝国議会での幣原喜重郎首相代理の中島和久平政友会代議士に対する発言は波紋を呼んだ。「この前の議会に浜口首相も私も、このロンドン条約を以て日本の国防を危くするものとは考えないと言う意味は申しました。現に、この条約は御批准になって居ります。御批准になっているという事を以て、このロンドン条約が国防を危くするものでないという事は明らかであります」。この条約締結の責任を天皇に嫁すがごとき発言をとらえて、衆議院は大混乱に陥り、流血の大乱闘を起こし、議会は一週間混乱状態に陥った。新聞は「衆議院の中味は腐り切っている（二月七日付大阪毎日）」と非難し、評論家は「議会政治の顚落（佐々弘雄、〝改造〟三月号）」と説き、無産等議員団は「議会の無用化、政治のファッショ化の自己暴露だ」と声明した。こうして政党政治を批判する声は急速にたかまった。

一方、陸軍内では、参謀本部ロシア班長橋本欣五郎中佐、支那課長重藤千秋大佐、第二部長建川美次少将、軍務局長小磯国昭少将、参謀次長二宮治重中将等は、熱心に国家の改造は必要ありとしていた。この頃、宇垣一成陸相が田中義一の後を追って政党に入るとの噂があり、又民政党も二分して、宇垣を担ぐ声が起こっていた。そこで、小磯軍務局長、建川第二部長等は、右翼思想家大川周明に対して、宇垣陸相の腹を探る様に依頼した。大川は、学生時代より参謀本部に出入りし当時の青年将校と朋友関係にあり、大正八年（一九一九年）満鉄入社後も陸軍上層部とは親密なる間柄であった。

大川は、宇垣陸相に会ってその真意を尋ねた。宇垣は大川に対し、自分は政党に担がれて乗り出す様な考えは微塵もないと言った。又、日本の政党政治に対しては憤慨しており、その改造についても相当徹底した考えを持っている意向を示し、自分は軍人として、戦場に於ては何時にても死ぬ事を覚悟している故、御国のためなら命を差し上げると言い、大川はこれを聞いて感激して帰った。小磯・建川は大川の報告を聞き、早速、杉山元次官・二宮次長と四人で宇垣陸相に会って突っ込んだ話をしたところ、宇垣陸相は大川に語った事と同趣旨の内容を伝えた。小磯は、大川に会談結果を報告し、一緒に国家改造計画を実行しようと相談し、ここに合意が成立した。

クーデターは、昭和六年（一九三一年）三月二十日を期して決行し、その計画は次の如くであったと言われている。

㈠二月中に、大規模な無産三派連合による内閣糾弾の大演説会を開催し、大いに倒閣の気勢を上げ且つ議会に向かってデモストレーションを行い、本格的に決行する場合の偵察的準備を行う。

㈡三月労働法案上提の日に、大川周明の計画により民間側左翼・右翼一万人の動員を行い、八方より議会に対しデモを行い、政・民両党本部、首相官邸を爆破する。各隊の先頭には計画に同意した幹部を配し、統制をとり、各隊に抜刀隊を置き、必然的に予期せられる警官隊の阻止を排除する。但し爆弾は爆性大なるも、殺傷力少なきものを使用する。

㈢軍隊は非常集合を行い、議会を保護するとして之を包囲し、内外一切の交通を遮断する。予め将校を各道路に配し、各隊に配してある幹部は之を実行する。

㈣この情勢の下、某中将は、小磯・建川・両少将の何れか一名及び数名の将校を率いて議場に入り、各大臣に対し「国民は今や現内閣を信任せず。宇垣大将を首相とする内閣をのみ信頼す。今や国家は重大なる時期に会す。宜しく善処せらるべし」と宣言し、総辞職を決行させる。

㈤幣原代理以下辞表を提出させる。

ところが、三月十日前後になって小磯が計画を中止すると言い出した。しかし大川は、これ迄の行きがかり上、一人だけでも実行する考えでいたが、建川が共にやろうと言ってその実を示したので、三月二十日を期して決行の準備を進めた。

三月十八日、大川と親しい間柄であり、又資金を出していた徳川義親侯爵が、大川に中止を勧め、大川がその意を翻さなければ、自分も一緒に飛び込んで決行に加わると言った。大川はこの切なる勧告を聞いて、その夜、クーデター計画を中止する事にした。

クーデター計画挫折の原因は、宇垣陸相が、政界の有力なる方面から、宇垣を首班とする内閣樹立の政治的陰謀を持ちかけられ、宇垣はこれに乗り、政権獲得後に国家改造を行う考えに変心したためであった。

三月事件は、軍部はもとより宮中、政界、財界の指導者等に大きな衝撃を与えたが、陸軍は、その主謀者になんらの処罰を加えることなく、事件をひたかくしにした。国民がこの事件を知ったのは、終戦後の極東軍事裁判であった。〔三月事件の記述は、現代史資料4　国家主義運動1「右翼思想犯罪事件の総合的研究（司法省刑事局）」に依る〕。

三　柳条湖事件（満州事変の発端）

昭和六年（一九三一年）九月十八日、満州事変の発端となる柳条湖事件が勃発し、十九日付大阪毎日新聞は号外で次の様に報道した。

十八日夜十一時二十分頃、奉天北大営附近において、中国軍隊は突如わが満鉄線路を爆破したため、わが鉄道守備隊はこれを阻止せんとして衝突し、事態は急転直下、日中間は戦闘状態に陥る。川島大尉の率いる虎石台の守備隊一中隊は、直ちに出動、これと応戦、一時これを撃退し北大営の北部を占領したが、約一千の敵軍に逆襲される中その砲撃を受け、午後十二時（十八日）、全く苦戦に陥った。奉天独立守備隊大隊も直ちに現地に出動、又遼陽のわが軍にも出動を命じた。中国軍の猛烈なる砲撃に対し、わが軍も大砲の火蓋を切って応戦、午前零時半、北大営の中国兵営を占領した。又、奉天城内占領部隊は、零時五十分、屯営を出発、駐劄連隊本部附連隊長平田幸弘大佐は午前一時出発、小西辺門に前進した。

柳条湖事件について、関東軍参謀であった板垣征四郎は、戦後、極東国際軍事裁判に於て次の様に証言した。

昭和六年九月十八日は、遼陽の所在部隊検閲が終った日であった。（略）守備隊より突然電話がかかって来た。柳条湖の鉄道爆破事件の通報である。その後の電話通報で、奉天北大営の西側で支那軍隊が午後十時すぎごろ満鉄線を爆破し、たまたま虎石台中隊の巡察斥候が待ち構えている敵から射撃を受けたという。この情報に基づき、虎石台中隊は急いで援助に駆けつけ支那軍と衝突交戦し、北大営の一角を占領したが、苦戦中であることが分かった。

守備隊の報告によって、この突発事件は単なる鉄道爆破という権益の侵害でなく、日本軍に対する支那正規兵の計画的挑戦であることが明瞭で、北大営の第七旅が敵対行為に出たものと判断された。これは一刻も躊躇すれば、支那側在奉天部隊より我が付属地及び日本軍は包囲攻撃をうけると覚悟しなければならぬと思った。その時、独立守備歩兵第二大隊長島本中佐は北大営の一角で苦戦中の虎石台中隊を全力をあげて救援する決意を示し、また歩兵第二十九連隊長平田大佐は駐屯地司令官として部下部隊全部をあげて奉天城を攻撃して協力する決意を奉天特務機関を経て軍司令官宛に報告してきた。（略）〔東京裁判　中〕。

柳条湖事件は、関東軍の陰謀であったが、その真相が国民の前に明らかにされたのは、終戦後であった。ここでは、花谷正「満州事変はこうして計画された」〔「別冊知性　秘められた昭和史」昭和三十一年十二月号、河出書房刊〕を基に検証を行う事にする。

花谷正少佐が関東軍参謀として満州に赴任したのは昭和三年（一九二八年）八月、張作霖爆殺の二ヵ月後であった。更に二ヵ月おくれて石原莞爾中佐が作戦主任として着任し、その後板垣征四郎大佐が高級参謀として赴任してきた。三人は、悪化しつつある当面の満州情勢をどう処理すべきかについて、毎週一、二回旅順偕行社に集まって熱心に討議研究を行った。

昭和六年（一九三一年）春頃には、柳条湖事件のおよその計画ができ上がっていたが、張作霖爆死事件の教訓を生かして計画は綿密にたてられた。事件が起こったら電光石火軍隊を出動させて一夜で奉天を占領し、列国の干渉が入らないうちに迅速に予定地域を占領せねばならない。従って時には中央の命令を事実上無視しても強行する必要があるし、関東軍の行動を支援するため、中央の中堅将校を同志に引き入れて内部からの助力も必要になる。橋本欣五郎一派による国内クーデターが同時に起きれば益々好都合であり、更に隣接朝鮮軍からは適宜増援してもらわなくてはならない。以上の合意を基に花谷少佐等は行動した。

石原の要望で、朝鮮軍参謀である神田正種中佐が、三度位旅順を訪れたが、石原等の計画に同意し朝鮮軍の援助を得る見通しが立った。朝鮮軍の増援について石原は、〝満州問題積極解決の為に中央部を引っ張り込むには、どうしても朝鮮軍の協力を得ねばならぬと口説き、熱心に主張した〟と神田は、巣鴨の獄中で記している〔現代史資料7　満州事変「鴨緑江」〕。

一方、花谷等は、軍部中央部を次の様に評価していた。当時、参謀本部第二部長から第一部長に代わった建川美次少将が、張作霖事件以来の経緯もあって一番信頼がおける、無条件で信頼できる人は支那課長重藤千秋大佐、支那班長根本博中佐、ロシア班長橋本欣五郎中佐の三人で、永田鉄山軍事課長も一応信頼できると考えていた。

六月頃、花谷は、軍中央部と大体の打ち合わせをするために内地へ帰り、橋本・根本に会って相談したが、二人とも国内改造に熱心であったので、満州事変を起こすとそのはずみで改造もでき易くなるだろうという点では意見が一致した。橋本はクーデター第一主義であったので、結局十月頃同時に起こすことになった。

八月下旬、花谷は、満州の実状を軍部中央部に認識させるため上京する事になった。当時、花谷は、中村大尉事件への対応のため、奉天特務機関補佐官として張学良側と交渉を重ねていたが、問題はこじれるばかりであった。花谷は、この機を利用して、実力行使する事について軍中央部が如何なる意見を持っているか、確かめることにした。

花谷は、二宮参謀次長・小磯軍務局長・建川第一部長・永田軍治課長以下と意見を交わし、二宮・建川には特に「このままでは近い内日支両軍は衝突するようになるから、その時の対策を考えておいてくれ、しかし衝突したら当面の処理は関東軍に任せてほしい。関東軍としても、国際情勢を慎重に考慮して行動するつもりだから細かいことまで干渉しないでくれ」と言った。これ対して、二宮・建川は「政府に対してどの位出られるか分からないが、できるだけ貴軍の主張貫徹に努力しよう」と約束をした。更に、花谷は、橋本ロシア班長・根本支那班長に会って「準備は完了したから、予定通り決行する」と言うと、根本は「若槻内閣ではやりにくいから内閣が倒れる迄待ってみないか」と延期をすすめたが、花谷は「もう今となっては待てない。矢は弦を放れているんだ」と言って満州に帰った。

花谷等は、現地に於ける計画の準備を周到に行い、三宅光治参謀長以下幕僚の大部分には計画を明かさなかった。爆破工作の担当は、張学良軍事顧問の補佐官として着任した今田新太郎大尉に割り振られた。爆発後直ちに行動を開始する在奉天部隊の中堅幹部には、川島大尉、小野大尉（いずれも、独立守備隊島本大隊の中隊長）、小島少佐（在奉天第二十九連隊付）、名倉少佐（同大隊長）、三谷少佐（奉天憲兵隊）等であった。島本大隊長には、何も明かさなかった。

花谷等は、最初、鉄道爆破を九月二十八日に行う予定でいた。爆音を合図に、奉天駐屯軍兵舎

（歩兵第二十九連隊）内に据えつけた二十八サンチ要塞砲が、北大営の中国軍兵舎を砲撃する。同時に、在奉天部隊が夜襲をかけてこれを占領するという計画である。所が、この実行日が十八日に繰り上がる事になった。これは以下に述べる事情からであった。

九月十五日、花谷等がかねてから連絡打ち合わせをしていた橋本中佐から、「計画が露顕して建川が派遣されることになったから、迷惑をかけないようにできるだけ早くやれ。建川が着いても使命を聞かないうちに間に合わせよ」という電報が特務機関に届いた。これは、花谷等によって金で買収された浪人たちが酒を飲んで大言壮語をしたり、弾薬や物質の集中をやっていた事等が、幣原外相の耳に入り、閣議の席に持ち出された事に依るものであった。

この事について、幣原外相は極東国際軍事裁判に於て、〝満州事変直前、関東軍が軍隊の集結を行い、ある軍事目的のために弾薬物質を持ち出している旨の機密報告を受け、ある種の行動が軍閥によって目論まれていると報告を受けていた〟と証言した〔東京裁判　上〕。

幣原外相は、関東軍の物騒な行動について、南次郎陸軍大臣に尋ねたが、南は「軍が勝手にそんなことをするはずはないと思う」と突っぱねたが、幣原から林久治郎総領事の打った電報を見せられて少しあわてて「とにかく事実かどうか調査してみる」と答えた。幣原外相と南陸軍大臣との問答は、幣原喜重郎著「外交五十年」にも出てくる。

南陸軍大臣は、その後建川第一部長を呼んで、関東軍の物騒な行動について問い質した。南から聞かれた建川は「そういうことを計画しているという噂もないではありません」と答えた。すると、南は「それは困る、お前行って止めるように云ってくれ」と言うので、建川が奉天へ出かけることになった。建川は困ったことになったと思って橋本と根本を呼んでそのことを告げた。そこで建川の暗示で、さっそく前述のような電報を関東軍に打った訳であった。

建川は、十五日夜東京を出発して途中ゆっくりと列車、連絡船を利用して密行で満州へ向かい、十八日午後本渓湖駅まで迎えに出た板垣大佐と共に奉天駅に降りた。花谷は駅からすぐ車で建川を奉天柳町の料亭菊水に案内した。

一方、橋本から電報を受け取った花谷は、九月十六日午後、奉天特務機関の二階に関係者全員を集めて対策を協議した。集まった者は、板垣・石原・花谷・今田の他実行部隊から川島・小野両大尉、小島・名倉両少佐等であった。決行するかどうかをめぐって議論は沸騰した。今田は「今度の計画はもうあちこちに洩れている。建川に会ったりして気勢を削がれぬ前に是非とも決行しよう」と息まいて、激論が続いた。今田が意見を変えないので、建川に会ってから決めるとしていた花谷は、到頭、今田の意見に同意し、建川の方は花谷が説得すると約束して、十八日夜決行を決定した。

十八日、建川を料亭菊水に案内した花谷は、浴衣に着がえた建川と酒を飲みながら、彼の意向を探った。花谷は、建川に関東軍の行動を止める気がない事を嗅ぎ出し、特務機関に帰った。建川の行動については「昭和六年四月策定ノ参謀本部情勢判断」に「建川少将ハ当初事件ノ渦中ニ投シ且世ノ疑惑ヲ蒙ルヲ恐レ料亭菊水ノ一室ニ引籠リ一切外部トノ交渉ヲ絶チアリタリ」とある〔現代史資料７　満州事変〕。

花谷が特務機関に戻った時、板垣も帰っていたが、石原は軍司令官に従って旅順へ行き、今田は計画指導のため飛び出していた。柳条湖事件決行の十八日の夜は、半円に近い月が高粱畑に沈んで暗かったが、全天は降るような星空であった。

島本大隊川島中隊の河本末守中尉は、鉄道線路巡察の任務で部下数名を連れて、柳条湖へ向かった。北大営の兵営を横に見ながら、約八百メートルばかり南下した地点を選んで河本は、自らレールに騎兵用の小型爆薬を装置して点火した。時刻は十時過ぎ、轟然たる爆発音と共に、切断されたレールと枕木が飛散した。といっても、張作霖爆殺の時のような大がかりなものではなかった。今度は列車をひっくり返す必要はないばかりか、満鉄線を走る列車に被害を与えないようにせねばならぬ。そこで工兵に計算させてみると、直線部分なら片方のレールが少々の長さにわたって切断されても尚高速力の列車であると、一時傾いてすぐ又走り去ってしまうことができる。その安全な長さを調べて、使用爆薬量を定めた。

爆破と同時に携帯電話機で報告が大隊本部と特務機関に届き、地点より四キロ北方の文官屯に在った川島中隊長は、直ちに兵を率いて南下北大営に突撃を開始した。

特務機関では、板垣が軍司令官代理で命令を下し、第二十九連隊と島本大隊は、直ちに兵を集合させて戦闘に参加した。北大営では、中国側が右往左往しているうちに日本軍が突入し、そこへ二十八センチ重砲が轟音と共に砲撃を始めたので大部分の中国兵は敗走し、夜明け迄に、日本側は奉天全市を占領した。早速、軍政がしかれて、臨時市長に土肥原賢二大佐が就任した。

以上の精査の結果、柳条湖事件勃発の契機となった鉄道線路の爆破は、関東軍による策謀であった事が明確となった。又柳条湖事件は、関東軍が陸軍参謀部の幇助の基で実行された事も明らかになった。

驚く事に、当時、柳条湖事件が軍部の計画的行動である事を指摘した人物がいた。それは、在奉天総領事である林久冶郎であった。九月十九日午前、林奉天総領事は幣原外務大臣宛に〝至急極秘〟で次の電報を打っている。〝参謀本部建川部長が十八日午後一時の列車で奉天に入った事、又中国側に破壊されたと伝えられる鉄道箇所修理のため、満鉄より保線工夫を派遣したが、軍は現場に近寄らせない事から、今回の事件は全く軍部の計画的行動であると判断する〟〔「日本外交文書」満州事変第一巻第一冊「今次事件は軍部の計画的行動との判断について」〕。

更に、林奉天総領事は、九月二十日午前、幣原外務大臣宛に極秘電報を打っている。〃鉄道爆破直後、満鉄側より修理のため保線工夫を現場に入れようとしたが、軍側によって阻止された。破損個所は下り線約七十センチ、上り線約十センチが爆破されたものらしき痕跡があり、枕木の破損も二本に止まり、破損個所も両線合計で一メートルに達しないため、容易に修理できる状況であり、又「奉天警察特務ハ兵卒カ昼以来準備ヲ命セラレ又復夜間演習カト思ヒ居タルニ本物ナリシト語リ合ヘルヲ耳ニシタコトアリ」〃と報告した〔「日本外交文書」満州事変第一巻第一冊「軍側の鉄道爆破現場への立入り阻止について」〕。以上の林奉天総領事の報告は、前述した花谷正少佐の「満州事変はこうして計画された」と全く符合している。

九月十九日午前九時より、幣原外相は、若槻首相に外務省着電（内容は新聞発表と同じで、前述した九月十九日発信の林奉天総領事報告は届いていなかった）を報告し、直ちに臨時閣議が召集された。南陸軍大臣に対して、早速参謀本部および関東軍と連絡して正確な報告を取り寄せることを請求し、南もこれを承諾して、その日の閣議は散会した。しかし、既にこの時点で、内閣は陸軍に対して軍事行動拡大を阻止する何の措置もとれない事を露呈してしまった〔「外交五十年」幣原喜重郎著〕。

そして、十九日深夜、奉天では板垣参謀・石原参謀・花谷少佐・片倉大尉等の関東軍幕僚が、密かに建川第一部長と会談した。席上建川は、満蒙問題解決のために、本年四月参謀本部が策定した〝張学良政権に代わる親日政権を中国中央政府の主権下に置く〟とする第一段階を実施する時期が到来したと提言した。これに対して、板垣・石原両参謀等は、交互にこれに反駁し、今日程満蒙問題を解決できる好機はないと述べた。特に石原参謀は、一挙に第三段階の満蒙占領案に向かって、断乎として進むべきだと提唱した。建川は自分の主張を曲げなかったが、一方で、軍の積極的行動に敢えて拘束を加えないと言明した。そして、軍事行動は、吉林・長春・洮昂沿線に留めるべきと附言した（現代史資料7　満州事変「昭和六年四月策定ノ参謀本部情勢判断」）。

十九日夜半の関東軍幕僚との会談を終えた建川第一部長は、二十日、軍司令官参謀課長を訪問し〝長春以北には兵を派兵せずに、一刻も早く吉林・洮南等に打撃を加え、又張学良政権を潰して宣統帝を盟主とする政権を樹立する事が得策である〟と述べた（現代史資料7　満州事変「満州事変機密政略日誌」）。

四　十月事件

満州事変勃発直後、参謀本部一部中堅将校と大川周明が主謀する、国家改造を図る為のクーデターが計画されていた。参謀本部では、支那課長重藤大佐、露班長橋本（欣）中佐、関東軍板垣（征）少将、関東軍土肥原大佐等が参画し、兵力として、在京将校約百二十名、近衛各歩兵連隊より歩兵十中隊、一機関銃中隊、歩兵三連隊より約一中隊の参加が計画された。クーデターは、昭和六年（一九三一年）十月二十四日午前一時決行の予定であった。

クーデターの計画内容は、大川側近の中島信一の供述によると次の通りである。

各連隊の兵は、夜間演習の名目を以て出動し、同志将校の指揮の下で、各政党の首領その他首脳部、財界の巨頭、首相以下閣僚、君側の奸臣、特権階級を襲撃し、これを逮捕・監禁する。その後、通信機関である中央電話局、中央電信局、中央郵便局を軍の手で占拠し、同時に民間側宣伝機関を統制・管理するため、各新聞社・放送局を占拠する。

これらの行動は、午前三時頃迄に約二時間で終え、直ちに東郷元帥に出動を乞い、同元帥は直ちに参内し、一切の事情を奏上し戒厳令の施行を要請する。その後、新国家の組織、内閣の顔触れを決定し、結果を直ちに全国民に向け報道する。尚、新内閣は、田中清少佐執筆の手記によると、首相兼陸相は荒木貞夫中将、内務大臣は橋本欣五郎中佐、外務大臣は建川美次少将、大蔵大臣は大川周明等とされた。

以上の如く十月事件の計画は、三月事件の計画と似ているが、一つ大きく違う点がある。三月事件の計画は、第一段階で、民間側左翼と右翼のデモンストレーションを敢行させて警視庁の力では収拾不能な状況を作為し、第二段階で軍隊が出動するものであったが、十月事件の計画は、第一段階を行わず直ちに軍隊が出動する事であった。これは、十月事件の計画当時には、満州事変の勃発によって世論が軍部支持に傾いた情勢の変化が影響したものと見られる。

結局、この計画は、決行直前の十月十七日朝、憲兵隊によって主謀者が検挙されて失敗に終った。十月事件は、大川周明と従来から大川と親密であった橋本欣五郎等参謀本部幕僚将校が中心となっていたが、一方で、大川と対抗する北一輝・西田税一派も、陸軍・海軍・民間側に相当の同志を有し、大川に拮抗して国家改造運動を進めていた。従って、北・西田一派は、隊付尉官級の青年将校に多くの同志を有していた。

十月事件の失敗の原因は、諸説紛々としていた。北・西田一派は、大川が牧野伸顕に密告したと言い、大川一派は、北・西田が事件を宮内省方面に売り込んだと主張した。又一部には、橋本等首謀者が遊興に耽り、発覚の端緒をなしたとした。

結果として、十月事件は、軍部の全将校に対する啓蒙的役割を果たすことになった。殊に青年将校に強い刺激を与え、後に二・二六事件に連坐した安藤輝三、栗原安秀、対馬勝雄等多数に、改造思想を強く植えつける事になった。又、十月事件は、三月事件と同じ様に国民に知らされたのは、終戦後の極東軍事裁判であった。〔十月事件の記述は、現代史資料4　国家主義運動1「右翼思想犯罪事件の総合的研究（司法省刑事局）」に依る〕。

五　血盟団事件

昭和六年（一九三一年）十二月十一日、若槻内閣は、政友・民政両党の協力内閣成立を目論む安達内相の策動により、総辞職に追い込まれた。後継首相について天皇から下問をうけた元老西園寺は、政友会総裁犬養毅を推し、十二月十三日、犬養内閣が成立した。新内閣の陸軍大臣には、青年将校から改造運動に理解があると期待されていた荒木貞夫中将が就任した。

昭和七年（一九三二年）一月、日本軍は、張学良政権の所在地錦州を占領し、二月には、北満の要衝ハルピンに進撃しほぼ満州全土を日本の手中におさめ、三月には、清朝最後の皇帝であった溥儀を執政として満州国の建国を宣言した。

二月九日、あたかも衆議院議員の選挙戦の真最中に、血盟団事件が勃発した。民政党筆頭総務井上準之助前蔵相が、演説会場に入ろうとした時、背後から拳銃によって狙撃されほどなく絶命し、現場では犯人小沼正が逮捕された。次いで三月五日、三井合名会社理事長男爵団琢磨が三井銀行本店に入ろうとした際、右前面から拳銃によって狙撃され間もなく死亡し、現場で犯人菱沼五郎が逮捕された。取り調べの結果、井上昭を中心とした「国家革新」を目的として、政・財界の最高指導者の暗殺を計画していたいわゆる血盟団の存在が明らかになった。

本事件の主謀者井上昭は日蓮宗の僧侶であったが、以前には長く中国にいて、陸軍参謀本部や、袁世凱の軍事顧問坂西利八郎陸軍大佐のもとで、諜報活動に携わっていた。その後帰国して、昭和三年（一九二八年）頃より、茨城県の立正護国堂に籠り布教師として居住していた。この間、井上は、附近の小学校の訓導で人生問題に悩んでいた古内栄司に、己の信念を吹き込み同志として獲得した。次いで古内を通じ、小沼正・菱沼五郎・黒沢大二等小学校教員並びに農村青年を同志とした。井上は、彼等青年に法華経の経典を唱えながら、自己の鍛錬に努める事を教えると共に、法華経の教義と現代社会とを対比して、自己の抱く熱烈なる国家観を注入した。古内以下の青年達は、井上を盟友とし、死を覚悟して国家改造に当たらんとする革命団をなすに至った。

井上は、農村青年を同志にした外、昭和五年（一九三〇年）一月頃、霞ヶ浦航空隊の飛行学生であった海軍側の最急進分子、藤井斉中尉と知り合って、忽ち提携関係を作った。同年十月、藤井が九州大村航空隊に赴くと同時に、井上は藤井に代わって海軍側同志の中心として活動することになった。

井上は、当初、信仰生活によって同志の国体観念を徹底させ、その同志をして、全国に多数の盟友を獲得し合法的に改造を遂行しようとした。しかし、藤井と接し同人より精神運動による改造の不可能を説かれ、又事態の緊迫しているのを聞き、非合法テロ手段による改造を決意するに至った。

藤井は、国家改造運動を志し、海軍兵学校の同期生下級生、同県（佐賀）出身者に働きかけて同志獲得に努める一方、大学寮・行地社等で知り合った民間の改造運動者大川周明、北一輝、西田税等と連絡を保ち、彼等より情報を得、これを同志に伝えて革新気運を高める様努めていた。

一方、井上は、藤井等海軍側同志が親しくしていた西田税に近付き、中央に於ける改造運動の情報を探り、又北一輝、満川亀太郎、大川周明等にも面会した。井上は、藤井からの依頼もあったので、民間側の巨頭である北一輝、大川周明間の仲直りを策した。しかし、井上は両者の仲直りについては、北の幕下である西田税が大川を極度に非難したので、北・大川の提携は不可能である事を知った。井上は、海軍側だけではなく、管波三郎等の陸軍側にも同志を広げていった。

井上等は、十月事件にも参画したが、一命を捨てる覚悟で参画していたため、十月事件の挫折によってその決意が変わることはなかった。井上等は、西田、管波一派と協同し、陸海民間の連合軍を組織して決起しようとした。しかし、陸軍側が直接行動に積極的にならなかったため、井上一派と海軍青年将校は、昭和七年（一九三二年）一月、両者のみで紀元節前後を期し、政財界並びに特権階級の巨頭を暗殺する計画を決定した。

所が、一月下旬に発生した上海事変によって、藤井をはじめ海軍側同志に出征するものが続出したため計画を変更せざる得なくなり、暗殺は井上一派の民間側同志のみで決行し、海軍側は第二陣として海陸連合により決起することになった。又、井上は計画実行の指揮統制にあたり、他の同志が暗殺を決行し、暗殺は機会を見て一人一殺主義をとり、直ちに行動を開始すること等を決めた。暗殺の対象者は、政友会犬養毅、床次竹次郎、鈴木喜三郎、民政党は若槻礼次郎、井上準之助、幣原喜重郎、三井系は池田成彬、団琢磨、特権階級は西園寺公望、牧野伸顕、伊東巳代治、徳川家達等とした。

二月九日小沼正に依って第一弾が放たれ、前蔵相井上準之助が殺害され、三月五日には菱沼五郎に依って第二弾が発射され、団琢磨が殺害された。官憲の捜査網は次第に井上等の近くに迫り、同志は相次いで検挙され、第二陣の海陸連合決起のために潜伏していた井上は、後事を本間憲一郎・天野辰夫に依頼して、三月十一日に自首し、一味十四名の検挙が完了した。〔血盟団事件の記述は、現代史資料4　国家主義運動1「右翼思想犯罪事件の総合的研究（司法省刑事局）」に依る〕。

六　五・一五事件

海軍側の古賀清志、中村義雄両中尉は、井上昭の自首にも拘らず、当初の計画通り第二陣の決行を決心した。この時両中尉は、井上と従来連絡のあった陸軍士官候補生の一団、橘孝三郎の愛郷塾一派、血盟団の残党を糾合し、これらと海軍側との連合体を組織し、大川周明、本間憲一郎、頭山秀三の援助を求めて、又陸軍側にも決起を促して一大集団テロを敢行しようとした。

昭和七年（一九三二年）三月二十一日、古賀中尉は、陸軍士官候補生後藤映範外十名並びに元士官候補生池松武志と面談し、暗殺計画への参加を求めた。一同は即座に快諾した。士官候補生等は、十月事件の体験と管波三郎陸軍中尉の啓蒙によって、国体問題・社会問題に関心を高めていた。彼等は有職者の談論講義を度々聞き、数回にわたって井上昭を訪ね十月事件失敗の真相を尋ねていた。候補生等は、井上昭の人物に敬服していたのである。

三月二十日、古賀中尉は愛郷塾に行き、橘孝三郎に計画を打ち明け、参加を求めた。橘は、かねて国家の現状を革新し、農村を瀕死の状態より救わねばならぬと考えていたので、直ちに、これに応諾した。更に橘は、同塾の教師後藤国彦・林正三にも計画を打ち明け、両名も直ちに承諾し、愛郷塾一派が参加する事になった。橘は、農本主義に基づく大地主義を唱え、農村を救済し、しいては国家を救済する事を目的に愛郷塾を開いていたが、血盟団事件に参加した古内栄司の紹介で井上と交際し、以来深い関係を持つに至った。

井上昭の護国堂時代には、その影響を受けて改造思想を持つに至った青年は多く、血盟団事件に連坐し逮捕された者以外にも急進的分子が残っていた。古賀中尉は、三月二十五日、堀川秀雄を訪ね第二陣の計画を打ち明けると、堀川は直ちに参加を約し、その他川崎長光等三名の参加が決定した。血盟団の残党に奥田秀夫もいた。奥田は血盟団員の検挙が開始されるや、下宿していた四元義正方に逃避し、官憲の追跡を逃れていた。中村中尉は、三月二十日、奥田に会って計画を打ち明け、奥田の参加が決定された。

大川周明は、古くより藤井斉と同志的交際をしていた。そして大川の画策した十月事件には、藤井も参加を約束していた。古賀・中村両中尉が、藤井の後継者として大川に援助を求めたのに対し、大川は快くこれに応じ、拳銃、実弾と軍資金を供与した。

本間憲一郎は、井上昭と国家改革を共に誓った間柄であった。井上は、暗殺第一弾が発せられ危険が迫ると、天行会に本間を訪ねここに潜伏していた。本間・頭山は、古賀・中村両中尉の第二陣計画を援助し、拳銃と実弾を提供した。

中村中尉は、陸軍側の安藤輝三中尉、大蔵栄一中尉、村中孝次中尉等に対し暗殺計画への参加を勧めたが、陸軍側は自重論を執って応じなかった。

三月二十八日、九日頃、古賀・中村両中尉は、第一次暗殺計画を作成した。

五月十三日、古賀清志・中村義雄（海軍側）、奥田秀夫（血盟団残党）、池松武志（元士官候補生）、後藤国彦（愛郷塾）が土浦町山水閣に於て会合し、暗殺計画の最終案を決定した。全同志にそれぞれ通報された暗殺計画は、次の様になっている。

全同志を本隊と別働隊に分け、本隊は海軍士官および陸軍士官候補生が中心となり、別働隊は橘の愛郷塾関係とした。本隊は、それぞれ行動目的から四グループに分けられた。第一グループは、三上卓海軍中尉・山岸宏海軍中尉・黒岩勇海軍予備役少尉・後藤映範陸軍士官候補生ら十四名をもって首相官邸の襲撃に当たる。第二グループは、主謀の古賀清志が坂元兼一陸軍士官候補生ら四名と共に、内大臣官邸および警視庁の襲撃に当たる。第三グループは、中村義雄海軍中尉が中島忠秋陸軍士官候補生ら三名と共に、政友会本部を襲撃、第四グループは、血盟団の残党奥田秀夫が単独で三菱銀行を襲撃する。別働隊である愛郷塾農民決死隊の行動目的は、首都を無灯火状態にするため、六箇所の変電所を襲撃することである。以上の行動によって、政党内閣の首班犬養首相を殺害し、君側の奸と目する牧野伸顕を倒して政党・財閥打倒の意志を闡明にし帝都を戒厳令施行に導く。

その後他の革新的勢力の発動を促し、国家改造の端緒を開くとした。

決行の日時は、本隊各グループが五月十五日午後五時三十分、別働隊は同日日没後の午後七時頃と定められた。

五月十五日、第一グループに属する三上卓・黒岩勇・山岸宏・後藤映範ら九名は、午後五時頃、九段靖国神社の神域に集合して二両の自動車に分乗した。三上・黒岩・後藤ら五名は表門組として先頭の車に乗り、車内で拳銃三挺手榴弾三箇短刀二口を各自に配し、山岸・村山らの四名は裏門組としてこれに続き、車内で拳銃三挺手榴弾三箇短刀一口を分配した。表門組は、午後五時二十七分頃、首相官邸表門より自動車を乗り入れ、表玄関より直ちに屋内に乱入した。裏門組はこれより稍々遅れて同官邸裏門より邸内に進み、篠原は日本館正玄関前方に於て、附近に居合わせた制服巡査に威嚇発砲後その附近で見張りをし、その他の者は同玄関より屋内に乱入し表門組と合した。たちまち三上卓は、犬養首相が日本館食堂にいるのを発見し、これに対し拳銃を向け引き金を引いたが、たまたま弾丸が装塡してなかったため発射できなかった。首相は、流石に泰然自若たる態度で「話を聴けば判かることぢゃろう」と言いながら、胸の辺りに拳銃を向ける三上を誘導して日本間客室に至った。首相は机の前に端座し、三上等は起立のまま、机を隔てて相対した。首相は、この間三、四回「そんな乱暴をしないでも良く話せば判かる」と繰り返し、その後一同を見廻しながら

「靴位脱いだらどうじゃ」と言った。三上は「我々が何のために来たか判かるぢゃろう、何か言うことがあれば言え」と話すと、首相は何事か言い出さんとして少し体を前に乗り出した。この時山岸は「問答無用射て」と叫び、これと同時に黒岩、三上の拳銃が、首相の頭部に向かって射たれた。首相は翌十六日午前二時二十五分遂に死亡した。一同は首相を射撃後直ちに官邸を引き揚げ、その後三上等一同は、東京憲兵隊に自首した。この様にして五・一五事件の幕は閉じたのである。〔五・一五事件の記述は、現代史資料4　国家主義運動1「右翼思想犯罪事件の総合的研究（司法省刑事局）」と「日本政治裁判史録（昭和・前）」に依る〕。

七　永田軍務局長刺殺事件

昭和十年（一九三五年）八月十二日、陸軍省軍務局長室に於て執務中の永田鉄山少将に対し、突如相沢三郎中佐が軍力を以て襲い、永田を刺殺する一大不祥事が突発した。この事件は、陸軍内の清軍、統制両派対皇道派の対立が益々激化していた事を示しているが、直接の原因は、昭和九年（一九三四年）十一月二十日の所謂十一月二十日事件であった。

昭和九年十一月、高崎市附近で実施された陸軍特別大演習の終了直後、料亭宝亭（東京市）に於て陸軍青年将校二、三十名が会合をもった。その中には、皇道派と目される急進的青年将校が多数含まれていたが、彼等が何事かを謀議し、その不穏な計画を村中孝次大尉が、来訪した士官候補生数名に話したとして、十一月二十日、村中大尉・磯部浅一一等主計外数名が検挙され軍法会議の取り調べを受けた。同事件の内容は遂にその詳細が発表されずに終ったが、村中・磯部が取り調べを受けた際の被疑事実は「粛軍に関する意見書」に記載された所によれば、五・一五事件と同様の方法を以て元老、重臣及び警視庁を襲撃する「クーデター」計画の疑いであった。

結局、陸軍は十一月二十日事件に対して、行政処分を行い、村中孝次、片岡太郎、磯部浅一を停職処分とした。

これに対して村中・磯部両名は、三月事件、十月事件に対し何等の処置をも講じなかったにも拘らず、単なる聞き込みを以て現役将校を三ヵ月余り拘留して取り調べる行為は、全く偏頗な処置で、永田軍務局長を中心とする統制派による皇道派への弾圧だと非難した。又、村中・磯部両名は、三月事件以来の諸事件の青年将校一団の行動に対立する一統のある事を、「粛軍に関する意見書」なる一文にて暴露した。

「粛軍に関する意見書」は次の様に記している。

私共は十月事件後は特に国体信念の研磨を基礎として、上下一貫左右一体上長を推進し国体に基き維新御親裁に挙軍一致して奉公することを大原則とし、夫れが為には横は同期生、縦は将校団を通して軍の上下左右を維新的に結束し、以て首脳部を推進する方針で、乏しき資性を傾倒して来てゐるもので、利用煽動策謀等を厳に戒心排斥してお互に赤子たり、国民たり、皇軍々人たるの情誼と道義心とに融合一体化するに努めながら今日に至ったのであります。（略）然るに以上の清軍派、統制派或は第三期実践派と云ふ一群のものは、軍の上下左右に私党を組み、自分等の方針に追従附和しないものは悉く中傷し排斥圧迫して来ました。私共が此三四年間後から受けて居る有形無形の迫害による苦悩苦痛は誠に名状することの出来ないものがあります。

永田軍務局長を刺殺した相沢三郎に対する判決文を見ると、相沢は、叛乱陰謀の嫌疑によって村中、磯部等が停職処分を受けたのは、統制派に組みする永田局長等の奸策であるとしている。又、昭和十年（一九三五年）七月に断行された教育総監真崎甚三郎大将の更迭は、永田局長の策動に基づくものと推断し、七月十九日、永田局長に面会して辞職を求めている。その後、相沢は、前述した村中、磯部両人の記した「粛軍に関する意見書」を入手閲読し、永田局長は元老重臣、財閥、新官僚と通じ、昭和維新の気運を弾圧阻止し、皇軍を毒する者であると思惟し、遂に同局長の殺害を決意した。

八月十二日午前九時四十五分、相沢三郎は陸軍省軍務局長室に入り、直ちに自己所有の軍刀を抜き、永田局長の背部に一刀を加え、同部に斬り付け、永田鉄山は十一時三十分、死亡した。〔永田軍務局長刺殺事件に関する記述は、現代史資料4　国家主義運動1「右翼思想犯罪事件の総合的研究（司法省刑事局）」に依る〕。

八　二・二六事件

昭和十一年（一九三六年）二月二十六日、夜明けを迎えた首都東京に重大事件が勃発した。その朝、前夜からの雪は東京を真っ白に包み空は未だ鉛色に曇っていた。

午前五時十分頃、陸軍中尉栗原安秀、対馬勝雄、竹島継夫等によって指揮された約三百名の兵が、総理大臣官邸を表門・表非常門・裏門の三隊に別れて襲撃し、岡田啓介首相の即死が伝えられた（叛乱鎮定後無事であることが判明）。

同じ頃、坂井直中尉、高橋太郎少尉等によって指揮された約百五十名の兵が、斉藤内大臣私邸を襲撃した。一隊は周囲を包囲、一隊は警察官に銃剣を向けて監視し、一隊は機関銃を持って屋内に侵入後、二階十畳間の大臣寝室に乱入して大臣に発砲し、斉藤実内大臣が即死した。

同じ頃、中橋基明中尉、中島莞爾少尉によって指揮された約百名の兵が、高橋大蔵大臣私邸を襲撃した。一隊は機関銃二基を電車通り附近に据えて交通を遮断し、一隊は邸を包囲し、一隊は警察官に銃剣を向けて監視した。残り一隊は二階十畳の間に就寝中であった蔵相を軍刀拳銃によって殺害し、高橋是清大蔵大臣が即死した。

午前六時頃、安田優、高橋太郎両少尉によって指揮された約三十名の兵が、渡辺教育総監私邸を襲撃した。一隊は表門より侵入後、玄関前に機関銃を据えて乱射し、一隊は裏門より屋内に侵入し、廊下に機関銃を据え付け総監寝室に向かって乱射後、銃剣で総監を刺殺した。渡辺錠太郎教育総監が即死した。

同日未明、予定の目標を襲撃した叛乱軍は現場より夫々隊員を、主要官衙街である永田町附近に集結させた。半蔵門前、隼町十二番地先、平河町電車停留場前等の要所には機関銃を据え付け、剣付鉄砲を所持した物々しい歩哨を立て、同地域の交通を全く遮断し同日夜を徹して警戒した。

首謀者であり政治工作を担当した香田清貞大尉、村中孝次、磯部浅一は、丹生誠忠中尉の隊と一緒に陸軍大臣官邸に向かい、陸軍大臣に面会を強要した。午前七時頃、香田らは川島義之陸軍大臣と面会した。香田大尉は一同を代表して「蹶起趣意書」を朗読し、その趣意書を渡した後、村中、磯部と共に交互に説明を加え、速やかに参内して裁断を仰ぐ様要求した。趣意書には〝元老、重臣、軍閥、財閥、官僚、政党等はこの国体破壊の元兇なり〟と書かれてある。尚香田等は陸軍大臣に対し、真崎甚三郎大将、山下奉文少将等を招致して事態収拾に当たる様要求した。

午前九時五十分頃、川島陸軍大臣は宮中に参内し、天皇陛下に本事件に関し委曲を上奏した。尚宮中に於て伏見宮軍令部総長、朝香軍事参議官宮等三殿下と真崎、荒木、林、阿部の各大将が加わり軍として取るべき態度に関し重大なる協議を行った〔昭和十一年二月二十七日付報知新聞〕。

同日夕刻、東京警備司令官よりの命令によって、蹶起した部隊は歩兵第一連隊長小藤恵大佐の指揮下に入った。

同日夜に入り、香田、村中、磯部、栗原、対馬等幹部将校は、軍事参議官林銑十郎、真崎甚三郎、阿部信行、荒木貞夫等と陸軍大臣官邸に於て面会した。村中、栗原は西園寺公望、牧野伸顕、宇垣一成、南次郎等を逮捕し、柳川平助中将を首班とする強力内閣を組織し昭和維新に邁進すること、又、蹶起部隊を義軍と認め現在の占拠地域を警備する任務を命ずるよう主張した。これに対し、荒木大将等は強硬なる態度をとり、席上の空気は緊張したが、同席した山口一太郎大尉がこれを取り成した。

二十七日午前三時、緊急勅令が公布され、東京市に戒厳令が施行された。

二十七日朝、亀川哲也が北一輝方に行き、前日来の陸軍大臣官邸等に於ける諸情勢を報告した。これに対して北一輝は、蹶起部隊の幹部等は事前に陸軍の中堅層等に対し諒解連絡がなかった事、及び香田清貞が陸軍首脳部に対し、柳川平助中将を後継内閣首班に要望したことを知り、一刻を争うこの際には妥当でないとした。同日午前十時頃、北一輝は「人無し、勇将真崎あり、国家正義軍のため号令し、正義軍速かに一任せよ」との霊告があったと言って西田税と共に、陸軍大臣官邸にいる村中、磯部等に電話で次のことを教示した。「此の際蹶起将校は霊告の趣旨に従ひ全員一致無条件にて真崎大将に一任し軍事参議官にも懇請し、軍事参議官と蹶起将校との上下一致の意見として上奏、実現を期すべきである。」

同日午後四時頃、蹶起将校よりの申し出によって官邸に軍事参議官真崎甚三郎、阿部信行、西義一等が参集した。蹶起将校を代表して野中四郎大尉が北より教示された趣旨を伝え、これを要請した。真崎大将は無条件にて一切一任せよ、誠心誠意努力する旨答えた。村中、磯部等からこの会見の報告を受けた北一輝は、外部の一般情勢は蹶起部隊のために有利に進展しつつあり、殊に海軍側は一致して支援しているのみならず、全国各地より数千の激励電報が到着していると蹶起将校を激励した。

同夜八時頃、村中孝次が夜陰に乗じ包囲線を突破して北の所に行き、居合わせた北・亀川に蹶起後の内部情勢を報告した。北は村中に対し、真崎への一任に対する軍事参議官側の回答があり次第、その内容を北・西田に連絡する事、それ迄は現在の占拠状態を持続すべきであると指示した。

同夜蹶起部隊は、依然永田町の一角を占拠したまま、歩兵第一連隊長小藤大佐の指揮に基づき、首相蔵相鉄相農相文相の各官邸、料理店幸楽及び山王ホテル等に宿営した。

二十八日、情勢がにわかに一変した。午前十時頃、山下奉文少将が陸軍大臣官邸に来て、事態が急迫したとして蹶起軍幹部将校の集合を求めた。村中、磯部、野中、香田、対馬、栗原等が集まり、山下少将より、奉勅命令が近く実施されるのは確実である旨の伝達を受け、合議の結果、一同は自決する事を決心し勅使の派遣を希望した。所が、この事を栗原等から電話報告で知った北・西田両名は驚いて、前夜行った軍事参議官との会見の回答がある迄、断じて自決すべきではない。勅命は「脅し」であり、一度蹶起した以上はその目的貫徹のため徹底的に上部工作をすべきであり、自決は最後の問題であると栗原・村中等に告げた。そのために、一旦自決を決意した一同は、外部の包囲部隊に攻撃のきざしがあるとの風評もあって、自決の心境を一変させてあく迄占拠地区を固守して抗戦する事を決めた。同日夕刻より、蹶起部隊は首相官邸、新議事堂、陸軍省、山王ホテル等に陣をとり戦闘準備を開始した。

これに対して、戒厳司令官香椎浩平中将は、小藤大佐に対し蹶起部隊への指揮権の解除を命令し、一般包囲部隊に対しては二十九日朝を期し、一斉に占拠地区の掃蕩を命令した。他方で戒厳司令部は、〝今からでも遅くないから原隊に帰れ〟〝抵抗するものは全部逆賊であるから射殺する〟等のビラを散布し、ラジオでは〝勅命が発せられたのである。（略）速かに現在の位置を棄てて帰ってこい〟と放送した。

その結果、二十九日午前十時頃より順次帰順する者が生じ、同日午後二時頃迄に下士官、兵全員が帰順し、残る将校及び指揮に当たる常人二十二名は首相官邸に集まって協議した。協議の結果、自決を主張する者もあったが、一部に今はその時期ではないとの主張もあって議決せず、自決した野中四郎を除く他の者は、同日夕刻、東京衛戍刑務所に収容された。

陸軍省の発表によると、直接、二・二六事件に参加した者は、将校二十一名、見習い士官三名、准士官下仕官九十一名、兵士千三百五十八名、常人十名、合計一千四百八十三名であった。〔二・二六事件に関する記述は、現代史資料４　国家主義運動１「右翼思想犯罪事件の総合的研究（司法省刑事局）」に依る〕。

第十五章　歴史検証

―暗黒時代と「国体」―

前章で取り上げた事件を精査してみると、各事件には共通して「国体」と「国家改造」問題のある事が分かる。

血盟団事件の場合、主謀者井上昭に下された判決によると、井上は次の国家観を持っていた。〝天照大神の御精神たる我国体は宇宙の真理其のものにして天壌と共に窮り無し而して歴代天皇は三種の神器を天壌無窮の御神勅と共に受継ぎ給ひ、天照大神の御精神を御承継在らせられ唯一絶対の元首として国家の中心を為し国民と不二一体に存します〟と。又、古内栄司に下された判決によると、〝井上昭の人格思想に共鳴し、教育勅語は真に宇宙の真理即我国体をその儘表現したるものにして、この勅語の御精神に適合せざる現在の国家組織制度を改革し以て天壌無窮の皇運を扶翼し奉るは、天皇の赤子たるものの責務なり〟との思想を持っていた〔法律新聞三千七百七十四号〕。同じく、小沼正、菱沼五郎、黒沢大二等も井上昭を盟主とした事から、同様の「国体」観を持っていた。

井上が、非合法テロ手段による国家改造を決意するに至ったのは、昭和五年（一九三〇年）一月、海軍中尉藤井斉と知り合い、同人より精神運動では国家改造は不可能であると説得された事が契機であった。藤井は、国家改造運動を志し、海軍兵学校内の同志獲得に努める一方、民間の改造運動者大川周明、北一輝、西田税等と連絡を保ち、彼等より情報を得ていた。

次に、五・一五事件の場合を見る事にする。古賀清志、中村義雄、三上卓等海軍将校一同は、海軍少佐藤井斉より直接又は間接に感化指導を受け、井上昭等を知っていよいよその所信を強固にして国家革新運動に従事した。古賀等は、挙国一致時弊の刷新を図り、建国の精神に基づき皇道を宣揚し皇国日本の真姿を顕彰にしなければ、日本の前途は真に憂うべきものと考え、直接行動に訴える行動を執った〔法律新聞三千六百二十一号〕。

五・一五事件を起こしたもう一つのグループである陸軍士官候補生後藤映範外十名と、元士官候補生池松武志等は、いずれも陸軍士官学校在学中、同校に於ける訓育に因り、軍人精神を涵養し皇道の真髄と国体の尊厳とに対する不抜なる確信を体得した〔法律新聞三千六百一号〕。その後菅波三郎陸軍中尉の啓蒙によって国体・政治問題に関心を高めた後藤等は、数回にわたって井上昭を訪ねて井上を敬服するに至った。

次に、永田軍務局長刺殺事件を見ることにする。刺殺事件を起こした相沢三郎は、昭和十年（一九三五年）八月二十六日に開催された軍法会議の証言で、殺害決意に刺激を与えたものとして、村中・磯部両名による「粛軍に関する意見書」を挙げている〔現代史資料23　国家主義運動3「相沢三郎訊問調書」〕。この意見書には「国体」に関する次の記述がある。「私共は十月事件後は特に国体信念の研磨を基礎として、上下一貫左右一体上長を推進し国体に基き維新御親裁に挙軍一致して奉公することを大原則とし、夫れが為には横は同期生、縦は将校団を通して軍の上下左右を維新的に結束し、以て首脳部を推進する方針で、乏しき資性を傾倒して来てゐる」〔現代史資料4　国家主義運動1「右翼思想犯罪事件の総合的研究」〕。

又、相沢三郎は、八月十二日の軍法会議で〝三月事件、十月事件等に対する軍の不統制が社会に暴露されたことの最大の責任者は、永田軍務局長であると信じ、皇軍を正道に復帰させる為に永田を殺害した〟と証言した〔現代史資料23　国家主義運動3「相沢三郎訊問調書」〕。

続いて二・二六事件を見ることにする。クーデターを引き起こした陸軍大尉香田清貞等青年将校は、川島義之陸軍大臣に面会を求め「蹶起趣意書」を提出した。その趣意書には次の「国体」に関する記述がある。「謹んで惟るに我が神州たる所以は万世一系たる天皇陛下御統帥の下に挙国一体生成化育を遂げ遂に八紘一宇を完うするの国体に存す。此の国体の尊厳秀絶は天祖肇国神武建国より明治維新を経て益々体制を整へ今や方に万邦に向って開顕進展を遂ぐべきの秋なり」「所謂元老、重臣、軍閥、財閥、官僚、政党等はこの国体破壊の元兇なり」〔現代史資料4　国家主義運動1「右翼思想犯罪事件の総合的研究」〕。

二・二六事件の主謀者の一人である村中孝次は、昭和十一年（一九三六年）三月二日、事件の原因動機について、渋谷憲兵隊で次の通り証言した。「一口に云へば、倫敦条約当時の統帥権干犯問題、或は昨年七月真崎教育総監の更迭当時の統帥権干犯問題等に直接間接の関係があり、又三月事件の如き大逆陰謀、或は大本教を中心とする不軌計画等、元老、重臣、財閥、軍閥、新官僚と云はれて居る昭和維新を阻止せんとする支配階級の最中心を為すものを除き去ろう、君側の奸臣を芟除しよう、それによって国体の尊厳を全国民に闡明にすることが出来、維新の発端を開くことが出来ると信じましたので今度の事件を決行しました」〔「二・二六事件秘録（一）」村中孝次訊問調書、小学館刊〕。

以上に述べた血盟団事件、五・一五事件、永田軍務局長刺殺事件、二・二六事件には、その根底に「国体」と「国家改造」問題のある事が明瞭となった。

二・二六事件には、更に言及しなければならない事がある。それは、事件の背後に居た思想家北一輝、西田税、亀川哲也の存在である。

北一輝は、大正八年（一九一九年）八月、「国家改造案原理大綱」（後に改題して「日本改造法案大綱」）を著作した。その中で北は、全国民は如何にして大日本帝国を改造すべきかの大本を確立し、全国民大同団結の下で天皇大権の発動を奏請し、天皇を奉じて速やかに国家改造の根基を完成させなければならないと主張した。北は、目指す改造後の国家について次の様に述べている。天皇は国民の総代表であり、国家の根柱である。政治組織として天皇を補佐する顧問院を設け、その議員は天皇が任命する。又、私有財産、私人生産業に制限を加え、超過分は国家に納付する。更に、改造遂行の手段としてクーデターを認め、天皇大権の発動によって三年間憲法を停止し、両院を解散戒厳令を公布する。戒厳令施行中には、国家改造内閣を組織し、在郷軍人団を内閣に直属させて、改造中の秩序維持と私有財産限度超過分の徴集に当てるとしている。

正に、二・二六事件は、国家改造に当たってクーデターを認める北一輝の思想が試行された事件であった。又、海軍中尉古賀清志、中村義雄等によって決行された五・一五事件も、北一輝による「日本改造法案大綱」を基に実行されたものであった。

前章で取り上げた事件に、柳条湖事件があるが、この事件も国家改造の一環であった。柳条湖事件勃発の半年程前に、参謀本部建川美次少将、小磯国昭少将等と思想家大川周明による三月事件が計画されていたが、陸軍内ではこの計画に対し、時期尚早論を以て反対する者もいた。岡村寧次大佐、永田鉄山大佐等である。彼等は国内改造に反対では無く、その必要を認めていたが、国内改造を行う前に満蒙問題を急速積極的に解決すべきと主張した。

石原莞爾関東軍参謀も、国内改造より満蒙問題の解決を優先させる姿勢であった。石原は「満蒙問題私見　昭和六年五月」の中で次の様に記している。「我国の現状は戦争に当り挙国一致を望み難きを憂慮せしむるに十分なり、為に先つ国内の改造を第一とするは一見極めて合理的なるか如きも所謂内部改造亦挙国一致之を行うこと至難にして政治的安定は相当年月を要する恐尠からす（略）我国情は寧ろ速に国家を駆りて対外発展に突進せしめ途中状況により国内の改造を断行するを適当とす」（『石原莞爾資料国防論策篇』原書房）。

北一輝による「日本改造法案大綱」は、当時多くの軍人によって読まれていたが、柳条湖事件勃発後間もなく朝鮮軍の満州への越境に奔走した神田正種中佐が、「日本改造法案大綱」によって相当の影響を受けた事を獄中で告白している（現代史資料7　満州事変「鴨緑江」）。

北は「日本改造法案大綱」の中で、国家の権利として〝開戦の積極的権利〟を主張している。「国家は自己防衛の外に不義の強力に抑圧さるる他の国家又は民族のために戦争を開始するの権利を有す」と記し、現実問題としてインドの独立及び支那の保全のために開戦する如きは、国家の権利であるとしている。正に、柳条湖事件に始まる満州事変勃発の思想的裏付けは、北一輝による

「日本改造法案大綱」にあったと言える。

当時、右翼的思想家としては、北一輝の他に大川周明がいた。大川は、陸軍参謀本部将校と組んで国家改造に取り組み、三月事件、十月事件を企んだが、いずれも未遂に終わっている。大川は、大正十四年（一九二五年）に「行地社」を創立し、機関紙として月刊「日本」を発刊していたが、その中で「国体」について次の様に記している。「天壌と共に窮まりなき宝祚を践ませたまふ万世一系の天皇を戴き、君民一体、億兆その心を一にして、世々その美を済すべきは、我が国体の精華であって、他国は知らず、我国に於て此の国体は何物とも比較し能はぬ絶対的のものである。（略）」〔現代史資料4　国家主義運動1「ファッシズムの理論」〕。

北が「日本改造法案大綱」を著作したのは、大正八年（一九一九年）八月であったが、当時の日本は、大正デモクラシー運動の昂揚期であった。国民は、普通選挙の実施、言論の自由、労働者の団結権承認、婦人・学生の政治参加のための治安警察法改正等を要求していた。この時期は、労働組合の結成・闘争が盛んに行われた時でもあった。東京砲兵工廠では組合が結成され、賃上げ・八時間労働制を要求してスト闘争が展開された。又、東京朝日新聞社をはじめ十六の新聞社印刷工が、八時間労働制を要求して四日間のストが行われ、足尾銅山では大日本鉱山労働同盟会の発会式が開かれた。

世界に目を向けると、第一次世界大戦が終了し、ヴェルサイユ講和条約が調印された年でもあった。又、国際平和と民族自決をとなえるウイルソン米国大統領の提唱によって、国際連盟の設立が決定され、朝鮮では三・一独立運動、中国では五・四運動、インドでは独立運動が展開された。

斯様な時代に、国内では、世界的な新思潮に逆行する思想統制が静かに進行していた。

大正八年（一九一九年）一月十七日、臨時教育会議（総裁平田東助）は〝教育の効果を全からしむべき一般施設に関する建議案〟（当初の題名〝民心の帰嚮統一に関する建議案〟）を総会に於て可決し、建議は理由書と共に原敬首相に提出された。建議は〝時弊を救わんとすると国民思想の帰嚮を一つにしその適従する所を定めるより方法はなく、その帰嚮する所は建国以降扶養培養せる本邦固有の文化を基址とし〟、〝今その要目を挙げれば国体の本義を明徴にしこれを中外に顕彰する事である〟とした〔教育時論、一千二百十六号〕。

又、建議理由書は、「国体」の本義を一般国民に徹底し、国民が「国体」を尊崇する念を強固にする事ができれば、一時的な思想変調のために大義を謬るが如きは断じてあり得なく、「国体」尊重の念を強固にするには、更に敬神崇祖の美風を維持し益々これを普及させる必要があるとした〔教育時論、一千二百十八号〕。

〝教育の効果を全からしむべき一般施設に関する建議〟が原内閣に提議されてから、文部大臣による社会主義思想等に関する発言が一段と目立ってきた。中橋徳五郎文部大臣は、〝危険思想防止策〟と題して「教育時論、大正八年七月五日号」（一千二百三十二号）に、〝欧州大戦のもたらせる世界的民主主義は、多年官僚政府に圧迫されていた我思想界にも甚大の衝動を与え、勃然として新思想の擡頭を見るに至った〟。〝我国の如く立憲思想の幼稚なる国民にとっては最も必要な事であると雖も、その程度を過ごして、極端なる社会主義的思想を誘起し、国家を挙げて過激思潮に赴かせることがあっては、国家的自殺であり、為政者の最も戒慎すべき点である〟。〝過激的新思想は黒死病と等しく、その伝染性は猛烈で蔓延する場合には如何に防止しても致し方なきことである〟。〝黒死病流行に際し、国民各自が健全で、もし万一感染する事があっても、これを撃退するだけの抵抗性を養って置き、この思想を以て、これら悪思想を駆逐するのが最善の方策である〟と掲載した。

大正九年（一九二〇年）一月十五日、中橋文部大臣は、地方長官並びに直轄学校長に対して〝極端な思想が海外から流入してくる恐れがあるが、苟もこれに惑わされて、その帰嚮を誤る様なことがあっては、国家の為、由々しき大事である。国民は深くここに留意して、健全な思想を涵養し、いよいよ我が「国体」の精華を発揮する様に心懸けねばならぬ〟と訓令を発した〔教育時論、一千二百五十二号〕。

臨時教育会議は建議の中で、国民思想の帰嚮を一つにし、その帰嚮する先は〝国体の本義〟であると提議したが、政府はその建議を受け入れ、大正デモクラシーを支えた自由主義・社会主義等を排除して「国体」観念を日本国民の統一した精神とする思想統制を押し進めていった。

この様な思想統制が進む中で、北一輝は「日本改造法案大綱」を著作したのであった。北は、当著書発表とやや時を同じくして、大川周明、満川亀太郎と共に、国家改造を掲げて猶存社を設立した。猶存社は機関紙を発行してその主張を全国の有志に呼びかけ、「日本改造法案大綱」を公刊する等、啓蒙運動、同志獲得に努めた。その結果、軍人学生の一部に熱烈なる共鳴者を得て、東京帝大の「日の会」、北海道帝大の「烽の会」、早大の「潮の会」、拓大の「魂の会」等が、猶存社の流れを汲んで相次いで組織された。

一方、歴代政府は、思想統制を次の如く着々と進めていった。

大正十一年（一九二二年）二月、高橋是清内閣は、「無政府主義共産主義その他に関し朝憲を紊乱するような事を宣伝したり又は宣伝せんとしたる者は七年以下の懲役又は禁錮の刑に処す」とする社会過激運動取締法案を貴族院に提出した。貴族院はこれを修正可決したが、衆議院では審議未了となった。

大正十二年（一九二三年）五月、高まりを見せた学生運動と思想統制に本腰を入れた政治権力とが早稲田大学で衝突し、「早大軍事研究団事件」が起き、これが第一次共産党事件へと発展した。

九月には関東大震災の真直中に、労働運動家平沢計七等が軍隊によって殺害され、震災後、社会主義者大杉栄、伊藤野枝等が憲兵によって殺害された。

十一月十日、山本権兵衛内閣の時、次の「国民精神作興に関する詔書」が出された。「朕惟うに、国家興隆の本は国民精神の剛健に在り。これを涵養しこれを振作して、以って国本を固くせざるべからず。これを以って先帝意を教育に留めさせられ、国体に基づき淵源に遡り、皇祖皇宗の遺訓を掲げてその大綱を昭示したまい、また臣民に詔して忠実勤倹を勧め、信義の訓を申ねて荒怠の誡を垂れたまえり。これ皆道徳を尊重して、国民精神を涵養、振作する所以の洪謨にあらざるなし（略）」（大正十二年十一月十一日付大阪毎日新聞）。この詔書には、擡頭してきた自由主義・社会主義等に対して、「国体」観念を前面に押し出す政府の意図が現れている。

大正十四年（一九二五年）四月には、〝国体を変革し又は私有財産制度を否認することを目的として結社し又は情を知りて之に加入したる者は十年以下の懲役又は禁錮に処す〟と定めた悪法治安維持法が公布された。

大正十五年（一九二六年）五月、岡田良平文部大臣は、学生・生徒による社会科学研究の禁止を全国の学校へ通達し、六月にはこれに抗議して東京帝大、早大に学生自由擁護連盟が結成され、続いて全日本学生自由擁護同盟が結成された。

昭和三年（一九二八年）三月十五日、政府は日本共産党の大弾圧に乗り出した。全国一道三府二十七県にある労働農民党、全日本無産青年同盟、日本労働組合評議会等共産党と密接に関係のあると認められた団体の事務所と個人に対して一斉手入れを行い、約千六百名を検挙した。拷問による取り調べの結果、起訴された者には、緊急勅令によって刑罰の強化された改正治安維持法が適用された。又水野錬太郎文部大臣は、学生の共産党事件連座に鑑み、〝国体観念を涵養する事に努めよ〟と、地方長官、文部省直轄学校及び公立大学等に次の訓令を発した。「（略）これ極端なる偏倚の思想を根絶し、懐疑、不安の流弊を一掃するにおいて遺憾なきの方途を講じ、殊に学生、生徒をしてこれに感染することなからしめんがため、特に心力を傾注してわが建国の本義を体得せしめ、国体観念を明徴ならしめ、以って堅実なる思想を涵養するに勉むるの真に現下喫緊の急務たるゆえんなり。（略）」〔昭和三年四月十七日付大阪毎日新聞〕。

政府は、思想弾圧の手を大学にも延ばし、左傾教授の追放と社会科学研究会の解散を大学に迫った。その結果、昭和三年四月中に、京都大学では河上肇が、東京大学では大森義太郎が、九州大学では石浜知行、向坂逸郎、佐々弘雄が、それぞれ依願退官を強いられて大学を去った。又、東大の新人会、京大、東北大、九大の社会科学研究会、北大の読書会が大学当局によって解散させられた。

政府による共産党弾圧は続き、昭和五年（一九三〇年）二月には、約千五百名が検挙され、五月には共産党のシンパサイダーとして平野義太郎（東大助教授）、山田盛太郎（同上）、三木清（法政大教授）らが、治安維持法違反で検挙された。

この様な思想統制と弾圧の中、陸軍内でもデモクラシー左傾思想防止のため、陸軍大学校、陸軍士官学校等に於て、大川周明・満川亀太郎等の国家主義者を招聘して軍隊教育を行っていた。これは、軍当局が軍隊内部に社会主義・共産主義等の左翼思想が宣伝される事を極度に恐れたためであった。だが当時の軍内部には左翼思想の本体を知り、これを克服し論破するだけの理論を有する人材がいなかったのでその対策に苦しみ、結局当時民間に於て左翼思想に対抗し論戦に当たっていた国家主義者を招いたのであった。

大川周明は、学生時代より参謀本部に出入りし当時の青年将校と朋友の交わりをし、満鉄入社以降は陸軍上層部とも親密なる間柄となり、小磯国昭、岡村寧次、板垣征四郎等と親密の関係を持つに至った。

一方、北一輝の著作である「日本改造法案大綱」は、西田税（元陸軍少将）を通じて、国家改造運動の経典として、軍部内の尉官級青年将校及びこれと関連をもつ民間有志の間に力強く浸透して行った。北は「日本改造法案大綱」の中で、社会主義・共産主義について「国内の無産階級が組織的結合をなして力の解決を準備し又は流血に訴へて不正義なる現状を打破することが彼等に主張せらるるならば、国際的無産者たる日本が、力の組織的結合たる陸海軍を充実し、更に戦争開始に訴へて国際的劃定線の不正義を匡すこと亦無条件に是認せらるべし」と記している。正にこの考えは、左翼思想の感染を極度に恐れた軍隊にとっては、軍事力の拡充が左翼思想の蔓延を防止すると共に、戦争開始による不正義の是正に役立つものとして大いに共鳴を得る事になったのである。

以上、前章に挙げた事件を検証した結果、ロンドン軍縮条約、統帥権干犯問題を契機に、「国体」観念に染まった青年達が国家改造を試みた事が明瞭になった。「国体」観念に染まった青年達を生み出したのは、「国体」観念を日本国民の統一した精神とする歴代政府の思想統制によるものであり、その一部が血盟団事件、五・一五事件、永田軍務局長刺殺事件、二・二六事件、未遂ではあったが三月事件、十月事件を引き起こしたのである。柳条湖事件も同様であるが、ただこの事件は関東軍という軍隊が引き起こした事を考える必要がある。

満州事変に於て、軍部は政府の「不拡大方針」を無視して軍事侵略を押し進めたが、その軍部を先鋭化させたのは青年将校であった。満州事変の中、青年将校間に「現下青年将校の往くべき道」と題する次の檄文が配布された。檄文の中に「唯至誠至純なる吾人の魂たのみ吾皇道の精神は宿る、私慾なく私心なき国土の動向こそ実に我尊厳なる国体の顕現なり。一切を犠牲にして唯天皇にのみ帰する吾人青年将校の信念こそ将に旧殻を打破して一新の天地に更生すべき昭和日本の信念なり」

とある〔現代史資料4　国家主義運動1「皇道維新の雄叫び」〕。

この様な「国体」観を生み出す源としては、大日本帝国憲法の定める〝大日本帝国は万世一系の天皇之を統治す〟、〝天皇は神聖にして侵すべからず〟を挙げる事ができるが、同時に教育勅語を挙げなくてはならない。教育勅語には「朕惟フニ我カ皇祖皇宗国ヲ肇ムルコト宏遠ニ徳ヲ樹ツルコト深厚ナリ我カ臣民克ク忠ニ克ク孝ニ億兆心ヲ一ニシテ世々厥ノ美ヲ済セルハ此レ我カ国体ノ精華ニシテ」、「一旦緩急アレハ義勇公ニ奉シ以テ天壌無窮ノ皇運ヲ扶翼スヘシ」とある。

ここで、教育勅語が、軍人だけではなくほぼ全ての日本人の精神に大きな影響を与えた経過を、条件反射論に基づいて解明する事にする。

ほぼ全ての日本人は、国民として教育勅語体制下の小学校教育を終えている。教育勅語は明治二十三年（一八九〇年）十月三十日に発布されたが、翌年には小学校祝日大祭日儀式規定が公布された。これにより、紀元節・天長節等の祝祭日には、学校長・教員・生徒一同が式場に於て、両陛下の真影に対し拝礼し、万歳を奉祝した後、学校長若しくは教員が教育勅語奉読と祝日大祭日に相応する訓話を行い、忠君愛国の志気を養う様務めなければならないと定められた。

式場に於て生徒が、両陛下の真影に拝礼し、学校長（又は教員）による教育勅語奉読と祝日大祭日に相応する訓話を聴聞する行為に、パヴロフの条件反射論を適用する事にする。

生徒の視覚機能と聴覚機能を通して入手された二つの要素、即ち陛下の真影と教育勅語の語彙が、生体のために複合体として結合される。真影「天皇」と教育勅語の中から抽出された「忠」「国体」の各々の言葉が複合体として融合され、「天皇・忠」「天皇・国体」なる条件反射要因が組成される。ここで、教育勅語の中から「忠」と「国体」の言葉が抽出される理由は、小学校祝日大祭日儀式規定に定められた「忠君愛国」の志気を養う様務めなければならない、との規定に準拠している。パヴロフは、条件反射形成のための基本的条件として、次の条件を挙げている。

一、以前に無関係であった要因の作用と、一定の無条件反射を引き起こす無条件要因とが時間的に一致して作用する事。
二、条件反射の形成に当たって、無関要因は、無条件刺激の作用よりいくらか先行しなければならない。
三、条件反射形成のために、大脳半球は活動状態になければならず、同時に動物に何か別の活動を引き起こさせる他の外からの刺激を与えない様にする。

次に、組成された「天皇・忠」「天皇・国体」なる条件反射要因を使って、条件反射形成のための基本的条件を満足しているか、点検することにする。

第一の基本的条件にある無関要因には、「天皇・忠」「天皇・国体」なる条件反射要因並びに教育勅語の中の「義勇」「孝」「博愛」等の言葉に反応する作用を当てることにする。一定の無条件反射を引き起こす無条件要因については、次の様に考察した。人間は社会的動物であるため、社会と共存する事ができるか否かの反射を備えている。従って、社会と共存する無条件刺激の作用を無条件要因として設定する。以上で無関要因と無条件要因が設定されたが、両要因は時間的に一致して作用する故、第一の基本的条件を満足している。

第二の基本的条件である、無関要因は無条件刺激の作用よりいくらか先行しなければならない、との条件に基づき点検を行う。生徒が、真影に拝礼し、続いて校長又は教員の教育勅語奉読・訓話を聴聞する行為は、この条件を遵守している事が明らかだ。即ち、「天皇・忠」「天皇・国体」「義勇」「孝」「博愛」等の条件反射要因に反応した後、無条件要因である社会と共存する無条件刺激の作用が働くからである。

最後に、新しく条件反射が形成される時、大脳半球は活動状態にあると同時に、他の活動から解放されていなければならないとの条件に基づき点検を行う。学校教育を受ける生徒の大脳半球の状態を考慮すれば、これらの条件を遵守している事は明白である。以上で条件反射形成のための全ての条件について満足している事が確認できた。

かくして、生徒が、両陛下の真影に拝礼し、校長又は教員の教育勅語奉読・訓話を聴聞する行為を反復する結果、パヴロフの条件反射が成立する。条件反射成立の結果、生徒の大脳半球皮質に「天皇・忠」「天皇・国体」「義勇」「孝」「博愛」等の道徳規範が深く刻み込まれる事になった。

生徒には、祝日大祭日の他、修身の時間にも教育勅語の徳目が訓育された。更に小学校教育を終えた者は、青年団に加入して体力増強を図ると共に忠君愛国の精神を養い、又高等教育に進んだ者は「国体」観念を強固にする訓育を受ける等反復教育が行われた。この様にして、軍人を含むほぼ全ての日本人は、教育勅語にある「我カ臣民克ク忠ニ克ク孝ニ億兆心ヲ一ニシテ世々厥ノ美ヲ済セルハ此レ我カ国体ノ精華ニシテ」「一旦緩急アレハ義勇公ニ奉シ以テ天壌無窮ノ皇運ヲ扶翼スヘシ」なる「国体」観念を、骨髄として持つ様になったのである。

従って、満州事変中に配布された前述の「現下青年将校の往くべき道」は、当時の青年将校の赤裸々な心情を表していると言える。

以上、昭和の暗黒時代に起きた、柳条湖事件、血盟団事件、五・一五事件、永田軍務局長刺殺事件、二・二六事件、三月事件、十月事件等の精査の結果、全て「国体」観念に染まった青年達が引き起こした事件である事が明確となった。又、浜口首相狙撃事件は「国体」問題が引き金となる事件であった。

ほぼ全ての日本人が「国体」観念に染まった事については、既に条件反射論に基づき解明したが、この異常性を当時指摘した人がいた。それは吉野作造であった。吉野は次の様に指摘している。

今次の事変は、従来しばしば経験した戦役の場合とは違う、国論の一致を説く俗論に×××〔迎合す〕べきでないと考えて居った。したがって少くとも諸大新聞の論壇に、又無産党側の言論行動に、国民の良心を代弁する自由豁達の遠慮なき批判を期待したのであった。而して、今日これがないのを甚だ遺憾とし、又意外とする次第である。新聞の論壇が出兵を謳歌し、現在の軍事行動を無条件に讃美したとて、その事自身には何の異議もない。ただ、それが従来社会の木鐸として彼等の執り来りし主義、主張との間にあまりに大きな飛躍があるのを異とするのである。新聞に教えられその指導に順従し来りし我々は、今度の問題で飛んでもない遠い処に置去りを喰わされた感がする。新聞の飛躍的態度が正しいので、我々の取残された立場が間違っているのかも知れぬが、従来の指導方針を一貫されたら、論壇の調子はもっと違った筈だと考えざるを得ない。とにかく今次事変に対する諸新聞の態度は、ことさらに言いたい事を××××〔遠慮して〕いるようで変だ〔中央公論　昭和七年一月号「民族と階級と戦争」〕。

満州事変が勃発し戦争が拡大すると、大新聞は連日の様に一ページ大の戦場写真入り号外を発行して〝酷寒の野に闘う皇軍兵士〟の姿を伝え、〝守れ満蒙、帝国の生命線〟と報道した。日本軍が錦州を占領すると、東京日日新聞号外（昭和七年一月四日付）は〝輝く皇軍錦州入城〟と題して、万歳をする先頭部隊の写真を報道した。上海事変が始まると、東京朝日新聞（昭和七年二月二十四日付）は、〝帝国万歳〟と叫んで勇士は〝木っ葉微塵〟と爆弾三勇士を称えた。又東京朝日新聞号外（昭和七年三月六日付）は、上海事変で中国軍陣地を占領した日本軍兵士と朝日新聞従軍記者が、大砲を背に万歳をする姿を報道した。満州国の建国に当たっては、〝満州国建国式終る、三千万民衆感激の間に〟と東京朝日新聞（昭和七年三月十日付）が報道し、大阪毎日新聞（昭和七年九月十八日付）は、〝満州国建設は必然の道〟と題して次の様に報道した。「社説　健闘一年、満州事変記念日　十五日、新満州共和国の承認という歴史的記念日を作ったわが国は、本日さらに思い出の深い記念日を迎えた。（略）そのよくこの域に達することを得たのは、勇敢なる皇軍の奮闘と、正義に燃えるわが国民の努力と暴戻を憎み自由を愛好する三千万民衆の熱意の結晶に外ならぬ。なかんずく皇軍の活動は最も目覚ましいものであった。かの暴兵の襲撃あるや、疾風迅雷のごとく意を決し事に処し、「わが生命線」なる標語のもとに全国民の情意を統合したのであった（略）」。

正に、各新聞記事は吉野作造の指摘する様に、国民の良心を代弁する自由豁達な報道ではなく、戦争がもつ魔性に取り付かれた報道であった。異常なのは新聞だけではなかった。出征兵士を慰め、国民的感激を伝えたいとの真心から、全国女性の代表機関である日本女子青年団は、若く美しい大和撫子を慰問使として送る事になった。満州各地の兵隊を慰問するために、花菱アチャコ、横山エンタツ等の吉本興行部一行が、お笑いによる慰問活動を行った。又、満州事変の中、陸軍省と満州出動部隊が受けつけた国民による献金と慰問品は、日露戦争時を上回ったと発表され、慰問袋は一五三三四九五個に達した。

戦争がもつ魔性による影響は文化活動に迄及んだ。己が抱いた爆薬と共に木っ葉微塵になった「爆弾三勇士」の壮烈な死は、各方面に愛国的興奮と熱狂をまき起こし、松竹、日活、新興、東活の四社は一斉に映画化を決め撮影に入った〔昭和七年二月二十七日付東京日日新聞〕。松竹は「三勇士」劇も上演した。又、東京朝日、大阪朝日、大阪毎日〔東京日日〕、国民、報知の各新聞は「爆弾三勇士」の歌を公募し、与謝野鉄幹が「大阪毎日・東京日日」公募分に入選した〔昭和七年三月十五日付、東京日日新聞〕。

爆弾三勇士の忠烈な行動は国民絶讃のまととなり、三勇士に主題をとった洋髪の結び方が考案されたり、肉弾三勇士煎餅が製造されたり三勇士ブームがまき起こった。

以上述べた様に、大新聞並びに日本国民は、戦争がもつ魔性に取りつかれて、平和時には起こり得ない行動を執る事になったが、国民が執った行動を〝魔性〟の性にするだけでは、歴史の解明にはならない。国民が執った行動の中で、著しく異常性が認められる「爆弾三勇士」の件を精査する事にする。

東京朝日新聞（昭和七年二月二十四日付）は、〝工兵三人、爆弾抱いて鉄条網に飛び込む〟と題して次の様に報道した。「敵は防禦工事を施し、鉄条網は頑強に張り回らされ、塹壕深き後方の本拠への突破ができず悩んでいた際、わが工兵隊の工兵三名は鉄条網を破壊して敵陣の一角を切り崩すため、爆死して皇軍のために報ずべく自ら死を志願し出たので、工兵隊長もその悲壮なる決心を涙ながらに「では国のため死んでくれ」と許したので右三人は今生の別れを隊長始め戦友等に告げ、身体いっぱいに爆弾を巻きつけ点火して、「帝国万歳」を叫びつつ飛び出して行き、深さ四メートルの鉄条網に向かって飛び込んで、直ちに壮烈無比なる戦死を遂げた。これがため鉄条網は壊れ大きな穴が出来、敵の陣地の一部が破れ、これによってわが軍はここより敵陣に突入するを得、廟行鎮に攻め寄せて、まんまとその翌朝陥れることが出来た」。

東京朝日、大阪毎日、東京日日新聞等が、爆弾三勇士による壮烈無比なる働きを報道した結果、三勇士の死は忠勇義烈の鏡として全国津々浦々まで鳴り響き、その結果、各方面に愛国的興奮と熱狂をまき起こして、言わば三勇士ブームをまき起こしたのであった。

ここで留意しなければならない事は、日本国民が、三勇士の死を忠勇義烈の鏡として崇める〝忠勇〟なる道徳規範を持っていたことである。そしてこの〝忠勇〟なる道徳規範は、教育勅語体制下の学校教育とその後の反復教育によって訓育されたものであった。教育勅語に起因する事は、既に条件反射論に基づき解明した結果を記述済みであるが、人間が持つ反射能力によって習得されたものであった。従って、日本国民は、教育勅語にある「我カ臣民克ク忠ニ克ク孝ニ億兆心ヲ一ニシテ世々厥ノ美ヲ済セルハ此レ我カ国体ノ精華ニシテ」「一旦緩急アレハ義勇公ニ奉シ以テ天壌無窮ノ皇運ヲ扶翼スヘシ」なる国体観念を骨髄として持っていたために、三勇士の死を忠勇義烈の鏡として崇めたのであった。

吉野作造は、当時の日本人の異常性について言及するに当たって新聞を採り上げたが、その他に無産党の言論行動にも言及している。

従来彼等は、最も右なるものより最も左なるものに至るまで、均しく皆いわゆる帝国主義的戦争絶対反対を重要綱領の一に掲げて来た。今度の出兵は、全然帝国主義的進出を意味せずと堂々たる弁明を以て世論を納得せしめざる限り、彼等は義理にも何とかこれに文句をつけねばならぬ筈だと思う。しかるに事実はどうだ。最も猛烈なる反対運動を予期さるべき左翼は、殆んど沈黙を守って居るではないか〔中央公論　昭和七年一月号「民族と階級と戦争」〕。

左翼が沈黙を守っていたのは、直接的には歴代政府による日本共産党大弾圧並びにそのシンパに対する弾圧が原因であったが、見落としてはならない事は、歴代政府によって実行された思想統制の影響である。大正八年（一九一九年）一月、臨時教育会議が「教育の効果を全からしむべき一般施設に関する建議」（当初の原題「民心の帰嚮統一に関する建議案」）を原首相に提議して以来、歴代政府は、「国体」観念を日本国民の統一した精神とする思想統制を押し進めてきた。その結果、「国体」観念に染まった多くの日本人が誕生し、育成されてきた。当然これらの人達の中には、社会主義、共産主義等の左翼思想と「国体」観念を比較、思索しながら葛藤した人達が大勢いた筈だ。しかし、この葛藤は予想外の結果を生まなかった。以下、その理由を述べることにする。日本国民が、社会主義・共産主義等の左翼思想に出会い、深く思索したのは、高等教育の道に進んでからである。これに対して、国民が「国体」観念に出会うのは、義務教育としての小学校教育であった。国民は、教育勅語体制下の小学校教育に於て、「天皇・忠」「天皇・国体」「義勇」等の道徳規範を訓育され、続いて反復教育も受けたが、これらの訓育は大変重要な意味を持っている。これらの訓育は、全ての人間が根源として持っている反射能力を基とした条件反射によって実現されているために、如何なる理論より優先するのは至極当然の事である。従って、国民が中学校以上の高等教育に於て、又は社会人になってから、「国体」観念と社会主義等の左翼思想との間に葛藤が起きた場合、「国体」観念が左翼思想を圧倒するのは生身の人間として当然の結果である。反対に左翼思想が「国体」観念を凌駕するためには、条件反射によって人間の大脳皮質に刻まれた「国体」観念を薄弱化させねばならず、そのためには長期間の自己改造教育を必要とする故、普通の状態ではできない事である。

この様にして、ほぼ全ての日本国民は「国体」観念に染まっていったのである。その結果、国民は、天皇の統治する国家を崇め、天皇に忠義を尽くし、兵役に当たっては武勇を以て天皇に仕える国民となって行くのである。しかし、国民のこれらの精神形成は、あくまで国民自らの選択ではなく、教育勅語体制下の修身教育と歴代政府による思想統制・弾圧によって為されたものである。言い換えれば、教育に名を借りた思想の強制注入により、国民は盲目的な精神教育を受容させられ、いわばモルモット扱いされたのである。従って、戦前の大日本帝国に於て為された精神教育は、国民をマインドコントロールするために行われた歴史的狂気、民族的過ちとして、永遠にわたり肝に銘記されなければならない。

第十六章　歴史検証

―日中戦争・南京大虐殺―

日本軍による華北侵略の開始は、中国の抗日救国運動を燃えあがらせ、日本に屈服した国民政府に対する中国国民の不満を高めていった。昭和十年（一九三五年）八月一日、中国共産党は「抗日救国のため全国同胞に告ぐるの書」を国民に訴え、抗日しなければ国家民族の滅亡は眼前となる、内戦を停止後抗日統一戦線を樹立し、全国の民衆は武装せよ、と訴えた。この八・一宣言は、学生、労働者はもとよりひろく中国国民の支持を得たが、国民政府は依然として抗日運動を弾圧し共産軍攻撃を続けた。

一方、日本軍は、華北分離工作を急ぎ、十一月には非武装地帯にまったくの傀儡政権である冀東防共自治委員会（のち自治政府と改称）をむりやりに樹立した。更に十二月には、日本の圧力もあり河北、チャハル両省を管轄する冀察政務委員会がつくられ、河北省主席で地方軍閥の宋哲元が首席となった。日本軍はこの両政権に日本人顧問を入れて内面指導に当たり、華北の支配力を強めようとはかった。

昭和十一年（一九三六年）、二・二六事件収束後、広田弘毅内閣が成立したが、閣僚の人選、軍備拡大政策などで軍の要求を受け入れ、軍部大臣現役武官制を復活させた。八月十一日、広田内閣は首相、外相、蔵相、陸相、海相による五相会議を開き、対外問題を中心とする重要国策「国策ノ基準」を決定した。この決定は、帝国の根本国策が「外交国防相俟って東亜大陸に於ける帝国の地歩を確保すると共に南方海洋に進出発展するに在り」とし、日本が「東亜共栄圏」の盟主になるとの構想や、ソ連の脅威除去、日満支三国の緊密なる提携の具現、米国海軍に対して西太平洋制海権の確保等を内容とした〔東京裁判　下〕。又、同日、広田内閣は「第二次北支処理要綱」を決定し、華北侵略を政府の方針として正式に確定させた。

十二月十二日、突如、中国に於て西安事件が起こった。軍隊内の強い要求におされた張学良等が、蒋介石を逮捕監禁し、国民政府の改組、内戦の停止、政治犯の釈放等を要求した。この事件について中国共産党は平和的解決を主張し、周恩来を西安に派遣して、張学良に対し蒋介石の釈放を説得した。蒋介石は、内戦停止と抗日を約束して釈放され、ここに抗日民族統一戦線結成への道が開かれることになった。

昭和十二年（一九三七年）七月七日、盧溝橋事件が勃発した。

事件の発端について、ラザラス弁護人は極東軍事裁判に於て、七月七日午後十一時四十分、盧溝橋付近の通称「マルコポーロ橋」の地点で演習中の日本軍一部隊が、竜王廟で中国軍の射撃を受けた。又、その夜日本軍は予行演習中で、実弾を持たず空砲を使用していたと陳述した。

これに対して、検事団は、秦徳純（前北平市長兼中国第二十九軍副軍長）が記した文書を証拠として提出した。徳純は七月七日夜十二時十分、冀察外交委員会を通して、日本特務機関長松井から次の通告を受けた。「日本陸軍一コ中隊が、いまし方盧溝橋付近で演習中、そこへ駐屯する城内の二十九軍三十七師所属部隊の射撃をうけ、一時混乱を呈したが、点呼の結果兵隊一名が行方不明となっていた。日本軍は今夜入城して検査する」。これを受けて徳純は、外交委員会を通して日本側と強硬なやり取りを行った。その後、徳純は吉星文団に対し、昨夜演習をしたか否か照合したところ演習は行っていないとの返答があった。又、今夜日本軍は、盧溝橋付近で演習をするのかと聞いたところ、まだかかる報告を受けとっていない、との答えであった。徳純は、即刻有能な探偵を派遣し豊台方向にある日本軍の行動を偵察させた。一方、宛平県長王冷斉に、日本軍の演習および兵隊失踪の有無等の情況について、速やかに調査し報告するよう電話をもって命令した。ついで吉団長の電話があり、豊台方面に派遣した将校斥候の報告によれば、日本軍隊およそ歩兵一大隊が砲六門をたずさえ、今まさに豊台より盧溝橋方面に向かって前進中であると報告を受けた。

徳純は、即刻二十九軍副軍長の資格をもって吉団長に「盧溝橋及び宛平城を確保し日本軍の一兵一卒たりとも進入させるな、尺寸の国土と雖も放棄するな。（略）城と存亡を共にせよ、ただし彼が発砲するまでは我も撃つな、彼若し発砲せば我これを迎えて痛撃せよ、該団長は一営を増派して自ら引率し、盧溝橋に至って守備につけ」と命令した。

五時前後、報告によれば日本軍はすでに城外にせまり、入城を強要しているが、一面交渉してこれを阻止し、一面防備しつつあると。このとき日本軍は一戦を交えずば宛平城の入城は不可能とみて、ついに該城を三方より包囲した。我軍もついに城壁上の配備についた。六時頃、敵の機関銃は城内に向かって射撃され、歩一歩、進迫してきた。中日戦争はここに開始された。〔東京裁判　上〕。

以上の様に、盧溝橋事件の発端については、今でも真実は明らかにされていない。

七月八日午前九時半、中国側の停戦要望により両軍はひとまず停戦状態に入ったが、八日午前十一時を期限とする日本側撤退要求に対し中国側は応ぜず、再び戦闘になった。九日午前六時四十分、日中調停委員四名の現地到着によって、両軍の戦闘は停止され、十一日、両軍によって文書による現地協定が締結された。

これで片付くはずであった盧溝橋事件は、同じ十一日の近衛文麿首相の派兵声明で北支事変に拡大する事になった。

十一日、日本政府は閣議を開き、参謀本部の華北派兵案（関東軍二個旅団、朝鮮軍一個師団の他内地三個師団の派遣）を、内地師団の動員は状況により行うとの条件をつけて承認した。又、政府は、今度の事件は中国側の計画的武力抗日であり、反省を促すために派兵する旨の政府声明を発表した。

十二日、蔣介石は日本政府声明を見て、軍政首脳部を招集し対策を協議の結果、和戦両様の準備をもって臨むも、万やむを得ざれば抗戦も辞さずとの結論に達し、中央軍に対し動員令を発した。

十七日、蔣介石は、廬山で開かれた国防会議に於て、事件解決の四条件として、中国の主権と領土完全保持、冀察の行政組織の不変更、中国地方官吏不変更、中国軍駐留地区維持を挙げた。

又、十九日、蔣介石は「若し不幸にして最後の関頭に立ち至れば、吾々の為すべきことは唯一つ、即ち我が全国民が最後の一滴まで傾倒し国家存立のため抗争するのみだ」と国民の奮起を促す声明を出した。同日、国民政府は、中央政府として現地協定を承認しないと、日本政府に最後回答を行った。

二十五日、北京と天津の中間にある郎坊で両軍が衝突し、双方に相当の死傷者が出た。

二十六日、香月清司中国駐屯軍司令官は、第三十七師の保定方面への撤退を求める最後通牒を、宋哲元第二十九軍々長へ手交したが、二十七日、宋哲元は最後通告を断乎拒否した。

二十八日、日本軍は中国第二十九軍に対する総攻撃を開始し、たちまち二十九日中に平津地区を占領したが、国民政府は日本軍を奥地におびきよせる持久消耗戦略を採用し、戦端は益々拡大していった。

八月十三日には、上海で海軍陸戦隊と中国軍との間に戦端が開かれた。十五日、近衛首相は「帝国としては最早隠忍その限度に達し、支那軍の暴戻を膺懲し以て南京政府の反省を促す為、今や断乎たる措置をとるの止むなきに至れり」との声明を発表し、全面的な戦争を宣言し、上海派遣軍の派遣を決定した。

上海では、クリーク（水濠）や煉瓦家屋を利用した蒋介石直接指揮下の中国軍の抗戦に手を焼き、当初の二個師団に加え、九月十一日には三個師団をつぎこみ、九月二十日現在、上海派遣兵力は実に十九万人という予想外の大兵力となった。

十月上旬、兵力を増強した派遣軍は攻撃を再興し、凄絶な陣地戦を繰り広げたが、弾薬が不足して戦闘は進捗せず、十月二十六日、ようやく大場鎮を攻略し、翌日蘇州河の線に進出した。この間特に第三、第十一師団の歩兵は、当初出征した者は殆んど死傷し補充員と入れ替わった。これは日本軍が日露戦争以降、経験したことのない大損耗であった。上海派遣軍の十一月八日までの戦死傷者累計は、四万三千六百七十二名（戦史叢書）と、総兵力の約五分の一が死傷したのである（南京戦史』。

一方、大本営は十月二十日、第十軍（軍司令官柳川平助中将）に対して、中国軍の背後を衝くために杭州湾北岸への上陸を命令した。

十一月五日、第十軍が杭州湾の上陸を果たした。七日、大本営は、上海派遣軍と第十軍とを編合指揮するために中支那方面軍司令部を設け、松井石根大将を司令官に任命した。

十二日、上海派遣軍は一斉に追撃を開始し、十九日には、蘇州、常熟を占領、又第十軍は同日嘉興を占領した。十七日、国民政府は、首都を南京から重慶に移すことを決定した。

十二月一日、大本営は松井中支那方面軍司令官に対して、海軍と協同して首都南京を攻略すべしと命令を下した。二日、松井軍司令官は全軍に対し南京攻略命令を下し、四日には、南京城攻略を準備せよと次の命令を発した。「一、中支那方面軍ハ南京郊外既設陣地ヲ奪取シ南京城ノ攻略ヲ準備セントス。二、上海派遣軍及第十軍ハ南京郊外既設陣地ヲ奪取シタル後概ネ上元門（下関東北方約四粁）―小衛（南京・句容道上）―高橋門―雨花台―棉花地ノ線ニ進出シ南京城ノ攻略ヲ準備スヘシ。（略）」（『南京戦史資料集』）。

上海派遣軍の第十六師団、第九師団は、それぞれ十二月七日には湯水鎮および淳化鎮付近に進出し、天谷支隊は八日、鎮江砲台を占領した。第十軍の第百十四師団は、七日、秣陵関付近に進出し、第六師団は八日から敵陣地の攻撃に参加した。更に、第十八師団主力は七日、寧国を占領するなど、南京包囲の態勢が整えられていった〔南京戦史〕。

松井軍司令官は、南京城攻略について「南京城ノ占領ハ両軍部隊ノ随意攻撃ニ放任セス、方面軍ニ於テ之ヲ統制シ、秩序アル占領ヲ遂ケントノ意ナリ」との考えを持っていた〔松井石根大将戦陣日記、十二月四日〕。

松井軍司令官は、十二月七日、塚田攻参謀長に対し「南京は中国の首都であるから之が攻略は世界的事件である故に慎重に研究して日本の名誉を一層発揮し中国民衆の信頼を増す様にせよ」と指示し、塚田参謀長らは、この方針を基に次の命令を作成した。

一、中支那方面軍は、中華民国の首都南京城を攻略せんとす。
二、上海派遣軍並に第十軍は、別紙南京城攻略要領に準拠し南京城を攻略すべし。
南京城攻略要領
一、（略）
二、南京守城司令官若クハ市政府当局尚残留シアル場合ニハ開城ヲ勧告シテ平和裡ニ入城スルコトヲ図ル。

此際各師団ハ各々選抜セル歩兵一大隊ヲ基幹トスル部隊ヲ先ツ入城セシメ城内ヲ地域ヲ分チテ掃蕩ス。

三、敵ノ残兵尚城壁ニ拠リ抵抗ヲ行フ場合ニハ戦場ニ到着シアル全砲兵ヲ展開シテ砲撃シテ城壁ヲ奪取シ各師団ハ歩兵一連隊ヲ基幹トスル部隊ヲ以テ城内ヲ掃蕩ス。

右以外ノ主力ハ城外適宜ノ地点ニ集結ス。

四、城内掃蕩戦ニ於テハ作戦地域ヲ指定シ之ヲ厳ニ確守セシメ以テ友軍相撃ヲ防キ且不法行為ニ対スル責任ヲ明カナラシム。

五、(略)

六、(略)

尚、第二項にある歩兵一大隊は、その後歩兵三大隊に改められた。(南京戦史資料集、日中戦争史資料8「極東国際軍事裁判南京事件関係記録」)。

上述の命令が作成されると同時に「南京城の攻略及び入城に関する注意事項」と題する訓令が作成された。これは、松井軍司令官の意思を徹底させるために、参謀部で起案されたもので、その要旨は次の通りであった。

一、皇軍が外国の首都に入城するは、有史以来の盛事にして永く竹帛に垂るべき事績たると世界の斉しく注目しある大事件なるに鑑み、正々堂々、将来の模範たるべき心組を以て、各部隊の乱入、友軍の相撃、不法行為等、絶対になからしむべし。

二、部隊の軍紀・風紀を特に厳粛にし、支那軍民をして皇軍の威風に敬仰・帰服せしめ、苟も名誉を毀損するが如き行為の絶無を期するを要す。

三、別に示す要図に基き、外国権益殊に外交機関には絶対に接近せざるは勿論、特に外交団を設定したる中立地帯には、必要の外立入を禁じ、所要の地点に歩哨を配置すべし。又、城外に於ける中山陵其の他、革命志士の墓及び明孝陵には立入ることを禁ず。

四、(略)

五、掠奪行為を為し、又、不注意と雖も火を失するものは厳罰に処すべし。軍隊と同時に多数の憲兵及び補助憲兵を入城せしめ、不法行為を防止せしむべし。〔日中戦争史資料8「極東国際軍事裁判南京事件関係記録」。以下「極東軍事裁判南京関係記録」と記す〕。

十二月八日、塚田参謀長等は、上海派遣軍司令部と第十軍司令部に対して、前述の南京攻略に関する命令・訓令・地図を伝達した。九日正午、飛行機より、南京防衛司令官唐生智に対し、十日正午迄に降伏する様勧告文が投下された。

十日午前十一時より、塚田参謀長・中山参謀等は、中国軍使の到着を中山門外で午後一時迄待ったが、軍使はこなかった。午後一時、蘇州司令部にいた松井軍司令官は、「上海派遣軍並びに第十軍は南京城の攻略を続行し城内を掃蕩すべし」とする方面軍命令を発し、午後二時より南京城総攻撃が開始された。

中国軍は南京城壁に於き相当頑強に抵抗したが、十二日午後十二時、遂に城壁から退却した。そして、十三日には南京大虐殺が起きたのである。事件について極東軍事裁判の判決は次の様に記している。


松井の指揮する中支那派遣軍が南京市に接近すると、百万の住民の半数以上と、国際安全地帯を組織するために残留した少数のものを除いた中立国人の全部が、この市から避難した。中国軍は、この市を防衛するために、約五万の兵を残して撤退した。一九三七年十二月十二日の夜に、日本軍が南門に殺到するに至って、残留軍五万の大部分は、市の北門と西門から退却した。中国兵のほとんど全部は、市を撤退するか、武器と軍服を棄てて国際安全地帯に避難したので、一九三七年十二月十三日の朝、日本軍が市にはいったときには、抵抗は一切なくなっていた。日本兵は市内に群がってさまざまな残虐行為を犯した。目撃者の一人によると、日本兵は同市を荒し汚すために、まるで野蛮人の一団のように放たれたのであった。目撃者達によって、同市は捕えられた獲物のように日本人の手中に帰したこと、同市は単に組織的な戦闘で占領されただけではなかったこと、戦いに勝った日本軍は、その獲物に飛びかかって、際限のない暴行を犯したことが語られた。兵隊は個々に、または二、三人の小さい集団で、全市内を歩きまわり、殺人、強姦、掠奪、放火を行なった。そこには、なんの規律もなかった。多くの兵は酔っていた。それらしい挑発も口実もないのに、中国人の男女子供を無差別に殺しながら、兵は街を歩きまわり、遂には所によって大通りや裏通りに被害者の死体が散乱したほどであった。他の一人の証人によると、中国人は兎のように狩りたてられ、動くところを見られたものはだれでも射撃された。これらの無差別の殺人によって、日本側が市を占領した最初の二、三日の間に、少なくとも一万二千人の非戦闘員である中国人男女子供が死亡した。

多くの強姦事件があった。犠牲者なり、それを護ろうとした家族なりが少しでも反抗すると、その罰としてしばしば殺されてしまった。幼い小女と老女さえも、全市で多数に強姦された。そして、これらの強姦に関連して、変態的と残虐的な行為の事例が多数あった。多数の婦女は、強姦された後に殺され、その死体は切断された。占領後の最初の一ヵ月の間に、約二万の強姦事件が市内に発生した。

日本兵は、欲しいものは何でも、住民から奪った。兵が道路で武器を持たない一般人を呼び止め、体を調べ、価値のあるものが何も見つからないと、これを射殺することが目撃された。非常に多くの住宅や商店が侵入され、掠奪された。掠奪された物資はトラックで運び去られた。日本兵は店舗や倉庫を掠奪した後、これらに放火したことがたびたびあった。最も重要な商店街である太平路が火事で焼かれ、さらに市の商業区域が一劃一劃と相ついで焼き払われた。なんら理由らしいものもないのに、一般人の住宅を兵は焼き払った。このような放火は、数日後になると、一貫した計画に従っているように思われ、六週間も続いた。こうして全市の約三分の一が破壊された。

ドイツ政府は、その代表者から、「個人でなく、全陸軍の、すなわち日本軍そのものの暴虐と犯罪行為」について報告を受けた。この報告の後の方で「日本軍」のことを「畜生のような集団」と形容している。

域外の人々は、域内のものよりもややましであった。南京から二百中国里（約六十六マイル）以内のすべての部落は、大体同じような状態にあった。住民は日本兵から逃れようとして、田舎に逃れていた。所々で、かれらは避難民部落を組織した。日本側はこれらの部落の多くを占拠し、避難民に対して、南京の住民に加えたと同じような仕打ちをした。南京から避難していた一般人のうちで、五万七千人以上が追いつかれて収容された。収容中に、かれらは飢餓と拷問にあって、遂には多数の者が死亡した。生き残った者のうちの多くは、機関銃と銃剣で殺された。

このようにして、右のような捕虜三万人以上が殺された。こうして虐殺されたところの、これらの捕虜について、裁判の真似事さえ行なわれなかった。

後日の見積りによれば、日本軍が占領してから最初の六週間に、南京とその周辺で殺害された一般人と捕虜の総数は、二十万以上であったことが示されている。（略）〔東京裁判　下〕。

南京事件が勃発した当時の日本社会は、きびしい報道管制と言論統制下にあったため、日本国民はその事実を知る事はできなかったが、世界の人々は知っていた。T・ダーディン記者は、一九三七年十二月十八日付「ニューヨーク・タイムズ」に、〝捕虜全員虐殺さる―南京における日本軍の暴虐拡大し、一般市民にも死者〟と題して次の様に寄稿した。

日本軍は下関門を占領すると、市の出口を全部遮断したが、そのとき少なくとも中国軍部隊の三分の一がなお城内にあった。中国軍は統制がとれていなかったために、多数の部隊が火曜日（十四日）正午になっても戦闘を続けており、これらの多くは日本軍に包囲されていて、戦っても見込みがないということを知らなかった。日本軍の戦車隊がこれらを組織的に掃討した。火曜日の朝、記者が自動車で下関へ向かおうとすると、およそ二十五名の惨憺たる姿の中国兵の一団に出会ったが、彼らはまだ中山路の寧波ギルドのビルに立てこもっていた。その後、彼らは降伏した。無数の捕虜が日本軍によって処刑された。安全区に収容された中国兵の大部分が集団銃殺された。肩に背嚢を背負ったあとがあったり、その他、兵隊であったことを示すしるしのある男子を求めて、市内で一軒一軒しらみつぶしの捜索がおこなわれた。こうした人々は集められて処刑された。

多くのものが発見された現場で殺されたが、その中には、軍とは何のかかわりのない者や、負傷兵や、一般市民も入っていた。十五日には、記者は数時間のうちに三度も捕虜の集団処刑を目撃した。そのうちの一度は、交通部附近の防空壕のところで百人以上もの兵士に戦車砲を向けて虐殺するというものであった。

日本軍の好んだ処刑法は、十何人もの男を塹壕内に掘った横穴の入口に一緒に立たせて銃殺するやりかたで、こうすれば死体が壕内に転げおちる。そこで土をかけて埋めてしまうわけである。

日本軍が南京包囲攻撃を開始して以来、市内は恐ろしい光景を呈していた。中国側の負傷兵看護施設は悲劇的なまでに不足しており、一週間前でさえも、すでに負傷者がしばしば路上に見られ、びっこを引いて歩いている者もあれば、治療を求めてのろのろさまよっている者もあった。（略）〔日中戦争史資料9〕。

十二月十七日、南京を占領した日本軍は、入城式を行った。松井中支那方面軍司令官が、上海派遣軍司令官、第十軍司令官以下幕僚の出迎えを受け馬に乗って入城した。中山門より国民政庁に至る両側には、両軍代表部隊が各師団長指揮の下に整列し、その中を松井司令官は閲兵した。その後、国旗掲揚式、遥拝式を行い、松井司令官の発声で天皇陛下万歳を三唱し、式典を終えた。

式典後、松井司令官は憲兵隊長より、南京占領中に起きた暴行、奪掠の事実を知らされ翌日（十八日）、各師団の将校を集めて軍紀・風紀の厳守について訓示を行った。

ここで、再度、南京事件では何が起きたのか精査する事にする。

極東軍事裁判では、南京事件について証人として証言した人は、ロバート・オー・ウイルソン、許伝音、尚徳義、伍長徳、陳福宝、梁廷芳、孫永成、ドクター・エム・エス・ベーツ、ジョン・G・マギー、ヂョージ・A・フィッチ、陳瑞芳、J・H・マックカラム、李滌生、フ・ツー・シン、殷王則、王潘氏等、多くの人がいた。

ジョン・G・マギー（アメリカ聖公会伝道団宣教師、南京国際赤十字委員会委員長）は、南京占領後の日本兵の行動を次の様に証言した。

十二月十四日のことでありますが、私の雇って居ります料理人、それは十五歳の子供でありますが、其の子供が約百名の中国人と共に、南京の街の城壁の外部に、約五十名ずつ二団になって連れて行かれたのであります。其の際彼等は手を括られたのであります。前で括られ、前の方から日本兵がそれを殺し始めたのであります。其の際此の料理人は、丁度鉄道の外の穴の中に逃げ隠れた為に助かったのであります。其の際にどうして逃げたかと申しますと、手を縛られて居った縄を或る苦心した結果、漸く解いた為であります。彼は丁度拉致されてから、約三十八時間後に逃げて帰って来たのであります。それに依って初めて、是等連れて行かれた中国人がどう云ふ運命に遭遇して居るかと云ふことの最初の証拠を得たやうな訳であります。其の晩でありましたか、其の翌日の晩でありましたか、私は能く記憶して居りませぬが、私の見ました所に依りますと、中国人の二列縦隊が連れて行かれるのを見たのでありますが、其の数は千若くは二千に上ったであろうと思ひます。そうして手は総て縛られて居ったのであります。私は其の団体の中に、中国の兵隊が居るのを一人も見なかったのでありまして、全部便衣を着て居ったのであります。其の中の負傷した者が逃げて帰って来たのでありますが、それは全部私の監督して居りまする教会の病院に入れられたのであります。どう云ふ風にして帰って来たかと云ふと、全部銃剣で突かれたのでありますけれども、死んだやうな真似をして居た為に、逃げて来たと云ふことであります。斯う云ふ事実に依りまして、其の日にどう云ふ事柄が行はれて居ったかと云ふことの確たる証拠が挙ったと私は思ったのであります。

十二月の十六日のことでありますが、私は避難民収容所の方に行きましたが、是等日本軍は、避難民収容所に来たのであります。其の避難民収容所の中には、私の能く知って居りまする教区があったのでありますが、其の教区から信者を約十四名拉致したのであります。其の十四名の中には、十五歳の中国の少年が居りましたが、其の少年は、私の能く知って居る中国人宣教師の子息であります。四日の後に一人の苦力が逃れて来て、斯う云ふ事実を私達に告げたのであります。其の十四名は千名の中国人と一緒に一団とされ、揚子江の沿岸で機関銃の十字火を浴びて殺されたのであります。

此の少年はどう云ふ訳で帰って来たかと申しますると、多数の中国人が機関銃に依って殺された時に、自分の周りに人間の身体がばたばたと倒れて来る際に、其の中に隠れて居って暗くなるに伴ひまして、見付からないやうに逃げて帰ったのであります。（略）〔極東軍事裁判南京関係記録〕。

日本軍占領三日目の南京市内の状況について、許伝音（鉄道省勤務、紅卍字会副会長）は、極東軍事裁判に於て次の様に証言した。

私は屍体が到る処に横たはって居るのを見ましたが、其の中の或る者は酷く斬り刻んであったのであります。私は其の屍体が殺された時の状態の儘に横たはって居るのを見たのであります。或る屍体は身体を曲げて居り、又或る者は両足を拡げて居りました。そうして斯う云ふ行為は皆日本兵に依って行はれたのでありまして、私は日本兵が現にさう云ふ行為を行って居る所を目撃したのであります。或る主な大通りの所で私は其の屍体を数へ始めたのでありますが、其の両側に於て約五百の屍体を数へました時に、もう是れ以上数へても仕方がないと思って止めた程であります。其の時私の車に、もう一人中国人が乗って居ったのでありますが、此の人は日本に於て教育を受けた人であります。さうして自動車に乗って此の人の家に行きました時に、其の人の兄弟が殺されまして、さうして此の家の入口の所にまだ片付けてない彼の屍体が横たわって居るのを見たのであります。私は南京市の南の方—南市、又北の方、東の方、又西の方に全然同じ状態が起って居るのを見ました。(略)

日本兵は安全地帯に入って来て、さうして捜索した結果、種種の「キヤンプ」及び家から大勢の一般中国市民を連れて行きました。或る日私は卍協会の他の者と共に、是等の罹災者に対して食糧を配って居りました。我々が丁度其の仕事を終へやうとした時に、日本兵がやって参りまして、其の中の二人は門の護衛に就きました。日本兵は入って来、さうして縄を以て是等の中国人市民の手を縛り、十人或は十五人の一団に固めまして連れ去ったのであります。私は其処に立って居りました、さうして此の状景に胆を潰しました。此の建物の中には千五百人の罹災者が居ったのでありますが、是等は皆此のやうにして連れ去られたのであります。彼等は此の卍協会の職員までも連れ去らうとしましたが、我々が説明しましたので、是等の者を放したのであります。私は国際委員会の「ラビー」氏に、此のことを報告するやうに人に頼みました。「ラビー」さんと「フイッチ」さんは直ちに私の請に応じて参りましたが、併しながら是等の中国人市民は、日本兵に依って連れ去られてしまったのであります。(略)

翌日の七時か八時頃、我々は国際救済委員会及び卍協会（紅卍字会）の建物の附近で、機関銃の音を聞きました。そこで我等が何が起って居るかを人に探索させました所、是等の中国人市民が機関銃に依って悉く殺され、さうして其の死骸が散らばって居ると云ふ報告を得たのであります。後程、我等は其の死骸を集め、さうして死骸の中の或る者の氏名が判明致しました。其の後どの「キャンプ」に於きましても、毎日日本の兵が入って来まして、さうして中国人の市民を探索し、さうして拉致したのであります。（安全区から狩りたてられた千五百人の男たちの末路について、許伝音はその宣誓口供書では「私の受けた情報によれば、彼等は機関銃で殺され、彼の死体は池の中に投げ込まれた。それは後日、引揚げられ『スワスチカ』会員の手に依って埋葬されました」と言っている。）（略）

又、許証人は、日本兵の中国婦人に対する強姦行為について次の様に証言した。

私は多くの場合を知って居ります。何となれば日本兵が「キャンプ」にやってきて女を連れて行き、さうして強姦する時には、必ず私の所に先づ最初にやって来たのであります。私は「スパーリング」さん或は他の外国人と共に、日本兵に会って居ったのであります。一つの「キャヤンプ」に於きましては、日本兵は三台の「トラック」を連ねてやって来、さうして総ての女を廊下に連れて行き、其処に於て全部強姦したのであります。私は是等の日本兵を阻止しようとしたのであります。併しながらそれは無駄に終りました。連れて行かれた婦人は十二、三歳から四、五十歳の間であったのであります。私は自分の眼でも目撃したのであります。私が其の浴場に行った時、着物が外に掛けてあり、「ドアー」を押して入ると、裸の女が泣いて非常に悄然とした姿で居りました。（略）〔極東軍事裁判南京関係記録〕。

極東軍事裁判の法廷には、崇善堂埋葬隊によって埋葬された死体数が死体発見場所別に集計され、証拠として提出された。城内死体数七千五百四十八、城外死体数十万四千七百十八、総計十一万二千二百六十六。城外分を死体発見場所別に示すと、「中華門外兵工廠雨花台より花神廟に至る」「二万六千六百十二」、「水西門外より上河に至る」「一万八千七百八十八」、「中山門外より馬羣に至る」「三万三千八百二十八」、「通済門外より方山に至る」「二万五千四百九十」であった。埋葬死体数については、前記の他に、世界紅卍字会南京分会取り扱い分が埋葬場所別に集計されて、法廷に提出された。死体数総計「四万三千七十一」であった。

この他、南京安全区国際委員会は、三万人の死体を埋葬したことをドクター・エム・エス・ベーツ（南京大学歴史学教授）が証言すると共に、これらの死体は大部分が揚子江の畔にあったものであり、降伏後、機銃掃射に依って射殺されたものである事を証言した。
ベーツは更に、日本兵による残虐行為として強姦を次の様に証言した。

私の隣近所の三人の中からも、女子が伴れ去られ強姦されたのであります。其の中には大学教授の奥さんも居たのであります。私は現に強姦して居る兵隊の其の現場を見て、そして其の兵隊の五回に亘る強姦の現場を通り合せました。其の詳細は、尤も御希望でありましたら申述べますが、私は其の強姦して居る兵隊を強姦されて居る女達から引き退けたのであります。此の安全地帯の委員会の報告及び自分自身の調査でも、南京大学構内に居った三万人の避難民の中、数百の強姦の事件が書いてあります。其の正確なる詳細が全部報告として日本軍将校に渡されたのであります。占領後一箇月して国際委員会委員長「ラーベ」氏及び其の同僚は「ドイツ」官憲に対して、少くとも二万人の強姦事件があったことを信じて居ると報告しました。それより少し前私はもっとずっと内輪に見積りまして、又安全地帯の委員会の報告のみに依りまして、強姦事件は八千と見積ったのであります。（略）〔極東軍事裁判南京関係記録〕。

ここで、虐殺、強姦、掠奪等の残虐行為をした日本兵の行動を、軍隊が戦場に於て作成した「戦闘詳報」を基に精査する事にする。

南京を攻略した、松井石根大将を司令官とする中支那方面軍は、朝香宮鳩彦王中将の率いる上海派遣軍と、柳川平助中将率いる第十軍に依って構成されていた。上海派遣軍は、第九師団、第十六師団、山田支隊（第十三師団の一部）、第三師団先遣隊、第十三師団主力によって構成され、第十軍は第六師団、第百十四師団、国崎支隊（第五師団の一部）、第十八師団に依って構成されていた。

先ず第一に第九師団の行動を精査する事にする。

十二月十三日正午、吉住良輔第九師団長は、南京城内の掃蕩を実施せよと師団命令を発すると共に、「右翼隊ハ爾今城内掃蕩隊トナリ別紙掃蕩要領ニ基キ師団担任地域内ノ掃蕩ニ任スヘシ」との命令を下した。又、命令は、先に配布した南京入城に関する注意事項を厳守すると共に、南京城内掃蕩要領を準用すべしとした〔南京戦史資料集「輜重兵第九連隊行動詳報」〕。南京入城に関する注意事項とは、〝部隊の軍紀・風紀を特に厳粛にせよ〟とする松井方面軍司令官の意志を徹底させるために、方面軍参謀部が作成した訓令の事である。

十二月十三日午後四時三十分、右翼隊長（歩兵第六旅団長）秋山義兌は、「右翼隊ハ師団掃蕩隊トナリ師団担任区域内ヲ掃蕩セントス」「歩兵第七連隊、工兵中隊ハ北部掃蕩隊トナリ別紙区域内ノ掃蕩ニ任スヘシ」との右翼隊命令を下した。同日、秋山右翼隊長は、〝掃蕩実施に関する注意〟を次のごとく命令した。一、軍司令官注意事項を一兵に至る迄徹底させた上、掃蕩を実施すべし。二、外国権益の建物を敵が利用している場合の外は、立ち入りを厳禁する。三、青壮年は大体敗惨兵又は便衣隊と見做し、これを逮捕監禁すべし。青壮年以外の敵意なき支那人民特に老幼婦女に対しては寛容を以て接し、彼等をして皇軍の威風に敬仰せしむべし（南京戦史資料集「歩兵第七連隊戦闘詳報」）。以下の記述は「歩兵第七連隊戦闘詳報」に基づく。

十二月十三日午後五時頃、右翼隊所属の歩兵第七連隊長伊佐一男は右翼隊命令を受領し、直ちに歩兵第七連隊命令を発した。連隊は直ちに部隊を飛行場西側地区に集結させ、掃蕩を開始した。午後九時半、伊佐第七連隊長は、明日の掃蕩に関して次の歩兵第七連隊命令を下達した。一、連隊は明十四日引き続き担任地区内の掃蕩を実施する。二、掃蕩に用いる兵力は歩兵中隊及び機関銃中隊を主とし、必要に応じその他部隊を用いる。三、掃蕩に当たっては旅団長より与えられた「掃蕩実施に関する注意」を厳守すべし。四、各大隊は其の担任区域内に衛兵を配置し、担任区域内の警備軍紀風紀の保持に務め、又外国権益の建物中重要なる箇所等には、歩哨を配置すべしとした。

十二月十四日午後九時、伊佐連隊長は、掃蕩隊長秋山義兌より次の第九師団掃蕩隊命令を受けた。「九師作命号外ニヨリ師団掃蕩隊及城内集結部隊ノ外城内ニ入ルヲ禁止シ且掃蕩以外ノ城内集結部隊ハ宿営地附近ヨリ以外ノ地域ニ行動ヲ禁止セラル（略）両地区掃蕩隊ハ明十五日中ニ残敵ヲ掃蕩シ以テ南京城占領ヲ確実ナラシムルヘシ（略）」。

十四日午後十時、伊佐連隊長は、秋山掃蕩隊長より受けた命令を歩兵第七連隊命令として下達した。

十五日午後八時三十分、伊佐連隊長は、本十五日迄に捕獲した俘虜を調査した所に依ると、殆んど下士官兵のみで将校は認められない情況にあり将校は便衣に替えて難民地区に潜在している。連隊は、明十六日全力を難民地区に指向し、徹底的に敗残兵を捕捉殲滅にするとする歩兵第七連隊命令を下達した。

十六日、歩兵第七連隊は、担任地区特に難民区の掃蕩を実施し、十七日概ね掃蕩区域内の掃蕩を完了した。南京城内掃蕩成果表（十三日から二十四日）によると、歩兵第七連隊は敗残兵六千六百七十人を刺射殺したのであった。尚、この中、六千五百人は、十四日から十六日にかけて殺害したことを伊佐一男は日記に記している〔南京戦史資料集「伊佐一男日記」〕。

十四日午後九時、伊佐連隊長が受けた第九師団掃蕩隊命令は、以下の内容を含むものであった。

師団掃蕩隊及び城内集結部隊以外の部隊の入城が禁止され、しかも入城した城内集結部隊が宿営地以外の地域での行動が禁止されたのは、七万人以上の日本軍が競って入城したことが原因であった。

松井軍司令官が南京城攻略に当たって作成した「南京城攻略要領」は全く無視されてしまった。これは、第一線の軍隊が、城壁の抵抗を排除した余勢にひきずられ、又城外の兵営等の建物が中国軍によって破壊され焼かれたために日本軍が宿営できなかったこと、飲用水が欠乏していたこと等が原因であった〔極東軍事裁判南京関係記録〝中山寧人参謀部員の証言〟〕。

第九師団の行動を精査するに当たり更に考慮しなければならない事がある。秋山掃蕩隊長は〝掃蕩実施に関する注意〟の中で、外国権益の建物への立ち入りについて言及しているが、第九師団の掃蕩地区には、立入禁止の安全地帯があったのである。

安全地帯とは、南京国際委員会（ジョン・G・マギー等二十二人の外国人によって構成）が、南京陥落の数日前に設定した避難民のための避難場所のことである。南京国際委員会は、上海の日本軍最高司令部に電報を送り、この地帯の存在を連絡すると共に、市民の避難場所として攻撃を控える様要求していた。これに対して日本側は、その地帯に将兵或いは軍事施設がない限り、故意に攻撃することはないと通告していた。安全地帯には、五万人前後の難民が収容されていた（十二月十七日現在）。

安全地帯では、多くの集団虐殺、強姦が起きていたが、これらの行為を目撃した人達による証言として、ジョン・G・マギー、許伝音、ドクター・エム・エス・ベーツの極東軍事裁判に於ける証言を既に前述した。その他伍長徳、梁廷芳、陳福宝、J・H・マックカラム等多数が極東軍事裁判に於て証言したが、次に伍長徳の例を記す事にする。

私は南京市の陥落後凡そ三百人の他の警官と一緒に司法院に居りました。我々の武器を全部南京安全地区国際委員会に引渡してあったので、我々は武装して居ませんでした。司法院は難民収容所になってゐて、警官の外に多数の一般民衆が居りました。千九百三十七年（昭和十二年）十二月十五日日本兵が司法院にやって来て、其所に居たすべての人に彼等と同行するやうに命じました。国際委員会の委員二名が日本兵に我々が前軍人でないことを告げましたが、日本兵は此の二人に出て行くことを命じ、我々を無理やりに市の西大門へ行進させました。我々は其所へ着くと丁度門の内側に坐るやうに命ぜられました。数台の機関銃が日本兵に依って門の丁度外側と、その両側にすえつけられました。此の門の外側に運河とその下流に至る急な坂とがありました。其の運河には橋が掛ってゐましたが、直接門の向ひ側ではありませんでした。百人以上の一団をなしていた此等の人々は銃剣を突きつけられて一時に門を通ることを強制されました。彼等は外部へ出ると機関銃で射たれ、その体は坂を転げて運河の中へ落ちました。機関銃掃射で殺されなかった者は日本兵に銃剣で刺されました。各組百人以上の約十六組が門を通ることを強ひられ、此等の人々は殺されました。凡そ百人以上の私の組が門を通るやうに命ぜられた時、私は出来るだけ早く走り、機関銃が発射される寸前にうつ伏せになり、機関銃弾には射たれませんでした。（略）〔極東軍事裁判南京関係記録〕。機関銃を使った虐殺については、第七連隊一等兵水谷荘日記にも記載されている〔南京戦史資料集〕。

第九師団の行動を精査した結果、兵士達は、松井軍司令官による訓令や秋山掃蕩隊長による注意命令があったにも拘わらず、虐殺行為に走った事実が明確になった。

次に、第十六師団の行動を精査する事にする。

松井中支那方面軍司令官は、十二月一日、南京攻略命令を発し、その翌日には、海軍との間で「南京攻略作戦に関する陸海軍協定」を結んでいる。この協定は、上海派遣軍の一部を南京に近い地点に面する揚子江左岸地区に上陸させて南京を背後より攻撃すると共に、津浦鉄道及び江北大運河を遮断するために海軍と協力するものであった。この協定の中にある揚子江左岸地区（下関）へ進出したのが第十六師団（佐々木支隊）であった〔南京戦史資料集「南京攻略作戦ニ関スル陸海軍協定」〕。

十二月十三日午前一時三十分、佐々木到一支隊長は「支隊ハ今十三日重点ヲ左方ニ保持シツツ敵ノ中央ヲ突破シ下関方向ニ進出セントス」と支隊命令を下した〔南京戦史資料集「右側支隊命令」〕。支隊命令を受けた助川静二歩兵第三八連隊長は、十三日午前三時三十分、連隊に攻撃命令を発し、午前五時行動を開始した。しかし、中国軍は既に退却を開始していたため、連隊は処々残敵を殲滅しながら前進していった。午前九時二十五分、助川連隊長は、〝連隊前面の敵は退却した。盆路口方面より退却する敵の大部隊に対し、目下、旅団予備隊及び野砲兵隊が殲滅戦を行っている。第一線部隊は速やかに進出線に向かい、敵を追撃し殲滅せよ〟と歩兵第三十八連隊命令を下達した。

十三日午後二時、助川連隊長は、〝前面の敵は各方面に退却した。歩兵第三十八連隊第一大隊は下関方向に敵を追撃すべし〟と命令を下した。

南京城を固守していた中国軍は光華門その他に於て頑強に抵抗したが、日本軍の猛撃に依って続々と主として下関方向へ退却を開始した。第三十八連隊は、先ず独立軽装甲車第八中隊が進撃をして、渡江中の中国軍五、六千に徹底的大損害を与え、これを江岸及び江中に殲滅させた。次いで、連隊主力が午後三時頃より下関に進入し、少なくとも五百名を掃蕩した。

午後五時三十五分、佐々木支隊長は「敵ハ全面的ニ敗北セリ支隊ハ和平門以西ノ各門及ヒ下関ヲ占領シ敵ノ逃出ヲ完全ニ閉鎖セリ」と右側支隊命令を発した。

敗残兵の大部分は下関まで敗走したが揚子江によってその退路を断たれて殲滅され、極小数の敗残兵が渡河して浦口に敗走した。下関に敗走した敗残兵は二万人を下らなかった。〔南京戦史資料集　歩兵第三十八連隊「戦闘詳報」第十一号、十二月十二日・十三日分〕。

佐々木到一支隊長は、下関に於ける退路遮断について私記に次の様に記している。

「午前十時我支隊の軽装甲車が最初に下関に進出して完全に敵の背後を絶ち又我歩兵は北面の城門全部を占領封鎖して敵を袋の鼠とし、少し遅れて第六師団の一部が南方より江岸に進出し、海軍第十一戦隊が溯上して流下する敵の舟筏を掃蕩しつつ午後二時下関に到着し、国崎支隊は午後四時対岸浦口に来着した。其他の城壁に向った部隊は城内を掃蕩しつつある。実に理想的の包囲殲滅戦を演じてゐるのであった。此日我支隊の作戦地域内に遺棄された敵屍は一万数千に上りその外、装甲車が江上に撃滅したもの並各部隊の俘虜を合算すれば我支隊のみにて二万以上の敵は解決されてゐる筈である。（略）」〔南京戦史資料集「佐々木到一少将私記」〕。

十四日午前四時五十分、佐々木支隊長は、「旅団ハ本十四日南京北部城内及城外ヲ徹底的ニ掃蕩セントス」「各隊ハ師団ノ指示アル迄俘虜ヲ受付クルヲ許サス」と歩兵第三十旅団命令を発した。

敗残兵は全く退路を断たれ殆んど殲滅されたが、城内には尚抵抗の意志を有する中国兵が多数潜在するとして、城内外の掃蕩を徹底的にせよとの命令であった。尚、潜在する敗残兵は五、六千名を下らないとした。

午前九時、助川連隊長は、〃歩兵第三十三連隊は獅子山砲台中山路中央三叉路以西地区及び下関を掃蕩せよ〃、〃歩兵第三十八連隊は和平門―金川門―中山路と中央門との大通交叉点の水関の地区内を掃蕩し中国兵を撃滅せよ〃と連隊命令を下達した。

十四日の掃蕩行動を終えて「敵ハ全ク殲滅セシ」と「戦闘詳報」に記録されてる事から、敗残兵五、六千名は殺害されたと言える。尚、「戦闘詳報」には、午後五時三十分、掃蕩を完了後その結果を附表に俘虜数七千二百人と記し、これらの俘虜は、堯化門附近を守備していた処、十四日午前八時三十分頃、白旗を掲げて前進して来たため午後一時武装を解除して南京に護送したものと記している。〔南京戦史資料集　歩兵第三十八連隊「戦闘詳報」第十二号〕。

以下、七千二百人の俘虜の行方について精査する事にする。

十二月十三日、第十六師団長中島今朝吾は、捕虜について次の様に記している。「大体捕虜ハセヌ方針ナレバ片端ヨリ之ヲ片付クルコトトナシタレ共千五千一万ノ群集トナレバ之ガ武装ヲ解除スルコトスラ出来ズ唯彼等ガ全ク戦意ヲ失ヒゾロゾロツイテ来ルカラ安全ナルモノノ之ガ一旦騒擾セバ始末ニ困ルノデ部隊ヲトラックニテ増派シテ監視ト誘導ニ任ジ、十三日夕ハトラックノ大活動ヲ要シタリ（略）」。更に中島師団長は、仙鶴門附近に集結した約七八千人の敗残兵が投降してきたと記している。

歩兵第三十八連隊は、堯化門附近の戦闘で中国側陣地を奪取した後、十二月十二日午後零時、堯化門西北方高地に於き右側支隊命令を受け〔「戦闘詳報」第十一号〕、十二日夜には日本側が仙鶴門堯化門附近の中国軍に夜襲をかけていることから、「戦闘詳報」第十二号附表に記された捕虜七千二百人と、中島師団長が記した仙鶴門附近の投降者約七八千人は同じ敗残兵を指している。

中島は、この七八千人の捕虜について、片付けるには相当大きい壕を要するが、中々見当たらないので、一案として百二百に分割した後適当な場所に誘いて処理する予定であるとしている。更に、中島は、敗残兵掃蕩について各師団に区域を割り当てる事になり、第十六師団は十六日十七日の二日間を以て掃蕩することとし両旅団（佐々木到一第三十旅団、草場辰己第十九旅団）に区域を割り当て、各隊は各併行路に一部隊を進めて隘路の出口で一泊し、翌日又同様にして宿営地に帰還させることとすると記している。〔南京戦史資料集　中島今朝吾日記〕。

即ち、堯化門附近で白旗を掲げてきた七千二百人の捕虜は、揚子江沿岸（下関）に連行されて殺害された事は明らかである。

歩兵第六十五連隊大寺隆上等兵は、日記に次の様に記している。十二月十八日、午后は皆捕虜兵片付けに行ったが、俺は指揮班の為行かず。昨夜までに殺した捕虜は約二万、揚子江岸に二ヶ所に山の様に重なって居るそうだ。七時だが未だ片付け隊は帰って来ない。又、南京・第二碇泊場司令部梶谷健郎軍曹は日記に次の様に記している。十二月十六日午前二時頃、機関銃の音盛んに聞ゆ。敗残兵約二千名は射殺されたり。揚子江に面する下関に於て行わる。午前中部隊長、少佐と共に港内巡視を行う。二番桟橋にて約七名の敗残兵を発見、之を射殺す。十五歳の子供も居れり。死体は無数にありて名状すべからざるものあり〔南京戦史資料集Ⅱ〕。

従って、揚子江沿岸（下関）は捕虜の処刑場になっていたのである。南京地方裁判所附検察官の報告（一九四六年一月二十日附）は、揚子江沿岸での処刑を次の様に記している。

敵軍入城後、将ニ退却セントスル国軍及難民男女老幼合計五万七千四百十八人ヲ幕府山附近ノ四、五箇村ニ閉込メ、飲食ヲ断絶ス。凍餓シ死亡スル者頗ル多シ。一九三七年十二月十六日ノ夜間ニ到リ、生残セル者ハ鉄線ヲ以テ二人ヲ一ツニ縛リ四列ニ列バシメ、下関・草鞋峡ニ追イヤル。然ル後、機銃ヲ以テ悉ク之ヲ掃射シ、更ニ又、銃剣ニテ乱刺シ、最後ニハ石油ヲカケテ之ヲ焼ケリ。焼却後ノ残屍ハ悉ク揚子江中ニ投入セリ。（略）〔極東軍事裁判南京関係記録〕。

極東軍事裁判に於て証言したジョン・G・マギー、伍長徳、梁廷芳、尚徳義、ドクター・エム・

エス・ベーツ、孫永成等の場合は、全て捕虜並びに住民が揚子江沿岸（下関）で殺害された事例である。

日本軍第二碇泊場司令部は、十二月十四日より概ね五日間にわたって、揚子江沿岸（下関）で攻略部隊と共同で死体処理を行った。碇泊場司令部扱い分の死体は主に揚子江に流され、残りはガソリンを用いて焼却後窪地等に埋められた。攻略部隊扱い分の南京市内にある死体は、貨物自動車で揚子江沿岸（下関）まで運ばれ、直接揚子江に流されたのであった。〔南京戦史資料集Ⅱ「太田壽男　供述書」〕。

捕虜の揚子江沿岸（下関）への連行については、飯沼守上海派遣軍参謀長が「南京東方地区ヨリ約一千宛ノ捕虜二群下関方向ニ移シアルヲ飛行機ニテ視タリト（略）又別ニ四列側面縦隊ニテ長径八キロメートルニ亘ル捕虜ヲ南京城北側ニ向イ護送シアルヲ飛行機ニテ視認セリトノ報告アリ」と飯沼守日記（十二月十四日）に記している〔南京戦史資料集〕。又、十二月十六日現在の捕虜は四万に達していたと上村利道日記にある〔南京戦史資料集〕ことから、これらの捕虜の大部分は、揚子江沿岸（下関）に連行されたと判定できる。

前述した佐々木支隊（第三十旅団）は、歩兵第三十八連隊と第三十三連隊に依って構成されていたが、第三十三連隊作成の「南京附近戦闘詳報」によると、三千九十六名の捕虜を殺害し、遺棄死体（十二月十三日分）約五千五百人と記している〔南京戦史資料集〕。

次に、第十軍に属する第百十四師団の行動を精査する事にする。

十二月十三日午前八時三十分、柳川平助第十軍司令官は、「集団ハ南京城内ノ敵ヲ殲滅セントス。各兵団ハ城内ニ対シ砲撃ハ固ヨリ有ラユル手段ヲ尽シ敵ヲ殲滅スヘシ」とする丁集団命令を発した。これを受けて、同日午前九時半、末松茂治第百十四師団長は、「城内ノ敵ハ頑強ニ抵抗シツツアリ。集団ノ掃蕩地区ハ共和門―公園道―中正道―漢中路以南ノ地区トス。両翼隊ハ城内ニ進入シ砲撃ハ固ヨリ凡ユル手段ヲ尽シテ敵ヲ殲滅スヘシ。之カ為要スレハ城内ヲ焼却シ特ニ敗敵ノ欺騙行為ニ乗セラレサルヲ要ス」と命令を下した〔南京戦史資料集「丁集団命令」「第百十四師団命令」〕。

命令を受けた両翼隊は城内に突入し残敵の掃討を行い、十三日夕方には南京城内の掃討を概ね完了させた。第百十四師団「戦闘詳報、十二月六日〜十四日」〔南京戦史資料集〕には、南京附近の戦闘で約五千の遺棄死体が生じたと記録があるので更に詳しく辿る事にする。

第百十四師団は、歩兵第百二十七旅団と歩兵第百二十八旅団等によって編成されていた。第百二十七旅団に所属する歩兵第六十六連隊の第一大隊は、十二月十三日午後二時、山田常太連隊長より次の命令を受けた。「旅団命令ニヨリ捕虜ハ全部殺スヘシ、其ノ方法ハ十数名ヲ捕縛シ逐次銃殺シテハ如何」。

第一大隊は、午後三時三十分、各中隊長を集めて捕虜の処分について意見の交換を行った結果、各中隊（第一第三第四中隊）に等分に分配し、監禁室より五十名宛連れ出し、第一中隊は路営地南方谷地、第三中隊は路営地西南方凹地、第四中隊は露営地東南谷地附近に於て刺殺する事とした。各隊は共に午後五時準備を終えて刺殺を開始し、概ね午後七時三十分刺殺を終えた。この結果を第一大隊は連隊に報告した。

戦闘詳報附表によると、敵の遺棄死体が約千四百とあることから、千四百人が刺殺されたのであった。尚、この他に捕虜千六百五十七人の存在が報告されている。〔南京戦史資料集　歩兵第六十六連隊第一大隊「戦闘詳報」十二月十日～十三日〕。

従って、第百十四師団「戦闘詳報、十二月六日～十四日」にある約五千の遺棄死体には、第一大隊による刺殺分約千四百が含まれており、当然この他に、他の部隊による刺殺分があったことになる。尚、第一大隊が報告した捕虜千六百五十七人は、第百十四師団「戦闘詳報、十二月六日～十四日」には記録されていない事から、殺害されたと言える。

次に、第十軍に属した第六師団の行動を精査したが、谷寿夫師団長の発した命令には、軍紀・風紀に関する厳守命令は一切なかった〔南京戦史資料集〕。

以上「戦闘詳報」を基にして、南京大虐殺を引き起こした中支那方面軍の行動を精査したが、その結果は次の様に要約できる。

南京城入城に当たって、第十六師団、百十四師団は、師団長自ら〝軍紀・風紀を特に厳粛にし、不法行為は防止しなければならぬ〟との松井軍司令官の訓令を全く無視して虐殺行為に走ったことが明らかになった。ただ、第九師団だけは、松井軍司令官による訓令並びに掃蕩隊長による〝掃蕩実施に関する注意〟を部下に指令する行動はあったが、連隊長の殲滅命令により、これらの指令は無視されてしまった。尚、第六師団も、松井軍司令官の訓令を無視して虐殺行為に走っていった。

十二月十七日、南京入城式が挙行され、入城した松井軍司令官は、憲兵隊長より軍隊の一部に軍紀・風紀上の犯罪があったとの報告を受けた。松井軍司令官は、各部隊に対して、即時厳格なる調査と処罰を命じると共に、十八日には部下全軍に対して軍紀・風紀の厳守を訓示した。ただ、極東軍事裁判に於ける松井口供書には〝戦乱に乗じて常習的に暴行奪掠を行うことは、周知の事実にして〟との証言のある事から、松井の罪悪意識は薄弱であった〔東京裁判　中〕。

十二月十八日、慰霊祭終了後、第十軍は兵力を杭州方面に移動させたが、残留部隊は、軍紀・風紀に関する松井軍司令官の訓示によって如何なる行動を執ったのか辿る事にする。

十二月二十二日、歩兵第七連隊井家又一上等兵は、その日の大隊の行動を次の様に記している。

夕闇迫る午後五時大隊本部に集合して敗残兵を殺に行くのだと。見れば本部の庭に百六十一名の支那人が神明にひかえている。後に死が近くのも知らず我々の行動を眺めていた。百六十余名を連れて南京外人街を叱りつつ、古林寺付近の要地帯に掩蓋銃座が至る所に見る。日はすで西山に没してすでに人の変動が分るのみである。家屋も点々とあるのみ、池のふちにつれ来、一軒家にぶちこめた。家屋から五人連をつれてきては突くのである。うーと叫ぶ奴、ぶつぶつと言って歩く奴、泣く奴、全く最後を知るに及んでやはり落付を失っているを見る。戦にやぶれた兵の行先は日本人軍に殺されたのだ。針金で腕をしめる、首をつなぎ、棒でたたきたたきつれ行くのである。中には勇敢な兵は歌を歌い歩調を取って歩く兵もいた。突くかれた兵が死んだまねた、水の中に飛び込んであぶあぶしている奴、中に逃げる為に屋根裏にしがみついてかくれている奴もいる。いくら呼べど下りてこぬ為ガソリンで家屋を焼く。火達磨となって二・三人がとんで出て来たのを突殺す。

暗き中にエイエイと気合をかけ突く、逃げ行く奴を突く、銃殺しパンパンと打、一時此の付近を地獄の様にしてしまった。終りて並べた死体の中にガソリンをかけ火をかけて、火の中にまだ生きている奴が動くのを又殺すのだ。後の家屋は炎々として炎えすでに屋根瓦が落ちる、火の子は飛散しているのである。帰る道振返れば赤く焼けつつある。（略）（南京戦史資料集「井家又一日記」）。

又、アメリカ大使館報告は、十二月二十五日頃、南京大学の構内で起きた事件を、次の様に記している。

建物ニ避難セル約二千ノ男子ハ外部ニ集合サセラレタリ。而シテ日本軍人ヨリ彼等ヘノ話ノ中ニ、此ノ人々ノ中ニ前ニ支那軍ニ働キ居リタル者アラバ申出デヨ、其人々ハ保護セラルベシ—此ノ保護セラルルト云フコトハ数回繰返サレタリ—多分其人々ハ日本軍ノ為ニ労役ニ就カシメラルベキガ、若シ其ノ時申出デズ後ニ支那軍人タリシコト分明スレバ、必ズ銃殺セラルベキ旨伝ヘラレタリ。此ノ保護ニ付テノ保証アリシニヨリ、約二百人ノ人々ガ前ニ軍人タリシコトヲ日本軍人ニ申出デタリ。彼等ハ直チニ連行セラレタリ。後刻、重傷ヲ負ヘル四、五人ノ者帰来シ、右ノ二百人ハ途中ニテ拾ヒ上ゲタル他ノ支那人ト共ニ隊伍ヲ組ミ、数箇所ノ離レタル場所ニ連レ行カレ、数隊ノ日本兵ニヨリ、或ハ銃剣ニヨリ刺殺セラレ、或ハ銃殺セラレタリ。僅カニ上記ノ四、五人ノ重傷生存者ガ一死亡者トシテ見残サレ、辛ウジテ逃レ来レル旨語レリ。

（略）〔極東軍事裁判南京関係記録〕。

佐々木到一第三十旅団長は、その私記の中で、十二月二十四日から開始した査問工作を翌年一月五日に打ち切り、その結果を次の様に記している。「此日迄に城内より摘出せし敗兵約二千、旧外交部に収容、外国宣教師の手中に在りし支那傷病兵を俘虜として収容。城外近郊に在って不逞行為を続けつつある敗残兵も逐次捕縛、下関に於て処分せるもの数千に達す。（略）」（南京戦史資料集「佐々木到一少将私記」）。

従って、南京残留部隊は、松井軍司令官の軍紀・風紀に関する厳守命令が下った後も命令前と同じ様に無視していた事が、明確になった。

南京事件の残虐行為には、虐殺、強姦、掠奪、焼き討ち等があったが、強姦も目に余るものがあった。国際委員会委員長ジョン・H・D・ラーベは、占領後一ヵ月経ってからドイツ当局に対して、強姦が二万件以上起きたと報告した。J・H・マックカラムは、南京陥落一週間後に、「強姦―強姦―又強姦―私共ハ一夜ニ少クトモ一千件ヲ算ヘ日中モ多クノ事件ガアルノデス。苟モ抵抗或ハ不承諾見エタ事ガ有レバ銃剣デ突キ殺スカ、小銃デ射殺スルノデス。」と日記に記している（極東軍事裁判南京関係記録）。

尚、南京安全地帯で起きた強姦を含む日本兵暴行事件の一部は、南京国際委員会によって、日本当局に報告されていた。その数は、百七十件（昭和十二年十二月十三日〜年末迄）、十七件（昭和十三年一月一日〜十二日迄）、四百四十四件（一月十四日〜二月九日迄）であった（日中戦争史資料9「戦争とはなにか」H・J・ティンパーリー編）。

第十七章　条件反射論による検証

極東軍事裁判は松井石根（中支那方面軍司令官）に対して、「（略）恐ろしい出来事を緩和するために、かれは何もしなかったか、何かしたにしても、効果のあることは何もしなかった。同市の占領の前に、かれは自分の軍隊に対して、行動を厳正にせよという命令を確かに出し、その後さらに同じ趣旨の命令を出した。現在わかっているように、またかれが知っていたはずであるように、これらの命令はなんの効果もなかった。（略）これらの出来事に対して責任を有する軍隊を、かれは指揮していた。これらの出来事をかれは知っていた。かれは自分の軍隊を統制し、南京の不幸な市民を保護する義務をもっていたとともに、その権限をももっていた。この義務の履行を怠ったことについて、かれは犯罪的責任があると認めなければならない」との判決を下し、絞首刑を宣告した〔東京裁判　下〕。

しかし、前記の判決内容では、何故日本軍が大量の虐殺、強姦、掠奪等の残虐行動を執ったのか、その理由が明らかにされていない。従って筆者は、本書の主題である条件反射論を人間の歴史―南京事件―に適用することにより、その理由を解明することにする。

条件反射論を南京事件に適用するに当たって、前述した〝軍隊に於ける上官の部下への命令〟への考察（第四章「条件反射論による検証」）を顧みる事にする。

人間の反射作用が、〝命令に従う行為〟に優先するのは自明の理であり、従って条件反射作用は〝命令に従う行為〟に優先する。軍隊に於て、上官から部下の兵士に対して〝敵を殺戮せよ〟との命令が下った時、兵士は当然本人の意志に拘らず、殺戮を実行する。この場合、〝命令に従う行為〟に優先する条件反射作用があったために、殺戮が実行されたと置き換える事ができる。上官から兵士に対して〝敵を殺戮せよ〟との命令はなくても、〝命令に従う行為〟に優先する条件反射作用があれば、兵士は殺戮を実行し、〝敵を殺戮せよ〟との命令の有無が不明であっても、〝命令に従う行為〟に優先する条件反射作用があれば、兵士は殺戮を実行する。

このアプローチの結果、〝命令に従う行為〟に優先する条件反射作用があれば、殺戮は実行されるとの結論を得た。このアプローチ結果を南京事件に適用すると次の様になる。

日本軍が引き起こした虐殺は、上官の命令によるものと看做されるが、戦後その事実を各事例毎に証明する事は不可能であった。何故なら、虐殺は殺戮を当然とする戦場で起きた惨事であり、しかも、破壊的な戦場には人的・物的証拠が残らない事が多いからだ。従って虐殺が起きた理由を解明するためには、〝命令の有無〟によるアプローチではなく、条件反射論による解明が必要になる。又強姦、掠奪の両行為については、上官の命令によるものではないが、条件反射論によって解明する事ができる。

南京城を攻略したのは、松井石根大将を司令官とする中支那方面軍であったが、七万以上の軍人が競って入城した。これらの軍人は日本国民として義務教育を終えているので、習得した教育勅語体制下の小学校教育を精査する事にする。

明治二十三年（一八九〇年）十月三十日、教育勅語が発布され、翌年には小学校祝日大祭日儀式規定が公布された。これにより、紀元節・天長節等の祝祭日には、学校長・教員・生徒一同が式場に於て両陛下の真影に拝礼し、万歳を奉祝した後、学校長若しくは教員は、教育勅語奉読と祝日大祭日に相応する訓話を行い、忠君愛国の志気を養う様務めなければならぬと定められた。

式場に於て、生徒が、両陛下の真影に拝礼し、学校長（又は教員）による教育勅語奉読と祝日大祭日に向けた訓話を聴聞する行為に、パヴロフの条件反射論を適用する事にする。

生徒の視覚機能と聴覚機能を通して入手された二つの要素、即ち陛下の真影と教育勅語の語彙が、生体によって複合体として結合される。真影「天皇」と、教育勅語の中から抽出された「忠」「国体」の各々の言葉が複合体として融合され、「天皇・忠」「天皇・国体」なる条件反射要因が組成される。ここで、教育勅語の中から「忠」と「国体」の言葉が抽出される理由は、小学校祝日大祭日儀式規定に定められた「忠君愛国」の志気を養う様務めなければならぬとの規定に準拠している。

パヴロフは、条件反射形成のための基本的条件として、次の条件を挙げている。

一、以前に無関係であった要因の作用と、一定の無条件反射を引き起こす無条件要因とが時間的に一致して作用する事。

二、条件反射の形成に当たって、無関要因は、無条件刺激の作用よりいくらか先行しなければならない。

三、条件反射形成のために、大脳半球は活動状態になければならず、同時に動物に何か別の活動を引き起こさせる他の外からの刺激を与えない様にする。

次に、組成された「天皇・忠」「天皇・国体」なる条件反射要因を使って、条件反射形成のための基本的条件を満足しているか点検することにする。

第一の基本的条件にある無関要因には、「天皇・忠」「天皇・国体」なる条件反射要因並びに、教育勅語の中の「義勇」「孝」「博愛」等の言葉に反応する作用を、当てることにする。一定の無条件反射を引き起こす無条件要因については、次の様に考察した。人間は社会的動物であるため、社会と共存する事ができるか否かの反射を備えている。従って〝社会と共存する無条件刺激の作用〟を無条件要因として設定する。以上で無関要因と無条件要因が設定されたが、両要因は時間的に一致して作用する故、第一の基本的条件を満足している。

第二の基本的条件である、無関要因は無条件刺激の作用より、いくらか先行しなければならぬとの条件に基づき点検を行う事にする。生徒が真影「天皇」に拝礼し、続いて校長又は教員の教育勅語奉読・訓話を聴聞する行為は、この条件を遵守しているのが明らかだ。即ち、「天皇・忠」「天皇・国体」「義勇」「孝」「博愛」等の条件反射要因に反応した後、無条件要因である〝社会と共存する無条件刺激の作用〟が働くからである。

最後に、新しく条件反射が形成される時、大脳半球は活動状態にあると同時に、他の活動から解放されていなければならないとの条件に基づき点検を行う。学校教育を受ける生徒の大脳半球の状態を考慮すれば、これらの条件を遵守している事は明白である。以上で、条件反射形成のための全ての条件について満足している事を確認した。

かくして、生徒が、両陛下の真影に拝礼し、校長又は教員の教育勅語奉読・訓話を聴聞する行為を反復する結果、パヴロフの条件反射が成立する。条件反射成立の結果、生徒の大脳半球皮質に「天皇・忠」「天皇・国体」「義勇」「孝」「博愛」等の道徳規範が深く刻み込まれる事になる。

生徒は、小学校祝日大祭日儀式規定の定める祝日大祭日の他、修身の時間にも道徳規範を訓育された。修身については、明治二十四年(一八九一年)十一月に公布された小学校教則大綱に「修身ハ教育ニ関スル勅語ノ旨趣ニ基キ」訓育する事が明文化されている。大正七年(一九一八年)に発行された第三期国定修身教科書である「尋常小学修身書」巻五を見ると、冒頭に教育勅語が記載され、以下二十七課にわたって徳目の記載があるが、次にその中の一つを記す事にする。

第二十二課　信義

加藤清正は信義の心の強い人でありました。豊臣秀吉が明国を討つために、兵を朝鮮に出した時、浅野幸長が蔚山の城を守ってゐたところへ、明国の大兵が攻めよせて来ました。其の時、城中の兵が少い上に、敵がはげしく攻めるので、城は日にましあやふくなりました。そこで、幸長は使を清正のところへやって救を求めました。清正はそれを聞いて、「自分が本国をたつ時、幸長の父の長政がくれぐれも幸長の事を自分に頼み、自分もまた其の頼を引受けた。今もし幸長のあやふいのを見て救はなかったら、自分は長政に対して面目が立たない。」と言って、すぐに部下の者を引きつれて出発しました。清正は手向って来る敵を僅かの兵で追散らして、蔚山の城にはいり、幸長と力を合はせ、明国の大兵を引受けてここにたてこもり、大そう難儀をしたが、とうとう敵を打破りました。

格言　義ヲ見テ為ザルハ勇ナキナリ。

国定修身教科書は、教材として歴史上の人物である加藤清正を取り上げて、教育勅語の中にある〝信義〟を説明しているが、この説明の中で注目しなければならない箇所は、明国（中国）の取り扱い方である。

即ち、小学校教育に於て、〝信義〟という徳目を生徒達に教えるために加藤清正を取り上げ、同時に明国（中国）を敵国として設定した結果、否応なしに生徒達に明国（中国）が日本国の敵である事を教える事になる。この論理をパヴロフの条件反射論を以て説明すると次の様になる。

パヴロフは、条件反射が成立するために、三つの基本的条件を挙げている。第一は、以前に無関係であった要因の作用と一定の無条件反射を引き起こす無条件反射要因とが時間的に一致して作用することである。第二は、条件反射の形成に当たって、無関要因は無条件刺激の作用より、いくらか先行しなければならない事。第三は、条件反射の形成が行われる時、大脳半球は活動状態にあり、かつ他の活動から解放されていなければならない事である。又、パヴロフは、〝生体の神経系は生体の為に環境から受ける様々な要素を区別する機能と、これらの要素を複合体に結合・融合する機能を持ち、区別・組成されたものを条件反射要因と説明している。〟前述した国定修身教科書〝信義〟の場合にこれを適用すると、「教育勅語・信義・加藤清正・明国・敵」が条件反射要因となる。ここで重要な事は、教育勅語、信義、加藤清正、明国、敵等の要素が各々別々に処理されるのではなく、「教育勅語・信義・加藤清正・明国・敵」と結合・融合された一つの条件反射要因を組成する事である。

次に、組成された条件反射要因を使って第一の基本的条件を満足しているか点検することにする。第一の基本的条件にある無関要因には、条件反射要因「教育勅語・信義・加藤清正・明国・敵」に反応する作用を当てることにする。一定の無条件反射を引き起こす無条件要因については、次の様に考察した。人間は、社会的動物であるため、社会と共存する事ができるか否かの反射を備えている。依って〝社会と共存する無条件刺激の作用〟を無条件要因として設定する。以上で無関要因と無条件要因が設定されたが、生徒が前記の条件反射要因に反応する作用は、〝社会と共存する無条件刺激の作用〟と時間的に一致している故、第一の基本的条件を満足している。

次に、無関要因は、無条件刺激の作用より、いくらか先行しなければならないとする第二の基本的条件に基づき点検を行う。修身を学ぶ生徒は、「教育勅語・信義・加藤清正・明国・敵」なる条件反射要因に反応した後、〝社会と共存する無条件刺激の作用〟が働く故、第二の基本的条件を満足している。

最後に、条件反射の形成が行われる時、大脳半球は活動状態にあり、又他の活動から解放されていなければならないとの条件に基づき点検を行う。学校教育を受ける生徒の大脳半球の状態を考慮すれば、これらの条件を遵守している事は明白である。

かくして、教育勅語体制下の小学校教育に於て、生徒が修身教科書を使用して教育勅語の徳目〝信義〟を学ぶ行為を反復する結果、条件反射が成立する。しかも条件反射の成立には、教員の介在があり、教員は教育勅語を法律命令に従って教える事を義務づけられていたために、強力なる伝達者となっていた。従って、教員の介在によって成立した条件反射は、最大限頑固となり、生徒の大脳半球皮質には「教育勅語・信義・加藤清正・明国・敵」が深く強固に刻み込まれることになった。

従って、南京城を攻略したほぼ全ての日本軍兵士は、各々の小学校教育に於て、己の大脳半球皮質に「天皇・忠」「天皇・国体」「義勇」「孝」「博愛」等の道徳規範を強固に扶植されると共に、明国（中国）が日本国の敵である事を植え付けられたのである。この結果、日本軍兵士は、天皇に忠義を尽くし、天皇の統治する国家を崇める傍ら、中国人を敵として見下し、軽蔑する偏見を保持する事になったのである。

所で、パヴロフは条件反射論の中で、条件刺激となる要因の性質について、〝多かれ少なかれ無関係な要因から容易に形成されるが、生体の外部及び内部の無数の変動が条件刺激となることができる〟としている。当然、強い無条件刺激も条件刺激に転化できると、〝傷害刺激として、皮膚に与えられた電流刺激による皮膚の傷と火傷〟の例をあげている。

これは、勿論、防御反射の無条件刺激である。生体はこれに対して、強い運動反応で答え、この刺激から離れようとし、あるいは又それを取り除こうとする。しかし、この刺激に対しても別の種類の条件反射を形成させることができる。危害を加える刺激が、食餌反射の条件刺激となるのである。皮膚に極めて強い電流が流されても、防御反射は跡形もなく、その代わり食餌反応が出現した。動物は向きを変えて、与えられた餌の方向に身体を伸ばし、舌なめずりをして大量の唾液を流した。

この実験で、動物に強い傷害刺激が加えられた時に見られる鋭敏で客観的な現象は存在しなかった。つまり反射の転換された犬では、傷害刺激があらかじめ食餌反応と結合されていない場合に、同じ刺激に対して必ず見せる脈拍、呼吸等の大小の著明なる変動を全く示さなかった。

しかし、この反射の改造も一定の条件に依存しており、一つの反射の無条件刺激を他の反射の条件刺激に転化できるのは、第一の反射が生理学的に第二のものより弱く、生物学的重要性が低い時にだけ可能となる。即ち、犬の皮膚を傷つけ、これを食餌反射の条件刺激とした前述の例は、皮膚の傷害に対する防御反射が食餌反射より弱かったため可能であったと考えて良い。

我々は、日常の観察から、犬が食物のために闘う時、双方の犬の皮膚がしばしば傷ついており、つまり食餌反射の方が、防御反射より優勢である事を既に良く知っている。

更に、パヴロフは、条件刺激と無条件刺激の相互作用に関して、新たな実験を基に〝強化に伴う特定の反射やあらゆる局外の反射を適用した時に見られる、消去されている条件反射の回復は一時的である〟としている。条件反射が食餌反射で、局外反射が傷害反射である前述の実験例に適用すると、消去されている食餌反射の回復は一時的であり、その後は自発的な動きとなる。

ここで、再び論点を南京城を攻略した日本軍兵士の行動に移す事にする。

日本軍兵士は、戦場に於て自己の生命を喪失する危機に瀕し、各々自己の生命を守るために、持てる全ての身体能力、神経機能が全開する。即ち、抑制されていた大脳半球皮質の全ての細胞が一斉に興奮状態（活動状態）に移行し、あらゆる反射が順次に作用する。戦場に於て環境のごく僅かの変動、例えば何かの小さな音、明かるさの変化等の感知によって「おや何だ」という探索反射が頻繁に作用する。パヴロフが指摘した、局外の無条件刺激が条件刺激となる条件反射も一時的に回復する。即ち、探索反射の無条件刺激である環境のごく僅かの変動が〝社会と共存する事ができるか否かの反射〟の条件刺激となって条件反射が一時的に回復する。

パヴロフが指摘した、一つの反射の無条件刺激を他の反射の条件刺激に転化する時は、第一の反射が生理学的に第二の反射より弱い時だけ可能となる、との条件を当てはめて見ると、「おや何だ」という探索反射は〝社会と共存する事ができるか否かの反射〟より、生理学的に弱いことは明らかだ。従って、パヴロフの示した条件を満足している。

又、パヴロフは、条件反射が形成された時、その後訓練しなくても何ヵ月も何年も保持される強固なる結合がある事を指摘しているが、正に、国家による教育は、その強固なる結合に相当する。従って、戦場に於ける日本軍兵士の大脳皮質には、〝社会と共存する無条件刺激の作用〟を無条件要因とする条件反射が一時的に回復したことにより、小学校教育で深く刻み込まれた「天皇・忠」なる道徳規範等が再現することになる。同時に、敵である中国人を見下し、軽蔑する偏見も再現する。

再現した「忠」なる概念は〝誠を致し心を尽くすこと〟を意味するが、いたって封建性を象徴する概念である。封建社会に於ては、身分が上・中・下と主従関係にある中の者が上の者に対して

「忠」をする即ち誠を尽くす関係を逆に見ると、上の者の中の者への命令・抑圧する関係と置き換える事ができ、中の者と下の者との主従関係についても同じ事が言える。即ち、「忠」なる概念には、上方への精神作用の他に下方への精神作用が内包されている事になる。

従って、「天皇・忠」なる道徳規範等が日本軍兵士の大脳皮質に再現された事によって、同時に「抑圧の排除」なる防御作用が働くことになる。この作用は、上からの圧迫感を自らの良心を媒介することなく、下（外部）へ向かって排除することによって、自己保存の維持を図る作用である。

戦場に於ける日本軍兵士の大脳皮質に「天皇・忠」なる道徳規範等が再現し、又敵である中国人を見下し軽蔑する偏見が再現した事によって、日本軍兵士は次の行動を執る事になる。天皇へ忠義を尽くさなければならないとの道徳規範が再現した事に依って、己を圧迫する抑圧感が生じ、その抑圧感を外部に向かって排除せざる得なくなる。即ち、軽蔑する中国人を虐殺、強姦し、又掠奪等の残虐行動を執る事によって、己への抑圧感を排除したのである。

南京事件（南京大虐殺）に条件反射論を適用して判明した事は、日本国の教育勅語体制下の小学校教育に於て訓育された「天皇・忠」「天皇・国体」「義勇」等の道徳規範、並びに中国は日本国の敵であるとの教えが、南京大虐殺を誘発させたのである。即ち、天皇に忠義を尽くし、天皇の統治する国家を崇め、天皇のために戦う傍ら、中国人を見下し軽蔑する姿勢が、虐殺、強姦、掠奪等の残虐行動を引き起こす主たる誘因であったとする愕然とする結論である。

第十八章　歴史検証

―戦時国家と「国体」―

昭和十二年（一九三七年）十一月、日中戦争が拡大する中、近衛内閣は、既に締結済みの日独防共協定にイタリアが参加する日独伊三国防共協定に調印した。調印後、近衛文麿首相は、次の声明を発表した。

近く日独防共協定締結一周年を迎へんとするにあたりわが友邦伊国の同協定参加を見るにいたったことは哀心欣快とするところである、抑も共産主義がわが国体と絶対に相容れざるものであることは申すまでもない、また共産主義は現代の人類社会の幸福を招来するものにあらずしてこれを破壊するものである、特に現実の問題として国際共産党の破壊工作がいかに世界の平和に害毒を流しつつあるかは昨年七月以来の西国の内乱にこれを見るべく、さらに今次支那事変も国際共産党の策動に由来するもの頗る大なるものがあることによっても明かである、されば共産主義ならびに国際共産党の害毒を防遏、撲滅することはわが国体、わが国是に鑑み帝国に課せられたる道義的使命である。（略）〔昭和十二年十一月七日付大阪朝日新聞〕。

近衛首相声明の中に〝共産主義ならびに国際共産党の害毒を撲滅することは、「国体」に課せられた道義的使命である〟とあるが、同様の思想が以前にもあった。それは、大正八年（一九一九年）一月、臨時教育会議が原首相に提議した「教育の効果を全からしむべき一般施設に関する建議」であった。（第九章歴史回顧と検証「五、大正デモクラシーと思想統制」参照）。

臨時教育会議は、第一次世界大戦を契機に日本の思想教育界に大きな影響を与えた民主主義・社会主義等西欧思想の蔓延を防ぐために、国民の間に「国体」尊崇の念を強固にさせる事を提議した。従って、近衛首相の声明と臨時教育会議による建議は、共に「国体」擁護のために西欧思想を魔女扱いした点に共通点があるのである。

昭和十二年（一九三七年）十二月十五日、政府は、日本無産党、日本労働組合全国評議会、労農派が合法団体の仮面の許で共産主義運動をしていると全国一斉検挙を行い、山川均、向坂逸郎、大森義太郎、加藤勘十、鈴木茂三郎等約四百名を検挙した。

更に政府は、翌年二月一日、学者の中に新装共産党の有力なる一翼がいるとして、大内兵衛東大

教授、有沢広巳東大助教授、美濃部亮吉法政大学教授等三十余名を検挙した。

昭和十三年（一九三八年）二月十九日、近衛内閣は、戦時統制法規の集大成として、国家総動員法を議会に提出した。この法案は、国防目的達成のため国民生活の全ての部門を一片の勅令で政府の統制下に置くことを認める法律で、政府に絶大な権限を保障し、戦争体制の根幹をつくろうとするものであった。法案は、憲法に抵触する部分もあったが、民政党と政友会が共同歩調を整えて同法案を無修正原案のまま承認し、三月二十四日、議会を通過し成立した。

七月七日、日中戦争勃発一周年を迎えて、近衛文麿首相、板垣征四郎陸相、米内光政海相が参内し、天皇より次の勅語が下賜された。

今次事変ノ勃発以来茲ニ一年朕ガ勇武ナル将兵果敢力闘戦局其ノ歩ヲ進メ朕ガ忠良ナル臣民協心戮力銃後其ノ備ヲ固クセルハ朕ノ深ク嘉尚スル所ナリ。

惟フニ今ニシテ積年ノ禍根ヲ断ツニ非ズムバ東亜ノ安定永久ニ得テ望ムベカラズ日支ノ提携ヲ堅クシ以テ共栄ノ実ヲ挙グルハ是レ洵ニ世界平和ノ確立ニ寄与スル所以ナリ。

官民愈々其ノ本分ヲ尽シ艱難ヲ排シ困苦ニ堪ヘ益々国家ノ総力ヲ挙ゲテ此ノ世局ニ処シ速ニ所期ノ目的ヲ達成セムコトヲ期セヨ。〔昭和十三年七月八日付大阪毎日新聞夕刊〕。

これに対して、近衛首相は、国民に対して「本日支那事変勃発一周年に当り聖慮宏遠図らずも優渥なる勅語を拝す洵に恐懼感激の至に堪へざるなり、恭しく惟ふに抗日容共政権の潰滅を図りて日支の提携を堅くするは即ち東亜の安定を確保し延いて世界の平和に寄与する所以の道なり、事変の前途は尚遼遠なり此の時に当り朝野一体堅忍持久の態勢を整へ凡百の施策は国家の総力を挙げて事変の目的を達成するに集中し尽忠報国の一念以て万難を排し、聖慮に応へ奉らむことを期せざるべからず是れ本大臣の切に全国民に望む所なり」と内閣告諭を発表した。尚、天皇は陸海将兵に対しても勅語を下している。〔昭和十三年七月八日付東京朝日新聞夕刊〕。

昭和十四年（一九三九年）一月、近衛内閣は、ドイツとの軍事同盟締結問題について閣内対立が生じて総辞職した。後継首班には、枢密院議長であった平沼騏一郎が任命された。

一月二十一日、第七十四議会に於て、平沼首相は次の施政方針演説を行った。

（略）日満支三国が相互に十分な理解の上に立って相提携して政治に経済に、はたまた文化に互助連環友好善隣の実をあげもって東亜興隆の基となすことはわが国肇国の精神を顕現する道であり、不動の国是であり、ここに東亜永遠の平和を確立すべきであり、またもって世界に貢献するゆゑんでもある東亜安定の責に任ずべき日本、満州、支那の三国は須らく速かにこの公正なる目標に向って協調し旧套を脱して新しき秩序に赴くのでなければ世界永遠の安定は遂に望むべくもなきこと自明の理である。（略）〔昭和十四年一月二十一日付大阪毎日新聞号外〕。

この演説の中にある〝肇国〟なる言葉は教育勅語が源であるが、教育勅語の冒頭には「皇祖皇宗国ヲ肇ムル」とある。従って〝肇国の精神〟とは教育勅語、即ち「国体」観念のことである。「国体」観念について平沼首相は、日中戦争勃発二周年を迎えた七月七日、忠霊顕彰会発会式で次の様に述べている。

（略）事変はすでに第二段階に入り今や挙国一致幾多の障害を排除して東亜の新秩序を建設しもって聖戦の目的を達成せんとするの秋なり、ここにおいてかますますわが国体観念を涵養し一死報国の伝統的精神を振起し上は以て宏遠なる皇謨を翼賛し奉り下は以て事変の犠牲となれる護国の忠霊に酬いるの最も緊要なることを痛感せずんばあらず大日本忠霊顕彰会は叙上の意義により全国民待望の下に設立せらる。（略）〔昭和十四年七月八日付大阪毎日新聞夕刊〕。

即ち、平沼首相は、わが国体観念を涵養して、天皇による国家統治を支え、事変の犠牲となった護国の忠霊に酬いる事が最も緊要であるとしている。この平沼首相の所信は、大正八年（一九一九年）一月、臨時教育会議が原首相に提議した「教育の効果を全からしむべき一般施設に関する建議」の意図する所と同じである。建議は、西欧思想の蔓延を防ぐために、「国体」の本義を国民の間に徹底して「国体」尊崇の念を強固にすると共に、敬神崇祖の美風を維持、普及させる必要があるとしている。驚く事に、この建議の起案者の一人は平沼騏一郎であったのである。（第九章　歴史回顧と検証「五、大正デモクラシーと思想統制」参照）。

平沼首相は、施政方針の中で、日満支三国による提携はわが国肇国の精神を顕現する道であり、不動の国是であると述べているが、その満州国は、日本国の侵略によって築かれた傀儡政権の下にあった。又、支那に対しては、蔣介石政府を正式な中国政府として認めず、代替政権樹立を画策しつつ、南京、広東、武漢等を占領する戦争を遂行していた。

昭和十四年（一九三九年）五月二十九日、大本営は、日中戦争勃発以来四月末日迄の戦果を次の如く発表した。遺棄死体九三六三四五、日本側戦死者五九九九八、敵損害総計二三〇万（昭和十四年五月三十日付大阪毎日新聞）。

七月二十六日、米国政府は日本政府に対し、明治四十四年（一九一一年）締結の日米通商航海条約を向こう六ヵ月の予告期間経過後、廃棄すると通告した。米国は既に、昭和十二年（一九三七年）十月六日、中国に於ける日本の行動は、国際関係を律すべき諸原則と矛盾し、かつ中国に関する九ヵ国条約並びにケロッグ不戦条約に違反していると正式声明を行っていた。又、昭和十四年（一九三九年）一月二十一日には〝アメリカは在中国権益について武力による蹂躙は到底容認し得ない〟と対日通牒を発表していた。更に、同年二月には、日本陸海軍が南支那海にある中国領海南島を占領し、三月にはフィリッピン西方海上の無人諸島の領有を宣言する等、拡大した軍事行動が米国を大きく刺激する事になった。

一方で、日本の戦争遂行は、軍事支出を中心に財政の急膨張をもたらし、軍需物資の輸入の急増が国際収支の危機をまねいた。又、財政赤字は相次ぐ増税によってまかなう事ができず、多額の赤字公債が発行され悪性インフレが進行していった。政府は、生活必需品の価格高騰を抑制するために標準最高価格等を決定し、違反に対しては暴利を貪るものとして暴利取締令によって処罰し、マッチや氷にも暴利取締令が適用された。国際収支改善のためには、国内向け綿製品の製造を禁止し、鉄鋼配給切符制、続いて銅・鉛・錫等の配給制を実施した。更に、政府は、戦時下の物価を抑制するために、国家総動員法に基づき、価格等統制令、賃金臨時措置令、地代家賃統制令等を昭和十四年（一九三九年）十月二十日より施行し、価格等統制令では、昭和十四年九月十八日の価格等を超えて、これと契約し支払い又は受領する事が禁止された。

又、政府は、軍需工業部門における技術者、労務者の不足を補うために、国家総動員法に基づく国民徴用令を発動、更には軍用に供する物質を収用するために、物資使用収用令を公布して戦時体制を強化していった。

平沼内閣の最大の課題は三国同盟問題であった。首、陸、海、外、蔵の五相会議を七十数回も開き討議をかさねたが、ドイツの申し出に従おうという板垣征四郎陸相と、これに反対する米内光政海相、有田八郎外相とが対立し、ついに結論を出す事ができなかった。八月二十三日、突如、独ソ不可侵条約の締結が発表され、三国同盟問題を解決できなかった平沼内閣は混乱の極に達し、八月二十八日総辞職した。八月三十日、後継内閣として阿部信行内閣が成立した。この二日後、九月一日、ドイツがポーランドに侵入し、ここに第二次世界大戦が始まったのである。

開戦八ヵ月余りの後、昭和十五年（一九四〇年）五月、ドイツは、オランダ・ベルギー・ルクセンブルクの中立を侵して、国境の要塞マジノ線を一挙に突破して英軍を英仏海峡に追いつめ、六月にはパリを占領した。この様なヨーロッパ戦局の急転は、日本の支配層に大きな影響を与えた。七月二日、アメリカが武器、軍需品をはじめ工作機械、航空機用ガソリンを輸出許可制にした事も軍部を刺激し、陸軍が公然と倒閣運動にのり出した。

七月十六日、畑俊六陸軍大臣が、国防国家建設のため人心一新の必要ありとして辞職し、更に陸軍が後任大臣推薦を拒否したため、米内光政内閣は総辞職に追い込まれた。

七月十七日、後継内閣首班選出のための重臣会議が宮中で開催され、原枢密院議長並びに前総理大臣の若槻、岡田、広田、林、近衛、平沼の六名が参集した。重臣会議では、近衛文麿が推挙され天皇に奏上された。近衛は組閣を開始し、陸軍大臣に東条英樹、海軍大臣に吉田善吾、外務大臣に松岡洋右を決定した。

七月十九日、近衛は、東条英樹、吉田善吾、松岡洋右と荻窪の私邸で会談し、内閣の基本方針を次の如く決定した。

一、世界情勢の急変に対応し且速かに東亜新秩序を建設するため日独伊枢軸の強化を図り東亜諸国は互に策応して諸般の重要政策を遂行す。（略）

二、対ソ関係は之と日満蒙間国境不可侵協定（有効期間五年乃至十年）を締結し且懸案の急速解決を図ると共に不可侵協定有効期間内に対ソ不敗の軍備を充実す。

三、東亜及び隣接島嶼に於ける英仏蘭葡植民地を東亜新秩序の内容に包含せしむるため積極的の処理を行う。（略）

四、米国に対しては無用の衝突を避くるも東亜新秩序の建設に関する限り彼の実力干渉をも排除するの固き決意を以って我方針の実現を期す。〔東京裁判　下〕。

七月二十二日、第二次近衛内閣が成立し、近衛首相は〝私は新時代の要望に応うべく一億国民とともに一意肇国の精神の発揚に邁進したいと思います〟と第一声を表明した。近衛内閣は、七月二十六日、基本国策要綱を決定し、その中で「皇国の国是は八紘を一宇とする肇国の大精神に基づき世界平和の確立を招来することを以って根本とし先ず皇国を核心とし日満支の強固なる結合を根幹とする大東亜の新秩序を建設するに在り之が為皇国自ら速に新事態に即応する不抜の国家態勢を確立し国家の総力を挙げて右国是の具現に邁進す」とする根本方針を示した。〔東京裁判　下〕。

続いて二十七日、久しく中断されていた大本営と政府との連絡会議が開催され、大本営側から「世界情勢の推移に伴ふ時局処理要綱」の提案説明があり、政府側からは「基本国策要綱」を説明の結果、大本営と政府間に意見の一致を見た。大本営が提案した「世界情勢の推移に伴ふ時局処理要綱」の骨子は、一、速やかに第三国による蔣介石政権支援行為の阻止を主眼とする対支那施策を強化し、支那事変の解決を促進すること。二、第三国との開戦に至らない限度に於て南方問題を解決すること。施策として、対米国に対する厳然たる態度の保持、独伊との政治的結束の強化、仏印の蔣介石支援ルートの根絶、蘭印の重要資源の確保等を挙げている。〔東京裁判　下〕。

近衛内閣の基本方針である〝東亜新秩序を建設するための日独伊枢軸の強化〟は、既に裏面工作が行われていた。裏面工作のたて役者として暗躍したのは、大島浩駐独大使であった。

昭和十二年（一九三七年）、日中戦争が勃発すると日本は戦争遂行に当たってドイツを利用しようとした。この時大島は東京の参謀本部から訓令を受け、ドイツ軍指導者、さらに蔣介石のドイツ人軍事顧問等へ接近する事に努めた。昭和十三年一月、大島はゾンネンベルグの別荘に、リッペントロップ独外相を訪ねた。外相は大島に対し、日独が条約その他の方法で更に緊密になる方法はないかとたずねた。大島はこの会見の概略を東京の参謀本部へ報告した。

同年六月、大島は参謀本部から通牒をうけ軍の一部では日独協調の進展を認めているが、この提携においては、ソ連に関して一致した行動をとるとの約束がなければならないとした。

七月初旬、大島は再びリッペントロップ外相と会談し、ソ連から攻撃された場合、何等かの行動に出る前に、お互い話し合うことを約する或る種の協定を取り結ぶことについて意見を述べた。

数日後、リッペントロップ外相は大島を訪ねて、外相の私見であると断って、単に対ソ条約ではなく、全世界を目標とする相互援助条約を提案した。同年八月、大島は参謀本部を通じて宇垣外相に報告した。外相は更に五閣僚と意見交換を行い、結局、参謀本部がこの提案に同意し、又近衛首相、宇垣外相、池田（成彬）蔵相、板垣陸相、米内海相の五閣僚も諒解したとの電報を、大島は受けとった。同年十月、大島は駐独大使となり、引き続きリッペントロップ外相及びガウス法務部長と協議し、条約案の大綱を決めて、東京の外務省に送達した。

ドイツは、昭和十三年九月頃、日本から非公式の承諾を得て、イタリアをこの盟約に加えるように交渉を始めていた。しかし、イタリアからは何の回答も来なかった。そこで、ドイツは日本をして同じ提案をイタリアと交渉するよう大島に依頼して来た。十二月中旬、大島はムソリーニと会ったが、彼は「その考えはいいが、機が熟しているか否かは疑問である」と答えた。

その後、外務省より大使の資格で派遣された使節団、伊藤述史の一行は、イタリアに立ち寄り、二、三日滞在の後ベルリンに到着した。数日後には、白鳥敏夫駐伊大使もローマからベルリンへやってきた。伊藤は条約に関する政府の計画と希望事項とを携えていた。これは、同盟条約の第一目的はソ連であって、他の国々も共産主義になった時にのみ問題となって来ることだが、日本がドイツ側の提案をそのまま受諾するとすれば、援助条約は日本側に不利となるとの考えであった。例えば、日米戦争の場合、ドイツは日本に対し、何ら特殊の援助を与えることができないのに反し、独米戦争の場合には、日本は太平洋で全力を傾倒しなければならないからである。

大島と白鳥は、もしこの際、日本が共産主義国家に対してのみ対抗する意図を表明すれば、交渉は決裂すると考え、この旨を昭和十四年二月、外務省へ急報した。外務省からの回答は三月末頃到着したが、その要旨は次の通りであった。「ソ連に関しては変更はないが、他の諸国に関しては条約は共産主義国をのみ目標とするものというに止まらず、さらに交渉すべきこと。しかし、この場合は与えらるべき援助は軍事上の助言に止めること、この助言とは、情報の交換、燃料の貸与、物質の輸出等、参戦以外の一切の援助を指す」。

この回答は、リッペントロップ外相並びにドイツ政府に移牒された。ドイツ政府は、その後間もなくリ外相を通じ大島に対し、「条約の目標を第一義的にはソ連に限定し他の諸国を第二義的とすることには何等の異議はない、細目については日本国代表と会見の上、取決めるのは当然だが、条約文の上には、ソ連のみを第一目標とするという意味のことを記載せず、全く一般的性質の条約としておき度い。もしソ連のみを第一義的の目標とし、他の諸国より攻撃をうけた場合には、非軍事的援助に限るような条文を条約に記載すれば、条約は非常に弱化したように見えるからだ」と述べたのであった。（東京裁判　上）。

以上にみるように、大島大使、白鳥大使、リッペントロップ独外相等による裏工作により、日独伊三国同盟の交渉は着々と進展していた。所が、昭和十四年（一九三九年）八月二十三日、ドイツ・ソ連間に独ソ不可侵条約が締結されたために、三国同盟交渉は一時中断を招く事になった。しかしその後、昭和十五年五、六月にかけて、ドイツ軍のオランダ・ベルギー・フランス等への電撃作戦の勝利によって、日本側に軍事同盟締結気運が極めて強く再燃してきた。

昭和十五年（一九四〇年）九月四日、近衛首相、松岡外相、東条陸相、及川海相出席の四相会議が開かれ、その席上日独伊三国の協調強化のため〝取り急ぎ会談を要する時機に達した〟との意見の一致を見た。又、日本が武力行使の決意をしない限り、ドイツ側との話し合いは不可能である点でも合意した。更に、軍事同盟交渉に関して、日本の大東亜新秩序建設のための生存圏の範囲は、日満支を根幹とし旧独領委任統治諸島、仏領インドシナ及び同太平洋諸島、タイ国、英領マラヤ、英領ボルネオ、蘭領東インド、ビルマ、オーストラリア並びにインド等とするとした。四相会議の結果は、九月十九日に開催された政府・大本営連絡会議で承認され、同日御前会議も承認した。日独伊三国条約は、独外相特使スターマーと松岡外相との間で交渉が行われ、九月二十七日、ついに日独伊三国軍事同盟条約がベルリンで調印されたのである。〔東京裁判　下〕。

同盟条約は第三条で〝三締約国中いずれかの一国が現に欧州戦争又は日支紛争に参入し居らざる一国に於て攻撃せられたる時は三国はあらゆる政治的、経済的及び軍事的方法に依り相互に援助すべきことを約す〟と定めた事によって米国を敵国としたのである。又、第五条に、三締約国の各々とソ連との間に現存する政治的状態に何らの影響をも及ぼさない事を確認すと規定する事によって、独ソ不可侵条約を擁護すると共に、日ソの国交調整を含ませたのであった。

第二次近衛内閣は、大東亜新秩序建設のためと称して、東南アジアの英仏蘭植民地への武力進出を着々と進めていった。その第一歩は、北部仏領インドシナに対する武力進駐であった。フランスがドイツに降伏した後、日本は、ナチスドイツの影響下にあるヴィシー政府に圧力を加え、仏印を通ずる蒋介石支援ルートの遮断を要求、昭和十五年（一九四〇年）八月三十日には、松岡外相とアンリ駐日大使の間に〝日本はフランスの宗主権を尊重し、フランスは日本兵の駐在に関し特殊の便宜を供与する〟との協定が成立した。しかし、当時のドゴール臨時政権の攻勢に焦慮した日本軍は、一個大隊を雲南国境より越境させ、九月二十日夜にはドンダン地方に侵入した〔東京裁判　上〕。

昭和十六年（一九四一年）六月二十五日、大本営・政府連絡会議は、次の〝南方施策促進に関する件〟を決定した。一、仏印特定地域に於ける航空基地及び港湾施設の設定又は使用と南部仏印に於ける所要軍隊の駐屯。二、仏国政府又は仏印当局者が日本の要求に応じない場合には、武力を以て目的を貫徹す〔東京裁判　下〕。

七月十四日、日本政府は、軍事拠点を得るため南部仏印へ進駐するとする強硬な要求をヴィシー政府に通告した。日本政府は二十日、最後通牒をつきつけ、二十八日、四万の日本軍が南部仏領インドシナに進駐した〔東京裁判　上〕。

第二次近衛内閣は、昭和十五年（一九四〇年）七月二十六日、基本国策要綱を決定したが、その中に「皇国の国是は八紘を一宇とする肇国の大精神に基づき世界平和の確立を招来することを以って根本とし先ず皇国を核心とし日満支の強固なる結合を根幹とする大東亜の新秩序を建設する」とある。この要綱の中にある〝肇国〟なる言葉は教育勅語が源であるが、教育勅語の冒頭には「皇祖皇宗国ヲ肇ムル」とある。従って〝肇国の大精神〟とは、教育勅語、即ち「国体」観念のことである。基本国策要綱は、更に国内態勢の刷新と題して、「国体の本義に透徹する教学の刷新と相俟ち自我功利の思想を排し国家奉仕の観念を第一義とする国民道徳を確立す」としている。その上で強力なる新政治体制を確立し、「官民協力一致各々其職域に応じ国家に奉公することを基調とする新国民組織の確立」を挙げている。この新国民組織こそが大政翼賛会であった。十二月十四日、大政翼賛会の実践要綱が公表され、政府と常に協力関係に立つと共に上意下達、下意上達の機能を果たす旨明確にすると共に、〝臣道の実践に挺身す〟とした。〝臣道の実践に挺身す〟とは、無上絶対普遍的真理の顕現たる国体を信仰し、歴代詔勅を奉体し、職分奉公の誠をいたし、ひたすら惟神の大道を顕揚する事を意味した〔昭和十五年十二月十五日付読売新聞〕。

大政翼賛会は、後に産業報国会、大日本婦人会、町内会、部落会（隣組）などあらゆる団体をその傘下におさめ、太平洋戦争中には国民を動員するのに大きな役割を果たす事になる。

以上で戦時国家について精査を終えるが、その結果を次の様に要約する事にする。

戦時国家維持のために国策を遂行した近衛文麿、平沼騏一郎、阿部信行、米内光政等歴代首相の政治理念には共通点がある。それは、政治理念の中核に「国体」観念が有る事だ。近衛首相は、日中戦争勃発一周年を迎えて内閣告諭を発しているが、〝尽忠報国の一念を以て万難を排す〟としている。又、第二次近衛内閣成立後に決定した基本国策要綱では、〝肇国の大精神に基づき世界平和の確立を招来することを根本とす〟としているが、肇国の大精神とは「国体」観念の事である。更に大政翼賛会に於ても〝臣道実践〟を示して、「国体」観念を説いている。

平沼首相は、施政方針演説で〝東亜興隆の基となすことはわが国肇国の精神を顕現する道であり、不動の国是である〟としているが、肇国の精神とは「国体」観念の事である。又、忠霊顕彰会発会式に於ても〝ますますわが国体観念を涵養し、一死報国の伝統的精神を振起し〟と述べている。

阿部首相は、地方長官会議（昭和十四年十月二日開催）に於て、〝国体観念を明徴にし肇国以来一貫不変の我が伝統精神である皇運扶翼の精神、私を捨てて公に奉ずるの精神を基礎として内治外交万般の施設に精進し〟と訓示した〔昭和十四年十月三日付大阪毎日新聞夕刊〕。

又、米内首相も帝国議会に於ける施政方針演説で、〝国体観念を明徴にし、肇国の精神を昂揚して国民的自覚を堅くするの要ありと信ずる〟と演説した〔昭和十五年二月二日付読売新聞夕刊〕。

従って、戦時国家は、「国体」観念を支柱に据えた国策の遂行によって維持されていたのである。何よりも重要な事は、盲目的な精神教育を受容させられた国民が、戦時国家維持の柱であった。その国民は、教育勅語体制下の修身教育と歴代政府による思想統制・弾圧によって「国体」観念を強固に扶植され、実にほぼ全ての国民が「国体」観念に染まっていたのである。その結果、ほぼ全ての国民は、天皇が統治する国家を崇め、天皇に忠義を尽くし、天皇のために戦う国民となり、更には歴代政府によってモルモット扱いにされ、戦時国家を支えたのである。又、国民を異様な精神状態にした直接的引き金は、大正八年（一九一九年）一月に、臨時教育会議が原首相に提議した「教育の効果を全からしむべき一般施設に関する建議」であったのである。

第十九章　歴史検証

――太平洋戦争――

日本軍の南部仏領インドシナへの進駐は、米英両国を大いに刺激した。昭和十六年（一九四一年）七月二十五日、ルーズベルト米国大統領は、日本の在米資産の凍結を命令し、二十六日から効力が発生すると発表した。又、在米日本資産の凍結と同時に、在中国日本資産に対しても同様の凍結を命令し、この措置は蔣介石政権の要請によるものと発表した。英国も、二十六日、在英帝国の日本資産凍結令を公布した。

日本資産凍結は、事実上の対日経済宣戦であった。特に、日米貿易は、石油、ガソリンその他軍需資材が事実上輸出禁止となるのは必至であった。以下、太平洋戦争勃発迄の過程を「東京裁判（上・中・下）」に基づいて辿る事にする。

七月二日、御前会議は、次の「情勢ノ推移ニ伴ウ帝国国策要綱」を決定した。これは統帥部より提出された。

一、帝国は其の自存自衛上南方要域に対する必要なる外交交渉を続行し、其の他各般の施策を促進す之が為対英米戦準備を整え先ず〝対仏印泰施策要綱〟及び〝南方施策促進に関する件〟に拠り仏印及び泰に対する諸方策を完遂し以って南方進出の態勢を強化する帝国は本号目的達成の為対英米戦を辞せず。

二、米国の参戦は既定方針に従い外交手段其の他有ゆる方法に依り極力之を防止すべきも万一米国が参戦したる場合には帝国は三国条約に基づき行動す、但し武力行使の時機及び方法は自主的に之を定む。

近衛内閣は、米国側と外交交渉を行っていたが、交渉は停頓状態にあった。米国は、日本軍の仏印からの撤兵を条件とした上での次の二つの事を主張した。その一つは、日、米、英、蘭、支による仏印中立化の共同保障であり、その二つは仏印における物質獲得について、日本に対する保障をなすというものであった。

これに対して日本は、八月四日に開かれた大本営・政府連絡会議に於て次の方針を決めた。一、日本は仏印以上に拡大する進駐はしない。仏印からは、支那事変解決後に撤退する。二、日本政府はフィリッピンの中立を保障する。三、米国は南西太平洋の軍事的脅威を除去し、イギリス、オランダ両政府に対し同様なる処置を勧告する。四、米国は西南太平洋、殊に蘭印における日本の物質獲得に協力する。

従って、日本軍の仏印進駐について日米の主張に全く接点はなく、交渉は難関に遭遇した。近衛首相はこの危機を打破するには、日米の首脳者による直接会見しかないと考え、八月二十八日、ルーズベルト大統領に対してメッセージを送った。米国では趣旨においては異存はないけれども、主要なる事項、殊に三国同盟条約上の義務の解釈並びに履行の問題、日本軍の駐留問題につき先ず合意が成立することが第一であって、この同意が成立しなければ首脳会見に応ずる事はできないという態度であった。ここに、日米交渉は暗礁に乗り上げたのである。

九月六日、御前会議は、次の「帝国国策遂行要領」を決定した。この案は、一両日前に大本営・政府連絡会議に於て内容が定められた。

一、帝国は自存自衛を全うする為対米（英蘭）戦争を辞せざる決意の下に概ね十月下旬を目途とし戦争準備を完整す。

二、帝国は右に並行して米英に対し外交の手段を尽して、帝国の要求貫徹に努む。

三、前号外交交渉に依り十月上旬頃に至るも尚我要求を貫徹し得る目途なき場合に於ては直ちに対米（英蘭）開戦を決意す。

この御前会議の決定に基づき政府及び陸海軍統帥部は、それぞれ外交及び対米戦争準備を進めた。永野修身軍令部長、山本五十六連合艦隊司令官等は、真珠湾攻撃計画を作成し、九月二日から十二日にかけて図上作戦演習を行った。一方、対米交渉はなかなか進捗しなかった。

九月二十五日、大本営・政府連絡会議に於て、陸海軍統帥部が政府に対して、対米交渉の成否の見通し及び和戦の決定を十月十五日までにするよう要望した。

九月二十六日、近衛首相が木戸幸一内大臣を訪ね、〝陸軍がどうしても十月十五日に戦争を始める積りなら自分には自信がないから首相の職を辞めるより仕方がない〟と語った。これに対して木戸は〝九月六日の御前会議を決定したのは君ではないか、あれをそのままにして止めるということは無責任だ〟と近衛首相を責めた。

十月四日、政府は、ハル米国国務長官による十月二日付けの口上書を受け取った。米国は、各国の領土並びに主権の尊重、他国の内政不干渉主義の支持、通商上の機会均等を含む均等原則の支持、平和的手段によるの外太平洋における現状の不変更の四つの原則の確認を要求した。又、従来主張してきた日独伊三国条約の解釈、中国及びその他における兵力の駐留、通商無差別に関する日本政府の見解を明示すべしとした。

ハル国務長官の口上書を受け取った政府は直ちに大本営・政府連絡会議を開き、検討に着手した。引き続き十月八日にも会議をしたがなかなかまとまらなかった。

十月十二日、近衛首相は、日米交渉の成否の見通し並びに和戦の決定について、陸海外務三大臣及び企画院総裁との五相会議を開催した。近衛首相並びに豊田貞次郎外相は、〝交渉の難点は撤兵問題であるが、撤兵問題について日本が譲歩するならば交渉成立の見込みはある。即ち一応はアメリカの要求に従って全面撤兵をすることにし、そして中国との交渉により新たな問題として駐兵することも可能である〟とした。これは明らかに九月六日の御前会議の決定の変更であるが、首相、外相は共に決定変更とまでは言わなかった。

東条陸相は、〝九月六日の御前会議の決定に基づく対米交渉に対し米国の十月二日の回答並びに首脳会談の拒否の態度を見ても、日米交渉の成功の目途はないのではないか。これ以上の継続は徒らに米側の遷延策に乗ぜられるのみである。もし、日本が対米開戦をせねばならぬという場合に立ち到らばこの遷延策に乗れば作戦を著しく制約せられる危険に陥る。今や九月六日の決議に予見せられた決定を為すべき時期に到着したものと思われる〟と発言した。更に〝仮りに米国の要求を鵜呑みにし駐兵を抛棄し完全撤兵すれば如何なることになるか。日本は四年有余に亘りて為したる支那事変を通しての努力と犠牲とは空となるのみならず、無条件退却すれば中国人の悔日思想は益々増長するであろう。共産党の徹底抗日と相待ちて日華関係は益々悪化し、その結果、第二、第三の支那事変を繰り返すや必至である〟と述べた。

及川吉志郎海相は〝外交による成功の目途の有無は総理に一任しようではないか。しかし、日本は今や和戦の関頭に立っている。戦争をするならば今が好機である。もし、開戦するということならば只今これを決められたい。開戦を決定せずして外交妥結の見込みありとし二、三ヵ月も経ちその後に戦争というのでは海軍は困る〟と発言した。

十月十六日、近衛首相は、政権を投げ出す様に天皇に辞表を提出した。十七日、東条英樹が天皇より組閣の命を受け、ここに東条内閣が成立した。東条首相は、十月二十三日より十一月二日にかけてしばしば大本営・政府連絡会議を開き、外交、国力及び軍事に亘る各方面より審議を重ねた。その結果、米国の十月二日の要求に対して対米交渉に関する要領案を決定し、これが十一月五日に開催された御前会議で決定された。

十一月五日の御前会議で決定された「帝国国策遂行要領」は以下の内容となっている（この本文は遺っていないため「東条口供書」による）。一、帝国は現下の危機を打開し自存自衛を完うする為の対米英戦を決意し、別紙要領甲、乙両案に基づき日米外交交渉に依り打開を図ると共にその不成立の場合の武力発動の時機を十二月初頭と定め、陸海軍は作戦準備す。尤も開戦の決定は更にあらためてする。すなわち十二月初めに自動的に開戦となるわけではない。二、独伊との提携強化を図りかつ武力発動の直前にタイとの間に軍事的緊密関係を樹立する。三、対米交渉が十二月初頭迄に成功せば作戦準備を停止す。

陸海軍は、十一月五日の御前会議の決定に基づき本格的な作戦準備を行ったが、作戦準備状況について杉山元参謀総長は軍事参議官会議（十一月四日開催）で次の様に説明した。南方諸方の陸軍は益々増強され、欧州戦争開始直前頃に比すればその兵力は三倍乃至八倍に増強され、その兵力約二十数万、飛行機六百機に達す。対米英戦に対して充当し得るものは約十一個師団である。開戦時機は時日の遷延を許さず成るべく速く、その時機は十二月初頭を希望する。

同じく、永野軍令部長は海軍の準備状況について次の様に説明した。日米交渉が決裂し日米英蘭戦闘となった時の見通しについて、開戦時機を十二月上旬とすれば、第一段作戦及び邀撃作戦には勝利の算多しと確信する。第一段作戦が適当に実施されれば、帝国は南西太平洋における戦略要点を確保し、長期作戦に対応する態勢を確立し得るであろう。

十一月十三日、大本営・政府連絡会議は、〝帝国は迅速なる武力戦を遂行し東亜及び南西太平洋に於ける米英蘭の根拠を覆滅し戦略上優位の態勢を確立すると共に重要資源地域並びに主要交通線を確保して長期自給自足態勢を整う。あらゆる手段を尽して適時米海軍主力を誘致しこれを撃滅するに勉む〃との方針を決定した。

一方、十一月五日の御前会議の決定に基づく外交交渉甲、乙両案については何も進展しなかった。これは、米国政府が日本側外交電報の傍受によって、暗号の解読に成功し、日本政府の意図を常に把握していたからであった。

十一月二十七日、日本政府は米国の「ハル・ノート」なる回答を受け取り、もはや開戦は避ける事ができない事を知り、十二月一日、御前会議に於て対米宣戦を決定した。

十二月八日、東条内閣は米国及び英国に対し宣戦を布告する詔書を公布した。

八日午前六時、大本営陸海軍部は、「帝国陸海軍は本八日未明西太平洋において米英軍と戦闘状態に入れり」と発表した。更に八日午後一時、「帝国海軍は本八日未明ハワイ方面の米国艦隊並に航空兵力に決死的大空襲を決行せり」と発表した。

日本海軍の真珠湾攻撃によって、米国戦艦五隻、駆逐艦三隻等が撃沈又は大破し、戦艦三隻と巡洋艦三隻が損傷、二千三百四十三人の死者が出た。一方、日本陸軍はマレー半島に奇襲上陸し、殆んど妨害を受けることなく上陸部隊は一路シンガポールに向かって南下した。

十一日にはグァム島、二十三日にはウエーキ島、二十五日には香港を占領した。翌年（一九四二年）二月十五日、シンガポールが陥落し、五月七日にはフイリッピンで最後に残ったコレヒドール要塞が陥落した。二月から始まったビルマ作戦では三月八日、ラングーンを占領し、五月一日にはビルマ全域を確保した。

しかし、日本軍の優勢もここまでであった。日本海軍は、東太平洋の覇権を争って、ミッドウェイ攻略とアリューシャン攻略の二面作戦を実行したが、ミッドウェイ大海戦で航空母艦四隻、重巡洋艦一隻、飛行機三百二十二機、兵員三千五百人を失う、大敗を喫した。この敗戦によって日米海空戦力のバランスが完全に逆転してしまい、海軍は積極的な作戦に出る力を失った。しかも大本営は、この敗戦をひたかくしにし、国民に向かって勝利の宣伝しかしなかった。

昭和十七年（一九四二年）十二月七日、大本営は太平洋戦争開始一ヵ年における総合戦果及び損害を発表した。陸軍について、南方およびアリューシヤン方面において、遺棄死体約五万一千、俘虜約三十万三千、中国大陸において、遺棄死体約二十八万、俘虜約十二万三千、日本側戦死者二一一七〇名。海軍について、敵艦艇損害日本側の六倍余、喪失飛行機正に六・八倍、船舶撃沈破四百十六隻〔昭和十七年十二月八日付読売報知新聞〕。

米軍は、南太平洋においても反攻に転じた。昭和十七年八月には、ソロモン群島のガダルカナルとツラギに上陸した。日本軍はガダルカナル島奪回のため陸軍延べ二個師団半を送ったが、殆んど全滅し、軍艦三十八隻、第一線飛行機と使用した輸送船の大半を失った。日本軍は、昭和十八年（一九四三年）二月にガダルカナル島を放棄して退却したが、軍部はこれを退却ではなく〝転進〟と発表した。日本兵の戦死及び戦病死は、一六七三四名であった。

四月二十二日、〝尽忠の英霊今ぞ神鎮る〟招魂の儀が靖国神社で執り行われ、東条陸相が遺族を前に次の挨拶を行った。

今日聖戦下第三回目の臨時大祭を執り行はせられ満州事変及び支那事変において御国のために命を捧げられました一万九千九百八十七柱の神々を靖国神社にお祀り遊ばされ特に明廿三日には勅使を御差遣になりますことは誠に恐れ多い極みでありまして皆様と共に大御心の有難さに感泣致す次第であります。（中略）身命を君国に捧げて御奉公致すことは我々日本国民の生れ乍らの尊き覚悟であり誇りでありまして又この上もない光栄なのであります、まして護国の神として靖国神社にお祀りせられ永く上皇室の御手厚い御待遇を賜はり国家よりは丁重なる御祭を下一億国民よりは限りなき尊崇を受けられるのでありましてこの光栄と感激をお考へになる時御身内を喪はれました悲しみの中にも尊き御満足を得られると存じます（昭和十八年四月二十三日付読売報知新聞〕。

五月三十日、十二日以来、アリューシャン列島アッツ島に上陸した米軍との間で激戦を交えていたアッツ島守備隊が、壮烈なる攻撃を敢行し、二千余名全員が玉砕したと発表された。三十一日付大阪毎日新聞は、「忠烈の極・アッツ島守備隊」「全員最後の肉弾突撃」「敵六千を殪して玉砕」「一億・誓って仇を討て」と報道した。

六月九日、日比谷公会堂で、大政翼賛会、東京・大阪両市、朝日・読売・毎日各新聞の後援のもとに「米英撃滅決戦国民大会」が開かれ、〝今や一億国民挙げて尽忠報国の赤誠を結集しもって最後の勝利に邁進すべき時〟と宣言した。

六月十六日、東条首相は、帝国議会に於て次の施政演説を行った。

（略）戦果を挙ぐる為に幾多の勇士は大君の御楯として戦場の華と散り、護国の神となられてゐる、殊に山本連合艦隊司令長官の南方最前線における壮烈なる戦死、また山崎部隊長以下将兵のアッツ島における悲壮なる玉砕は強く我等国民の胸を打ったのである、悠久の大義に生き壮烈鬼神を泣かしむる幾多義烈の将兵の最期に思ひを致し、日本国民たる者誰一人として此等勇士に続かんと決起せざるものはないのである、敵を撃滅せずんば止まざるの覚悟を愈々新にせざるものはないのである、此等の勇士あり、また此等勇士に続くものあればこそ大東亜戦争は必ず勝つのである、（略）〔昭和十八年六月十七日付読売報知新聞〕。

九月八日、日本、ドイツと盟約関係にあるイタリアが米英連合軍に対して、無条件降伏の受諾を正式に発表した。

九月二十二日、東条首相は〝一切を大君の御ために捧げまつる尽忠の至誠こそは日本国民の特性であり皇国必勝の根源である〟と国民に向かって放送を行った〔昭和十八年九月二十三日付大阪毎日新聞〕。

九月二十五日、靖国神社秋季臨時大祭を前に、新たに靖国神社に合祀される英霊総計一万九千九百九十二柱が発表されたが、この中にはハワイ真珠湾攻撃の九軍神をはじめ、マライ、フイリッピンの敵前上陸の勇士など八百八柱も含まれていた〔昭和十八年九月二十六日付大阪毎日新聞〕。

十月二十一日、明治神宮外苑競技場に於て出陣学徒壮行会が行われ、都下および神奈川、埼玉、千葉三県の出陣学徒部隊が執銃帯剣の姿で整列した。東条首相は〝国難を克服突破すべき総力決戦の時期が到来した〟と激励の訓示を行った。又「女子勤労挺身隊」の結成要綱が決定され、二十五歳未満の未婚女子が軍需生産工場に動員される事になった。

十二月七日、大本営は陸海軍の総合戦果を発表した。陸軍（過去一ヵ年間）について、南方及びアリューシャン方面において、敵死並びに俘虜・帰順十九万三千、中国大陸において敵死並びに俘虜・帰順四十一万四千、日本側戦死者三二九六二名。海軍（開戦以来）について、敵兵の損害五十万、船舶撃沈破六百七十七隻、飛行機撃墜五千百五十八機（昭和十八年十二月八日付読売報知新聞）。

昭和十九年（一九四四年）三月三日、米空軍の猛爆にそなえて、政府は、都市疎開を最短期間で完了させるために一般疎開促進要綱、帝都疎開促進要目を決め、更に京浜地区の人員疎開の強化促進を実施した。又、非常用衣食住物資の備蓄強化を図った。

六月十五日、マリアナ諸島を攻略中の米軍がサイパン島に上陸し、一ヵ月近くにわたって凄絶な地上戦を続けたが、七月十六日迄に二万七千の日本軍守備隊全員が戦死した。同時に婦女子を含む多くの非戦闘員も自決等運命を共にした。又、地上戦に先出って実行されたマリアナ沖海戦では、航空母艦三隻を喪失した。

七月十八日、大政翼賛会は、サイパン守備隊と在留民の悲壮なる死に一億の憤怒はその極に達したとして、全国民に対し一斉に宮城を奉拝し、米英を撃滅し、もって天壌無窮の皇運を扶翼する事を誓おうと発表し、翌日実行した。十八日、東条内閣が総辞職した。

九月七日、小磯国昭首相は、臨時議会に於て〝敵の本土上陸をも考慮すべき現段階においては真に総力を結集し一切を捧げて国体を護持するの一念に燃え、あくまで戦い抜く決意を新たにし斎戒神に祈り人事の限りを尽くすべきである〟と施政演説を行った〔昭和十九年九月八日付大阪毎日新聞〕。

十月二十四、二十五日、日本海軍は米国のレイテ島上陸を阻止するために、米輸送船団を攻撃したが、連合艦隊の航空母艦三隻、戦艦「武蔵」を含め参加艦艇はほぼ全滅した。このレイテの戦いで、日本海軍は、敵艦に体当たりする神風特攻隊を初めて使ったが、敗戦までに出動した特攻機は二千四百八十三機に上った。

十一月二十四日、マリアナ諸島より米軍機B二九が七十機内外飛来し、東京附近を空襲した。十二月十八日、B二九約七十機が名古屋附近を空襲する等、完成したマリアナ基地からの空襲が多くなった。

昭和二十年（一九四五年）一月四日、小磯内閣は、防空態勢の強化、軍需増産の徹底強化、食糧の飛躍的増産と自給態勢の強化、勤労態勢の強化と国民皆働動員等の五大決戦施策を決定し、強力に押し進めた。

二月十九日、米軍が硫黄島に上陸し凄絶なる激戦が続いたが、二万三千の日本軍が玉砕することになる。

二月二十五日、米艦上機六百機が関東へ襲来、B二九、百三十機が東京を盲爆し、三月九日の東京大空襲ではB二九、百五十機が下町を中心に爆撃し、一夜にして約十万人が焼死した。三月中の本土爆撃は四千二百五十七機に上った。

三月二十五日、米軍機動部隊の一部が沖縄（慶良間列島）に上陸し、三十一日には米主力軍が沖縄本島に上陸を開始し、決戦段階に突入した。

本土決戦に備えて、四月七日、文部省は、学徒に手榴弾投擲、銃剣術、剣道等の白兵戦技を習熟させて敵への斬り込み戦術を体得させる〝学徒体錬特別措置要綱〟を発表した〔昭和二十年四月八日付大阪毎日新聞〕。

四月十三日、鈴木貫太郎内閣は、前内閣が決定した国民義勇隊組織について、次の附議決定を行い発表した。「状勢急迫せば戦場となるべき地域の国民義勇隊は軍の指揮下に入りそれぞれ郷土を核心とし防衛、戦闘などに任ずる戦闘隊（仮称）に転移するものとし、これが発動は軍管区司令官、鎮守府司令長官、警備府司令長官の命令による」〔昭和二十年四月十五日付大阪毎日新聞〕。

四月二十八日付大阪毎日新聞は〝沖縄義勇隊、子供も手に手に竹槍、婦人も要塞を構築〟と報道した。

五月三日、鈴木首相は、〝我に万全の備へ〟〝聖戦飽くまで完遂〟と国民の奮起を要請した〔昭和二十年五月四日付東京朝日新聞〕。

六月には沖縄決戦が終了したが、全島が焦土と化し、日本軍の死者十万、他に一般国民十五万が戦火に倒れ、「ひめゆり部隊」の女学生、その他老幼婦女子の自決等をまきこんだ悲惨な戦いとなった。

七月二十六日、アメリカ・イギリス・中国は、日本の戦後処理方針と日本軍の無条件降伏を勧告するポツダム宣言を発表した。

日本政府が対応に苦しんでいる間に、アメリカは八月六日、広島に原子爆弾を投下し、ついで九日、長崎にも投下した。遂に御前会議は、天皇の裁断によってポツダム宣言の受諾を決定し、八月十五日、天皇のラジオ放送で戦争は終結した。

以上で太平洋戦争について精査を終えるが、精査の結果を次の様に要約する事にする。

太平洋戦争は、二分化された国家権力、即ち国務に関する事は内閣、軍事に関する事は陸海軍統帥部、更に両権力の上に内閣・統帥部を調整する御前会議を置いて遂行された。同時に、戦争遂行体制の精神的支柱には「国体」観念が据えられた。東条首相による〝捧げまつる尽忠の至誠こそは日本国民の特性であり、皇国必勝の根源である〟との演説や、小磯首相による〝真に総力を結集し一切を捧げて国体を護持するの一念に燃え、あくまで戦い抜く決意を新たにし〟等にそれが表出している。又、太平洋戦争勃発前の近衛、平沼、阿部、米内等歴代首相の戦争政策の支柱にも「国体」観念があった。更に戦争を遂行した国家体制と一体化したのが靖国神社であった。戦争によって命を亡くした者を靖国神社に神として祀り、天皇並びに政府により大祭を以て尊崇される事は光栄な事であるとの規範が国民に訓育されていたのである。又、〝臣道実践〟を綱領とする国民組織、大政翼賛会と、朝日、読売、毎日等の新聞が国民を米英撃滅へと駆り立てる役割を担ったのである。

従って、太平洋戦争は、「国体」観念を掲げる歴代首相等政治家、軍部によって遂行されたと共に、「国体」観念を強制注入された、全ての国民がマインドコントロールされた下で遂行された戦争であったのである。戦争の結果、非戦闘員を加えて合計三百万人以上の人命が喪失し、ほぼ千五百万人が家を失い、財産を焼失し、国土は到る所が廃墟となり、更に戦争は、中国を初めとするアジアの人々に筆舌に尽くせぬ苦痛と損害を与えたのであった。

第二十章　条件反射論と神経科学

条件反射論に基づき日本近現代史の解明を終えた所で、条件反射論を現在の神経科学と照合してみることにする。

パヴロフは、条件反射形成のための基本的条件として次の条件を挙げている。

一、以前に無関係であった要因の作用と、一定の無条件反射を引き起こす無条件要因とが時間的に一致して作用する事。

二、条件反射の形成に当たって、無関要因は、無条件刺激の作用よりいくらか先行しなければならない。

依ってパヴロフの条件反射論では、無条件反射の取り扱いが極めて重要な意味を持つため、探索反射、防御反射、社会と共存する事ができるか否かの反射、食餌反射について、その神経回路を究明する事にする。尚、神経回路の究明は、ジョゼフ・ルドゥー著「シナプスが人格をつくる」に基づいて行う。

探索反射

外界からの情報は感覚系を通じて脳に入る。感覚系は新皮質に信号を伝え、新皮質で対象物や事柄の感覚的表象がつくられる。次に新皮質の感覚系のそれぞれからの出力が、海馬周囲領域と呼ばれている皮質嗅周囲領域（皮質内嗅野・皮質嗅周囲野・皮質海馬周囲野）に集約され、そこで様々な種類の感覚（五感）からの情報が総合されて海馬そのものに送りこまれる。海馬と海馬周囲領域は、側頭葉内側部記憶システムと呼ばれる。海馬には多くの複雑な回路があって、入ってくる信号の処理に参加しているが、海馬の中を走る主幹回路である三シナプス性回路と呼ばれる回路はとりわけ重要だ。三シナプス性回路は皮質内嗅野から海馬の入力領域（歯状回）へ、そこからほかの領域（CA3領域とCA1領域）へ、最後に出力領域（海馬台）へと信号を伝え、出力領域から皮質内嗅野へと投射が行われる。

海馬と新皮質の間の接続は多少とも双方向的となっている。その結果、情報を新皮質から皮質内嗅野へ、そして海馬へと運ぶ経路は、海馬から皮質内嗅野に出て入力を生み出すのと同じ新皮質で終わる鏡像のようになっている。内嗅野は収束ゾーンとして働く。つまり五感からの情報を総合して、情報が処理される、それぞれの感覚から独立した表象を創造する脳領域となっている。その結果、目に映るもの、音、匂いが一緒になって、ある状況全体の記憶となる。海馬は数箇所の内嗅野収束ゾーンからの入力を受けるので、いわば超収束ゾーンとなり、海馬領域は記憶の長期的貯蔵に参加する。

最近になって、ＰＥＴ（陽電子放射断層検査）やＭＲＩ（磁気共鳴影像法）のスキャンなどで神経活動が測定できるようになると、ヒトが一時的情報貯蔵や実行機能を必要とする課題を遂行している時には、前頭葉の神経活動が増していることがわかった。前頭葉（前頭葉は脳の右半球にも左半球にもある）は大きく、ヒトの脳の体積の約三分の一をしめる。すべての哺乳類は前頭皮質をもっている。だが、殆んどの動物にとって、そのおもな仕事は運動制御だ。皮質の前頭前野は運動を制御する領域の前に位置し、霊長類でとりわけよく発達している。ワーキングメモリーにはこの部分がかかわっていると昔から考えられてきた。ワーキングメモリーとは、五感から入力された情報を一時的に貯え、それらの情報に比較・対照・統合その他の認知的操作が加えられるメモリーをいう。

ワーキングメモリーその他の認知プロセスの研究には、視覚刺激が用いられることが多い。以下、ワーキングメモリーについてのある見方を記す事にする。

大脳皮質での視覚処理は後頭葉（大脳皮質のいちばん後ろの部分）にある第一次視覚野にはじまる。この領域は視床視覚領域から視覚情報を受けとり、処理して、ほかの様々な皮質領域にその出力を分配する。レスリー・アンガーライダー、セマー・ゼキ、デヴィッド・ヴァン・エセンによる研究は、皮質の視覚処理経路の解明に大いに貢献した。これらの回路は非常に複雑だが、視覚処理の二つの大切な側面についての理解はかなり深まっている。アンガーライダーとモーティマー・ミシュキンの功績で、この二つは「何」視覚経路と「どこ」視覚経路として知られるようになった。「何」経路は対象の認識にかかわっており、「どこ」経路はその対象が外界においてほかの刺激との関係でどのような空間的位置にあるかを認識することにかかわっている。「何」経路は第一次視覚野から側頭葉へと伝わる情報の流れに対応し、「どこ」経路は第一次視覚野から頭頂葉へと至る。頭頂葉の「どこ」経路の最終段階は直接、皮質前頭前野に接続している。

ゴールドマン＝ラキッチ、ホアキン・フスターの両研究室は、サルが遅延反応課題そのほか、一時的貯蔵を必要とする課題を果しているときの前頭前野ニューロンの電気活動を調べた。すると、この領域のニューロンが遅延期間のあいだ、非常に強く活動することが記録された。このことから、これらの細胞は刺激が存在しないあいだ、刺激情報を一時的に貯蔵することにかかわっているかもしれないと考えられる。そのうえ、遅延期間には頭頂葉の「どこ」処理領域も活動している。サルが報酬の空間的位置を覚えていられるのは、頭頂葉の「どこ」領域と皮質前頭前野の相互作用のおかげかもしれない。

側頭葉の「何」領域も前頭前野と接続している。そこで、アール・ミラーとロバート・デジモンは、サルが二つのよく似た刺激のどちらが報酬とつながりがあるかを記憶していなくてはならないあいだ、「何」視覚経路の細胞と前頭前野の細胞がともに興奮しているのではないかと考えた。この実験では、「何」情報の流れがかかわるよう、報酬は特定の刺激とペアにされた。彼らは遅延期間のあいだ、前頭前野の細胞と側頭葉の「何」処理領域の細胞がともに活動していることを発見した。

そういうわけでワーキングメモリーでの視覚情報の保持は、皮質視覚野の特化された領域と前頭前野とのあいだのシナプス経路を情報が流れていくことにかかっているように思われる。特化された視覚領域からの経路は前頭前野に「何」があって「どこ」に位置するのかを教える。しかもこれらの経路は両方向性の通行道路だ。前頭前野は皮質視覚領域へ戻っていくシナプス経路によって、視覚領域に、ワーキングメモリーで処理されている対象と空間的位置に注意を注ぐよう指示を与える。ゴールドマン＝ラキッチとリズ・ロマンスキーの近年の研究により、聴覚的ワーキングメモリーでも聴覚処理の流れと前頭前野との間に同様な関係があることがわかった。

細胞やシナプスのレベルで、ワーキングメモリーはどのように機能するのだろうか。このプロセスはまだ十分に解明されていないが、少なくとも証拠をつなぎあわせて説明を試みることはできる。

前頭前野はほかの新皮質領域と同様、六層からなっている。そしてほかの領域同様、中ほどの層が他領域からの入力を受けとることが多く、深い層が他領域へ出力を送ることが多い。だから「何」処理や「どこ」処理にかかわる領域など他の皮質領域からの軸索は前頭前野の中間の層の細胞とシナプスをつくる。そしてこれらの入力細胞は深い層の細胞に投射し、深い層の細胞は中間層に戻る経路や、皮質または皮質下のほかの領域（とりわけ運動制御にかかわり、したがって行動反応にかかわる領域）への経路に出力を送り出す。前頭前野への入力伝達や前頭前野からの出力伝達、あるいは、前頭前野の同じ層の細胞間の伝達や異なった層の細胞間の伝達—これらすべては、シナプス前から放出されたグルタミン酸がシナプス後の受容体に結合することによって可能になっている。

ワーキングメモリーにかかわる前頭前野は、前頭前野外側部、前頭前野内側部（前帯状回）、前頭前野腹側部（眼窩回）が相互に接続してネットワークを形成している。更に、前頭前野内側部（前帯状回）と前頭前野腹側部（眼窩回）の領域は、扁桃体と直接接続している。

扁桃体は、脳幹覚醒システムと接続している。脳幹にあるドーパミン細胞は前頭前野の回路の全側面を調節し、興奮を増強または促進する。個体がある課題に従事しているあいだ、ずっとワーキングメモリーが刺激を保持していられる基盤には、この回路の広範な興奮性投射とドーパミンによる増強作用があると思われる。運動システムの出力はドーパミン細胞を抑制する。いったん行動が生み出されたら、ドーパミンによる促進作用は終わり、ワーキングメモリーは解放されてほかのことにとりかかれる。

以上で、「シナプスが人格をつくる」に基づいて行った探索反射の究明を終えるが、その回路は次の様に要約できる。

探索反射は、「外界情報―視床感覚領域―皮質感覚野―皮質前頭前野（ワーキングメモリー）―扁桃体―扁桃体中心核―脳幹覚醒システム…身体の生理的変化の誘発」の回路と、「外界情報―視床感覚領域―皮質感覚野―側頭葉内側部記憶システム―皮質前頭前野（ワーキングメモリー）―扁桃体―扁桃体中心核―脳幹覚醒システム…身体の生理的変化の誘発」の回路で成っている。

防御反射

恐怖情報は、視床感覚領域を通して扁桃体外側核へ到達する。又、視床感覚領域から皮質感覚野を通って、扁桃体外側核に到達する回路もある。更に、皮質感覚野から海馬に達し、海馬で処理された情報が扁桃体基底核へ出力される回路もある。扁桃体は扁桃体外側核、扁桃体基底核、扁桃体中心核で構成され相互に接続している。扁桃体外側核に入力された恐怖刺激、並びに扁桃体基底核に届いた情報が扁桃体中心核に出力され、更に脳幹の反応制御システムへ出力されると、防御反応の表出（すくみ行動）とそのもとになる身体の生理的変化（血圧上昇や心拍数増加、ストレスホルモンの分泌等）が起こる。

以上が、「シナプスが人格をつくる」に基づく防御反射の究明結果であるが、連関図にすると次の様になる。

防御反射には「恐怖情報─視床感覚領域─扁桃体外側核─扁桃体中心核─脳幹の反応制御システム…防御反応、身体の生理的変化」の回路と、上記回路の視床感覚領域の後に皮質感覚野を挿入した回路がある。この他「恐怖情報─視床感覚領域─皮質感覚野─側頭葉内側部記憶システム（海馬周囲領域─海馬）─扁桃体基底核─扁桃体中心核─脳幹の反応制御システム…防御反応、身体の生理的変化」の回路がある。又上記三種類の回路には、前頭前野内側部が扁桃体と接続して恐怖反応を制御する回路が配されている。

社会と共存する事ができるか否かの反射

パヴロフは、無条件反射として〝生存できるかどうかの反射〟を挙げているが、筆者は別に〝社会と共存する事ができるか否かの反射〟を挙げる。その理由は、人間が社会とコミュニケートするためには言語を必要とする故に、「記憶」機能システムの維持、拡充が社会と共存するための必須要件であると考えたからである。

外界についての情報は感覚系を通じて脳に入る。感覚系は新皮質に信号を伝え、新皮質で対象物や事柄の感覚的表象がつくられる。次に新皮質の感覚系のそれぞれからの出力が、海馬周囲領域に集約され、そこで様々な種類の感覚（五感）からの情報が総合されて海馬そのものに送りこまれる。処理された信号、つまり記憶はそのあと海馬周囲領域を通って皮質のシステムに貯えられ、海馬はその貯蔵システムに指示を与えるのに必要であると多くの研究者は考えている。

次の様な仮説がある。記憶は当初、海馬に起きたシナプス変化によって貯蓄される。刺激となった状況のある側面が再び起こると、海馬が関与して、最初の刺激の時に起こった皮質の活性化パターンが再現される。再現のたびに皮質のシナプスが少しずつ変化する。再現は海馬に依拠しているので、海馬が損傷されると最近の記憶が損なわれる。しかしすでに皮質に確立している旧い記憶は影響を受けない。旧い記憶は何度も記憶が再現されて、皮質のシナプスの変化が積み重なった結果であり、皮質の変化のペースが遅いため、新しい知識の習得が皮質に確立された旧い記憶に影響を与えることはない。やがて皮質に於ける記憶の痕跡は自給自足的になり、その時点で記憶は海馬から独立する。

ジョナサン・ウィルソン、ジャージー・バズサキ等の研究者達は、記憶の定着は眠っている間に起こる、とりわけ、情報が間隔をあけて皮質のネットワークに少しずつ入っていくのは、睡眠中の出来事だと考えている。近年の研究はこの考えを裏づけている。

一九六〇年代なかば、オスロのペール・アネルセンの研究室で博士論文に取り組んでいたテリエ・レモは、偶然すばらしい発見をした。ウサギの海馬に向かう神経線維に高頻度の電気的刺激を短時間与えると、海馬のシナプス反応が劇的に増し（単発刺激に対する電気的反応が高頻度刺激を与える前より大きくなり）、しかもそれが長く続く事に気づいたのだ。海馬はヒトの記憶に関係していると考えられている領域だ。これは記憶研究史上、実験による発見の最重要なものの一つだが、レモがその結果を一九六六年の学術会議で報告した時は、彼の言葉によればまったく「無反応」だったそうだ。数年後、アネルセンの研究室で、レモとティム・ブリスは、レモが以前に気づいた電気刺激が海馬のシナプス伝達にもたらす効果を研究した。そして一九七三年、二人は長続きする増強現象に関する論文を発表した。長続きする増強現象は、いまでは長期増強（ＬＴＰ）と呼ばれている。

ブリスとレモの実験では、海馬に入っていく神経経路に刺激を与える電極が入れられ、記録する電極は海馬そのものに差しこまれた。彼らは単発の電気刺激を経路に送りこみ、シナプス後ニューロンの電気応答を記録した。この応答は以後の実験結果について判断する基準となるものだ。次に彼等は増強刺激—高頻度の短時間の電気刺激—を送りこんだ。それから、再び単発刺激でのテストをはじめ、数時間のあいだ定期的な間隔で繰り返した。重要な発見は、高頻度の短時間の刺激の後、シナプス応答が基準の応答と比べて強くなり、しかもその効果が数時間持続することだった。ブリスとレモがシナプス後の応答に長続きする効果を得たのは、ニューロン経路を電気的に刺激することによってであり、動物に何かを学ばせたわけではなかったが、二人には自分達が特定したものが、環境の刺激によって生み出された神経活動をシナプスの効率性の変化に変えるメカニズム—経験についての情報を記録し、貯えるのに用いられるメカニズムらしいと気づいていた。そしてこの発見が海馬でなされたという事実から、シナプス伝達の効率の変化が、記憶を説明するのではないかという確信が一層強まった。

ブリスとレモは、生きている動物の脳からとった海馬を薄い切片にして、その領域に電極をつけ、塩水につけたもので実験を行った。無数の科学者が海馬のＬＴＰの研究にむらがり、次第にＬＴＰの性格がわかってきた。

ＬＴＰが、刺激された経路に対して特異的であることを示した。二人はまず同じシナプス後ニューロンに対して活動を誘発する二つの異なる経路を刺激した。そして次にその経路の一方にだけ増強刺激を与えた。いずれの経路もそのシナプス後細胞の活動を誘発するが、増強された経路だけが変化した。つまり一つの経路に増強刺激を与えても、シナプス後細胞の全てのシナプスが自動的に変化するわけではなく、刺激されたシナプスだけが変化するのだ。

ＬＴＰの連合性が示唆されたのは、チップ・リーヴィとオズワルド・スチュアートの研究であった。即ち、強い刺激入力がシナプス後細胞を活性化している時に弱い刺激入力が到達すると、強い経路だけでなく弱い経路にもＬＴＰが起こった。ヘッブが予言したように、シナプス後細胞が活動している時に弱い入力が到達すると、弱い入力の経路とシナプス後細胞の間の接続が強化されるのだ。

脳はどのようにして可塑性を達成するのだろう。言いかえると、シナプス前細胞とシナプス後細胞の同時活動性はどのようにして記録され、貯蔵されるのだろう。

一九八〇年代なかばの二つの発見によって、このプロセスの解明が始まった。一つ目の発見は、グレアム・コリングリッジによるもので、特定のタイプのグルタミン酸受容体をブロックすると、シナプス伝達には影響がないが、ＬＴＰの誘発が妨げられることを示した。二つ目の発見はゲーリー・リンチとロジャー・ニコルが達成したもので、彼らはそれぞれ独自に活動電位が生じている時に、シナプス後細胞でのカルシウムの増加を妨げるとＬＴＰが生じないことを示した。この二つの発見は、相互補完的なものだ。

興奮性神経伝達物質であるグルタミン酸がシナプス前終末から放出されシナプス後の受容体と結合すると、シナプス後細胞の発火の可能性が高まる。実はグルタミン酸受容体には数種類の異なった受容体があり、それぞれ異なる役割を担っている。その一つ（ＡＭＰＡ受容体）は通常のシナプス伝達にかかわっており、別の一つ（ＮＭＤＡ受容体）はシナプス可塑性にかかわっている。

シナプス前で放出されたグルタミン酸は、ＡＭＰＡ受容体にも行けるし、ＮＭＤＡ受容体にも行ける。グルタミン酸のＡＭＰＡ受容体との結合は、シナプス後細胞に活動電位が発生するよう促す主要な手段の一つであり、細胞の発火は、通常ＡＭＰＡ受容体へのグルタミン酸結合により引き起こされる。対照的に、シナプス前から放出されたグルタミン酸がシナプス後細胞のＮＭＤＡ受容体に到達しても、最初は何の効果も生じない。受容体の一部がブロックされているからだ。しかしＡＭＰＡ受容体との結合によって、グルタミン酸がシナプス後細胞を活性化させると（シナプス後細胞に活動電位を発生させると)、ＮＭＤＡ受容体のブロックが除かれ、グルタミン酸がＮＭＤＡ受容体のチャンネルを開いてカルシウムが細胞内に入れるようになる。その結果ＬＴＰが起こる。

今、ここで考えたいのは、カルシウムがＮＭＤＡ受容体を通って細胞内に入ることが「なぜ」弱い入力と強い入力の間に連合を形成する手段となるのかという問題だ。弱い入力経路での活動の結果、グルタミン酸が放出され、グルタミン酸はシナプス後受容体と結合する。しかしその結合は弱いので、その入力が単独でシナプス後細胞に活動電位を生じさせることはできない。だが、強い入力経路でのシナプス活動がシナプス後細胞を活性化すると、シナプス後細胞のＮＭＤＡ受容体のブロックがはずれる。つまり、弱い入力経路にあるＮＭＤＡ受容体もブロックがはずれる。だからこの時に弱い入力経路がグルタミン酸を放出すると、強いシナプスと弱いシナプスの両方のＮＭＤＡ受容体がグルタミン酸と結合できるようになり、ＮＭＤＡ受容体を通ってカルシウムが流れこみ、弱いシナプスが強化される。

要するにＮＭＤＡ受容体がＬＴＰを生じさせる理由は、ＮＭＤＡ受容体が同時活動を検知する係だということだ。ＮＭＤＡ受容体はシナプス前ニューロンとシナプス後ニューロンが同時に活性化しているのを記録することができる。もっと具体的に言うと、ＮＭＤＡ受容体は、シナプス後細胞が発火したとき、厳密にどのシナプス前入力が活動していたかを細胞に記録させる。この入力特異性こそ、連合性の鍵であり、まさにＮＭＤＡ受容体が発見される何十年も前にヘッブが予見したものなのだ。

グルタミン酸の受容体への結合は、短い出来事でありせいぜい数秒しか続かない。だが記憶は往々にして一生持続する。従って、ＮＭＤＡ活動によってシナプス変化が持続するためには、化学プロセスが必要となるが、シナプス後細胞へのカルシウム流入により、数種のキナーゼと呼ばれる酵素が活性化される。これらが活性化されると、遺伝子転写因子ＣＲＥＢを活性化させ、ＣＲＥＢは遺伝子発現を引き起こす。そしてタンパク質が合成され、細胞中に運ばれる。

シナプス可塑性の分子的基礎については未解決の謎も多く残っているが、少なくともＮＭＤＡ受容体、カルシウム、数種のキナーゼ、ＣＲＥＢにより活性化される遺伝子群、タンパク質合成などが関係していることはほぼ確実だ。

結局、ＬＴＰやＮＭＤＡ受容体、キナーゼ、ＣＲＥＢは記憶にどうかかわっているのだろうか。記憶におけるＮＭＤＡ受容体の役割を裏づける最初の証拠は、リチャード・モリスの実験による。モリスはＮＭＤＡ受容体だけを選択的にブロックし、ＡＭＰＡ受容体や脳機能のその他の側面には影響を与えない薬剤を使った。彼はラットの海馬に浸透するようにこの薬を脳内に注射した。それからそのラットたちを、彼の有名な水迷路―ラットの海馬が空間記憶にかかわっていることを示すのに好適な課題―でテストした。テストの結果、海馬ＬＴＰと海馬記憶とは関係がありそうだという結論が下された。この重要な観察結果を追って、沢山の研究が行われ、海馬ＬＴＰと海馬依存記憶とが同じ様な分子メカニズムによって働くという考えはかなり裏づけられている。両者の類似は強力だが、完全とは言えない。

いかにしてシナプスが記憶をつくるかが完全にわかるまで先は長いが、少なくともＬＴＰはこの問題を追求するための有効な手段だったし、今でもそうだ。

以上で「シナプスが人格をつくる」を基に〝社会と共存する事ができるか否かの反射〟について究明を終えるが、その回路は次の様に要約できる。

社会と共存する事ができるか否かの反射は、「外界情報―視床感覚領域―皮質感覚野―側頭葉内側部記憶システム〔海馬周囲領域―海馬〕―扁桃体―扁桃体中心核―脳幹覚醒システム…側頭葉内側部記憶システム」の回路と、「外界情報―視床感覚領域―皮質感覚野―皮質前頭前野〔ワーキングメモリー〕―扁桃体―扁桃体中心核―脳幹覚醒システム…ワーキングメモリー」の回路で成り立っている。尚、上記の両回路は長期記憶の貯蔵場所と接続しているが、その場所はまだ確定されていない。

食餌反射

味覚受容器による味覚情報はまず延髄孤束核の領域を通る。延髄孤束核は味の好き嫌いにかかわる領域で、内臓から神経線維が配され、胃腸の様々な状態を知らせる。次に味覚情報は視床味覚領域を通って皮質味覚野に達する。皮質味覚野の領域は、味の強さ、味質の認識に関与している。視床味覚領域、皮質味覚野はいずれからも扁桃体中心核に神経線維が配され、損傷実験によって、皮質味覚野と扁桃体中心核に損傷があると、条件づけ味覚嫌悪（病気になる前に最後に食べた食物を激しく嫌うようになる行為）が妨げられることがわかっている。扁桃体中心核からは視床下部に達する経路があり、視床下部外側に位置する視床下部外側野は、摂食中枢として摂食行動とそれに付随する消化管活動の発現を促している。摂食中枢は迷走神経の活動を促し、唾液、胃酸、インスリン分泌を促進する。以上が「シナプスが人格をつくる」に基づく食餌反射の究明結果であるが、連関図にすると次の様になる。

食餌反射は「味覚受容器—延髄孤束核—視床味覚領域—皮質味覚野—扁桃体中心核—視床下部」の回路と、「味覚受容器—延髄孤束核—視床味覚領域—扁桃体中心核—視床下部」の回路で成っている。

以上で、パヴロフの条件反射論にある探索反射、防御反射、社会と共存する事ができるか否かの反射（筆者がとり上げた）、食餌反射等について神経回路の究明を終えたが、その結果から次の理論を導いた。

パヴロフの条件反射論では、条件刺激となる要因の性質について〝無関係な要因から容易に形成されるが、生体の外部及び内部の無数の変動が条件刺激となることができる〟としている。更にパヴロフは、無条件刺激も条件刺激に転化できるとした。ただ、一つの反射の無条件刺激を局外の反射の条件刺激に転化できるのは、第一の反射が生理学的に第二の反射より弱く、生物学的重要性が低い時にだけ可能となると一定の条件をつけている。

パヴロフは、無条件刺激を条件刺激に転化できる例として、〝傷害刺激として皮膚に与えられた電流刺激、それによる皮膚の傷と火傷〟の例をあげている。皮膚に与えられた電流刺激は、防御反射の無条件刺激である。生体はこれに対して強い運動反応で答え、この刺激から離れようとし、あるいはまたそれをとり除こうとする。しかしこの刺激によって別の種類の条件反射を形成させることができる。危害を加える刺激が食餌反射の条件刺激となるのである。皮膚にきわめて強い電流が流されても防御反射はあとかたもなく、その代わりに食餌反応が出現し、動物は向きを変えて餌の与えられる方向に身体を伸ばし、舌なめずりをして大量の唾液を流した。この条件反射が形成されたのは、皮膚の障害に対する防御反射が生理学的に食餌反射より弱く、生物学的重要性も低いので可能となった。

ここで、前述したヒトの防御反射の回路と、食餌反射の回路を取り上げる事にする。

ヒトの防御反射は「恐怖情報―視床感覚領域―扁桃体外側核―扁桃体中心核―脳幹の反応制御システム…防御反応、身体の生理的変化」の回路と、上記回路の中の視床感覚領域の後に皮質感覚野を挿入した回路がある。この他「恐怖情報―視床感覚領域―皮質感覚野―側頭葉内側部記憶システム〔海馬周囲領域―海馬〕―扁桃体基底核―扁桃体中心核―脳幹の反応制御システム…防御反応、身体の生理的変化」の回路がある。尚、上記三種類の回路には、前頭前野内側部が扁桃体と接続する回路が配されている。

ヒトの食餌反射は「味覚受容器―延髄孤束核―視床味覚領域―皮質味覚野―扁桃体中心核―視床下部」の回路と、「味覚受容器―延髄孤束核―視床味覚領域―扁桃体中心核―視床下部」の回路で成っている。

両反射の回路を詳しく見ると、全て扁桃体中心核を経由している事に気付く。即ち、ヒトの防御反射と食餌反射は扁桃体中心核で交差しているのである。この発見は極めて重要である。何故ならパヴロフが挙げた、防御反射の無条件刺激を食餌反射の条件刺激に転化した条件反射の成立を、次の様に置き換える事ができるからだ。即ち、犬の防御反射、食餌反射の両回路がヒトの両回路と同じであるとして、防御反射の無条件刺激である電流刺激が、扁桃体中心核を介して食餌反応に変質したのである。更に詳しく説明すると次の様になる。皮膚に流された強い電流刺激に対する防御作用が扁桃体中心核を介すると、防御反応はあとかたもなく、その代わりに舌なめずりをして大量の唾液が流れる食餌反応が出現したのである。

パヴロフは、無条件刺激の条件刺激への転化に関しては、もう一つ条件をつけている。即ち、強化に伴う特定の反射やあらゆる局外の反射に適用した時に見られる、消去されている条件反射の回復は一時的であるとしている。

ここで、無条件刺激が条件刺激に転化した具体的な例として、南京事件に於ける兵士の場合（第十七章、条件反射論による検証）を顧みる事にする。

戦場に於て兵士は、環境のごく僅かの変動、例えば何かの小さな音、明るさの変化等の感知によって「おや何だ」という探索反射が頻繁に作用する。同時に、探索反射の無条件刺激である〝環境のごく僅かの変動〟が、〝社会と共存する事ができるか否かの反射〟の条件刺激となり条件反射が一時的に回復する。

無条件刺激を条件刺激に転化した上記の例をパヴロフの条件と照合すると、探索反射は〝社会と共存する事ができるか否かの反射〟より生理学的に弱く、生物学的重要性も低いので条件を満足している。

続いて、前述した探索反射の回路と〝社会と共存する事ができるか否かの反射〟の回路を振り返る事にする。

探索反射は「外界情報―視床感覚領域―皮質感覚野―皮質前頭前野〔ワーキングメモリー〕―扁桃体―扁桃体中心核―脳幹覚醒システム…身体の生理的変化の誘発」の回路と、「外界情報―視床感覚領域―皮質感覚野―側頭葉内側部記憶システム―皮質前頭前野〔ワーキングメモリー〕―扁桃体―扁桃体中心核―脳幹覚醒システム…身体の生理的変化の誘発」の回路で成っている。

〝社会と共存する事ができるか否かの反射〟は「外界情報―視床感覚領域―皮質感覚野―側頭葉内側部記憶システム〔海馬周囲領域―海馬〕―扁桃体―扁桃体中心核―脳幹覚醒システム…側頭葉内側記憶システム」の回路と、「外界情報―視床感覚領域―皮質感覚野―皮質前頭前野〔ワーキングメモリー〕―扁桃体―扁桃体中心核―脳幹覚醒システム…ワーキングメモリー」の回路で成っており、又、両回路は長期記憶の貯蔵場所（まだ確定されていない）と接続している。

両反射の回路を詳しく見ると、全て扁桃体中心核を経由している事に気付く。即ち、探索反射と〝社会と共存する事ができるか否かの反射〟は、扁桃体中心核で交差しているのである。この発見は極めて重要である。何故なら、探索反射の無条件刺激が〝社会と共存する事ができるか否かの反射〟の条件刺激となって一時的に回復した条件反射を、次の様な説明に置き換える事ができるからだ。即ち、探索反射の無条件刺激である環境のごく僅かの変動の感知作用が、扁桃体中心核を介して、〝社会と共存する無条件刺激の作用〟、いいかえると〝教育によって実現した長期記憶〟の一時的回復に変質したのである。

この変質の事例を説明するには、カナダの心理学者、ドナルド・O・ヘッブが提唱した神経科学の重要な理論である〝ヘッブの概念〟を想い起こす必要がある。

細胞Aの軸索が細胞Bを興奮させるに十分なほど近くにあるか、繰り返し一貫して細胞Bの発火に関与している場合、Bを発火させる細胞の一つとしてのAの効率が増すような、なんらかの成長プロセスあるいは新陳代謝の変化が片方または両方の細胞に起こる。

このヘッブの概念によって、探索反射の無条件刺激である環境のごく僅かの変動が、扁桃体中心核を介して、教育によって実現した長期記憶の一時的回復に変質したプロセスを、次の様に説明できる。尚、（　）の中にヘッブの概念を対比させる事にした。

環境のごく僅かの変動が探索反射の回路を通り（細胞Aの軸索）、一方〝社会と共存する事ができるか否かの反射〟の回路によって、社会と共存する無条件刺激の作用が働く（細胞Bを興奮させるに十分なほど近くにある）。環境のごく僅かの変動の感知作用が、扁桃体中心核で〝社会と共存する無条件刺激の作用〟と介することによって（繰り返し一貫して細胞Bの発火に関与している場合、Bを発火させる細胞の一つとして）、教育によって実現した長期記憶の一時的回復に変質した（Aの効率が増すような、なんらかの成長プロセスあるいは新陳代謝の変化が片方の細胞に起こる）。

続いて、パヴロフが取り上げた〝防御反射の無条件刺激である電流刺激が、食餌反応に変質した例〟も、ヘッブの概念によって次の様に説明できる。

皮膚に流された電流刺激が防御反射の回路を通り（細胞Aの軸索）、一方食餌反射の回路では食餌をとる無条件刺激の作用が働く（細胞Bを興奮させるに十分なほど近くにある）。電流刺激に対する防御作用が、扁桃体中心核で、食餌をとる無条件刺激の作用と介することによって（繰り返し一貫して細胞Bの発火に関与している場合、Bを発火させる細胞の一つとして）舌なめずりをして大量の唾液が流れる食餌反応が一時的に現れた（Aの効率が増すようななんらかの成長プロセスあるいは新陳代謝の変化が片方の細胞に起こる）。

以上の二つの事例検証によって、一つの反射の無条件刺激を局外の反射の条件刺激に転化した条件反射が、一時的に成立するとするパヴロフの理論について、その正しさが神経科学によって証明できたのである。

以上で本書の記述を終えるが、本書の主題として掲げた〝明治、大正、昭和終戦迄の日本の歴史と日本人の思想と行動〟は、教育勅語と臨時教育会議が提議した〝教育の効果を全からしむべき一般施設に関する建議〟によって深く影響を受けた事が解明できた。又、パヴロフの条件反射論を人間の歴史に適用する手法の正当性が証明できたと共に、条件反射論を今日の神経科学と照合する事によって、〝ヒトは、以前に無関係であった要因の作用が、扁桃体中心核で、一定の無条件反射を引き起こす無条件刺激の作用と介することによって条件反射を形成する〟ことが発見できたのである。

あとがき

最近、日本国内のマスメディア、学者、評論家等が、度々日本社会の閉塞感、活力の無さ等を指摘している。更にその閉塞感等からの脱却のために、様々な処方箋を発表している。しかし、私は、発表された処方箋には、根源的な視点が欠けていると考えている。即ち、日本国の歴史を省みる姿勢が欠落している事だ。

一九八二年、中国と韓国が、文部省による教科書改訂指示を歴史の改ざんであると強く非難した事件があった。日本の中国「侵略」の表現を「進出」に改めさせたり、南京大虐殺を矮小化させたり、朝鮮独立運動を「暴動」と表現させたりする記述に関してであった。これに対し鈴木内閣は、批判を受けた教科書記述を「政府の責任において是正する」と表明し、検定基準改訂など是正措置の具体的な手順、内容を示して教科書問題は外交決着した。

しかし、検定基準改正告示（一九八二・一一・二四）後に発行された高校用日本史教科書を精査してみると、予想外の結果が判明した。一九八五年使用の「日本史（改訂版）、山川出版社」、一九八七年使用の「標準日本史、山川出版社」、一九八八年使用の「新詳説日本史、山川出版社」には、日本の中国「侵略」の記載、並びに朝鮮に関する「従軍慰安婦」「強制連行」の記載が一切無いのである。即ち、検定基準改正によって設けられた「近隣諸国事項」が適用されずに、教科書による歴史改ざんが平然と行われていたのである。

一九八七年八月七日、臨時教育審議会（会長岡本道雄）は教育改革に関する最終答申の中で、〝国旗・国家のもつ意味を理解し尊重する心情と態度を養うことが重要である〟とする答申を、中曽根首相に行った。

一九八九年二月十日、ほぼ十年に一度ずつ改訂されてきた小・中・高校の新学習指導要領案が、竹下内閣の下で十年ぶりに発表された。

指導要領案は、小学校社会科（六年）の中で、天皇の取り扱い方と国旗と国歌について次の様に定めている。

「天皇については、日本国憲法に定める天皇の国事に関する行為など児童に理解しやすい具体的な事項を取り上げ、歴史に関する学習との関連も図りながら、天皇についての理解と敬愛の念を深めるようにする」。

「我が国の国旗と国歌の意義を理解させ、これを尊重する態度を育てるとともに、諸外国の国旗と国歌も同様に尊重する態度を育てるよう配慮する」。

更に、小学校の特別活動として、学校行事での国旗・国歌の取り扱いについて表現を大幅に強めた。現行では「国民の祝日などにおいて儀式などを行う場合には、児童に対しこれらの祝日などの意義を理解させるとともに、国旗を掲揚し、国歌を斉唱させることが望ましい」であるが、上記の中の「国民の祝日の儀式など」を「入学式、卒業式など」に変え、「望ましい」を「するものとする」と変更した。

中学校社会科（公民分野）では、国旗・国歌の取り扱いについて次の様に定めている。「国旗及び国歌の意義並びにそれらを相互に尊重することが国際的な儀礼であることを理解させそれらを尊重する態度を育てるよう配慮すること」。

中学校・高校の特別活動は、小学校の特別活動と同じであった。

一九八九年三月十五日、文部省は、小・中・高校の新学習指導要領案を自民党文教部会などの意見に従い、計二十二箇所を修正して、官報で告示した。国旗、国歌の事実上の義務付けは原案通りであった。

一九八九年三月二十七日、新学習指導要領が小学校は一九九二年度、中学校は九三年度から全面実施されるのを前に、文部省は現行要領からの移行措置を告示し、事実上義務化した入学式などでの〝日の丸〟掲揚、〝君が代〟斉唱は、来春から実施するとした。

一九九九年七月二十二日、小渕内閣が提出した〝日の丸・君が代を国旗・国歌とする法案〟が衆議院で可決され、参議院でも八月九日可決された。

二〇〇三年十月二三日、東京都教育委員会は、都立高校及び盲・ろう・養護学校長に対して通達を出し、教職員が国旗に向かって起立し、国歌を斉唱するよう定め、違反すれば停職を含む懲戒処分の対象とするとした。文部科学省によると、二〇〇〇年~〇九年度に処分を受けた教員は、全国で一一四三人、東京都は四四三人であった。

以上、教科書による歴史改ざんと新学習指導要領についてその経緯を時系列に記したが、これらの事柄には、日本国民にとって根源的問題が含まれている。即ち、小学校（六年）社会科の中の天皇の取り扱い方と特別活動に於ける国旗・国歌の事実上の義務付けが、戦前の教育勅語体制下の学校教育と類似していることである。明治二十三年（一八九〇年）十月三十日、教育勅語が発布され、翌年には次の「小学校祝日大祭日儀式規定」が公布された。紀元節・天皇節等の祝祭日には、学校長・教員・生徒一同が式場に於て、両陛下の真影に拝礼し、万歳を奉祝した後、学校長若しくは教員は、教育勅語奉読と祝日大祭日に相応する訓話を行い、忠君愛国を養う様務めなければならないとした。従って、新学習指導要領にある小学校（六年）社会科の中の天皇の取り扱い方と、特別活動に於ける国旗・国歌の事実上の義務付けは、〝忠君愛国〟を養う行為と類似しているのである。

従って、小学校六年生は、天皇と国家を結びつけた観念が大脳皮質に刻みこまれることになる。この帰結に至った論理については本書の中の条件反射論を参照していただきたい。

更に、天皇と国家が結びついた観念を内化して成長した生徒は、国旗・国歌法の制定によってこの観念が一段と強固になる。即ち、戦前の日本でなされた天皇を中心とする「国体」観念によって主導された戦争並びに、中国人、朝鮮人に対する蔑視感の保持等について、反省する心情は生まれないのである。従って、義務教育の下でなされた作為的思想注入によって、多くの醜い日本人が、毎年新たに生まれている事に国民は早く気づくべきだ。

言及しなければならない根源的問題がもう一つある。それは、国旗・国歌法の制定以前に、高校に於て日本史教育を終えた国民の事である。既に、日本史高校用教科書に歴史の改ざんがある事は述べたが、更に精査すると、下記の教科書にも改ざんがある事が判明した。一九九〇年使用の「新日本の歴史、山川出版社」には、朝鮮に関する「従軍慰安婦」の記載が一切ない。一九九一年使用の「詳説日本史（再訂版）、山川出版社」には、日本の中国「侵略」の記載並びに朝鮮に関する「従軍慰安婦」「強制連行」の記載が一切なく、一九九二年使用の「新詳説日本史（改訂版）、山川出版社」にも、「侵略」「従軍慰安婦」「強制連行」の記載が一切ない。一九九四年使用の「詳説日本史、山川出版社」と一九九五年使用の「新日本史、山川出版社」には、共に日本の中国「侵略」、朝鮮に関する「強制連行」の記載が一切ない。又、一九九八年使用の「日本史A、山川出版社」には、日本の中国「侵略」の記載が一切ないのである。

以上の改ざん結果を習得した国民は、戦前の日本でなされた天皇を中心とする「国体」観念によって主導された戦争並びに、中国人・朝鮮人に対する蔑視感の保持等について、反省する姿勢を喪失してしまったのである。又、その後制定された国旗・国歌法によって、自らの所信を更に強固にすることになった。

以上述べたように、現在の日本民族は未来に向かって劣化の道を一直線に進んでいるのである。これが、日本社会の閉塞感を作っている主たる原因であるが、この現状は閉塞感を越えて「国家」というバリアが、国民の主体性を閉ざしてしまう、いわば民族的危機であると言わねばならない。歴代自民党政権と文部官僚が犯した過ちによってもたらされる民族的弊害と損失は、言語に絶する程甚大かつ深刻であるのである。

最後に、本書の著述にあたり、神経科学についての著作「シナプスが人格をつくる」の理論を使用、引用させていただき、著者ジョゼフ・ルドゥー、監修森憲作、訳谷垣暁美の各氏に感謝を申し上げたい。

参考・引用文献

大脳半球の働きについて　一九七五年　パヴロフ著　川村浩訳　岩波書店
教育勅語の時代　一九八七年　著者 加藤地三　三修社
教育勅語　一九八〇年　著者 山住正己　朝日新聞社
現代政治の思想と行動　一九六四年　著者 丸山真男　未来社
家永・教科書裁判　高裁篇　一九七二年　編者 教科書検定訴訟を支援する全国連絡会　総合図書
明治教育史の研究　一九七三年　著者 海原徹　ミネルヴァ書房
近代日本文学大系二　一九七二年　福沢諭吉、三宅雪嶺、中江兆民　岡倉天心、内村鑑三他　筑摩書房
日本教育小史　一九八七年　著者 山住正己　岩波書店
明治以降教育制度発達史　一九三八年　編修 文部省内教育史編纂会　龍吟社
明治文学全集八〇　明治哲学思想集　一九七四年　著者代表 西周　筑摩書房
明治文化全集　第六巻外交　一九二八年　編集代表 吉野作造　日本評論社
朝鮮京城事変始末書、井上特派全権大使復命書（含附属書類）、伊藤特派全権大使復命書附属書類（天津談判筆記）の記載あり。

日本教科書大系　近代編　一九六一年　編纂者 海後宗臣　講談社
内村鑑三全集二　一九八〇年　著者 内村鑑三　岩波書店
近代史史料　一九六五年　編集代表 大久保利謙　吉川弘文館
明治文学全集三九　内村鑑三集　一九〇九年　著者 内村鑑三　筑摩書房
近代日鮮関係の研究　一九四〇年　編纂主任 田保橋潔　朝鮮総督府中枢院

左記の文献に基づいて記述された箇所の引用について本書では原典名を記した。

李文忠公全集、朝鮮交際始末巻三、岩倉公実記巻、朝鮮交渉資料巻上、世外井上公伝巻㈡㈢、大久保利道日記巻下、西南記伝上巻二、公爵山県有朋伝巻中、日省録、倭使日記巻一、泌行日記巻上、使鮮日記巻乾、善隣始末巻二、倭使問答巻一、使鮮日記巻坤、宮本大丞朝鮮理事始末巻㈡㈣㈤、旧条約彙纂巻三、日使文字巻㈠㈡、善隣始末巻㈣㈤㈥、明治十三・十四年弁理公使朝鮮事務撮要、承政院日記、倭使日記巻㈨、善隣始末巻㈦㈧㈨㈩、在朝鮮国公使館来翰抜萃、倭使日記巻十二・十四、朝鮮国仁川開港一件、興宣大院君伝、癸未大逆不道罪人許煜等鞫案、壬午大逆不道罪人金長孫等鞫案、適可斉記行巻六東行三録、政治日記巻十四、朝鮮激徒暴動顚末記、子爵花房義質君事略、明治十五年朝鮮事変と花房公使、花房公使朝鮮関係記録、外務卿訓令及委任状、明治十五年花房弁理公使復命書、弁理公使日乗、京城変動之始末書、条約要説、光緒朝中日交渉史料巻三・五・六・七・八・九・十三・十五、花房家文書、南通張李直先生伝記、天津談草、曽根海軍大尉煙台日記、朝鮮史六編巻四、張李子九録専録巻六、明治十七年五月五日島村駐韓臨時代理公使発井上外務卿宛内信、善隣始末巻十一、統理衙門日記巻㈢㈣㈥、日信巻㈠㈡、明治十七年十一月十二日竹添公使内信、甲申日録、明治十七年十一月四日島村書記官朴泳孝金玉均等対話筆記、十一月九日竹添公使金玉均対話筆記、明治十七年十一月十二日竹添公使発伊藤井上両参議宛内信、島村書記官徐光範対話筆記、竹添公使洪英植対話筆記、明治十七年十一月二十三日竹添公使発伊藤井上両参議宛内信、明治十七年十一月二十八日伊藤参議吉田外務大輔発竹添公使宛電信、竹添公使朝鮮京城事変始末書、甲申変乱、乙酉謀反大逆不道罪人尹景純等鞫案、龍湖間録巻二十三、甲申年十月十八日袁営務処抵沈舜沢書、日案巻三・四・二八、警備隊長村上歩兵大尉報告、明治十七年事件仁川領事館書類、漢城之残夢、小林仁川駐在領事京城変動紀聞、美案巻三、英信巻三、井上外務卿朝鮮事変査弁始末書、井上外務卿京城事変査明事実書、井上大使復命書、明治十八年一月八日井上大使発吉田外務卿臨時代理宛報告、伯爵伊東巳代治巻上、伊藤参議意見書草案、明治十八年一月七日榎本公使発吉田外務卿臨時代理宛報告、伊藤大使復命書、甲申大逆不道罪人喜貞等鞫案、明治十八年五月二十六日駐韓代理公使近藤真鋤報告、P. G. VonMoellendorff, 我案巻一、各国交渉文字巻二、高平駐韓臨時代理公使報告、大逆不道罪人春永植等鞫案、天道教書、天道教創建史、上帝教歴史、全琫準供草、全羅道東学匪乱調査報告、東学党匪乱史料、全羅道古阜民擾日記、両湖招討謄録、聚語、中東戦紀本末続編巻二・巻亨、勉庵集巻二五、甲午実記、杉村濬明治廿七八年在韓苦心録、公文謄録、日清韓交渉事件記事、大日本帝国議会誌巻二、蹇々録、日清戦史巻一、二十七八年海戦史、井田錦太郎岡本柳之助小伝、明治二十七年六月十五日大鳥公使宛外務大臣電報、大鳥圭介伝、東征電報巻上、日清韓交渉事件記事朝鮮之部。

明治廿七八年日清戦史　一九〇四年　編集 参謀本部　東京印刷
歴史の偽造をただす　一九九七年　著者 中塚明　高文研
　福島県立図書館「佐藤文庫」内で発見された「明治二十七八年日清戦史第二冊決定草案」の記載あり。
外国新聞に見る日本(2)　一九九〇年　編集 国際ニュース事典出版委員会　毎日コミュニケーションズ
日清海陸戦史　一九〇四年　著者 村松恒一郎　青木嵩山堂
明治期外務省調書集成　一九九四年
日清講和関係調書集　編者 明治期外交資料研究会　クレス出版
　日清韓交渉事件記事の記載あり。
明治二十七八年日清戦史第十二篇第三草案　編集 参謀本部　福島県立図書館「佐藤文庫」所蔵
日清戦役国際法論　一八九六年　原著 有賀長雄　陸軍大学校
一八九四年十二月二十日付日刊紙「The World」ニューヨーク

東アジア史としての日清戦争　一九九八年　著者 大江志乃夫　立風書房
旅順虐殺事件　一九九五年　著者 井上晴樹　筑摩書房
日本外交文書
　参考・引用する際には、本書にタイトルを表示した。

日本統治下の民族運動　一九六九年復刻　発行人 台湾史料保存会　風林書房
本巻は「台湾総督府警察沿革誌」全六巻のうちの第二篇上巻にあたる。
日本統治下の台湾　一九七二年　著者 許世楷　東京大学出版会
左記の文献に基づいて記述された箇所の引用について、本書では原典名を記した。
日清戦史、台湾八日記、譲台記、樺山資英伝、瀛海偕亡記、台湾通史、魂南記、台湾憲兵隊史、台湾総督府警察沿革誌。
高野孟矩　一八九七年　著者 苫米地治三郎　研学会
日本政治裁判史録　明治・後　一九六九年　編集代表 我妻栄　第一法規
閔妃殺害事件の記載あり。
日本政治裁判史録　大正　一九六九年　編集代表 我妻栄　第一法規
日本政治裁判史録　昭和・前　一九七〇年　編集代表 我妻栄　第一法規
大鳥圭介伝　一九一五年　著者 山崎有信　北文館
安重根と日韓関係史　一九七九年　著者 市川正明　原書房
明治ニュース事典　第六巻　一九八五年　編集 毎日コミュニケーションズ
韓国併合　一九九五年　著者 海野福寿　岩波書店
日韓併合　一九九二年　著者 森山茂徳　編集者 日本歴史学会　吉川弘文館

朝鮮独立運動の血史　一九七二年　著者 朴殷植　訳者 姜徳相　平凡社
朝鮮の悲劇　一九七二年　著者 F・A・マッケンジー　訳注 渡部学　平凡社
一九〇七年七月二十二日付日刊紙　ニューヨーク「ヘラルド」
教育時論　一八八五年四月十五日初号発刊　発行所 開発社
三八七号、六九一号、六九四号、六九五号、七〇〇号、七一七号、七一八号、七三二号、七三三号、七三五号、七三六号、七四二号、七四四号、七四五号、七四九号、七五〇号、七五二号、七五八号、七八二号、七九〇号、七九二号、七九六号、七九八号、八〇九号、八四七号、八六八号、八七一号、八九六号、八九七号、八九九号、九〇〇号、九〇二号、九〇四号、九一七号、九二九号、九三四号、九三八号、一〇九六号、一一九一号、一一九二号、一二〇八号、一二一三号、一二一六号、一二一八号、一二三二号、一二五二号、一二七八号、一二七九号、一二八三号
現代史資料　六　関東大震災と朝鮮人　一九六三年　解説 姜徳相、琴秉洞　みすず書房
中国・朝鮮論　一九八八年　著者　吉野作造　編者 松尾尊兊　平凡社
近代日本思想大系　一七　吉野作造集　一九七六年　著者 吉野作造　編集 松尾尊兊　筑摩書房
日本思想大系　五三　水戸学　一九七三年　校注者 今井宇三郎、瀬谷義彦、尾藤正英　岩波書店
現代史資料　一六　社会主義運動三　一九六五年　解説 山辺健太郎　みすず書房

大正教育史の研究　一九七七年　著者 梅原徹　ミネルヴァ書房
日露戦後政治史の研究　一九七三年　著者 宮地正人　東京大学出版会
筑摩現代文学大系　三八　小林多喜二集　一九七八年　著者 小林多喜二　筑摩書房
「私が張作霖を殺した」　昭和二九年一二月号「文芸春秋」
昭和三年支那事変出兵史　一九三〇年　編集 参謀本部　巌南堂書店
東京裁判　上・中・下　一九六二年　著者 朝日新聞法廷記者団　東京裁判刊行会
「別冊知性秘められた昭和史」　昭和三一年一二月号　河出書房
現代史資料　八　日中戦争一　一九六四年　解説者 島田俊彦、稲葉正夫　みすず書房
現代史資料　九　日中戦争二　一九六四年　解説者 臼井勝美、稲葉正夫　みすず書房
現代史資料　二五　朝鮮一　一九六六年　編者 姜徳相　みすず書房
現代史資料　二六　朝鮮二　一九六七年　解説 姜徳相　みすず書房
現代史資料　四　国家主義運動一　一九六三年　編者 今井清一、高橋正衛　みすず書房
現代史資料　二三　国家主義運動三　一九七四年　解説 高橋正衛　みすず書房
現代史資料　七　満州事変　一九六四年　解説 小林龍夫、島田俊彦　みすず書房
外交五十年　一九五一年　著者 幣原喜重郎　読売新聞
二・二六事件秘録一　一九七一年　共同編集 林茂等　小学館

北一輝著作集一、二　一九五九年　著者 北輝次郎　みすず書房
昭和時代　一九五七年　著者 中島健蔵　岩波書店
昭和史　一九五九年　著者 遠山茂樹、今井清一、藤原彰　岩波書店
石原莞爾資料　国防論策篇　一九七〇年　著者 石原莞爾　編集 角田順　原書房
南京戦史　一九八九年　編集 南京戦史編集委員会　偕行社
南京戦史資料集　一九八九年　編集 南京戦史編集委員会　偕行社
南京戦史資料集Ⅱ　一九九三年　編集 南京戦史編集委員会　偕行社
日中戦争史資料　八　一九七三年　極東国際軍事裁判南京事件関係記録
編集 日中戦争史資料編集委員会　洞富雄　河出書房新社
日中戦争史資料　九　一九七三年　編集 日中戦争史資料編集委員会　洞富雄　河出書房新社
南京事件　一九九七年　著者 笠原十九司　岩波書店
南京事件　一九八六年　著者 秦郁彦　中央公論社
南京の真実　一九九七年　著者 ジョン・ラーベ　訳者 平野卿子　講談社
シナプスが人格をつくる　二〇〇四年　著者 ジョゼフ・ルドゥー　監修 森憲作　訳 谷垣暁美　みすず書房

著者略歴

林　英一（はやし　えいいち）

北海道生まれ。
小樽商科大学商学部卒業
会社員定年退職
現在に至る

条件反射論による近現代史解析

2011年9月29日　初版発行

著者
林　英一
発行・発売
創英社／三省堂書店
〒101-0051　東京都千代田区神田神保町1-1
Tel：03-3291-2295　Fax：03-3292-7687
表紙・帯・カバーデザイン　林　久美子
制作／プログレス
印刷／製本　藤原印刷

ISBN978-4-88142-523-7 C1021